WESTFÄLISCHE
WILHELMS-UNIVERSITÄT
MÜNSTER

Die Abbildung zeigt das Münsterische Schloß,
das Hauptgebäude der Westfälischen Wilhelms-Universität.

Schriften zum Revisionswesen

Herausgegeben von

Professor Dr. Dr. h.c. Jörg Baetge

und

Professor Dr. Hans-Jürgen Kirsch

Bilanzielle Vermögenszurechnung nach IFRS

Konzept und Analyse der Zurechnung von Vermögenswerten zum bilanziellen Vermögen von Unternehmen

Von Dr. Sonja Matena

VERLAG GMBH

Düsseldorf 2004

Bibliografische Information Der Deutschen Bibliothek

Die Deutsche Bibliothek verzeichnet diese Publikation
in der Deutschen Nationalbibliografie;
detaillierte bibliografische Daten sind im Internet über
http://dnb.ddb.de abrufbar.

ISBN 3-8021-1128-1

Druck und Bindung: Bercker Graphischer Betrieb GmbH & Co.KG, Kevelaer

Geleitwort des Herausgebers

Das Prinzip der wirtschaftlichen Zurechnung von Vermögenswerten zum bilanziellen Vermögen von Unternehmen ist im Framework des IASB enthalten. Danach ist demjenigen Unternehmen ein Vermögenswert bilanziell zuzurechnen, das die Verfügungsmacht über den künftigen wirtschaftlichen Nutzen eines Vermögenswerts besitzt. In vielen Fällen besitzt der rechtliche Eigentümer eines Vermögenswertes die Verfügungsmacht über den künftigen wirtschaftlichen Nutzen des Vermögenswerts, so dass der Vermögenswert dem rechtlichen Eigentümer bilanziell zuzurechnen ist. Allerdings kommen im Wirtschaftsleben nicht wenige Fälle vor, in denen der rechtliche Eigentümer bestimmte Verfügungsrechte, die er aus seiner Rechtsposition an dem Vermögenswert innehat, auf ein anderes Unternehmen überträgt. In diesen Fällen stellt sich die Frage, ob und wann der rechtliche Eigentümer Verfügungsrechte in dem Umfang an ein anderes Unternehmen übertragen hat, so dass der Vermögenswert nicht dem rechtlichen Eigentümer sondern dem diese Verfügungsrechte besitzenden Unternehmen bilanziell zuzurechnen ist. Das Regelwerk des IASB enthält keine Regelungen, welche Verfügungsrechte, die aus der Rechtsposition des rechtlichen Eigentümers resultieren und an ein anderes Unternehmen übertragen werden können, die Verfügungsmacht über den künftigen wirtschaftlichen Nutzen eines Vermögenswertes begründen bzw. begründen können. Die Verfasserin der vorliegenden Arbeit hat sich daher das Ziel gesetzt, eine eindeutige und objektivierte Grenze zu definieren, ab welcher der rechtliche Eigentümer einzelne Verfügungsrechte von seinem rechtlichen Eigentum in einem solchen Umfang abgespalten und an ein anderes Unternehmen übertragen hat, so dass der Vermögenswert nicht mehr dem rechtlichen Eigentümer sondern dem diese Verfügungsrechte innehabenden Unternehmen bilanziell zuzurechnen ist.

Im **zweiten** Abschnitt analysiert die Verfasserin, welche Verfügungsrechte dem rechtlichen Eigentümer an einem Vermögenswert zustehen und welche Verfügungsrechte vom rechtlichen Eigentum abgespalten und an ein anderes Unternehmen übertragen werden können. Dazu systematisiert die Verfasserin detailliert die Verfügungsrechte an einem Vermögenswert, die aus der Rechtsposition des rechtlichen Eigentümers resultieren. Die Verfasserin greift für diese detaillierte Systematisierung auf den Begriff und den Inhalt des Eigentums nach der Property Rights-Theorie zurück, die im ersten Abschnitt der Arbeit erläutert worden sind. In der detaillierten Systematisierung führt die Verfasserin die einzelnen Verfügungsrechte in ihren jeweiligen Ausprägungen auf ihre wesensbestimmenden Merkmale zurück, um jeden in der Praxis denkbaren Fall mit der Systematisierung erfassen zu können. Die Verfügungsrechte bzw. Teilrechte des Eigentums sind das **Nutzungsrecht**, das **Verwertungsrecht** und das **Erwerbsrecht**. Das Nutzungsrecht kann zum einen unbeschränkt und zum anderen sachlich, zeitlich und/oder quantitativ beschränkt vom rechtlichen Eigentum abgepalten und übertragen werden. Das Verwertungsrecht kann entweder unbedingt oder bedingt sein. Ein Verwertungsrecht ist unbedingt, wenn das verwertungsberechtigte Unternehmen den Vermögenswert jederzeit verwerten kann. Ein Unternehmen, das den Vermögenswert nur dann verwerten kann, wenn eine bestimmte Bedingung eintritt, z. B. Zahlungsunfähigkeit eines Kreditnehmers, ist bedingt verwertungsberechtigt. Das dritte Teilrecht, das Erwerbsrecht, kann ebenfalls unbedingt oder bedingt vom rechtlichen Eigentümer an ein anderes Unternehmen übertragen werden. Ein unbedingtes Erwerbsrecht berechtigt zum jederzeitigen Erwerb des Vermögenswerts, während ein bedingtes Erwerbsrecht nur bei Eintritt einer bestimmten Bedingung, die entweder von externen Ereignissen (z. B. Erreichen eines bestimmten Preisniveaus) oder von Handlungen des Erwerbers (z. B. vollständige Kaufpreiszahlung, vollständige Kredittilgung) abhängt, ausgeübt werden kann. Im Anschluss an die detaillierte Systematisierung definiert die Verfasserin anhand von typischen Teilrechten bzw. Kombinationen von Teilrechten die in der Praxis anzutreffenden Teilrechte bzw. Teilrechtsbündel, die den nachfolgenden Untersuchungen zu Grunde liegen.

Im **dritten** Abschnitt leitet die Verfasserin aus den Definitionskriterien eines Vermögenswertes, die im Framework des IASB enthalten sind, die folgende generelle Zurechnungsregel für Vermögenswerte ab: Ein Unternehmen hat die Verfügungsmacht über den künftigen wirtschaftlichen Nutzen inne, wenn es im Wesentlichen den gesamten künftigen wirtschaftlichen Nutzen durch die Nutzung und/oder Verwertung des Vermögenswerts vereinnahmen kann. Diese generelle Zurechnungsregel ist indes nicht operational genug, um eine Zurechnungsentscheidung über einen Vermögenswert in einem konkreten Sachverhalt treffen zu können. Mit Hilfe der im zweiten Abschnitt detailliert systematisierten Teilrechte des Eigentums geht die Verfasserin ausführlich der zentralen Fragestellung der vorliegenden Arbeit nach, nämlich welche Teilrechte bzw. Kombinationen von Teilrechten diese Verfügungsmacht über im Wesentlichen den gesamten künftigen wirtschaftlichen Nutzen begründen können. Die Untersuchung ist zweischrittig aufgebaut. In einem ersten Schritt wird für jedes der drei Teilrechte einzeln analysiert, ob und in welcher Ausprägung das jeweilige Teilrecht die Verfügungsmacht über den künftigen wirtschaftlichen Nutzen begründen kann. Im zweiten Schritt werden dann die in Abschnitt 2 von der Verfasserin definierten Teilrechtsbündel analysiert. Für die einzeln betrachteten Teilrechte kommt die Verfasserin zu den folgenden Ergebnissen: Ein ausschließlich nutzungsberechtigtes Unternehmen besitzt die Verfügungsmacht über im Wesentlichen den gesamten künftigen wirtschaftlichen Nutzen nur dann, wenn es einen abnutzbaren Vermögenswert sachlich, zeitlich und quantitativ unbeschränkt nutzen kann. Dem unbeschränkt nutzungsberechtigten Unternehmen ist der Vermögenswert bilanziell zuzurechnen. Ist das **Nutzungsrecht** auch nur in einer Dimension beschränkt, dann kann das Nutzungsrecht die Verfügungsmacht nicht begründen und der Vermögenswert ist dem rechtlichen Eigentümer bilanziell zuzurechnen. Ein Unternehmen, das den Vermögenswert zunächst nur zeitlich beschränkt nutzen darf, dem aber eine Verlängerungsoption bis zum Ende der wirtschaftlichen Nutzungsdauer des abnutzbaren Vermögenswerts eingeräumt worden ist, kann im Wesentlichen den gesamten künftigen wirtschaftlichen Nutzen des Vermögenswerts vereinnahmen, wenn zu Beginn des Nutzungsverhältnisses hinreichend wahrscheinlich ist, dass das nutzungsberechtigte Unternehmen die Verlängerungsoption ausüben wird. Die Verfasserin kommt zu dem Ergebnis, dass die Ausübung hinreichend wahrscheinlich ist, wenn das Nutzungsentgelt während der verlängerten Nutzung wesentlich unter einem marktüblichen Nutzungsentgelt liegen wird.

Die Analyse des **Verwertungsrechts** ergibt, dass ein Unternehmen, das ein unbedingtes Verwertungsrecht besitzt, stets die Verfügungsmacht über den künftigen wirtschaftlichen Nutzen eines Vermögenswerts innehat. Somit ist ein Vermögenswert unabhängig von der Art seines Nutzenpotentials stets dem unbedingt verwertungsberechtigten Unternehmen bilanziell zuzurechnen. Ein bedingtes Verwertungsrecht kann die Verfügungsmacht über den künftigen wirtschaftlichen Nutzen erst dann begründen, wenn der Kreditnehmer zahlungsunfähig wird. Im Insolvenzfall des Kreditnehmers ist der Vermögenswert dem bedingt verwertungsberechtigten Unternehmen bilanziell zuzurechnen, wenn es bereits im Besitz des Vermögenswerts ist oder einen rechtlich gesicherten Herausgabeanspruch gegenüber dem Kreditnehmer besitzt.

Das unbedingte **Erwerbsrecht** alleine kann die Verfügungsmacht über den künftigen wirtschaftlichen Nutzen eines Vermögenswerts in keinem Fall begründen, so dass der Vermögenswert dem rechtlichen Eigentümer bilanziell zuzurechnen ist. Allerdings kann das unbedingte Erwerbsrecht, wenn es mit einem Nutzungsrecht zusammen abgespalten und an ein Unternehmen übertragen worden ist, die bereits bestehenden Verfügungsmöglichkeiten des Nutzungsrechts in dem Maße ergänzen, dass ein Teilrechtsbündel aus einem Nutzungsrecht und einem unbedingten Erwerbsrecht die Verfügungsmacht begründen kann. Dies ist der Fall, wenn das unbedingte Erwerbsrecht hinreichend wahrscheinlich ausgeübt wird. Die Verfasserin kommt zu dem Ergebnis, dass das unbedingte Erwerbsrecht hinreichend wahrscheinlich ausgeübt wird, wenn der Kaufpreis des Vermögenswerts wesentlich unter dem beizulegenden Zeitwert des Vermögenswerts zum Erwerbszeitpunkt liegt. Wenn dem Erwerber ein bedingtes Erwerbsrecht gemeinsam mit einem Nutzungsrecht kombiniert gegeben wird, ist der Vermögenswert bei vertraglicher Erfüllung der Bedingung dem erwerbs- und nutzungsberechtigten Unternehmen bilanziell zuzurechnen. Wenn das nutzungs- und erwerbsberechtigte Unternehmen zahlungsunfähig wird, ist der Vermögenswert dem rechtlichen Eigentümer bilanziell zuzurechnen, wenn dieser einen Herausgabeanspruch gegenüber dem nutzungs- und erwerbsberechtigten Unternehmen besitzt. Ein durch ein externes Ereignis bedingtes Erwerbsrecht kann die Verfügungsmacht weder alleine noch zusammen mit einem Nutzungsrecht begründen, sofern das Nutzungsrecht alleine diese Verfügungsmacht nicht sichern kann.

Im **vierten** Abschnitt wendet die Verfasserin die eigenständig entwickelten Zurechnungsregeln auf ausgewählte Problemfälle einer Zurechnung von Vermögenswerten an. Zu den ausgewählten Problemfällen gehört die Zurechnung von Vermögenswerten, die in einem Leasingverhältnis gehalten werden, von Vermögenswerten, die Gegenstand eines Wertpapierpensionsgeschäfts sind, sowie von Vermögenswerten, die auf eine Special Purpose Entity übertragen worden sind. Für jeden Anwendungsfall stellt die Verfasserin übersichtlich die derzeit gültigen Zurechnungsregeln der entsprechenden IFRS vor und weist auf die bestehenden Ermessensspielräume hin. Im Anschluss bildet die Verfasserin typisierende Fallgruppen für Leasingverhältnisse bzw. für die Wertpapierpensionsgeschäfte und wendet die entwickelten Zurechnungsregeln auf diese Fallgruppen an. Mit den Fallgruppen werden alle in der Praxis anzutreffenden Sachverhalte eines Leasinggeschäfts oder eines Wertpapierpensionsgeschäfts erfasst. Auch wenn die bestehenden Ermessensspielräume der derzeit gültigen Zurechnungsregeln durch die von der Verfasserin entwickelten Zurechnungsregeln nicht verhindert oder eingeengt werden können, so haben diese Zurechnungsregeln den Vorteil, dass sie durch einen Abschlussprüfer objektiv nachprüfbar sind. In Sachverhalten mit identischer vertraglicher Gestaltung führen die Zurechnungsregeln zu einem einheitlichen Zurechnungsergebnis. Bei der Untersuchung der auf eine Special Purpose Entity übertragenen Vermögenswerte, zeigt die Verfasserin, die entwickelten Zurechnungsregeln für eine Zurechnungsentscheidung sowohl auf der Ebene des Einzelabschlusses als auch auf der Ebene des Konzernabschlusses anwendbar sind. Dieses Ergebnis veranschaulicht die Verfasserin am Beispiel einer Leasingobjektgesellschaft.

Die Verfasserin beendet die vorliegende Arbeit mit einer thesenförmigen Zusammenfassung der Ergebnisse im **fünften** Abschnitt.

Die Verfasserin bearbeitet ein bisher in der internationalen Bilanzierungstheorie weitgehend unbearbeitetes Feld und dringt so in wissenschaftliches Neuland vor. Das Thema ist hoch aktuell, da die Rechnungslegungsvorschriften des IASB zur bilanziellen Zurechnung von Vermögenswerten bei Leasinggeschäften, bei Wertpapierpensionsgeschäften und von Vermögenswerten, die auf Special Purpose Entities ausgelagert werden, künftig diskutiert und überarbeitet werden.

Münster, im August 2004   Professor Dr. Dr. h.c. Jörg Baetge

Vorwort der Verfasserin

Die vorliegende Arbeit entstand während meiner Tätigkeit als wissenschaftliche Mitarbeiterin am Institut für Revisionswesen der Westfälischen Wilhelms-Universität Münster und meiner Tätigkeit als fachliche Mitarbeiterin bei Ernst & Young (vormals: Arthur Andersen). Sie wurde im Februar 2004 von der Wirtschaftswissenschaftlichen Fakultät der Westfälischen Wilhelms-Universität Münster als Dissertation angenommen.

Meinem verehrten Doktorvater, Herrn Professor Dr. Dr. h.c. Jörg Baetge, danke ich herzlichst für die wissenschaftliche Betreuung der Arbeit und für die Übernahme des Erstgutachtens. Seine wertvollen Anregungen und seine stete Zuversicht in das gute Gelingen der Arbeit haben mir sehr geholfen. Für die weitreichende Unterstützung durch Ernst & Young (vormals: Arthur Andersen) bedanke ich mich sehr herzlich bei Herrn WP StB Dirk Egbers. Herrn StB Professor Dr. Christoph Watrin danke ich herzlich für die freundliche Übernahme des Korreferates.

Meinen Kolleginnen und Kollegen am Institut für Revisionswesen danke ich für ihre Unterstützung und für ihre fachlichen Anregungen in den Doktorandenseminaren. Besonders hervorheben möchte ich Frau Dr. Christina Hagemeister, Frau Dipl.-Kffr. Kristin Poerschke, Herrn Dr. Ingo Brötzmann, Herrn Dr. Michael Richter und Herrn Dr. Stefan Thiele. Sie sind mir mit ihrer steten Diskussionsbereitschaft und konstruktiven Kritik sowie ihrer darüber hinausgehenden freundschaftlichen Verbundenheit bei meiner Arbeit eine große Hilfe und Stütze gewesen. Dr. Michael Richter hat darüber hinaus das Manuskript kritisch durchgesehen und wichtige Verbesserungsvorschläge beigesteuert.

Ganz besonders danken möchte ich meinem Freund Dipl.-Kfm. Mario Pufahl für sein Verständnis und seine Unterstützung.

Der größte Dank gebührt meinen lieben Eltern, die mich auf meinem bisherigen Lebensweg vertrauensvoll und stets mit großer Zuversicht in vielfältiger Weise gefördert haben. Ihnen ist diese Arbeit gewidmet.

Münster, im August 2004   Sonja Matena

Inhaltsübersicht

Inhaltsverzeichnis

Verzeichnis der Übersichten

Abkürzungsverzeichnis

§	Paragraf
%	Prozent

A

Abs.	Absatz
AcP	Archiv für die civilistische Praxis (Zeitschrift)
Aufl.	Auflage

B

BB	Betriebs-Berater (Zeitschrift)
Bd.	Band
BFH	Bundesfinanzhof
BGB	Bürgerliches Gesetzbuch
BFuP	Betriebswirtschaftliche Forschung und Praxis (Zeitschrift)
bspw.	beispielsweise
BStBl.	Bundessteuerblatt
bzw.	beziehungsweise

D

DB	Der Betrieb (Zeitschrift)
DBW	Die Betriebswirtschaft (Zeitschrift)
DStR	Deutsches Steuerrecht (Zeitschrift)

E

ED	Exposure Draft
EITF	Emerging Issues Task Force

F

f.	folgende (Seite)
FB	FinanzBetrieb (Zeitschrift)
Fn.	Fußnote
FR	Finanz-Rundschau (Zeitschrift)

G

GAAP	Generally Accepted Accounting Principles
GoB	Grundsätze ordnungsmäßiger Buchführung

H

HFA	Hauptfachausschuss des Instituts der Wirtschaftsprüfer in Deutschland e.V.
HGB	Handelsgesetzbuch
Hrsg.	Herausgeber
hrsg. v.	herausgegeben von

I

i.S.d.	im Sinne des
i.V.m.	in Verbindung mit
IAS	International Accounting Standards
IASB	International Accounting Standards Board
IDW	Institut der Wirtschaftsprüfer in Deutschland e.V.
IFAC	International Federation of Accountants
IFRS	International Financial Reporting Standards

K

KoR	Kapitalmarktorientierte Rechnungslegung (Zeitschrift)

M

m.w.N.	mit weiteren Nachweisen
Mio.	Million(en)
Mrd.	Milliarde(n)

N

No.	Number
Nr.	Nummer

O

o. S.	ohne Seitenangabe

R

RIW	Recht der internationalen Wirtschaft (Zeitschrift)
Rn.	Randnummer
RS	Rechnungslegungsstandard

S

S.	Seite
SAB	SEC Staff Accounting Bulletin
SEC	Securities and Exchange Commission
SFAS	Statement of Financial Accounting Standards
sog.	so genannt
Sp.	Spalte
SPE	Special Purpose Entities
StuB	Steuer und Betrieb (Zeitschrift)

U

u.	und
u. a.	und andere
UCC	Uniform Commercial Code
US	United States
USA	United States of America

V

v.	vom
vgl.	vergleiche
Vol.	Volume

W

WPg	Die Wirtschaftsprüfung (Zeitschrift)

Z

z. B.	zum Beispiel

1 Einleitung

11 Das Prinzip der wirtschaftlichen Zurechnung von Vermögenswerten zum bilanziellen Vermögen von Unternehmen im Regelwerk des IASB

Zum Ende des Jahres 2001 erschütterte der Zusammenbruch des US-Energiehändlers Enron die internationalen Kapitalmärkte. Das zu diesem Zeitpunkt siebtgrößte US-amerikanische Unternehmen meldete mit Schulden von über 30 Mrd. US$ am 2. Dezember 2001 Insolvenz an.[1] Der Zusammenbruch nahm seinen Anfang am 8. November 2001, als Enron der US-amerikanischen Börsenaufsicht *Securities and Exchange Commission* (SEC) mitteilte, seinen Quartalsbericht berichtigen zu müssen, weil drei der so genannten Special Purpose Entities (SPE) bislang nicht in den Konsolidierungskreis einbezogen waren. Diese SPE, von denen Hunderte gegründet worden waren, hatten schlecht laufende Investitionen (z. B. Kraftwerke) von Enron abgekauft. Die zu den Investitionen zugehörigen Finanzierungsschulden wurden zusammen mit den an die SPE veräußerten Vermögenswerten aus dem Konsolidierungskreis herausgenommen. Dadurch erhöhte sich die Eigenkapitalquote des Konzerns, weil Enron die Bilanzierungsvorschrift für die Konsolidierung von SPE legal ausgenutzt hatte.[2] Gemäß der zu diesem Zeitpunkt gültigen US-Regelung EITF 90-15 musste eine SPE nicht in den Konsolidierungskreis eines Mutterunternehmens einbezogen werden, wenn außenstehende Drittgesellschafter mindestens 3 % des haftenden Eigenkapitals der SPE eingebracht hatten.[3] Durch diese zulässige Bilanzierung wurden Risiken und Schulden von insgesamt 15 Mrd. US$ nicht im Konzernabschluss abgebildet.[4] Das Schicksal von Enron war u. a. mit der Zurechnung von Vermögenswerten und Schulden zu seinem bilanziellen Vermögen verknüpft, das trotz Einhaltung der gültigen Vorschriften die Situation des Konzerns falsch darstellte. Die Zurechnung von Vermögenswerten zum bilanziellen Vermögen eines Unternehmens hat somit eine große Bedeutung dafür, ob ein Jahresabschluss ein den tatsächlichen Verhältnissen entsprechendes Bild der Vermögens-, Finanz- und Ertragslage vermittelt (*fair presentation*). Gegenstand dieser Arbeit ist nun, wie die wirtschaftliche Zu-

---

1   Vgl. LÜDENBACH, N./HOFFMANN, W.-D., Enron, S. 1169.

2   Vgl. dazu ausführlich LÜDENBACH, N./HOFFMANN, W.-D., Enron, S. 1172.

3   Vgl. ausführlich zu den Konsolidierungsvorschriften für SPE nach US-GAAP BRAKENSIEK, S., Bilanzneutrale Finanzierungsinstrumente, S. 306-314; BRAKENSIEK, S./KÜTING, K., Special Purpose Entities, S. 210-212. Im Fall Enron waren die außenstehenden Gesellschafter Mitarbeiter des Enron-Konzerns sowie deren Verwandte, Geschäftsfreunde und Bankiers. Vgl. dazu FISCHERMANN, T./KLEINE-BROCKHOFF, T., Totalausfall, o. S.

4   Vgl. LÜDENBACH, N./HOFFMANN, W.-D., Enron, S. 1172.

rechnung von Vermögenswerten zum bilanziellen Vermögen von Unternehmen nach den International Financial Reporting Standards (IFRS) geregelt ist. Dabei soll auch die Frage beantwortet werden, ob und wie mit diesem Zurechnungsprinzip für Vermögenswerte zum bilanziellen Vermögen von Unternehmen die Forderung nach einer *fair presentation* in einem IFRS-Jahresabschluss erfüllt werden kann.

Nach den Regelungen des International Accounting Standards Board (IASB) besteht das Ziel eines Jahresabschlusses darin, entscheidungsnützliche Informationen über die Vermögens-, Finanz- und Ertragslage sowie über die Veränderungen der Vermögens- und Finanzlage eines Unternehmens zu geben.[5] Maßstab für die Vermittlung entscheidungsnützlicher Informationen sind die Informationsbedürfnisse der derzeitigen und potentiellen Investoren.[6] Mittels der in einem Abschluss bereitgestellten Informationen sollen die Abschlussadressaten die Fähigkeit des Unternehmens beurteilen können, künftige Zahlungsmittel und Zahlungsmitteläquivalente zu erwirtschaften.[7] Die Fähigkeit des Unternehmens, künftige Zahlungsmittel und Zahlungsmitteläquivalente zu generieren, wird von den in der Verfügungsmacht des Unternehmens stehenden Ressourcen bestimmt. Damit die Abschlussadressaten die Fähigkeit eines Unternehmens, künftige Zahlungsmittel und Zahlungsmitteläquivalente zu erwirtschaften, prognostizieren können, benötigen sie Informationen über die in der Verfügungsmacht des Unternehmens stehenden wirtschaftlichen Ressourcen und dessen Fähigkeit in der Vergangenheit, den Ressourcenbestand zu ändern.[8] Die Ressourcen eines Unternehmens werden in einem Abschluss durch die Vermögenswerte abgebildet, die die Definitions- und Ansatzkriterien des Framework und der jeweiligen International Financial Reporting Standards (IFRS) erfüllen.

Gemäß den Definitionskriterien des F.49(a) ist ein Vermögenswert eine in der Verfügungsmacht des Unternehmens stehende Ressource, die das Ergebnis von Ereignissen der Vergangenheit ist und von der erwartet wird, dass aus ihr dem Unternehmen künftiger wirtschaftlicher Nutzen zufließt. Der künftige wirtschaftliche Nutzen eines Vermögenswerts liegt in seiner Fähigkeit, dem Unternehmen Zahlungsmittel und Zahlungsmitteläquivalente zufließen zu lassen. Der Vermögenswert kann zum Zahlungsmittelzufluss sowohl direkt, z. B. durch den Verkauf des Vermögenswerts, als auch indirekt beitragen, indem der Zahlungsmittelabfluss verringert wird, z. B. durch ein Produktionskosten einsparendes, alternatives Produktionsverfahren.[9] Bei der Frage, ob die Definitionskriterien des Vermögenswerts erfüllt sind und der den künf-

---

5   Vgl. F.12. Mit F. wird das Framework (Rahmenkonzept) des IASB abgekürzt.
6   Vgl. F.10.
7   Vgl. F.15.
8   Vgl. F.16.
9   Vgl. F.53.

tigen wirtschaftlichen Nutzen repräsentierende Vermögenswert einem Unternehmen zuzurechnen ist, muss der tatsächliche wirtschaftliche Gehalt und nicht allein die rechtliche Gestaltung des Sachverhalts berücksichtigt werden.[10] Daher fordert der IASB, dass ein Vermögenswert dem Unternehmen zuzurechnen ist, das die Verfügungsmacht über den künftigen wirtschaftlichen Nutzen des Vermögenswerts innehat und somit im Wesentlichen das gesamte wirtschaftliche Nutzenpotential des Vermögenswerts vereinnahmt.[11] Diese Regelung wird im Folgenden als das Prinzip der wirtschaftlichen Zurechnung von Vermögenswerten zum bilanziellen Vermögen des Bilanzierenden im Regelwerk des IASB bezeichnet.[12] Die Möglichkeit des Unternehmens, über das wirtschaftliche Nutzenpotential zu verfügen, beruht häufig auf dem rechtlichen Eigentum. Allerdings ist das rechtliche Eigentum nicht entscheidend, sondern lediglich ein Indiz dafür, dass das Definitionskriterium der Verfügungsmacht über den künftigen wirtschaftlichen Nutzen erfüllt ist.[13] Die Entscheidung über die Zurechnung eines Vermögenswerts ist dann problematisch, wenn der rechtliche Eigentümer keine oder nur eine eingeschränkte Verfügungsmacht über den künftigen wirtschaftlichen Nutzen besitzt.

Das rechtliche Eigentum ist das umfassendste Kriterium für die Zuordnung einer Sache zu einer Person. Rechtliches Eigentum bedeutet, die tatsächlichen Handlungen (z. B. Nutzung, Verbrauch) und die rechtlichen Handlungen (z. B. Veräußerung), die eine Rechtsordnung zulässt, an einem Gut auszuüben. Der Inhalt des rechtlichen Eigentums wird durch den Umfang der tatsächlichen und rechtlichen Handlungen bestimmt, die der rechtliche Eigentümer gemäß der jeweiligen Rechtsordnung ausüben darf.[14] Der rechtliche Eigentümer ist berechtigt, die wirtschaftlich wesentlichen Handlungen auszuüben, nämlich das Gut uneingeschränkt zu nutzen oder zu verwerten.[15] Solange der rechtliche Eigentümer das Gut uneingeschränkt nutzen oder verwerten und Dritte von der Nutzung und Verwertung ausschließen kann, kommt ihm allein das wirtschaftliche Nutzenpotential an dem jeweiligen Gut zu. Der rechtliche Eigentümer kann das Recht, die wirtschaftlich wesentlichen Handlungen auszuüben, von seinem rechtlichen Eigentum abspalten und auf eine andere Person übertragen, ohne das rechtliche Eigentum übertragen zu müssen.[16] Die Berechtigung zur Ausübung der wirtschaftlich wesentlichen Handlungen und das rechtliche Eigentum lie-

---

10 Vgl. F.51.
11 Vgl. F.57.
12 Das Prinzip der wirtschaftlichen Zurechnung von Vermögenswerten entspricht dem im Handelsrecht gültigen Grundsatz der persönlichen Zurechnung von Vermögensgegenständen. Vgl. THIELE, S., § 246 HGB, Rz. 201-204 m. w. N.
13 Vgl. F.57.
14 Vgl. BASSENGE, P., Überblick vor § 903 BGB, Rz. 1.
15 Vgl. BAUR, F./STÜRNER, R., Sachenrecht, § 3, Rz. 23.
16 Vgl. BAUR, F./STÜRNER, R., Sachenrecht, § 3, Rz. 23.

gen dann bei zwei verschiedenen Personen. Der IASB geht zwar davon aus, dass ein Vermögenswert dem rechtlichen Eigentümer in vielen Fällen zuzurechnen ist.[17] Das rechtliche Eigentum ist aber nicht dafür entscheidend, wem ein Vermögenswert bilanziell zuzurechnen ist.

12 Ökonomische und rechtliche Grundlagen des Eigentums

121. Begriff und Inhalt des Eigentums nach der Property-Rights-Theorie

Das Prinzip der wirtschaftlichen Zurechnung von Vermögenswerten zum bilanziellen Vermögen eines Unternehmens im Framework des IASB fordert, dass der Vermögenswert demjenigen Unternehmen zuzurechnen ist, das die Verfügungsmacht über das wirtschaftliche Nutzenpotential innehat. Um einen Vermögenswert diesem Unternehmen zuordnen zu können, muss zuerst geklärt werden, welche tatsächlichen Handlungsmöglichkeiten dem rechtlichen Eigentümer aus seiner Rechtsposition insgesamt zustehen. Dazu ist es erforderlich, dass der Inhalt des Eigentums danach systematisiert wird, welche tatsächlichen Handlungsmöglichkeiten ein rechtlicher Eigentümer an seinem Gut besitzt und welche dieser tatsächlichen Handlungsmöglichkeiten von seinem Eigentum abgespalten und auf ein anderes Unternehmen übertragen werden können. Zur Systematisierung des Inhalts des Eigentums wird nun der Begriff und der Inhalt des Eigentums nach der Property-Rights-Theorie herangezogen. Die Property-Rights-Theorie zeichnet sich zum einen dadurch aus, dass sie losgelöst von einer nationalen Rechtsordnung entwickelt wurde[18] und dass somit für eine Rechtsordnungen übergreifende Systematisierung des Inhalts des Eigentums auf die Struktur des Eigentums nach der Property-Rights-Theorie zurückgegriffen werden kann. Zum anderen eignet sich die Property-Rights-Theorie, komplexe und rechtlich unklar strukturierte Sachverhalte auf deren ökonomische Ergebnisse hin zu analysieren. Wenn die ökonomisch gewollten Ergebnisse einer rechtlichen Struktur ermittelt wurden, können die bilanzpolitisch motivierten Sachverhaltsgestaltungen aufgedeckt werden, mit denen die Entscheidung über die Zurechnung eines Vermögenswerts manipuliert werden können.[19]

Die Property-Rights-Theorie ist neben der Transaktionskostenökonomik und der ökonomischen Vertragstheorie eine weitere Analysemethode der neuen Institutionenökonomie.[20] Die Property-Rights-Theorie, die vor allem von den Ökonomen

---

17 Vgl. F.57.
18 Vgl. FURUBOTN, E. G./PEJOVICH, S., Property Rights and Economic Theory, S. 1139 und S. 1139, Fußnote 3.
19 Vgl. LÖCKE, J., Property-Rights-Theorie, S. 132.
20 Vgl. RICHTER, R./FURUBOTN, E., Institutionenökonomik, S. 35.

COASE, ALCHIAN und DEMSETZ entwickelt wurde,[21] untersucht, wie sich der Inhalt der Verfügungsrechte an knappen wirtschaftlichen Ressourcen auf die Verteilung und Nutzung dieser Ressourcen auswirkt. Unter dem Begriff *Property Rights* wird ein Bündel von Verfügungsrechten verstanden, wobei ein Verfügungsrecht eine von der Rechtsordnung erlaubte Handlungsmöglichkeit ist. Jede Person hat die Verfügungsrechte, die eine andere Person an einer Ressource besitzt, zu beachten. Wenn eine Person die Verfügungsrechte an einer Ressource missachtet, hat sie die Kosten der Nichtbeachtung zu tragen.[22] In der Property-Rights-Theorie werden die Bündel von Verfügungsrechten nicht als ein gegebenes Datum aufgefasst, sondern als jederzeit veränderbares Bündel von Verfügungsrechten und stellen somit eine Variable in der Property-Rights-Theorie dar.[23] Unter Verfügungsrechten werden die absoluten Verfügungsrechte, die von jedermann zu beachten sind, die relativen Verfügungsrechte, die sich auf eine Rechtsbeziehung zwischen Personen beziehen, sowie die Verfügungsrechte, die nicht rechtlich abgesichert sind, sondern auf Grund von Konventionen, Sitten und Gebräuchen bestehen, subsumiert. Die wichtigste Erkenntnis der Property-Rights-Theorie ist, dass eine bestimmte Verteilung von Verfügungsrechten das wirtschaftliche Verhalten der Wirtschaftssubjekte und somit die Verteilung der wirtschaftlichen Ressourcen in einer gewissen vorhersehbaren Weise beeinflusst. Daher lässt sich mit der Property-Rights-Theorie untersuchen, welche ökonomischen Konsequenzen alternative Verteilungen von Verfügungsrechten auf Wirtschaftssubjekte haben.[24]

Gemäß der Property-Rights-Theorie umfasst das Eigentum an einem Gut die Verfügungsrechte, eine Sache zu nutzen (usus), sich die Erträge aus der Nutzung des Guts anzueignen (usus fructus), die äußere Form und die Substanz des Guts zu verändern (abusus) und alle oder einige Rechte an dem Gut zu übertragen, z. B. durch Verkauf oder Vermietung.[25] Das Eigentum an Gütern wird als absolutes Verfügungsrecht bezeichnet, das von jedermann gegenüber anderen Personen im Umgang mit Gütern zu beachten ist.[26]

---

21 Vgl. COASE, R. H., Social Cost, S. 1-44; ALCHIAN, A. A., Property Rights, S. 816-829; DEMSETZ, H., Property Rights, S. 11-26; DEMSETZ, H., Theory of Property Rights, S. 347-359.

22 Vgl. FURUBOTN, E. G./PEJOVICH, S., Property Rights and Economic Theory, S. 1139.

23 Vgl. DEMSETZ, H., Theory of Property Rights, S. 347. Die klassische und neoklassische Wirtschaftstheorie gingen hingegen von einem bestimmten Bündel von Verfügungsrechten als gegebenem Datum aus.

24 Vgl. ausführlich zur Property-Rights-Theorie COASE, R. H., Social Cost, S. 1-44; ALCHIAN, A. A., Property Rights, S. 816-829; DEMSETZ, H., Property Rights, S. 11-26; DEMSETZ, H., Theory of Property Rights, S. 347-359. Einen einführenden Überblick vermitteln RICHTER, R./FURUBOTN, E. G., Institutionenökonomik; FURUBOTN, E. G./PEJOVICH, S., Property Rights and Economic Theory, S. 1137-1162.

25 Vgl. FURUBOTN, E. G./PEJOVICH, S., Property Rights and Economic Theory, S. 1140.

26 Vgl. FURUBOTN, E. G./PEJOVICH, S., Property Rights and Economic Theory, S. 1139.

Der Nutzen, der sich aus der knappen Ressource ergibt, steht ausschließlich dem Eigentümer der Ressource zu. Die Verfügungsrechte schließen also alle anderen Personen vom Nutzen, den der Eigentümer durch seine eigenen Anstrengungen erwirtschaftet hat, aus. Ohne ausschließende Verfügungsrechte gäbe es für den Eigentümer keinen Anreiz, die Ressourcen effizient einzusetzen, da der Eigentümer nicht sicher sein könnte, dass sein selbst erwirtschafteter Nutzen ausschließlich ihm zustünde.[27] Die ausschließenden Verfügungsrechte sind aber durch die bestehende Gesamtrechtsordnung beschränkt.[28] Für eine effiziente Ressourcenverteilung kann der Eigentümer Dritte gegen Entgelt an den Verwendungsmöglichkeiten seines Eigentums teilhaben lassen. Bei ökonomischem Handeln werden diese Handlungsmöglichkeiten an denjenigen entgeltlich übertragen, der den höchsten Nutzen mit diesen Handlungsmöglichkeiten erwirtschaftet, denn er hat die höchste Zahlungsbereitschaft für den künftigen Nutzen.[29] Für eine effiziente Ressourcenallokation ist es erforderlich, dass der Eigentümer diese Verfügungsrechte von seinem Eigentum abspalten und frei auf Dritte übertragen kann.[30]

Die Definition des Eigentums in der Property-Rights-Theorie stimmt grundsätzlich mit den Bestimmungen des Eigentums in den Rechtsordnungen überein, die auf dem römischen Recht oder auf dem angelsächsischen Common Law basieren.[31] Begriff und Inhalt des Eigentums nach der Property-Rights-Theorie werden im Folgenden in dieser Arbeit zu Grunde gelegt, weil sie unabhängig von nationalen Rechtsordnungen sind. Die Untersuchungen dieser Arbeit verwendet somit einen anwendbaren Begriff und Inhalt des Eigentums, nämlich die Verfügungsrechte, ein Gut zu nutzen, sich die Erträge aus der Nutzung des Guts anzueignen, die äußere Form und die Substanz des Guts zu verändern und alle oder einige Rechte an dem Gut zu übertragen. Begriff und Inhalt des Eigentums basieren auf einheitlichen sowie auf dem römischen Recht oder dem angelsächsischen Common Law beruhenden Rechtsordnungen.[32] Wenn die vom IASB veröffentlichten Rechnungslegungsstandards von solchen einheitlichen und Rechtsordungen übergreifenden Rechtsinstituten ausgehen, können sie weltweite Gültigkeit erlangen. Dann kann auch das Ziel der International Accounting Standards Committee Foundation (IASCF) erreicht werden, globale Rechnungslegungsstandards zu entwickeln, die vergleichbare Informationen in den Abschlüssen

---

27 Vgl. DEMSETZ, H., Theory of Property Rights, S. 347 ff.

28 Vgl. POSNER, R. A., Economic Analysis of Law, S. 38; FURUBOTN, E. G./PEJOVICH, S., Property Rights and Economic Theory, S. 1139 f.

29 Vgl. POSNER, R. A., Economic Analysis of Law, S. 36.

30 Vgl. RICHTER, R./FURUBOTN, E. G., Institutionenökonomik, S. 85.

31 Vgl. FURUBOTN, E. G./PEJOVICH, S., Property Rights and Economic Theory, S. 1139 und S. 1139, Fußnote 3.

32 Vgl. FURUBOTN, E. G./PEJOVICH, S., Property Rights and Economic Theory, S. 1139 f.

und sonstigen Kapitalmarktinformationen erfordern, um die Abschlussadressaten weltweit in ihren wirtschaftlichen Entscheidungen zu unterstützen.[33]

122. Begriff und Inhalt des Eigentums im deutschen Zivilrecht

Im deutschen Sachenrecht ist der rechtliche Begriff des Eigentums in § 903 BGB festgelegt.[34] § 903 BGB enthält keine Legaldefinition des Eigentums, sondern legt den Inhalt der dem Eigentümer zustehenden Befugnisse fest.[35] Gemäß § 903 BGB darf der Eigentümer mit der Sache nach seinem Belieben verfahren und Dritte von jeder Einwirkung auf die Sache ausschließen, soweit dem nicht Gesetz oder Rechte Dritter entgegenstehen. Rechtlich ist das **Eigentum** das umfassendste Recht zur tatsächlichen und rechtlichen Herrschaft über eine Sache, das nur durch die bestehende Gesamtrechtsordnung beschränkt wird.[36] Das Eigentum ist ein absolutes Recht, das gegenüber jedermann wirkt.[37]

Inhaltlich stehen dem Eigentümer alle an einer Sache gesetzlich zugelassenen Nutzungs- und Verwertungsbefugnisse zu. Neben den rechtlichen Handlungsmöglichkeiten, wie der Übereignung, Eigentumsaufgabe, Belastung mit beschränkt dinglichen Rechten oder Regelungen der Benutzung, kann der Eigentümer die Sache tatsächlich besitzen, benutzen, verändern, verbrauchen oder vernichten.[38] Der Eigentümer ist außerdem befugt, Dritte von jeder Art der Einwirkung auf die Sache auszuschließen. Dritte können auf die Sache einwirken, indem sie die Sache unerlaubt wegnehmen, zerstören, beschädigen oder benutzen. Der Eigentümer schließt Dritte von Einwirkungen auf die Sache aus, indem er entweder tatsächlich gegen die unerlaubten Handlungen einwirkt, z. B. durch Notwehr, oder durch rechtlichen Herausgabeanspruch sowie rechtliche Unterlassungs- und Beseitigungsansprüche.[39] Der rechtliche Eigentümer kann neben der Eigennutzung und Eigenverwertung einer anderen Person die Nutzung überlassen, jemand anderem die Befugnis übertragen, die Sache zu verwerten oder sogar einer anderen Person das Recht einräumen, die Sache zu erwerben. Dazu spaltet der rechtliche Eigentümer diese Befugnisse von seinem Eigentum ab und überträgt diese Befugnisse auf eine andere Person.[40]

---

33 Vgl. IASC (HRSG.), Foundation Constitution, Par. 2(a).

34 Vgl. BAUR, F./STÜRNER, R., Sachenrecht, § 24, Rz. 3.

35 Vgl. BASSENGE, P., Vor § 903 BGB, Rz. 1.

36 Vgl. BASSENGE, P., Vor § 903 BGB, Rz. 1; BAUR, F./STÜRNER, R., Sachenrecht, § 24, Rz. 5.

37 Vgl. BASSENGE, P., Vor § 854 BGB, Rz 2.

38 Vgl. BASSENGE, P., § 903 BGB, Rz. 4; WOLF, M., Sachenrecht, Rz. 44.

39 Vgl. BASSENGE, P., § 903 BGB, Rz. 6; WOLF, M., Sachenrecht, Rz. 46.

40 Vgl. BAUR, F./STÜRNER, R., Sachenrecht, § 3, Rz. 23; WOLF, M., Sachenrecht, Rz. 6.

Der **Besitz**[41] ist vom Eigentum zu trennen. Während der Eigentümer kraft seines Rechtstitels die tatsächlichen und rechtlichen Handlungen an einer Sache ausübt, übt der Besitzer die Handlungen an der Sache tatsächlich und unabhängig vom Rechtstitel aus.[42] Der Eigentümer hat - vorbehaltlich anderer von ihm veranlasster Regelungen - das Recht zum Besitz. In vielen Fällen besitzt indes eine Person die Sache, obwohl sie nicht der Eigentümer der Sache ist (z. B. der Mieter eines Gebäudes). Der Besitz kann u. a. nach dem Grad der Beziehung zur Sache unterschieden werden. Demnach ist eine Person unmittelbarer Besitzer, wenn sie die Handlungsmöglichkeiten an der Sache tatsächlich ausüben kann und will.[43] Der Mieter des Gebäudes kann z. B. einzelne Gebäudeteile untervermieten. Ein mittelbarer Besitz liegt vor, wenn der mittelbare Besitzer nicht direkt auf die Sache zugreifen darf, weil er die tatsächlichen Handlungen durch eine andere Person, den unmittelbaren Besitzer, ausüben lässt.[44] Der Vermieter bspw. ist mittelbarer Besitzer des Gebäudes. Die Nutzung des Gebäudes überlässt er dem Mieter. Der unmittelbare Besitzer leitet seine tatsächlichen Handlungen aus der Rechtsposition des mittelbaren Besitzers ab.[45] Der Mieter des Gebäudes bspw. leitet sein Recht zur Untervermietung aus der Rechtsposition, die ihm der Vermieter eingeräumt hat, ab. Der mittelbare Besitzer hat außerdem einen Herausgabeanspruch gegenüber dem unmittelbaren Besitzer.[46] Der Vermieter kann z. B. unter Berücksichtigung gesetzlicher Kündigungsfristen den Mieter verpflichten, das Gebäude zu räumen.

13 Problemstellung

Ein Vermögenswert ist nach den Regelungen des IASB demjenigen Unternehmen bilanziell zuzurechnen, das die Verfügungsmacht über den künftigen wirtschaftlichen Nutzen des Vermögenswerts innehat und somit im Wesentlichen das gesamte wirtschaftliche Nutzenpotential des Vermögenswerts vereinnahmt. Wenn ein Unternehmen sowohl die Verfügungsmacht über den künftigen wirtschaftlichen Nutzen eines Vermögenswerts innehat als auch rechtlicher Eigentümer dieses Vermögenswerts ist, ist der Vermögenswert unzweifelhaft und ohne Ausnahme in der Bilanz dieses Unternehmens anzusetzen.[47] Die Zurechnung eines Vermögenswerts zu einem Unterneh-

---

41 Im US-amerikanischen Sachenrecht gibt es das vergleichbare Institut des *bailment*, bei dem der rechtliche Eigentümer (*bailor*) einer Person (*bailee*) den berechtigten Besitz an einer Sache verschafft. Vgl. HAY, P., US-Amerikanisches Recht, Rz. 473.
42 Vgl. BAUR, F./STÜRNER, R., Sachenrecht, § 3, Rz. 24; WOLF, M., Sachenrecht, Rz. 160.
43 Vgl. WOLF, M., Sachenrecht, Rz. 171; BAUR, F./STÜRNER, R., Sachenrecht, § 7, Rz. 13.
44 Vgl. WOLF, M., Sachenrecht, Rz. 175; BAUR, F./STÜRNER, R., Sachenrecht, § 7, Rz. 30.
45 Vgl. BAUR, F./STÜRNER, R., Sachenrecht, § 7, Rz. 37.
46 Vgl. BAUR, F./STÜRNER, R., Sachenrecht, § 7, Rz. 43.
47 Vgl. F.57.

men ist aber in den Fällen problematisch, in denen der rechtliche Eigentümer keine oder nur eine eingeschränkte Verfügungsmacht über den künftigen wirtschaftlichen Nutzen des Vermögenswerts besitzt. In diesen Fällen überlässt der rechtliche Eigentümer die Verfügungsmacht ganz oder teilweise aufgrund vertraglicher Vereinbarungen einem anderen Unternehmen.

Um einen Vermögenswert demjenigen Unternehmen zuordnen zu können, das die Verfügungsmacht an diesem Vermögenswert innehat, muss zuerst geklärt werden, welche Verfügungsrechte dem rechtlichen Eigentümer aus seiner Rechtsposition insgesamt zustehen. Davon ausgehend ist zu untersuchen, welche Verfügungsrechte, die vom rechtlichen Eigentum abgespalten und auf ein Unternehmen übertragen werden, die Verfügungsmacht über den künftigen wirtschaftlichen Nutzen des Vermögenswerts begründen, so dass anstelle des rechtlichen Eigentümers das berechtigte Unternehmen diese Verfügungsmacht innehat. In diesem Fall ist der Vermögenswert dem berechtigten Unternehmen und nicht dem rechtlichen Eigentümer wirtschaftlich zuzurechnen. Eine zentrale Frage dieser Arbeit lautet daher:

Welche Verfügungsrechte können die Verfügungsmacht über den künftigen wirtschaftlichen Nutzen eines Vermögenswerts begründen?

Für die Entscheidung, ob ein Unternehmen die Verfügungsmacht über den künftigen wirtschaftlichen Nutzen eines Vermögenwerts innehat, sind eindeutige und intersubjektiv nachprüfbare Kriterien notwendig. Das Framework enthält indes keine solchen eindeutigen und intersubjektiv nachprüfbaren Kriterien, die es erlauben, Vermögenswerte wirtschaftlich zuzurechnen. Die Bereitstellung eindeutiger und objektiver Kriterien für die wirtschaftliche Zurechnung von Vermögenswerten spielt im IASB-Regelwerk bisher nur eine untergeordnete Rolle.[48] Das in der Vermögenswertdefinition enthaltene Zurechnungskonzept liefert den bilanzierenden Unternehmen nur ungenaue und in der Praxis kaum anwendbare Merkmale, die nicht in jedem Fall zu einer eindeutigen und intersubjektiv nachprüfbaren Zurechnung von Vermögenswerten führen. Da im Framework übergeordnete Kriterien für die Zurechnung von Vermögenswerten fehlen, hat ein bilanzierendes Unternehmen Anforderungen und Anwendungsrichtlinien anderer IFRS zu beachten.[49]

IAS 17, *Leases*, enthält Beispiele und Anhaltspunkte, in welchen Fällen ein Finanzierungsleasingverhältnis vorliegt und der Leasinggegenstand somit dem Leasingnehmer zuzurechnen ist.[50] Gemäß IAS 17 sind Leasinggegenstände demjenigen zuzurechnen, bei dem im Wesentlichen alle mit dem Leasinggegenstand verbundenen Eigentümer-

---

48 Vgl. MELLWIG, W./WEINSTOCK, M., Die Zurechnung von mobilen Leasingobjekten, S. 2348.
49 Vgl. IAS 18.11(a).
50 Vgl. IAS 17.10-11.

risiken und -chancen liegen (*Risk-and-reward-Ansatz*).[51] Diese generelle Zurechnungsregel wird durch typische Leasingverhältnisse, in denen ein Finanzierungsleasingverhältnis vorliegen kann, konkretisiert.[52] Allerdings sind diese Beispielfälle keine ausschließlichen und verbindlichen Zurechnungsregeln.[53] Auch wenn Tatbestandsmerkmale auf ein Finanzierungsleasingverhältnis hindeuten, kann der Leasingnehmer eine Bilanzierung in seinem Abschluss verhindern, wenn er dies begründen kann. Umgekehrt kann aber auch ein Finanzierungsleasingverhältnis vorliegen, wenn die Tatbestandsmerkmale der Indizien nicht erfüllt sind.[54]

IAS 39, *Financial Instruments: Recognition and Measurement*, schreibt für finanzielle Vermögenswerte spezielle Zurechnungskriterien vor. Grundsätzlich ist derjenigen Vertragspartei ein finanzieller Vermögenswert zuzurechnen, die im Wesentlichen alle mit dem Eigentum verbundenen Chancen und Risiken des finanziellen Vermögenswerts besitzt (*Risk-and-Reward-Ansatz*).[55] Für den Fall, dass ein Unternehmen, das einen finanziellen Vermögenwert auf ein anderes Unternehmen übertragen hat, im Wesentlichen alle Eigentümerrisiken und -chancen weder übertragen noch zurückbehalten hat, hat das übertragende Unternehmen zu prüfen, ob es die Verfügungsmacht über den finanziellen Vermögenswert (*Control-Prinzip)* behalten hat. Bei der bilanziellen Zurechnung von finanziellen Vermögenswerten sind sowohl der Risk-and-Reward-Ansatz als auch das Control-Prinzip zu berücksichtigen.

SIC-12, *Consolidation - Special Purpose Entities*, gibt den bilanzierenden Unternehmen Sachverhalte an die Hand, in denen es zu einer Zurechnung eines Unternehmens zum Konsolidierungskreis eines konzernabschlusspflichtigen Unternehmens kommt und somit die Vermögenswerte des zu konsolidierenden Unternehmens im Konzernabschluss bilanziert werden.[56] Ein Unternehmen hat eine Special Purpose Entitiy (SPE) in seinen Konzernabschluss aufzunehmen, wenn es die SPE beherrscht.[57] Auch diese generelle Zurechnungsregel wird durch nicht verbindliche Indizien des SIC-12 konkretisiert.[58] Weil diese Indizien teilweise entweder auf einem Risk-and-reward-Ansatz oder auf dem Control-Prinzip basieren, kann über die Zurechnung einer SPE zum Konsolidierungskreis des berichtspflichtigen Unternehmens unterschiedlich entschieden werden.[59]

---

51 Vgl. IAS 17.20 i. V. m. IAS 17.4.
52 Vgl, IAS 17.10-11.
53 Vgl. FINDEISEN, K.-D., Bilanzierung von Leasingverträgen, S. 847; MELLWIG, W., Bilanzielle Darstellung von Leasingverträgen, S. 8.
54 Vgl. ALVAREZ, M./WOTSCHOFSKY, S./MIETHIG, M., Leasingverhältnisse nach IAS 17, S. 936.
55 Vgl. IAS 39.20.
56 Vgl. SIC-12.10.
57 Vgl. IAS 27.4.
58 Vgl. SIC-12.10 (a)-(d) sowie den Appendix.

Da die im Regelwerk des IASB enthaltenen Zurechnungskonzepte den bilanzierenden Unternehmen Subsumtionsspielräume ermöglichen, wird den Unternehmen die
Möglichkeit eingeräumt, Vermögenswerte nicht in ihren Jahresabschluss aufzunehmen, obwohl das Unternehmen die Verfügungsmacht über den künftigen wirtschaftlichen Nutzen innehat. Der Jahresabschlussadressat kann indes nicht erkennen, ob
und gegebenenfalls auf welche Weise ein Unternehmen diese Subsumtionsspielräume
ausgenutzt hat, wenn der Abschlussprüfer die Entscheidung über die Zurechnung
nicht anhand objektiver und eindeutiger Zurechnungskriterien überprüfen kann. Dadurch wird die Zuverlässigkeit der Jahresabschlussinformationen eingeschränkt. Die
zweite zentrale Frage lautet daher:

> Führt ein Zurechnungskonzept, das auf den Verfügungsrechten des rechtlichen
> Eigentums basiert, zu einer zuverlässigen wirtschaftlichen Zurechnung von Ver-
> mögenswerten?

Die bisher im Regelwerk des IASB enthaltenen Zurechnungskonzepte sind kasuistische Einzelfalllösungen für den jeweils zu behandelnden Sachverhalt. Diese kasuistischen Einzelfalllösungen können dazu führen, dass wesensgleiche Sachverhalte ohne
sachlichen Grund ungleich behandelt werden (Wertungswidersprüche).[60] Dadurch
wird ein Zeit- und Betriebsvergleich mit Hilfe von Jahresabschlüssen weit gehend un-
möglich gemacht. Ein weiterer Nachteil der kasuistischen Einzelfalllösungen ist, dass
die den bereits gelösten Sachverhalten ähnlichen Fälle ungelöst bleiben und für die
neu entstehenden Sachverhalte immer wieder neue Lösungen gefunden werden müssen. Daher beschäftigt sich diese Arbeit auch mit der folgenden Frage:

> Wie muss ein Zurechnungskonzept gestaltet werden, so dass wesensgleichen
> Sachverhalte einheitlich einem Unternehmen wirtschaftlich, d. h. bilanziell zuge-
> rechnet werden und so die Vergleichbarkeit von Jahresabschlüssen im Zeit- und
> Betriebsvergleich sichergestellt werden kann?

Ziel dieser Arbeit ist es also, das im Framework enthaltene Prinzip der wirtschaftlichen Zurechnung von Vermögenswerten zum bilanziellen Vermögen von Unternehmen zu konkretisieren und operationale objektive Zurechnungsregeln zu entwickeln.
Dazu werden die Verfügungsrechte des Eigentums systematisiert und auf ihren wirtschaftlichen Gehalt hin analysiert. Aus dem in der Vermögenswertdefinition enthaltenen Zurechnungskonzept soll ein generelles Zurechnungskriterium entwickelt werden. Dieses Zurechnungskriterium soll anschließend durch die Verfügungsrechte des
Eigentums konkretisiert und operationalisiert werden. Angestrebt wird die Erarbei-
tung eines eindeutigen, objektiven und in sich geschlossenen Zurechnungskonzepts,

---

59 Vgl. SCHRUFF, W./ROTHENBURGER, M., Konsolidierung von Special Purpose Entities, S. 763.
60 Vgl. LARENZ, K./CANARIS, W., Methodenlehre, S. 155.

das möglichst für alle denkbaren Sachverhalte zu einer eindeutigen und für alle wesensgleichen Sachverhalte zu einer einheitlichen Zurechnung von Vermögenswerten führt. Anhand ausgewählter Problemfälle der Zurechnung von Vermögenswerten wird geprüft, ob die entwickelten Zurechnungskriterien die an sie gestellten Anforderungen erfüllen können.

14 Aufbau der Untersuchung

Um die erste zentrale Frage dieser Arbeit, nämlich welche Verfügungsrechte die Verfügungsmacht über den künftigen wirtschaftlichen Nutzen eines Vermögenswerts begründen, beantworten zu können, wird in **Abschnitt 2** das rechtliche Eigentum in die wirtschaftlich wesentlichen Verfügungsrechte, die so genannten Teilrechte des Eigentums nach der Property-Rights-Theorie, aufgeteilt. Die Teilrechte werden nach ihrem Umfang und ihrer jeweiligen Ausprägung, in denen sie der rechtliche Eigentümer auf andere Personen übertragen kann, systematisiert. Dementsprechend wird das Nutzungsrecht in **Abschnitt 23**, das Verwertungsrecht in **Abschnitt 24** und das Erwerbsrecht in **Abschnitt 25** behandelt. Die Systematisierung führt die jeweiligen Ausprägungen der Teilrechte auf ihre wesensbestimmenden Merkmale zurück, damit möglichst jeder in der Praxis denkbare Fall durch die Systematik erfasst werden kann. Im **Abschnitt 26** werden in der Praxis übliche Teilrechte und Kombinationen von Teilrechten kurz vorgestellt. Der Abschnitt endet mit einer Übersicht über alle theoretisch denkbaren und in der Realität anzutreffenden Teilrechte und Kombinationen von Teilrechten.

Anschließend werden in **Abschnitt 31** das Ziel der IFRS-Rechnungslegung sowie die sich daraus ergebenden Anforderungen an die IFRS-Rechnungslegung erläutert. In **Abschnitt 32** wird aus der Aktivierungskonzeption des Framework ein generelles Zurechnungskriterium entwickelt. Um dieses generelle Zurechnungskriterium zu operationalisieren, werden die einzelnen Kriterien der Aktivierungskonzeption auf konkretisierende Merkmale untersucht. Weil die Aktivierungskonzeption nicht geeignet ist, das generelle Zurechnungskriterium intersubjektiv nachprüfbar zu konkretisieren, wird in **Abschnitt 33** und in **Abschnitt 34** der zentralen Frage nachgegangen, welche Teilrechte die Verfügungsmacht über den künftigen wirtschaftlichen Nutzen eines Vermögenswerts begründen können. Zuerst wird für das jeweilige Teilrecht partiell untersucht, ob und wie es die Verfügungsmacht über den künftigen wirtschaftlichen Nutzen begründen kann. Diese Untersuchung wird anschließend für Kombinationen von Teilrechten durchgeführt. Zuerst wird untersucht, ob und in welcher Ausprägung das jeweilige Teilrecht bzw. Teilrechtsbündel die Verfügungsmacht über den künftigen wirtschaftlichen Nutzen des Vermögenswerts begründet bzw. begründen kann. Daran anschließend werden Anforderungen an die Zuverlässigkeit der Informationen, die der Entscheidung über die Zurechnung des Vermögenswerts zum bilanziellen Vermögen zu Grunde liegen, formuliert. Für jede Ausprägung und Kombination von Teilrechten, wie sie vorab in Abschnitt 2 systematisiert worden sind, wird eine konkrete bilanzielle Zurechnungsregel entwickelt. **Abschnitt 35** beendet die zentrale Untersuchung eines bilanziellen Zurechnungskonzepts für Vermögenswerte zum bilanziellen Vermögen mit einem Zwischenfazit und einer graphischen Übersicht über die entwickelten bilanziellen Zurechnungsregeln für jedes denkbare Teilrecht bzw. Teilrechtsbündel, die in Abschnitt 26 definiert worden sind.

Das im vorherigen Abschnitt 3 entwickelte Zurechnungskonzept wird in **Abschnitt 4** auf ausgewählte Problemfälle der Zurechnung von Vermögenswerten angewendet. In diesem Abschnitt wird untersucht, ob die in Abschnitt 3 entwickelten Zurechnungsregeln zu einer intersubjektiv nachprüfbaren und somit zuverlässigen Zurechnung von Vermögenswerten zum bilanziellen Vermögen des Bilanzierenden in den ausgewählten Problemfällen führen. Zusätzlich wird analysiert, ob bei Sachverhalten, in denen ein Unternehmen gleichartige Verfügungsrechte an einem Vermögenswert innehat, der jeweilige Vermögenswert einheitlich bilanziell zugerechnet wird. Zu den ausgewählten Problemfällen gehören die wirtschaftliche Zurechnung von Vermögenswerten, die in einem Leasingverhältnis gehalten werden (**Abschnitt 42**), sowie von finanziellen Vermögenswerten, die Grundlage eines Pensionsgeschäfts sind (**Abschnitt 43**). Als dritter Anwendungsfall werden auf Special Purpose Entities ausgelagerte Vermögenswerte behandelt (**Abschnitt 44**). Zum einen wird versucht, eindeutige und objektive Zurechnungsregeln zu entwickeln, die zu einer Zurechnung der auf Special Purpose Entities ausgelagerten Vermögenswerte zum Einzelabschluss des auslagernden Unternehmens führen. Zum anderen wird untersucht, ob das aus der Vermögenswertdefinition des Framework entwickelte generelle Zurechnungskriterium auch für den Konzernabschluss anwendbar ist.

Die Arbeit endet mit einer thesenartigen Zusammenfassung der Ergebnisse in **Abschnitt 5**.

Die Übersicht 1-1 veranschaulicht den Aufbau der Untersuchung in dieser Arbeit:

Das Prinzip der wirtschaftlichen Zurechnung im Framework des IASB:

Ein Vermögenswert wird demjenigen Unternehmen bilanziell zugerechnet, das die Verfügungsmacht über den künftigen wirtschaftlichen Nutzen eines Vermögenswerts innehat.

Abschnitt 2

Frage: Welche Verfügungsrechte stehen dem rechtlichen Eigentümer an einem Vermögenswert zu und können vom rechtlichen Eigentum abgespalten werden?

Inhalt: Detaillierte Systematisierung der Verfügungsrechte des rechtlichen Eigentums an einem Vermögenswert

Abschnitt 3

Frage: Welche Verfügungsrechte könnnen die Verfügungsmacht über den künftigen wirtschaftlichen Nutzen eines Vermögenswerts begründen?

Führt ein Zurechnungskonzept, das auf den Verfügungsrechten des rechtlichen Eigentums basiert, zu einer zuverlässigen wirtschaftlichen Zurechnung von Vermögenswerten?

Inhalt: Entwicklung eines eindeutigen, objektiven und in sich geschlossenen Zurechnungskonzepts für Vermögenswerte auf der Basis von Verfügungsrechten

Abschnitt 4

Frage: Ist das entwickelte Zurechnungskonzept geeignet, wesensgleiche Sachverhalte zuverlässig und einheitlich einem Unternehmen bilanziell zuzurechnen, und kann so die Vergleichbarkeit von Jahresabschlüssen im Zeit- und Betriebsvergleich sichergestellt werden?

Inhalt: Anwendung des Zurechnungskonzepts auf die Sachverhalte:
- Leasingverhältnisse
- Wertpapierpensionsgeschäfte
- auf SPE ausgelagerte Vermögenswerte

Übersicht 1-1:   Aufbau der Untersuchung

14

2 Systematisierung der Teilrechte des Eigentums

21 Vorbemerkung

Das Prinzip der wirtschaftlichen Zurechnung im Framework des IASB fordert, dass ein Vermögenswert demjenigen Unternehmen bilanziell zuzurechnen ist, das die Verfügungsmacht über den künftigen wirtschaftlichen Nutzen eines Vermögenswerts besitzt. Obwohl das rechtliche Eigentum an einem Vermögenswert häufig die Verfügungsmacht über diesen Vermögenswert begründet, ist das rechtliche Eigentum lediglich ein Indiz dafür, dass ein Unternehmen die Verfügungsmacht über das künftige Nutzenpotential eines Vermögenswerts innehat.[1] Die Entscheidung über die Zurechnung eines Vermögenswerts darf dann nicht mehr anhand des rechtlichen Eigentums erfolgen, wenn der rechtliche Eigentümer keine oder nur eine eingeschränkte Verfügungsmacht über den künftigen wirtschaftlichen Nutzen eines Vermögenswerts innehat.

Um festzustellen, wann der rechtliche Eigentümer keine oder nur eine eingeschränkte Verfügungsmacht über den künftigen wirtschaftlichen Nutzen eines Vermögenswerts besitzt, muss zuerst geklärt werden, welche Verfügungsrechte dem rechtlichen Eigentümer an einem Vermögenswert aus seiner Rechtsposition überhaupt zustehen und welche dieser Verfügungsrechte vom rechtlichen Eigentum abgespalten und an ein anderes Unternehmen übertragen werden können. Im Folgenden werden daher die wirtschaftlich wesentlichen Verfügungsrechte, d. h. die Teilrechte des Eigentums, detailliert systematisiert. Die Systematik führt die Ausprägungen der einzelnen Teilrechte auf ihre wesensbestimmenden Merkmale zurück. Für jede Ausprägung eines Teilrechts wird dann untersucht, welche wirtschaftlich wesentlichen Handlungen der Inhaber des jeweiligen Teilrechts an dem Vermögenswert ausüben darf.

Anhand der Ergebnisse aus der Systematisierung in diesem Abschnitt soll im Anschluss die erste zentrale Frage in dieser Arbeit beantwortet werden, nämlich welche Teilrechte die Verfügungsmacht über den künftigen wirtschaftlichen Nutzen eines Vermögenswerts begründen können. Als Konsequenz ist dem Unternehmen, das diese Verfügungsmacht besitzt, der Vermögenswert bilanziell zuzurechnen.

---

1 Vgl. F.57.

22 Struktur der Verfügungsrechte nach der Property-Rights-Theorie als Basis für eine Systematisierung der Teilrechte

Die Systematisierung der wirtschaftlich wesentlichen Verfügungsrechte des Eigentums muss auf einem einheitlichen und in möglichst jeder Rechtsordnung anwendbaren Begriff und Inhalt des Eigentums basieren. Die Property-Rights-Theorie wurde losgelöst von einer nationalen Rechtsordnung entwickelt. Für eine Rechtsordnungen übergreifende Systematisierung der mit dem Eigentum verbundenen Verfügungsrechte kann daher auf die Struktur des Eigentums nach der Property-Rights-Theorie zurückgegriffen werden. Die Verfügungsrechte werden so systematisiert, dass möglichst alle theoretisch denkbaren Sachverhalte berücksichtigt werden, auch wenn diese nicht in jedem Rechtssystem vorhanden sind.[2]

Der Eigentümer kann von seinem Eigentum einzelne Verfügungsrechte oder Bündel von Verfügungsrechten abspalten und an Dritte übertragen.[3] Die Verfügungsrechte sind Bestandteil des Eigentumsrechts, das sämtliche möglichen Herrschaftshandlungen umfasst. Die Verfügungsrechte werden daher im Folgenden als Teilrechte des Eigentums bezeichnet. Die Inhaber der Teilrechte des Eigentums werden in dieser Arbeit Teilrechtsinhaber genannt, da sie nur innerhalb des Handlungsrahmens, der ihnen mit einem Teilrecht des Eigentums übertragen wird, über das Gut verfügen dürfen.[4] Die Teilrechte schließen den Eigentümer von seinem Eigentum so weit aus, wie der Teilrechtsinhaber mittels seiner Teilrechte sachlich und zeitlich über das Gut verfügen darf.[5] Erlischt das Teilrecht, z. B. auf Grund einer Kündigung oder nach Ablauf einer vereinbarten Laufzeit, fällt das Teilrecht automatisch an den Eigentümer zurück.[6]

Entsprechend der Struktur des Eigentums nach der Property-Rights-Theorie[7] wird in dieser Arbeit zwischen den folgenden drei Teilrechten des Eigentums unterschieden, die in den Abschnitten 23 bis 25 erläutert werden. Die Teilrechte des Eigentums werden wie in der Übersicht 2-1 systematisiert:

---

2 Die folgende Systematisierung findet sich bspw. im deutschen Sachenrecht wieder.
3 Vgl. ALCHIAN, A. A./DEMSETZ, H., Property Right Paradigm, S. 17; FURUBOTN, E. G./PEJOVICH, S., Property Rights and Economic Theory, S. 1139; BAUR, F./STÜRNER, R., Sachenrecht, § 3, Rz. 23.
4 Vgl. ALCHIAN, A. A., Property Rights, S. 132 f.; BASSENGE, P., Einführung vor § 854 BGB, Rz. 5.
5 Vgl. BASSENGE, P., Einführung vor § 854 BGB, Rz. 5.
6 Vgl. WOLF, M., Sachenrecht, Rz. 6.
7 Vgl. FURUBOTN, E. G./PEJOVICH, S., Property Rights and Economic Theory, S. 1140; DE ALESSI, L., Economics of Property Rights, S. 4.

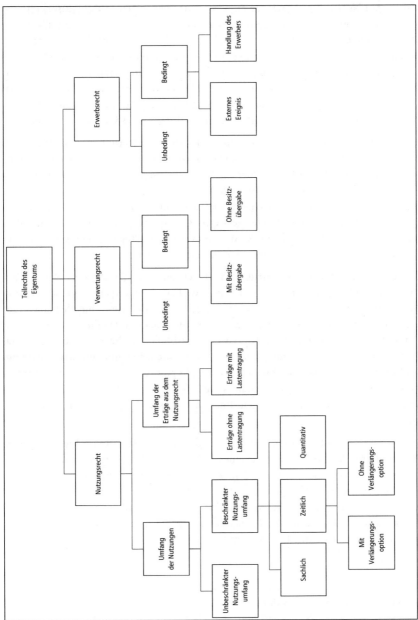

Übersicht 2-1: Teilrechte des Eigentums

Unter dem **Nutzungsrecht** werden das Recht zur Nutzung eines Gutes (usus) und das Recht zur Aneignung der Erträge aus einem Gut (usus fructus) subsumiert. Das Recht zur Nutzung erlaubt dem Teilrechtsinhaber, grundsätzlich sämtliche Nutzungsarten an einem Gut auszuüben. Nutzungsarten sind der unmittelbare oder mittelbare Gebrauch eines Guts. Der Umfang des Rechts zur Nutzung kann indes auf einzelne Nutzungsarten beschränkt, für eine beschränkte Nutzungsdauer vereinbart oder das Nutzungsrecht kann durch mehrere Nutzungsberechtigte gemeinsam ausgeübt werden. Das Nutzungsrecht berechtigt nicht, die Substanz eines Guts zu verwerten.

Das **Verwertungsrecht** entspricht dem Recht zur Veränderung der äußeren Form und der Substanz des Guts (abusus) sowie zur Veräußerung aller oder einiger Rechte an dem Gut. Vergibt der Eigentümer das Verwertungsrecht, räumt er dem Teilrechtsinhaber die Befugnis ein, die Substanz des Guts zu verwerten. Das Verwertungsrecht ist unbedingt, wenn der Teilrechtsinhaber das Gut jederzeit verwerten kann. Der Teilrechtsinhaber hat ein bedingtes Verwertungsrecht inne, wenn er das Recht erst zu einem Zeitpunkt ausüben kann, zu dem bestimmte Bedingungen eingetreten sind, bspw. wenn bestimmte Leistungen nicht erbracht worden sind.[8]

Das **Erwerbsrecht** wird in der Struktur des Eigentums nach der Property-Rights-Theorie nicht explizit genannt. Das Recht, ein Erwerbsrecht zu vergeben, erhält der rechtliche Eigentümer aus seinem Verwertungsrecht. Hat der Teilrechtsinhaber ein Erwerbsrecht inne, ist er berechtigt, das umfassende Eigentum (Vollrecht) oder ein anderes Recht an einem Gut künftig zu erwerben.[9] Der Teilrechtsinhaber kann das Recht zum Erwerb unabhängig von einem bestimmten Ereignis ausüben (unbedingtes Erwerbsrecht). Das Erwerbsrecht ist ein bedingtes Recht, wenn es erst bei Eintritt bestimmter Voraussetzungen ausgeübt werden kann. Im Umfang des vergebenen Erwerbsrechts ist der rechtliche Eigentümer somit davon ausgeschlossen, das Gut zu veräußern.

In den folgenden Abschnitten 23 bis 25 werden die einzelnen Teilrechte beschrieben und erläutert. Für jede Ausprägung eines Teilrechts werden die wirtschaftlich wesentlichen Handlungen bestimmt, die dem Teilrechtsinhaber zustehen. Die Frage, ob das jeweilige Teilrecht die Verfügungsmacht über den künftigen wirtschaftlichen Nutzen eines Vermögenswerts begründen kann und der Vermögenswert dem Teilrechtsinhaber wirtschaftlich, d. h. bilanziell zuzurechnen ist, wird erst im Anschluss an die detaillierte Systematisierung beantwortet.[10]

---

8   Vgl. BAUR, F./STÜRNER, R., Sachenrecht, § 3, Rz. 39.
9   Vgl. BAUR, F./STÜRNER, R., Sachenrecht, § 3, Rz. 42.
10 Vgl. Abschnitt 3; zum grundsätzlichen Aufbau der Untersuchung Übersicht 1-1.

23 Nutzungsrecht

231. Umfang der Nutzungen

231.1 Unbeschränkter Nutzungsumfang

Im Folgenden wird das Nutzungsrecht nach dem Umfang der Nutzungsarten systematisiert, die einem Teilrechtsinhaber an einem Gut eingeräumt werden können. Diese Systematisierung ist erforderlich, weil sich die wirtschaftlichen Handlungen an einem Gut u. a. nach dem Umfang der Nutzungsarten bestimmen. In der Systematisierung wird indes noch nicht analysiert, wie groß der Umfang der Nutzungsarten sein muss, um die Verfügungsmacht über den künftigen wirtschaftlichen Nutzen begründen zu können. Diese Analyse erfolgt im Anschluss an die Systematisierung.

Die Nutzungsarten an einem Gut sind unbegrenzt und ihr Umfang von dem Wissen und von den Fähigkeiten des Nutzungsberechtigten abhängig.[11] Daher ist ein unbeschränkt Nutzungsberechtigter grundsätzlich berechtigt, sämtliche Nutzungsarten allein und ohne zeitliche Restriktion auszuüben. Im unbeschränkten Umfang seines Nutzungsrechts schließt der Nutzungsberechtigte den Eigentümer von allen Nutzungsarten aus.[12] Zwei Nutzungsarten sind dabei denkbar:

(1) Zum einen kann der Nutzungsberechtigte das Gut unmittelbar selber nutzen, z. B. eine Maschine für Produktionszwecke gebrauchen (usus). Bei einem unmittelbaren Gebrauch ist der Nutzungsberechtigte grundsätzlich der unmittelbare Besitzer des Guts.[13] Dem Nutzungsberechtigten stehen die Erzeugnisse aus dem unmittelbaren Gebrauch des Guts sowie sonstige Erträge zu, die aus dem Gut bestimmungsgemäß, d. h. gemäß der Natur des Guts, entsprechend einer vertraglichen Vereinbarung oder nach verkehrsüblicher Weise gewonnen werden (usus fructus).[14] Erzeugnisse und Ausbeuten sind bspw. Produkte, die durch den Gebrauch einer Maschine hergestellt worden sind.

(2) Zum anderen kann der Nutzungsberechtigte das Gut einer anderen Person zum unmittelbaren Gebrauch überlassen. Der Nutzungsberechtigte besitzt das Gut dann nur noch mittelbar (z. B. Untervermietung von Wohnräumen).

Ein unbeschränktes Nutzungsrecht erlaubt dem Nutzungsberechtigten indes nicht, nach seinem Belieben mit dem Gut zu verfahren, ohne auf die Interessen des Eigentümers Rücksicht zu nehmen. Die Rechtsstellung des Nutzungsberechtigten ist maß-

---

11 Vgl. MEYER, W., Property Rights-Ansatz, S. 20.
12 Vgl. BASSENGE, P., § 1030 BGB, Rz. 5.
13 Vgl. WOLF, M., Sachenrecht, Rz. 1031.
14 Vgl. DE ALESSI, L., Economics of Property Rights, S. 3.

geblich davon abhängig, welchen wirtschaftlichen Zweck das Gut während des Nutzungsverhältnisses und gegebenenfalls nach Ablauf des Nutzungsverhältnisses erfüllen soll. Übt der Nutzungsberechtigte sein unbeschränktes Nutzungsrecht an dem Gut aus, so hat er die wirtschaftliche Bestimmung des Guts zu wahren. Die wirtschaftliche Bestimmung richtet sich nach den subjektiven Bestimmungen des Eigentümers, die zu Beginn des Nutzungsverhältnisses mit dem Eigentümer vereinbart wurden.[15] Der Eigentümer kann dem Nutzungsberechtigten bspw. erlauben, in die Substanz des Guts einzugreifen, wenn die Eingriffe für die wirtschaftliche Bestimmung und die Funktionstüchtigkeit des Guts unwesentlich sind oder wenn die Eingriffe notwendig sind, um die Substanz des Guts gemäß ihrer wirtschaftlichen Bestimmung zu erhalten.[16] Der Nutzungsberechtigte kann sogar berechtigt sein, das Gut wesentlich umzugestalten oder zu verbessern. Weiterhin ist der Nutzungsberechtigte verpflichtet, das Gut gemäß gesetzlicher Vorschriften oder vertraglicher Vereinbarungen mit dem Eigentümer zu nutzen.[17] Diese Vorschriften können vorsehen, dass der unbeschränkt Nutzungsberechtigte verpflichtet ist, das wirtschaftliche Nutzenpotential des Guts zu erhalten. Der unbeschränkt Nutzungsberechtigte kann aber auch berechtigt sein, das wirtschaftliche Nutzenpotential des Guts durch den Gebrauch zu mindern. Die wirtschaftliche Bestimmung und die gesetzlichen Vorschriften bzw. vertraglichen Vereinbarungen legen somit die erlaubten Handlungen sowie den Umfang der Nutzungen für den Nutzungsberechtigten fest.[18] Weil das Nutzungsrecht in der hier vorgestellten Systematisierung vom Verwertungsrecht getrennt wird, ist der unbeschränkt Nutzungsberechtigte nicht befugt, die Substanz des Guts zu verwerten, d. h. zu verkaufen, in Zahlung zu geben sowie gegen andere Güter einzutauschen.

231.2   Beschränkter Nutzungsumfang

231.21   Sachlich beschränkter Nutzungsumfang

In der hier entwickelten Systematisierung werden die Nutzungsarten nach ihrem wirtschaftlichen Gehalt in zwei Arten unterteilt. Demnach ist eine Nutzungsart wirtschaftlich wesentlich, wenn der Nutzungsberechtigte in der Lage ist, einen künftigen wirtschaftlichen Nutzen aus der Nutzung des Guts zu ziehen. Eine Nutzungsart ist wirtschaftlich unwesentlich, wenn mit ihr kein künftiger wirtschaftlicher Nutzen ge-

---

15 Vgl. BASSENGE, P., § 1036 BGB, Rz. 2; FRANK, J., § 1036 BGB, Rz. 13; SCHÖN, W., Nießbrauch, S. 77; STÜRNER, H. T., § 1036 BGB, Rz. 3, führt die wirtschaftliche Bestimmung auf objektiv gegebene Umstände zurück.

16 Vgl. BASSENGE, P., § 1036 BGB, Rz. 2; FRANK, J., § 1036 BGB, Rz. 14; MICHALSKI, L., § 1037 BGB, Rz. 1; STÜRNER, H. T., § 1037 BGB, Rz. 1; SCHÖN, W., Nießbrauch, S. 90.

17 Vgl. BASSENGE, P., § 1036 BGB, Rz. 2; FRANK, J., § 1036 BGB, Rz. 15; SCHÖN, W., Nießbrauch, S. 78.

18 Vgl. SCHÖN, W., Nießbrauch, S. 78.

neriert werden kann.[19] Ein Nutzungsrecht kann auch auf einzelne Nutzungsarten beschränkt werden.[20] Bei beschränkten Nutzungsrechten gestattet der Eigentümer dem Berechtigten nur einzelne Nutzungsarten an einem Gut. Von den anderen Nutzungsarten ist der Berechtigte ausgeschlossen. Der Mieter eines Gebäudes hat bspw. nur ein beschränktes Nutzungsrecht inne, wenn er das Gebäude nur als Wohnraum, aber nicht gewerblich nutzen darf. Der Eigentümer wiederum muss die übertragenen Nutzungen durch den Nutzungsberechtigten dulden und darf selbst die dem Nutzungsberechtigten gestatteten Nutzungsarten nicht ausüben.

Ob ein Nutzungsrecht sachlich beschränkt ist, hängt davon ab, ob der Eigentümer den Nutzungsberechtigten von wirtschaftlich wesentlichen Nutzungsarten ausgeschlossen hat. Nach der hier entwickelten Systematisierung liegt immer dann ein sachlich beschränktes Nutzungsrecht vor, wenn der Nutzungsberechtigte nicht sämtliche wirtschaftlich wesentlichen Nutzungsarten erhält, sondern von mindestens einer wirtschaftlich wesentlichen Nutzungsart ausgeschlossen ist. Der Eigentümer ist dann ebenfalls zu mindestens einer wirtschaftlich wesentlichen - nämlich dem Nutzungsberechtigten nicht zugestandenen - Nutzungsart berechtigt,[21] d. h., der Eigentümer kann ebenfalls mittels einer bestimmten ihm vorbehaltenen Nutzungsart künftigen wirtschaftlichen Nutzen aus dem Gut erzielen. Wenn der Nutzungsberechtigte von wirtschaftlich unwesentlichen Nutzungsarten ausgeschlossen wird, aber alle wirtschaftlich wesentlichen Nutzungsarten ausüben kann, hat dieser dennoch ein so wesentliches Nutzungsrecht inne, dass von einem (fast) unbeschränkten Nutzungsrecht gesprochen werden kann.[22]

231.22   Zeitlich beschränkter Nutzungsumfang

Nutzungsrechte können sowohl zeitlich unbeschränkt als auch zeitlich beschränkt vergeben werden. Zeitlich unbeschränkte Nutzungsrechte währen nicht für einen unendlichen Zeitraum, sondern enden, wenn sich die Rechtsposition des rechtlichen Eigentümers ändert oder das Nutzungsrecht auf Grund externer Ereignisse, die nicht durch den rechtlichen Eigentümer oder den Nutzungsberechtigten beeinflusst werden können, nicht mehr ausgeübt werden kann. Ein Nutzungsrecht an einem Gut, dessen wirtschaftliche Nutzungsdauer auf eine bestimmte Zeit begrenzt ist, ist ebenfalls zeitlich unbeschränkt, wenn die Dauer des Nutzungsverhältnisses mit der voraussichtlichen wirtschaftlichen Nutzungsdauer[23] des Guts im Wesentlichen überein-

---

19   Vgl. SCHÖN, W., Nießbrauch, S. 298 f.
20   Vgl. MEYER, W., Property Rights-Ansatz, S. 20.
21   Vgl. BASSENGE, P., § 1018 BGB, Rz. 15.
22   Vgl. MICHALSKI, L., § 1030 BGB, Rz. 10.
23   Vgl. zur Ermittlung der wirtschaftlichen Nutzungsdauer BRIEL, H. V., Nutzungsdauer; SCHNEIDER, D., Nutzungsdauer.

stimmt und das Nutzungsverhältnis nicht durch den rechtlichen Eigentümer gekündigt werden kann, es sei denn aus wichtigem Grunde.

Nutzungsrechte sind zeitlich beschränkt, wenn die Dauer des Nutzungsverhältnisses kürzer ist als die voraussichtliche wirtschaftliche Nutzungsdauer des Guts. Dies ist der Fall, wenn die Dauer des Nutzungsverhältnisses auf Grund der vertraglichen Vereinbarungen kürzer ist als die voraussichtliche wirtschaftliche Nutzungsdauer des Guts. Die voraussichtliche wirtschaftliche Nutzungsdauer wird durch die vom Nutzungsberechtigten gewählte Nutzungsart bestimmt, wobei die wirtschaftliche Bestimmung und die gesetzlichen Vorschriften bzw. vertraglichen Vereinbarungen über die Nutzungsart zu berücksichtigen sind.[24] Ein Nutzungsrecht ist auch dann zeitlich beschränkt, wenn sowohl der Eigentümer als auch der Nutzungsberechtigte berechtigt sind, ein fest vereinbartes Nutzungsverhältnis vor Ablauf der vertraglich vereinbarten Dauer zu kündigen.[25]

Eine Verlängerungsoption ist das Recht des Nutzungsberechtigten, während einer Optionsfrist ein bestehendes Nutzungsverhältnis verlängern zu können, ohne zur Verlängerung verpflichtet zu sein. Durch eine Verlängerungsoption sichert sich der Nutzungsberechtigte die Möglichkeit, das Nutzungsrecht nach erstmaligem Vertragsabschluss über das Nutzungsverhältnis zu verlängern, ohne zugleich die vollen Vertragspflichten des verlängerten Nutzungsverhältnisses zu übernehmen.[26] Der anbietende Eigentümer darf für die Dauer der Optionsfrist das Nutzungsrecht nicht einem Dritten anbieten und ist somit für die Dauer der Optionsfrist an sein Angebot an den Nutzungsberechtigten gebunden. Grundsätzlich entscheidet bei Verlängerungsoptionen nur der Nutzungsberechtigte, ob das Nutzungsverhältnis fortgeführt wird oder nicht. Der Nutzungsberechtigte besitzt somit ein Gestaltungsrecht, das er ohne Mithilfe des Eigentümers ausüben kann.[27]

231.23 Quantitativ beschränkter Nutzungsumfang

Der wirtschaftliche Nutzen aus einem Nutzungsrecht kann quantitativ auf mehrere Personen aufgeteilt werden. Dies ist der Fall, wenn ein Nutzungsrecht von mehreren Nutzungsberechtigten gemeinsam ausgeübt wird. Die Nutzungsberechtigten verwalten ihr Nutzungsrecht gemeinsam und entscheiden gemeinsam über die Nutzungsart

---

24 Vgl. dazu ausführlich Abschnitt 332.21.
25 Vgl. BASSENGE, P., Einführung vor § 1030 BGB, Rz. 3; MICHALSKI, L., Vor § 1030 BGB, Rz. 14 f.; STÜRNER, H. T., Vor § 1030 BGB, Rz. 15 f. Dieses zeitlich beschränkte Nutzungsrecht entspricht bspw. sowohl im deutschen als auch im US-amerikanischen Sachenrecht der Vermietung von Wohnungen (*periodic tenancy* oder *tenancy at will*). Vgl. für das US-amerikanische Sachenrecht HAY, P., US-Amerikanisches Recht, Rz. 442.
26 Vgl. EINEM, H. V., Rechtsnatur der Option, S. 12.
27 Vgl. EINEM, H. V., Rechtsnatur der Option, S. 25 f.

des Guts. Der mit dem Gut erwirtschaftete Nutzen wird dann unter den Nutzungsberechtigten aufgeteilt.[28] Der Eigentümer kann den Nutzungsberechtigten auch nur
quotal an einem Nutzungsrecht beteiligen. Dem Nutzungsberechtigten steht dann
der wirtschaftliche Nutzen aus dem Gut in Höhe seines Anteils an dem Nutzungsrecht zu.[29] Der Nutzungsberechtigte kann ebenso verpflichtet sein, einen Teil des aus
der Nutzung erwirtschafteten Nutzens an den rechtlichen Eigentümer abzugeben.[30]

232. Umfang der Erträge aus einem Nutzungsrecht

Neben dem Umfang der Nutzungen kann beim Nutzungsrecht nach dem Umfang
der Erträge, die ein Nutzungsberechtigter aus der Nutzung des Guts zieht, unterschieden werden. Für die hier zu Grunde liegende Systematisierung wird der Umfang
der Erträge danach unterschieden, ob der Nutzungsberechtigte ausschließlich die Erträge aus der Nutzung des Guts ziehen darf oder ob er gleichzeitig verpflichtet ist, Lasten aus der Nutzung des Guts zu tragen. Anhand des Umfangs der Erträge kann festgestellt werden, ob der Teilrechtsinhaber sowohl an den Steigerungen als auch den
Minderungen des künftigen wirtschaftlichen Nutzens eines Guts beteiligt ist. Wie
sich die Beteiligung am wirtschaftlichen Nutzenpotential auf die Entscheidung der
Zurechnung des Guts zum bilanziellen Vermögen des Teilrechtsinhabers auswirkt,
wird im Anschluss an die Systematisierung behandelt.

Der Umfang der Erträge, die der Nutzungsberechtigte aus der Nutzung des Guts
zieht, bestimmt sich nach dem Inhalt des eingeräumten Nutzungsrechts. Hat der Eigentümer ein unbeschränktes Nutzungsrecht an einen Nutzungsberechtigten vergeben, so steht dem Nutzungsberechtigen der gesamte künftige wirtschaftliche Nutzen
eines Guts zu. Der künftige wirtschaftliche Nutzen ergibt sich aus den unmittelbaren
und mittelbaren Erträgen eines Guts.[31] Die unmittelbaren Erträge sind die Ausbeuten und Erzeugnisse aus dem unmittelbaren Gebrauch eines Guts. Dazu gehören
bspw. die Produkte aus dem Gebrauch einer Maschine oder die Zinsen einer verzins-
lichen Forderung, die Dividende einer Aktie oder der Gewinn bei GmbH-Anteilen.[32]
Die mittelbaren Erträge sind die Entgelte für die unmittelbare Nutzungsüberlassung
an eine andere Person, z. B. der Mietzins für die Überlassung der Maschine oder die
Lizenzgebühr für die Überlassung eines Patentrechts oder die Vorteile aus den
Stimmrechten eines GmbH-Geschäftsanteils.[33] Die Erträge aus der Verwertung der

---

28 Vgl. ALCHIAN, A. A., Property Rights, S. 135.
29 Vgl. BASSENGE, P., § 1030 BGB, Rz. 9; SCHÖN, W., Nießbrauch, S. 311.
30 Vgl. SCHÖN, W., Nießbrauch, S. 314.
31 Diese Systematisierung entspricht der zivilrechtlichen Terminologie der §§ 99, 100 BGB.
32 Vgl. HEINRICHS, H., § 99 BGB, Rz. 2 f.
33 Vgl. LARENZ, K./WOLF, M., Allgemeiner Teil, § 20, Rz. 104; HEINRICHS, H., § 99 BGB, Rz. 4;
    BASSENGE, P., § 1068 BGB, Rz. 4.

Substanz eines Guts (z. B. aus dem Verkauf der Maschine) gehören nicht zu den unmittelbaren und mittelbaren Erträgen aus der Nutzung eines Guts.[34]

Der Nutzungsberechtigte wird zugleich Eigentümer der ihm zustehenden Erträge.[35] Wird nur ein sachlich beschränktes Nutzungsrecht vergeben, so stehen dem Nutzungsberechtigten auch nur die unmittelbaren und mittelbaren Erträge eines Guts zu, die er aus seinen Nutzungsarten ziehen kann. Bei einem quantitativ beschränkten Nutzungsrecht gehören dem Nutzungsberechtigten nur seine anteiligen Erträge.[36] Der Nutzungsberechtigte erwirbt auch die Erträge, die er auf Grund einer nicht vertraglich vereinbarten Nutzungsart gezogen hat. Bspw. vermietet der Leasingnehmer eines Kraftfahrzeugs Werbeflächen auf diesem Kraftfahrzeug, obwohl er gemäß dem Leasingvertrag nicht dazu berechtigt ist. Dem Nutzungsberechtigten fließen auch die Erträge zu, die er über den ihm zustehenden Umfang ziehen musste, weil dies infolge eines besonderen Ereignisses notwendig geworden ist, bspw. wenn der Pächter ein Waldgebiet auf Grund von Unwettern oder Schädlingsbefall kahl schlagen muss. Der Eigentümer kann den Nutzungsberechtigten verpflichten, diese übermäßigen Erträge zu ersetzen, z. B. einen Wald nach einem Kahlschlag aufzuforsten.[37] Die Pflicht zum Wertersatz kann aber auch vertraglich dem Nutzungsberechtigten erlassen werden.

Der Umfang der Erträge aus der Nutzung kann danach unterschieden werden, ob der Nutzungsberechtigte ausschließlich die Erträge vereinnahmen kann oder der Eigentümer den Nutzungsberechtigten verpflichtet hat, die aus der Nutzung des Guts entstandenen Lasten zu tragen. Der Nutzungsberechtigte kann bspw. verpflichtet sein, die Aufwendungen zu tragen, die bei einem normalen Verlauf des Nutzungsverhältnisses anfallen und dem Erhalt der Substanz des Guts dienen.[38] Der Eigentümer kann den Nutzungsberechtigten darüber hinaus verpflichten, alle nicht vorhersehbaren Aufwendungen zu tragen, wie notwendige Erhaltungsmaßnahmen. Notwendige Erhaltungsmaßnahmen wenden weiteren Schaden von dem Gut ab oder versetzen das Gut in einen Zustand, der gemäß seiner wirtschaftlichen Bestimmung erforderlich ist.[39] Der Nutzungsberechtigte kann auch verpflichtet sein, Aufwendungen zu tragen, die nicht nur die Substanz des Guts erhalten, sondern sogar den Substanzwert erhöhen.

---

34 Vgl. HEINRICHS, H., § 99 BGB, Rz. 2.
35 Vgl. im deutschen Zivilrecht § 954 BGB.
36 Vgl. Abschnitt 231.23.
37 Vgl. BASSENGE, P., § 1039 BGB, Rz. 2; FRANK, J., § 1039 BGB, Rz. 5-7; MICHALSKI, L., § 1039 BGB, Rz. 2-4; STÜRNER, H. T., § 1039 BGB, Rz. 1-4.
38 Vgl. SCHÖN, W., Nießbrauch, S. 115. Als Beispiel kann hier die regelmäßige Renovierung von Wohnräumen genannt werden.
39 Vgl. BASSENGE, P., § 994 BGB, Rz. 5; SCHÖN, W., Nießbrauch, S. 126. Als Beispiel kann hier die Reparatur einer Heizungsanlage in einem Wohnraum genannt werden.

Der Eigentümer kann den Nutzungsberechtigten ferner verpflichten, öffentliche und privatrechtliche Lasten, die auf dem Gut liegen, zu tragen. Öffentliche Lasten sind Abgaben, die durch regelmäßige oder einmalige Geldleistungen zu erfüllen sind.[40] Sie können sich zum einen auf den wirtschaftlichen Ertrag des Guts beziehen (z. B. Objektsteuern), auf die Substanz des Guts (z. B. Anlieger-, Erschließungs- und Flurbereinigungsbeiträge) oder auf die Person des Eigentümers beziehen (z. B. Personensteuern).[41] Zu den privatrechtlichen Lasten zählen z. B. Zinsen auf Darlehen, die der Eigentümer mit dem Gut besichert hat.[42]

Im Nutzungsvertrag kann vereinbart werden, dass der Nutzungsberechtigte den wirtschaftlichen Wert des Guts zu versichern hat. Die Versicherungspflicht kann für Sachversicherungen, wie Feuer, Transport, Glas, Einbruchdiebstahl, aber auch für Haftpflichtversicherungen bestehen.

Der Nutzungsberechtigte kann verpflichtet werden, den Eigentümer für eine wertgeminderte Substanz des Guts zu entschädigen. Die Entschädigungspflicht kann auf Wertminderungen beschränkt sein, die der Nutzungsberechtigte durch eine nicht den gesetzlichen Vorschriften bzw. vertraglichen Vereinbarungen entsprechende oder eine zweckfremde Nutzung des Guts verschuldet hat. Zusätzlich kann die Entschädigungspflicht auf Wertminderungen erweitert werden, die durch eine ordnungsmäßige Abnutzung trotz laufender gewöhnlicher Ausbesserungen und Erhaltungsaufwendungen oder infolge von Alterungen eintreten.[43] Außerdem kann vertraglich vereinbart werden, dass der Nutzungsberechtigte auch solche Wertminderungen, die er nicht zu vertreten hat, z. B. Änderungen des Preisniveaus, zu tragen hat.

Dem Nutzungsberechtigten stehen in diesen Fällen nicht ausschließlich die Erträge aus der Nutzung zu, sondern er muss auch die Lasten aus dem Nutzungsverhältnis tragen. Der Eigentümer kann den Nutzungsberechtigten vertraglich zu einer Lastentragung in unterschiedlicher Höhe verpflichten. Diese Lastentragung kann unabhängig vom Umfang des Nutzungsrechts vereinbart werden.

---

40 Vgl. BASSENGE, P., Einführung vor § 854 BGB, Rz. 6.
41 Vgl. BASSENGE, P., § 1047 BGB, Rz. 4; FRANK, J., § 1047 BGB, Rz. 8 f; MICHALSKI, L., § 1047 BGB, Rz. 4; PETZOLD, § 1047 BGB, Rz. 12; STÜRNER, H. T., § 1047 BGB, Rz. 7.
42 Vgl. BASSENGE, P., § 1047 BGB, Rz. 6 f.; MICHALSKI, L., § 1047 BGB, Rz. 5 f.; STÜRNER, H. T., § 1047 BGB, Rz. 9; PETZOLD, § 1047 BGB, Rz. 17 ff.; FRANK, J., § 1047 BGB, Rz. 14 ff.
43 Vgl. FRANK, J., § 1050 BGB, Rz. 1; MICHALSKI, L., § 1050 BGB, Rz. 1; PETZOLD, § 1050 BGB, Rz. 1; STÜRNER, H. T., § 1050 BGB, Rz. 1.

24 Verwertungsrecht

241. Unbedingtes Verwertungsrecht

Das Verwertungsrecht wird im Folgenden danach systematisiert, ob der Teilrechtsinhaber das Gut unbedingt verwerten kann oder ob sein Recht zur Verwertung an eine Bedingung geknüpft ist. In der Systematisierung wird nicht analysiert, ob ein unbedingtes Verwertungsrecht die Verfügungsmacht über den künftigen wirtschaftlichen Nutzen eines Vermögenswerts begründen kann oder ob das an eine Bedingung gebundene Verwertungsrecht bereits ausreichend für die Begründung der Verfügungsmacht ist. Diese Analyse erfolgt im Anschluss an die Systematisierung.[44]

Das Verwertungsrecht berechtigt, das Gut zu verwerten. Verwerten bedeutet, das Gut zu verkaufen, in Zahlung zu geben sowie gegen andere Güter einzutauschen. Verbrauchsgüter werden auch verwertet, wenn sie im Prozess der Leistungserstellung verarbeitet oder verbraucht werden.[45] Der Eigentümer kann das Verwertungsrecht an einem Gut an eine andere Person übertragen. Das Verwertungsrecht kann an jedem Gut vergeben werden, das ein Verwertungsberechtigter zu direkten oder indirekten Zahlungsmitteln oder Zahlungsmitteläquivalenten verwerten kann.[46] Im Gegenzug ist der Eigentümer des Guts nicht befugt, das mit dem Verwertungsrecht belastete Gut selber zu verwerten. Das vom Eigentümer an Dritte vergebene Verwertungsrecht verhängt somit eine Verwertungssperre gegenüber dem Eigentümer.[47] Oftmals bleibt das Gut, an dem der rechtliche Eigentümer das Verwertungsrecht abgespalten und an den Verwertungsberechtigten übertragen hat, im unmittelbaren Besitz des rechtlichen Eigentümers. In diesen Fällen kann der Verwertungsberechtigte sein Verwertungsrecht gegenüber dem Eigentümer einsetzen und diesen daran hindern, das Gut unerlaubt und zu Lasten des Verwertungsberechtigten zu verwerten. Zusätzlich verhilft das Verwertungsrecht dem Verwertungsberechtigten dazu, seinen Verwertungsanspruch im Insolvenzfall des Eigentümers bevorzugt vor allen anderen Gläubigern des Eigentümers zu befriedigen.[48]

Verwertungsrechte sind **unbedingt**, wenn sie der Verwertungsberechtigte jederzeit unabhängig davon ausüben kann, ob ein bestimmtes Ereignis eintritt oder nicht. Ein unbedingtes Verwertungsrecht setzt aber voraus, dass der Verwertungsberechtigte das Gut unmittelbar besitzt oder einen rechtlichen Herausgabeanspruch (z. B. § 985

---

44 Vgl. zum grundsätzlichen Aufbau der Untersuchung Übersicht 1-1.
45 Vgl. KNAPP, L., Vermögensgegenstände, S. 1123.
46 Vgl. WOLF, M., Sachenrecht, Rz. 667.
47 Vgl. ADAMS, M., Ökonomische Analyse, S. 110.
48 Vgl. BAUR, F./STÜRNER, R., Sachenrecht, § 57, Rz. 31 sowie § 59, Rz. 29.

BGB) an dem Gut gegenüber dem unmittelbaren Besitzer und jedem anderen Dritten innehat.

242. Bedingtes Verwertungsrecht

242.1 Funktionen des bedingten Verwertungsrechts

Den **bedingten Verwertungsrechten** kommt im Kreditsystem große ökonomische Bedeutung zu. Grundsätzlich wird ein Kreditgeber nur in den Fällen einen Kredit an einen Kreditnehmer vergeben, wenn er sicher sein kann, dass er seine Forderung ggf. zuzüglich einer Verzinsung zurückerhalten wird. Der Kreditgeber weiß i. d. R. nicht mit Sicherheit, ob ein Kreditnehmer kreditwürdig ist. Somit trägt der Kreditgeber das Risiko des Forderungsausfalls. Um sich gegen das Risiko des Forderungsausfalls zu schützen, kann sich der Kreditgeber Sicherheiten vom Kreditnehmer geben lassen. Kreditsicherheiten verringern somit das Risiko des Forderungsausfalls für den Kreditgeber.[49]

Ein Kreditgeber ist sich über die Kreditwürdigkeit eines Kreditnehmers unsicher, weil er nur unvollkommen über die Bonität des Kreditnehmers informiert ist. Der Kreditnehmer ist stets besser informiert als der Kreditgeber, ob er in der Lage ist, einen Kredit zu tilgen und einen entsprechenden Zins zu zahlen. Ein Kreditnehmer, der gewillt und in der Lage ist, einen Kredit zurückzuzahlen, kann durch eine Sicherheit seine Kreditwürdigkeit signalisieren. Je höher die Sicherheit ist, die ein Kreditnehmer an den Kreditgeber zu geben bereit ist, desto höher ist die Wahrscheinlichkeit, dass dieser Kreditnehmer seine Verpflichtung an den Kreditgeber zurückzahlen will und kann.[50] Sicherheiten erfüllen neben der Risikoverringerungsfunktion auch eine Informationsfunktion.[51]

In der Praxis vergibt ein Eigentümer ein bedingtes Verwertungsrecht an einem Gut an eine Person, um einen Geld- oder Warenkredit, den der Eigentümer (Kreditnehmer bzw. Sicherungsgeber) von der anderen Person (Kreditgeber bzw. Sicherungsnehmer) erhalten hat, zu sichern. Das bedingte Verwertungsrecht erlaubt dem Berechtigten, auf die mit dem bedingten Verwertungsrecht belasteten Güter zurückzugreifen und diese zu verwerten, um sich aus dem Verwertungserlös zu befriedigen, falls der Eigentümer seine Kredite nicht zurückzahlt.[52]

---

49 Vgl. RÖVER, H.-J., Sicherheiten, S. 108.
50 Vgl. STIGLITZ, J. E./WEISS, A., Credit Rationing, S. 393-410 m. w. N.
51 Vgl. RÖVER, J.-H., Sicherheiten, S. 117. Ein erhöhter Zins steigert nicht zwangsläufig die Zahl der kreditwürdigen Kreditnehmer, sondern erhöhte Zinsen können vielmehr zu einer adversen Selektion führen und das ingesamt zur Verfügung stehende Kreditvolumen begrenzen. Vgl. STIGLITZ, J. E./ WEISS, A., Credit Rationing, S. 393-410 m. w. N.
52 Vgl. WOLF, M., Sachenrecht, Rz. 646.

Grundsätzlich darf der Verwertungsberechtigte die bedingten Verwertungsrechte nur dann zur Sicherung seiner Forderung einsetzen, wenn seine Forderungen nicht erfüllt werden. Die bedingten Verwertungsrechte werden daher auch Sicherungsrechte genannt.[53] Die Sicherungsrechte vermitteln zuerst eine potentielle und bei Nichterfüllung der Forderungen eine aktuelle Verwertungsbefugnis.[54] Im Folgenden wird der verwertungsberechtigte Kreditgeber als Sicherungsnehmer bezeichnet. Dem Sicherungsnehmer steht stets ein Sicherungsgeber gegenüber, der gleichzeitig der Kreditnehmer ist. Die mit dem Sicherungsrecht belasteten Güter werden im Folgenden Sicherungsgüter genannt.

242.2 Arten bedingter Verwertungsrechte

Die folgende Übersicht 2-2 gibt einen Überblick über die Arten des bedingten Verwertungsrechts, die im Folgenden erläutert werden:

---

53 Vgl. stellvertretend für viele BAUR, F./STÜRNER, R., Sachenrecht, § 56, Rz. 6.
54 Vgl. RÖVER, J.-H., Sicherheiten, S. 136.

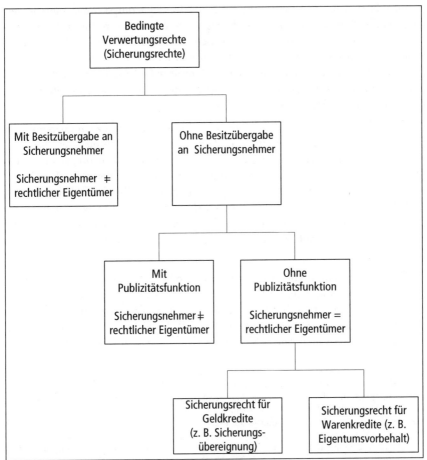

Übersicht 2-2: *Arten des bedingten Verwertungsrechts*

Die bedingten Verwertungsrechte können in **Sicherungsrechte mit Besitzübergabe** an den Sicherungsnehmer und in **Sicherungsrechte ohne Besitzübergabe** an den Sicherungsnehmer unterschieden werden. Im ersten Fall übergibt der Sicherungsgeber zusammen mit dem bedingten Verwertungsrecht das Sicherungsgut in den unmittelbaren Besitz des Sicherungsnehmers. Der Sicherungsgeber bleibt der rechtliche Eigentümer des Sicherungsguts. Der Sicherungsnehmer ist nur dann berechtigt, das Sicherungsgut zu verwerten, wenn seine Kreditforderung durch den Sicherungsgeber nicht erfüllt wird.[55] Da der Sicherungsgeber den unmittelbaren Besitz an den Sicherungsnehmer übergeben hat, ist das Sicherungsgut jederzeit vor unerlaubten Verwertungen durch den Sicherungsgeber geschützt.[56] Der Sicherungsnehmer kann bei vertragswidriger Nichterfüllung der Forderung durch den Sicherungsgeber sein bedingtes Verwertungsrecht sofort ausüben. Die Besitzübergabe erfüllt eine Publizitätsfunktion gegenüber den aktuellen ungesicherten und künftigen Gläubigern. Durch die Besitzübergabe wird den ungesicherten und künftigen Gläubigern mitgeteilt, dass das Sicherungsgut nicht zur Sicherung der ungesicherten Kredite bzw. der künftigen Kredite zur Verfügung steht bzw. stehen wird.[57]

Ist das Sicherungsgut ein unbewegliches Gut (Immobilie), kann zusammen mit dem Sicherungsrecht nicht der unmittelbare Besitz an den Sicherungsnehmer übergeben werden. Daher wird das Sicherungsrecht so gestaltet, dass der Sicherungsgeber ein bedingtes Verwertungsrecht an den Sicherungsnehmer vergibt, aber das Sicherungsgut nicht in den unmittelbaren Besitz des Sicherungsnehmers übergeht.[58] Um die Publizitätsfunktion des Sicherungsrechts mit Besitzübergabe zu erfüllen, werden die besitzlosen Sicherungsrechte in einem öffentlichen Register eingetragen. Diese Art des Sicherungsrechts wird im Folgenden als ein besitzloses Sicherungsrecht mit Publizitätsfunktion bezeichnet.[59]

In vielen Fällen kann es aber wirtschaftlich sinnvoll sein, ein bewegliches Sicherungsgut nicht in den unmittelbaren Besitz des Sicherungsnehmers zu übergeben. Zum einen muss der Sicherungsgeber mit dem Sicherungsgut wirtschaften, um seine Kredite überhaupt tilgen zu können. Zum anderen will der Sicherungsnehmer das Sicherungsgut nicht verwalten. Solche Sicherungsrechte ohne Besitzübergabe können nach

---

55 Vgl. BAUR, F./STÜRNER, R., Sachenrecht, § 36, Rz. 5 f. Im deutschen Sachenrecht entspricht das Sicherungsrecht mit Besitzübergabe dem Pfandrecht, im englischen Privatrecht dem *pledge*, vgl. HENRICH, D./HUBER, P., Englisches Privatrecht, S. 107.

56 Vgl. ADAMS, M., Ökonomische Analyse, S. 122.

57 Vgl. BAUR, F./STÜRNER, R., Sachenrecht, § 55, Rz. 6. Im französischen Rechtssystem müssen die Sicherungsrechte mit Besitzübergabe zusätzlich öffentlich beurkundet oder privatschriftlich abgefasst werden, um wirksam zu werden. Vgl. SONNENBERGER, H.-J./AUTEXIER, C., Französisches Recht, S. 150.

58 Im deutschen und im französischen Sachenrecht entspricht diese Rechtsstellung bspw. einer Hypothek an einer Immobilie. Im englischen Privatrecht wird dieses Sicherungsrecht als *charges by way of legal mortgage*, im US-amerikanischen Sachenrecht als *mortgage* bezeichnet. Im US-amerikanischen Sachenrecht bleibt der Sicherungsgeber grundsätzlich rechtlicher Eigentümer *(lien theory)*. In einigen US-Bundesstaaten kann das rechtliche Eigentum aber auch auf den Sicherungsnehmer übergehen *(title theory)*. Vgl. SONNENBERGER, H.-J./AUTEXIER, C., Französisches Recht, S. 151; HENRICH, D./HUBER, P., Englisches Privatrecht, S. 100; HAY, P., US-Amerikanisches Recht, Rz. 471.

59 Vgl. BAUR, F./STÜRNER, R., Sachenrecht, § 36, Rz. 10; HENRICH, D./HUBER, P., Englisches Privatrecht, S. 105-107. Ein Beispiel ist das deutsche öffentliche Grundbuch. Im englischen Privatrecht werden die Sicherungsrechte ohne Besitzübergabe an Mobilien *(mortgage)* auch in einem öffentlichen Register *(Central Office of Supreme Court)* eingetragen. Im französischen Rechtssystem können ebenfalls bestimmte Mobilien mit einem besitzlosen Pfandrecht mit Publizitätsfunktion vergeben werden, z. B. für Kraftfahrzeuge, vgl. SONNENBERGER, H.-J./AUTEXIER, C., Französisches Recht, S. 150.

der Art der zu sichernden Forderung unterteilt werden. Handelt es sich bei der zu sichernden Forderung um einen Geldkredit, vergibt der Sicherungsgeber das besitzlose Sicherungsrecht an einen Sicherungsnehmer, indem er das Vollrecht am Sicherungsgut an den Sicherungsnehmer als neuen Eigentümer zu Sicherungszwecken überträgt.[60] Der Sicherungsnehmer überlässt hingegen dem Sicherungsgeber das Nutzungsrecht und den unmittelbaren Besitz[61] und verpflichtet sich, das Verwertungsrecht nur dann auszuüben, wenn der Sicherungsgeber seine Kreditforderungen bei Fälligkeit nicht erfüllt.[62] Dem Sicherungsnehmer verbleibt nur ein bedingtes Verwertungsrecht sowie das mittelbare Besitzrecht am Sicherungsgut. Bei dieser Art des bedingten Verwertungsrechts ist der Sicherungsnehmer als Eigentümer des Sicherungsguts nicht unmittelbarer Besitzer und somit nicht jederzeit vor unerlaubten Verwertungen des Sicherungsguts durch den Sicherungsgeber geschützt. Erfüllt der Sicherungsgeber seine Forderung nicht bei Fälligkeit, kann der Sicherungsnehmer das Sicherungsgut nicht unmittelbar verwerten. Daher kann dieses bedingte Verwertungsrecht als besitzloses Sicherungsrecht für Geldkredite bezeichnet werden. Unter diese Sicherungsrechte fällt bspw. die Sicherungsübereignung.[63]

Vergibt ein Kreditgeber bzw. der Sicherungsnehmer einen Warenkredit an einen Kreditnehmer bzw. Sicherungsgeber, überträgt der Kreditgeber den unmittelbaren Besitz und das Nutzungsrecht an einem Sicherungsgut an den Kreditnehmer. Analog zum besitzlosen Sicherungsrecht für Geldkredite verbleiben dem Sicherungsnehmer neben dem mittelbaren Besitzrecht ein bedingtes Verwertungsrecht, das er nur bei Nichterfüllung der fälligen Forderung durch den Sicherungsgeber ausüben darf. Genauso wie beim besitzlosen Sicherungsrecht für Geldkredite ist der Sicherungsnehmer als mittelbarer Besitzer nicht vor unerlaubten Verwertungen durch den Sicherungsgeber geschützt. Dieses bedingte Verwertungsrecht wird in der hier entwickelten Systematisierung als besitzloses Sicherungsrecht für Warenkredite bezeichnet. Zu diesen Sicherungsrechten gehört bspw. der Eigentumsvorbehalt.[64]

---

60 Vgl. SERICK, R., Eigentumsvorbehalt und Sicherungsübertragung, S. 30.

61 Vgl. WOLF, M., Sachenrecht, Rz. 762.

62 Vgl. SERICK, R., Eigentumsvorbehalt und Sicherungsübertragung, S. 47.

63 Im englischen Privatrecht entspricht das *mortgage* der Sicherungsübereignung. Der Gläubiger besitzt ebenfalls ein *right of sale*, vgl. HENRICH, D./HUBER, P., Englisches Privatrecht, S. 105 f. Im US-amerikanischen Sachenrecht werden alle Sicherungsrechte an beweglichen Sachen in UCC Art. 9 einheitlich geregelt und unter dem einheitlichen Begriff *security interests* zusammengefasst. Vgl. HAY, P., US-Amerikanisches Recht, Rz. 477. Die Sicherungsübereignung hat im französischen Wirtschaftsleben keine Bedeutung, weil sie nicht wirksam ist. Vgl. SONNENBERGER, H.-J./AUTEXIER, C., Französisches Recht, S. 149.

64 Vgl. BAUR, F./STÜRNER, R., Sachenrecht, § 59, Rz. 2. Der Eigentumsvorbehalt wird im englischen Privatrecht *conditional sale agreement* genannt, vgl. HENRICH, D./HUBER, P., Englisches Privatrecht, S. 102. Im französischen Wirtschaftsleben kommt dem Eigentumsvorbehalt große Bedeutung zu, vgl. SONNENBERGER, H.-J./AUTEXIER, C., Französisches Recht, S. 149.

Sowohl die Sicherungsrechte mit Besitzübergabe als auch die Sicherungsrechte ohne Besitzübergabe bestehen als selbständiges Recht neben der zu sichernden Forderung. Die Sicherungsrechte werden erst rechtswirksam, wenn die zu sichernde Forderung nicht erfüllt wird. Die Sicherungsrechte beziehen sich daher grundsätzlich und ausschließlich auf die zu sichernde Forderung.[65] Zusätzlich besitzt der Sicherungsnehmer eine Ausschließungsbefugnis, weil er sowohl den Sicherungsgeber als auch alle anderen dritten Personen von der Verwertung des Sicherungsguts ausschließen kann. Ein Sicherungsrecht wird in diesem Fall einem bestimmten Sicherungsgut zugeordnet.

Ein Sicherungsrecht kann aber auch vergeben werden, ohne einem bestimmten Sicherungsgut zugeordnet zu sein. Bei den besitzlosen Sicherungsrechten für Geld- und Warenkredite verbleibt das Sicherungsgut im Besitz des Sicherungsgebers. Sind die sichernden Gegenstände von Beginn des Kreditverhältnisses an dazu bestimmt, dass sie durch den Sicherungsgeber veräußert oder verarbeitet werden, wird sich der Sicherungsgeber ein Sicherungsrecht an den künftigen Verkaufserlösen oder an den künftig erstellten Gegenständen verschaffen.[66] Diese Sicherungsrechte sind vertikal ausgedehnt und können als verlängerte Sicherungsrechte bezeichnet werden.[67] Verlängerte Sicherungsrechte werden auf zwei verschiedene Arten abhängig davon vergeben, ob das Sicherungsgut durch den Sicherungsgeber an einen Dritten veräußert oder in der betrieblichen Leistungserstellung verarbeitet wird. Beabsichtigt der Sicherungsgeber, das Sicherungsgut an einen Dritten zu veräußern, kann sich der Sicherungsnehmer bereits bei Abschluss des Kreditverhältnisses die künftige Forderung abtreten lassen. Wird das Sicherungsgut veräußert, tritt die Forderung gegen den Erwerber an die Stelle des ursprünglichen Sicherungsguts.[68] War das Sicherungsgut bereits zu Beginn des Kreditverhältnisses dazu bestimmt, in der betrieblichen Leistungserstellung verarbeitet zu werden, kann der Sicherungsnehmer bei Abschluss des Kreditvertrages vereinbaren, dass das neu erstellte Gut anstelle des ursprünglichen Sicherungsguts zu Sicherungszwecken verwertet werden darf.[69] Der Sicherungsnehmer hat somit in Höhe des Wertes des ursprünglichen Sicherungsguts ein Verwertungsrecht am neu erstellten Gut.[70]

---

65 Vgl. RÖVER, J.-H., Sicherheiten, S. 136.
66 Vgl. SERICK, R., Eigentumsvorbehalt und Sicherungsübertragung, S. 82.
67 Vgl. SERICK, R., Eigentumsvorbehalt und Sicherungsübertragung, S. 84. In der deutschen Rechtsordnung sind die verlängerten Sicherungsrechte als verlängerter Eigentumsvorbehalt oder verlängerte Sicherungsübereignung bekannt. In der englischen Rechtsordnung werden die verlängerten Sicherungsrechte *floating charge* genannt, vgl. HENRICH, D./HUBER, P., Englisches Privatrecht, S. 107.
68 Vgl. SERICK, R., Eigentumsvorbehalt und Sicherungsübertragung, S. 84.
69 Vgl. SERICK, R., Eigentumsvorbehalt und Sicherungsübertragung, S. 106 f.
70 Vgl. SERICK, R., Eigentumsvorbehalt und Sicherungsübertragung, S. 113.

Das besitzlose Sicherungsrecht für Geld- und Warenkredite unterscheidet sich materiell von den besitzlosen Sicherungsrechten mit Publizitätsfunktion und den Sicherungsrechten mit Besitzübergabe in der Übertragung des Vollrechts. Bei den besitzlosen Sicherungsrechten mit Publizitätsfunktion und den Sicherungsrechten mit Besitzübergabe verbleibt das Vollrecht beim Sicherungsgeber. Der Sicherungsnehmer besitzt ein bedingtes Verwertungsrecht an fremden Sachen bzw. Rechten.[71] Die besitzlosen Sicherungsrechte für Geld- und Warenkredite hingegen überlassen das Vollrecht dem Sicherungsnehmer, obwohl eigentlich nur das bedingte Verwertungsrecht vergeben werden soll. Der Sicherungsnehmer erhält somit einen Überschuss an Rechtsmacht,[72] der durch vertragliche Absprachen im Verhältnis zwischen dem bisherigen Eigentümer und dem neuen Eigentümer relativiert wird. Im Ergebnis besitzt der Sicherungsnehmer bei besitzlosen Sicherungsrechten für Geld- und Warenkredite ein bedingtes Verwertungsrecht an seinen eigenen Gütern.[73] Diese unterschiedlichen Rechtspositionen des Sicherungsnehmers sind entscheidend für die Rechtswirkung seines bedingten Verwertungsrechts. Die Rechtswirkungen des bedingten Verwertungsrechts bestimmen den Umfang der Handlungen, die der Teilrechtsinhaber an einem Vermögenswert ausüben darf. Je nach Rechtswirkung des bedingten Teilrechts kann die Entscheidung über die wirtschaftliche, d. h. bilanzielle Zurechnung eines Vermögenswerts unterschiedlich getroffen werden. Der Einfluss der Rechtswirkung auf die Zurechnungsentscheidung erfolgt indes erst im Anschluss an die Systematisierung.[74]

242.3 Rechtswirkung des bedingten Verwertungsrechts bei Eintritt der Bedingung

Das bedingte Verwertungsrecht wird erst wirksam, wenn die besicherte Forderung fällig wird und der Kreditnehmer diese Verpflichtung nicht erfüllt. Je nach Art des bedingten Verwertungsrechts stehen dem Sicherungsnehmer unterschiedliche Rechtsmittel zur Verfügung, seinen Sicherungsanspruch bei Nichterfüllung der Forderung zu befriedigen. Hat der Sicherungsnehmer ein Sicherungsrecht mit Besitzübergabe, kann der Sicherungsnehmer das Sicherungsgut selbständig verwerten, d. h. verkaufen, in Zahlung geben oder gegen andere Güter eintauschen, weil der Sicherungsnehmer im unmittelbaren Besitz des Sicherungsguts ist.[75] Hat der Sicherungsnehmer nur ein besitzloses Sicherungsrecht mit Publizitätsfunktion inne, hat er in den meisten Fällen das Recht, das Sicherungsgut in Besitz zu nehmen und es selber zu

---

71 Vgl. RÖVER, J.-H., Sicherheiten, S. 159.
72 Vgl. BAUR, F./STÜRNER, R., Sachenrecht, § 57, Rz. 3.
73 Vgl. RÖVER, J.-H., Sicherheiten, S. 159.
74 Vgl. zum grundsätzlichen Aufbau der Untersuchung Übersicht 1-1.
75 Vgl. BAUR, F./STÜRNER, R., Sachenrecht, § 55, Rz. 24-30.

verwerten[76] oder selber eine zwangsweise Verwertung zu betreiben.[77] Der Sicherungsnehmer kann unabhängig von der Besitzübergabe seinen Sicherungsanspruch ohne Rücksicht auf nicht besicherte Kreditgeber selbständig befriedigen.

Die besitzlosen Sicherungsrechte für Geld- und Warenkredite räumen dem Sicherungsnehmer ebenfalls eine bevorzugte Gläubigerstellung ein, wenn der Sicherungsgeber seine Kreditverpflichtungen nicht erfüllt. Auf Grund eines besitzlosen Sicherungsrechts für Geld- und Warenkredite kann der Sicherungsnehmer seine Forderungen auf zwei Arten bevorzugt vor allen anderen Gläubigern befriedigen. Zum einen kann der Sicherungsnehmer berechtigt sein, das Sicherungsgut aus der Insolvenzmasse des Sicherungsgebers auszusondern, in seinen unmittelbaren Besitz zu bringen und selber zu verwerten, um seine Kreditforderung zu befriedigen.[78] Der Sicherungsnehmer hat somit Zugriff auf die Substanz des Sicherungsguts. Zum anderen kann der Sicherungsnehmer nur dazu berechtigt sein, das Sicherungsgut von der Insolvenzmasse abzusondern. Der Sicherungsnehmer kann sich nicht den unmittelbaren Besitz am Sicherungsgut verschaffen. Das Sicherungsgut wird durch einen Insolvenzverwalter verwertet. Aus dem Verwertungserlös wird die Kreditforderung des Sicherungsnehmers vor allen anderen ungesicherten Gläubigern beglichen.[79] Der Sicherungsnehmer hat nur eine Berechtigung auf den wertmäßigen Ersatz des Sicherungsguts.[80]

Beide Arten der bedingten Verwertungsrechte bzw. der Sicherungsrechte führen im Ergebnis dazu, dass der Sicherungsnehmer das Sicherungsgut verwerten kann, wenn

---

76 Vgl. HENRICH, D./HUBER, P., Englisches Privatrecht, S. 106.

77 Vgl. BAUR, F./STÜRNER, R., Sachenrecht, § 40, Rz. 56 und Rz. 60.

78 Vgl. BAUR, F./STÜRNER, R., Sachenrecht, § 59, Rz. 26; SERICK, R., Eigentumsvorbehalt und Sicherungsübertragung, S. 65 f.; für das US-amerikanische Recht HAY, P., US-Amerikanisches Recht, S. 183, Rz. 480; für das französische Sachenrecht SONNENBERGER, H.-J./AUTEXIER, C., Französisches Recht, S. 149.

79 Vgl. BAUR, F./STÜRNER, R., Sachenrecht, § 57, Rz. 31; Serick, R., Eigentumsvorbehalt und Sicherungsübertragung, S. 39-40.

80 Im deutschen Insolvenzrecht dürfen die Insolvenzgläubiger während des Insolvenzverfahrens nicht in die Insolvenzmasse eingreifen (§ 89 Abs. 1 InsO). Aussonderungsberechtigte Sicherungsnehmer sind keine Insolvenzgläubiger und haben somit weiterhin Zugriff auf das Sicherungsgut (§ 47 Satz 1 InsO). Die absonderungsberechtigten Sicherungsnehmer haben zwar keinen Zugriff auf das Sicherungsgut. Ihre Forderungen werden aber vorrangig vor den ungesicherten Gläubigern aus der Verwertung des Sicherungsguts erfüllt. Vgl. HÄSEMEYER, L., Insolvenzrecht, Rz. 10.33 sowie Rz. 18.01. Stellt ein US-amerikanisches Unternehmen oder dessen Gläubiger einen Insolvenzantrag, wird den Sicherungsnehmern zuerst jede Verwertung zu Sicherungszwecken verwehrt. Der Insolvenzverwalter kann das Sicherungsgut nutzen und verwerten. Bei der Reorganisation eines US-amerikanischen insolventen Unternehmens gemäß Chapter 11 Bankruptcy Code werden die Gläubiger in Gruppen eingeteilt und deren Rechte gegenüber dem Schuldner festgelegt. Die gesicherten Gläubiger werden je nach Gruppenzugehörigkeit vor der Einwirkung des Insolvenzverwalters geschützt, indem der Wertverlust des Sicherungsguts durch periodische Zahlungen, Sicherungsrechte an anderen Gegenständen oder andere Maßnahmen ausgeglichen wird. Vgl. MILGER, K., Mobiliarsicherheiten, S. 100 sowie S. 107; HAY, P., US-Amerikanisches Recht, Rz. 620.

der Sicherungsgeber seinen Verpflichtungen bei Fälligkeit nicht nachkommt. Die Forderungen des Sicherungsnehmers werden vor allen nicht gesicherten Gläubigern erfüllt und sind somit gesichert. Auch eine Rangordnung innerhalb der gesicherten Forderungen, z. B. nach dem Zeitpunkt, zu dem der Sicherungsnehmer sein Sicherungsrecht gegenüber den ungesicherten Gläubigern publik gemacht hat, ist für das charakteristische Merkmal einer grundsätzlich bevorzugten Forderungserfüllung vor den ungesicherten Gläubigern nicht schädlich.[81]

25 Erwerbsrecht

251. Unbedingtes Erwerbsrecht

Analog zum Verwertungsrecht kann das Erwerbsrecht danach systematisiert werden, ob der Teilrechtsinhaber das Gut unbedingt erwerben kann oder ob die Ausübung seines Erwerbsrechts an eine Bedingung geknüpft ist. In der Systematisierung wird nicht analysiert, ob ein unbedingtes oder bedingtes Erwerbsrecht überhaupt geeignet ist, die Verfügungsmacht über den künftigen wirtschaftlichen Nutzen eines Vermögenswerts zu begründen. Diese Analyse erfolgt im Anschluss an die Systematisierung.[82]

Grundsätzlich verleiht ein Erwerbsrecht an einem Gut einer Vertragspartei die Befugnis, einen **Kaufvertrag** über das Gut **abzuschließen**. Ein Kaufvertrag ist ein gegenseitiger Vertrag,[83] der den Veräußerer verpflichtet, das Gut dem Erwerber zu übergeben sowie ihm das Eigentum an dem Gut zu verschaffen,[84] und gleichzeitig den Erwerber verpflichtet, den Kaufpreis zu zahlen.[85] In den folgenden Ausführungen wird unterstellt, dass der Veräußerer auch gleichzeitig der bisherige Eigentümer des zu verkaufenden Guts ist.

Ein **unbedingtes Erwerbsrecht** berechtigt den Erwerber, entweder den Abschluss eines Kaufvertrags vom Veräußerer zu verlangen oder durch eine einseitige Erklärung einen Kaufvertrag über das Gut mit dem Veräußerer abzuschließen. Im ersten Fall ist vertraglich vereinbart, dass der Veräußerer jederzeit auf Verlangen des Erwerbsberechtigten ein Kaufangebot unterbreiten muss,[86] das der Erwerber annehmen kann. Im zweiten Fall erhält der Erwerbsberechtigte das Recht, einen Kaufvertrag durch

---

81 Vgl. für das englische Sicherungsrecht RÖVER, J.-H., Sicherheiten, S. 148 f.; für das US-amerikanische Recht HAY, P., US-Amerikanisches Recht, Rz. 479.
82 Vgl. zum grundsätzlichen Aufbau der Untersuchung Übersicht 1-1.
83 Vgl. PUTZO, H., § 433 BGB, Rz. 2.
84 Vgl. PUTZO, H., § 433 BGB, Rz. 5 f.
85 Vgl. PUTZO, H., § 433 BGB, Rz. 9.
86 Vgl. RÖSER, F., Ankaufsrecht, Vorhand, Einlösungsrecht und Option, S. 15.

eine Erklärung entstehen zu lassen, ohne auf ein nochmaliges Kaufangebot des Verkäufers angewiesen zu sein.[87] In beiden Fällen ist der Verkäufer zum Verkauf verpflichtet. Der Erwerber hat hingegen die Möglichkeit, das Kaufangebot anzunehmen oder abzulehnen. Das unbedingte Erwerbsrecht gewährt dem Erwerber ein **Gestaltungsrecht** zum Kauf eines Guts.[88]

Das Erwerbsrecht erlischt, wenn der Erwerbsberechtigte das Angebot ablehnt oder die Annahmefrist abgelaufen ist.[89] Die Annahmefrist bestimmt der Veräußerer, indem er entweder einen **festen Endtermin** oder einen **bestimmten Zeitraum** festlegt. Der Veräußerer kann die Annahmefrist jederzeit stillschweigend verlängern. Bis die Annahmefrist abgelaufen ist, bindet sich der Veräußerer an sein Angebot.[90] Der Erwerbsberechtigte kann innerhalb der Annahmefrist das Angebot jederzeit annehmen. Der Veräußerer kann auch bestimmen, dass der Erwerbsberechtigte das Angebot **zu einem bestimmten Zeitpunkt** annehmen oder ablehnen muss. Hat der Veräußerer keine Annahmefrist festgelegt, so gilt das Kaufangebot grundsätzlich unbegrenzt.

252. Bedingtes Erwerbsrecht

252.1 Durch externes Ereignis bedingtes Erwerbsrecht

Hängt das Verkaufsangebot durch den Veräußerer von einer bestimmten Bedingung ab oder wird das Erwerbsrecht erst bei Eintritt einer bestimmten Bedingung gültig, liegt ein **bedingtes Erwerbsrecht** vor. Zum einen kann der Veräußerer zu einem Kaufangebot an den Erwerbsberechtigten verpflichtet sein, wenn der Veräußerer beabsichtigt, das Gut an einen Dritten zu veräußern (Vorkaufsrecht).[91] Zum anderen kann der Erwerber berechtigt sein, bei Eintritt einer vertraglich vereinbarten Bedingung einen Kaufvertrag einseitig zu erklären, ohne dass der Veräußerer ein (nochmaliges) Kaufangebot unterbreiten muss.[92] Im zweiten Fall kommt der Kaufvertrag ohne Mithilfe des Veräußerers zustande,[93] weil das Ereignis unabhängig vom Willen des Veräußerers eintritt. Der Erwerbsberechtigte hat ein Wahlrecht, das Kaufangebot anzunehmen.

---

87 Vgl. RÖSER, F., Ankaufsrecht, Vorhand, Einlösungsrecht und Option, S. 26 f.; EINEM, H. V., Rechtsnatur der Option, S. 24.

88 Vgl. HEINRICHS, H., § 145 BGB, Rz. 5. Vgl. zum Gestaltungsrecht LARENZ, K./WOLF, M., Allgemeiner Teil, § 15, Rz. 78 und 81 f. sowie § 13, Rz. 20.

89 Vgl. HEINRICHS, H., § 146 BGB, Rz. 1; LARENZ, K./WOLF, M., Allgemeiner Teil, § 29, Rz. 30.

90 Vgl. HEINRICHS, H., § 148 BGB, Rz. 4; LARENZ, K./WOLF, M., Allgemeiner Teil, § 29, Rz. 24.

91 Vgl. RÖSER, F., Ankaufsrecht, Vorhand, Einlösungsrecht und Option, S. 19. Im deutschen Zivilrecht wird dieses Recht als Vorkaufsrecht bezeichnet (§ 463 BGB).

92 Vgl. RÖSER, F., Ankaufsrecht, Vorhand, Einlösungsrecht und Option, S. 21.

93 Vgl. RÖSER, F., Ankaufsrecht, Vorhand, Einlösungsrecht und Option, S. 22.

Diese Art des bedingten Erwerbsrechts wird erst wirksam, wenn ein Ereignis eintritt, dessen Entstehen der Erwerbsberechtigte nicht beeinflussen kann. Die Kauferklärung kann erst ausgesprochen werden, wenn ein bestimmtes ungewisses **externes Ereignis eintritt**, z. B. dass ein Dritter dem rechtlichen Eigentümer sein Interesse signalisiert, das Gut zu erwerben, oder wenn ein bestimmtes Preisniveau erreicht wird.

252.2 Durch Handlung des Erwerbers bedingtes Ereignis

Kann ein Erwerbsrecht erst ausgeübt werden, wenn ein bestimmtes Ereignis eintritt, das der Erwerbsberechtigte zu verantworten hat, liegt ebenfalls ein bedingtes Erwerbsrecht vor. Ein bedingtes Erwerbsrecht kann durch **Handlungen des Erwerbsberechtigten** entstehen. Das durch eine Handlung bedingte Erwerbsrecht sichert dem Erwerbsberechtigten vertraglich zu, ein Gut mit Sicherheit erwerben zu können.[94] Der Erwerb des Guts hängt indes von einem künftigen ungewissen Ereignis ab, das durch Handlungen des Erwerbsberechtigten gestaltet werden kann.[95] Bei den Handlungen können die aufschiebende und die auflösende Bedingung voneinander unterschieden werden.

Bei der **aufschiebenden Bedingung** bestimmt das künftige ungewisse Ereignis, ob die Rechtswirkungen eines Rechtsgeschäfts **eintreten**.[96] Der wichtigste Anwendungsfall einer aufschiebenden Bedingung ist der Erwerb eines Guts unter der Bedingung, dass der Kaufpreis vollständig bezahlt wird. Der Veräußerer und der Erwerber haben einen Kaufvertrag abgeschlossen. Der Veräußerer hat das Gut bereits an den Erwerber übereignet. Der Erwerber hat den Kaufpreis noch nicht oder nur teilweise bezahlt. Das Eigentum an dem Gut geht an den Erwerber nur unter der aufschiebenden Bedingung über, dass der gesamte Kaufpreis bezahlt wird. Das künftige ungewisse Ereignis ist die vollständige Kaufpreiszahlung.

Bei der **auflösenden Bedingung** bestimmt das künftige ungewisse Ereignis, ob die Rechtswirkungen eines Rechtsgeschäfts **fortbestehen**.[97] Der auflösenden Bedingung kommt bei der Sicherung von Kreditgeschäften große Bedeutung zu. Ein Kreditnehmer übergibt das Eigentum an einem Gut zu Sicherungszwecken an einen Kreditgeber. Das Eigentum an dem Gut besteht für den Kreditgeber so lange fort, wie der Kreditnehmer die Kreditforderung noch nicht vollständig getilgt hat. Sobald der Kreditnehmer den Kredit vollständig getilgt hat, erhält der Kreditnehmer das Eigentum am

---

94 Vgl. WOLF, M., Sachenrecht, Rz. 678; LARENZ, K./WOLF, M., Allgemeiner Teil, § 15, Rz. 124; WÜRDINGER, H., Anwartschaft als Rechtsbegriff, S. 44.

95 Vgl. LARENZ, K./WOLF, M., Allgemeiner Teil, § 50, Rz. 1.

96 Vgl. HEINRICHS, H., Vor § 158 BGB, Rz. 1.

97 Vgl. HEINRICHS, H., Vor § 158 BGB, Rz. 1.

sicherungsübereigneten Gut wieder zurück. Das künftige ungewisse Ereignis ist die vollständige Kredittilgung.

Das wesensbestimmende Merkmal des durch eine Handlung des Erwerbers bedingten Erwerbsrechts ist, dass der Erwerb des Guts noch ungewiss ist, d. h. sich im Schwebezustand befindet. Der Schwebezustand endet erst, wenn das ungewisse Ereignis eintritt oder ausfällt. Das ungewisse Ereignis fällt aus, wenn es nicht wie vereinbart eintritt oder künftig nicht mehr eintreten kann.[98] Wenn das ungewisse Ereignis eintritt, wird die vereinbarte Rechtsfolge, d. h. der Erwerb des Guts, sofort wirksam. Eigentümer und Erwerbsberechtiger müssen keine Willenserklärung mehr abgeben.[99]

Das durch eine Handlung des Erwerbers bedingte Erwerbsrecht verleiht dem Erwerbsberechtigten ein **Gestaltungsrecht**. Ob die Bedingung eintritt oder nicht, hängt davon ab, ob der Erwerbsberechtigte die Kaufpreiszahlung oder die Kredittilgung leisten will oder kann.[100] Sowohl beim aufschiebend bedingten Kaufvertrag als auch beim auflösend bedingten Kreditvertrag tritt das ungewisse Ereignis erst mit der letzten Kaufpreisrate bzw. mit der letzten Tilgungsrate ein. Bis zu diesem Zeitpunkt bleiben der Veräußerer bzw. der Kreditgeber Eigentümer des Guts.[101] Mit jeder weiteren Kaufpreis- und Tilgungsrate wird es aber wahrscheinlicher, dass das ungewisse Ereignis eintritt und der Erwerbsberechtigte das Eigentum erwirbt.

26 Kombinationen von Teilrechten

261. Vorbemerkung

In der vorstehenden Systematisierung wurden die einzelnen Ausprägungen von Teilrechten an einem Gut auf ihre wesensbestimmenden Merkmale zurückgeführt, um den wirtschaftlichen Gehalt dieser Teilrechte zu analysieren. Mit den abstrakten Merkmalen des Systematisierungskonzepts wird jede theoretisch denkbare Ausprägung von Teilrechten erfasst. Im Folgenden wird untersucht, welche Ausprägungen von Teilrechten im Wirtschaftsleben üblicherweise miteinander kombiniert werden. Aus diesen in der Realität anzutreffenden Kombinationen von Teilrechten sollen dann alle möglichen Kombinationen von Teilrechten definiert werden, die in der Realität tatsächlich anzutreffen sind bzw. von denen theoretisch denkbar ist, dass sie eine wirtschaftlich sinnvolle Kombination von Teilrechten bilden. In der vorhergehenden Systematisierung wurden die Teilrechte einzeln unter der Fragestellung analysiert,

---

98 Vgl. HEINRICHS, H., Vor § 158 BGB, Rz. 8; LARENZ, K./WOLF, M., Allgemeiner Teil, § 50, Rz. 40.
99 Vgl. LARENZ, K./WOLF, M., Allgemeiner Teil, § 50, Rz. 44; HEINRICHS, H., § 158 BGB, Rz. 2 f.
100 Vgl. THALHOFER, K., Anwartschaft, S. 11; FLUME, W., Rechtsstellung des Vorbehaltskäufers, S. 386.
101 Vgl. SERICK, R., Eigentumsvorbehalt und Sicherungsübertragung, S. 66.

welche wirtschaftlichen Handlungsmöglichkeiten aus diesem Teilrecht dem Teilrechtsinhaber an einem Vermögenswert zustehen. Weil die Teilrechte auch miteinander kombiniert und gebündelt vom rechtlichen Eigentümer abgespalten und an den Teilrechtsinhaber übertragen werden können, ist es nicht ausreichend, Regeln für die Zurechnungsentscheidungen nur für die einzelnen Teilrechte isoliert zu entwickeln.

Eine Definition aller möglichen Kombinationen von Teilrechten ist erforderlich, damit Regeln für die Entscheidung über die wirtschaftliche Zurechnung von Vermögenswerten entwickelt werden, die weitestgehend auf alle Sachverhalte, die im Wirtschaftsleben eintreten können, einheitlich anzuwenden sind.

Im Folgenden werden die in der Praxis typischen Bündel von Teilrechten vorgestellt und deren Rechtswirkungen kurz erläutert. Dabei werden für die typischen Kombinationen von Teilrechten nur die wesensbestimmenden Merkmale, die bereits in der Systematisierung abstrakt beschrieben wurden, behandelt. Sondervorschriften und Spezialfälle werden ausgeklammert. Die ausgewählten typischen Kombinationen von Teilrechten sind:

- Kombinationen sachlich, zeitlich und/oder quantitativ beschränkter Nutzungsrechte (Mietverhältnis, Nießbrauch),

- Kombinationen eines beschränkten Nutzungsrechts und eines unbedingten Erwerbsrechts (Finanzierungsleasingverhältnis) und

- Kombinationen eines unbeschränkten Nutzungsrechts und eines bedingten Erwerbsrechts (Eigentumsvorbehalt, Sicherungsübereignung).

262. Kombination beschränkter Nutzungsrechte

Ein Mietverhältnis stellt ein in mehreren Dimensionen beschränktes Nutzungsrecht dar. Bei einem Mietverhältnis verpflichtet sich der Vermieter, dem Mieter den Gebrauch der Mietsache während der Mietzeit in einem üblichen oder vertraglich vereinbarten Umfang zu gewähren.[102] Der Nutzungsumfang kann je nach Vereinbarung sachlich unbeschränkt oder beschränkt sein. Der Vermieter muss die Mietsache in einem zum vertraglich vereinbarten Gebrauch geeigneten Zustand überlassen und sie während der Mietzeit in diesem Zustand erhalten.[103] Wenn eine Mietsache unbrauchbar wird, was durch ein außerhalb des Mietgebrauchs liegendes Ereignis verursacht wurde, ist der Vermieter verpflichtet, die Mietsache wieder instand zu setzen, auch wenn der Mieter die Instandhaltung vertraglich übernommen hatte.[104] Die Las-

---

102 Vgl. WEIDENKAFF, W., § 535 BGB, Rz. 14.
103 Vgl. WEIDENKAFF, W., § 535 BGB, Rz. 36.
104 Vgl. WEIDENKAFF, W., § 535 BGB, Rz. 37.

ten, die auf der Mietsache ruhen, muss grundsätzlich der Vermieter tragen (§ 535 Abs. 1 BGB). Der Mieter hingegen ist verpflichtet, dem Vermieter die vereinbarte Miete zu entrichten (§ 535 Abs. 2 BGB).[105] Die Dauer des Mietverhältnisses wird entweder für einen bestimmten Zeitraum vereinbart oder kann jederzeit sowohl durch Vermieter oder Mieter ordentlich gekündigt werden, wenn es für einen unbestimmten Zeitraum vereinbart wurde.[106] Das Mietverhältnis ist ein zeitlich beschränktes Nutzungsverhältnis. Wenn das Mietverhältnis beendet ist, ist der Mieter verpflichtet, die Mietsache an den Vermieter herauszugeben. Bei einem Mietverhältnis kann der Mieter sowohl an den durch die Nutzung bedingten Wertminderungen beteiligt als auch vollständig davon befreit werden. Die Risiken der nicht durch die Nutzung bedingten Wertminderungen oder sogar des Verlusts der Mietsache verbleiben stets beim Vermieter. Der Mieter ist nicht an den Chancen einer Wertsteigerung der Mietsache beteiligt.

Das umfassendste Nutzungsrecht im deutschen Rechtssystem ist der Nießbrauch.[107] Grundsätzlich ist der Nießbraucher befugt, alle wirtschaftlich wesentlichen Nutzungsarten am Nießbrauchsgegenstand auszuüben und das Eigentum an den durch die Nutzung erwirtschafteten Erzeugnissen zu erlangen, bspw. die mit einer Maschine hergestellten Produkte oder die Erträge aus der Vermietung eines Gebäudes.[108] Der rechtliche Eigentümer kann den Nießbrauch aber auch von einzelnen wirtschaftlich wesentlichen Nutzungsarten ausschließen, so dass der Nießbrauch sowohl ein sachlich unbeschränktes als auch beschränktes Nutzungsrecht sein kann. Der Nießbrauch endet entweder mit dem Tod des Nießbrauchers bzw. der Löschung einer juristischen Person (§ 1061 BGB), es sei denn, der Nießbrauch ist für eine befristete Zeit bestellt worden.[109] Nach Beendigung des Nießbrauchsverhältnisses muss der Nießbrauchsgegenstand an den rechtlichen Eigentümer herausgegeben werden. Der Nießbrauch ist ein zeitlich beschränktes Nutzungsrecht. Darüber hinaus wird in der Praxis oftmals das Nießbrauchsverhältnis quantitativ beschränkt.[110] Im Vergleich zum Mieter ist der Nießbraucher nicht nur an den Wertminderungen beteiligt, die durch die Nutzung des Nießbrauchsgegenstands bedingt sind, bspw. die durch eine gewöhnliche Nutzung verursachte Abnutzung auszubessern oder zu erneuern (§ 1041 BGB). Der Nießbraucher kann auch je nach vertraglicher Vereinbarung die Risiken einer nicht nutzungsbedingten Wertminderung tragen, z. B. substanzerhaltende oder substanz-

---

105 Vgl. WEIDENKAFF, W., Einführung vor § 535 BGB, Rz. 83.
106 Vgl. WEIDENKAFF, W., Einführung vor § 535 BGB, Rz. 80.
107 Vgl. WOLF, M., Sachenrecht, Rz. 1024.
108 Vgl. BASSENGE, P., § 1030 BGB, Rz. 5.
109 Vgl. BASSENGE, P., § 1061 BGB, Rz. 1.
110 Vgl. ausführlich zur Nießbrauchberechtigung mehrerer Personen SCHÖN, W., Nießbrauch, S. 308-315.

steigernde Ausbesserungen und Erneuerungen.[111] Das Risiko des Verlusts der Sache geht ebenfalls auf den Nießbraucher über, weil er den Wert der Sache versichern muss (§ 1045 Abs. 1 BGB). Zusätzlich ist der Nießbraucher verpflichtet, bis auf Ausnahmen die öffentlichen und privaten Lasten zu tragen (§ 1047 BGB). Die Chancen einer Wertsteigerung verbleiben indes beim rechtlichen Eigentümer.[112]

263. Kombination eines beschränkten Nutzungsrechts und eines unbedingten Erwerbsrechts

Eine Kombination aus einem beschränkten Nutzungsrecht und einem unbedingten Erwerbsrecht hat der Leasingnehmer beim Finanzierungsleasing inne. Der Leasinggeber ist verpflichtet, dem Leasingnehmer die unbeschränkte Nutzung des Leasinggegenstands während des vereinbarten Leasingzeitraums einzuräumen (sachlich unbeschränktes Nutzungsrecht).[113] Das Leasingverhältnis wird regelmäßig für eine unkündbare Grundmietzeit abgeschlossen,[114] die kürzer als die voraussichtliche wirtschaftliche Nutzungsdauer des Leasinggegenstands ist (zeitlich beschränktes Nutzungsrecht).[115] Der Leasingnehmer hingegen ist verpflichtet, die Leasingraten während des Leasingzeitraums an den Leasinggeber zu entrichten.[116] Gerät der Leasingnehmer mit seinen Leasingraten in Verzug, so besitzt der Leasinggeber ein außerordentliches Kündigungsrecht und Anspruch auf Abschlusszahlungen mindestens in Höhe des Barwerts der noch ausstehenden Leasingraten.[117] Die Leasingraten während der unkündbaren Grundmietzeit decken die Anschaffungskosten sowie Nebenkosten für den Leasinggegenstand ab und enthalten zusätzlich die Verzinsung des eingesetzen Kapitals sowie einen Gewinnzuschlag für den Leasinggeber.[118] In den meisten Fällen ist der Leasingnehmer verpflichtet, den Leasinggegenstand zu Gunsten des Leasinggebers zu versichern.[119] Der Leasingnehmer muss in einem hohen Umfang die Lasten tragen, die auf dem Leasinggegenstand liegen, weil er neben den durch die Nutzung bedingten Wertminderungen auch die Risiken einer nicht nutzungsbedingten Wertminderung sowie des Verlusts der Sache trägt. Der Leasinggeber trägt ausschließlich ein Delkredererisiko.

---

111 Vgl. STÜRNER, H. T., § 1041 BGB, Rz. 3.

112 Vgl. GRASS, A./BREMSER, H., Bilanzierungsregeln, S. 1427.

113 Vgl. FLUME, W., Rechtsverhältnis des Leasing, S. 2; MARTINEK, M., Moderne Vertragstypen, S. 67.

114 Vgl. MYERS, J. H., Reporting of Leases, S. 4; HAVERMANN, H., Leasing, S. 57.

115 Vgl. BFH-Urteil v. 24.1.1970, S. 267.

116 Vgl. MARTINEK, M., Moderne Vertragstypen, S. 67 f.

117 Vgl. HAVERMANN, H., Leasing, S. 57; MARTINEK, M., Moderne Vertragstypen, S. 68; MYERS, J. H., Reporting of Leases, S. 11.

118 Vgl. BFH-Urteil v. 26.1.1970, S. 267; FLUME, W., Rechtsverhältnis des Leasing, S. 2; HAVERMANN, H., Leasing, S. 53; MYERS, J. H., Reporting of Leases, S. 4 und S. 11.

119 Vgl. MARTINEK, M., Moderne Vertragstypen, S. 68; MYERS, J. H., Reporting of Leases, S. 4.

Dem Leasingnehmer kann zusätzlich das unbedingte Erwerbsrecht eingeräumt werden, den Leasinggegenstand nach Ablauf der Grundmietzeit zu erwerben. Der zu entrichtende Kaufpreis kann dabei dem Zeitwert gerade entsprechen oder (weit) unterhalb des Zeitwerts des Leasinggegenstands zum Zeitpunkt des Erwerbs liegen.[120] Je nach Höhe des Zeitwerts oder der wirtschaftlichen Funktion des Leasinggegenstands am Ende der Grundmietzeit kann der Leasingnehmer dann entscheiden, ob er den Leasinggegenstand zu einem fest vereinbarten Kaufpreis kaufen will. Wenn der Leasingnehmer das Erwerbsrecht ausübt, gehen auch die Chancen einer Wertsteigerung des Leasinggegenstands auf ihn über. Übt der Leasingnehmer sein unbedingtes Erwerbsrecht nicht aus, so muss er den Leasinggegenstand nach Ablauf der Grundmietzeit an den Leasinggeber zurückgeben.

264. Kombination eines unbeschränkten Nutzungsrechts und eines bedingten Erwerbsrechts

Der Käufer eines Guts unter Eigentumsvorbehalt besitzt ein Teilrechtsbündel aus einem unbeschränkten Nutzungsrecht und einem bedingten Erwerbsrecht. Beim Eigentumsvorbehalt übergibt der Käufer das Gut zwar in den Besitz des Käufers, er behält sich das Eigentum am Gut aber so lange vor, bis der Vorbehaltskäufer den kompletten Kaufpreis an den Verkäufer entrichtet hat (§ 449 Abs. 1 BGB).[121] Das Eigentum geht automatisch auf den Käufer bei Zahlung der letzten Kaufpreisrate über (§ 158 Abs. 1 BGB). Der Verkäufer hat das Gut an den Käufer nur unter der aufschiebenden Bedingung übertragen, dass der Käufer den Kaufpreis vollständig zahlt.[122] Kann der Käufer seine Zahlungsverpflichtung nicht erfüllen, so ist der Verkäufer berechtigt, die Kaufsache wieder in seinen Besitz zu nehmen und die Substanz des Guts verwerten.[123] Der Käufer kann ab dem Zeitpunkt der Besitzübergabe alle Nutzungsarten an dem Gut ausüben.[124] Er besitzt ein sachlich unbeschränktes Nutzungsrecht. Erfüllt der Käufer seine Zahlungsverpflichtung, so erwirbt er das Eigentum am Gut mit der letzten Kaufpreisrate.

Im Falle der Sicherungsübereignung hat der Kreditnehmer, der ein Gut als Sicherheit für den Kredit an den Kreditgeber übereignet, ein identisches Teilrechtsbündel wie der Vorbehaltskäufer. Der Kreditnehmer übergibt das Eigentum an einem Gut an den Kreditgeber. Das sicherungsübereignete Gut verbleibt im unmittelbaren Besitz

---

120 Vgl. HAVERMANN, H., Leasing, S. 54; MYERS, J. H., Reporting of Leases, S. 72 f.
121 Vgl. BAUR, F./STÜRNER, R., Sachenrecht, § 59, Rz. 2; SERICK, R., Eigentumsvorbehalt und Sicherungsübertragung, S. 60; WOLF, M., Sachenrecht, Rz. 671.
122 Vgl. SERICK, R., Eigentumsvorbehalt und Sicherungsübertragung, S. 62.
123 Vgl. BAUR, F./STÜRNER, R., Sachenrecht, § 59, Rz. 2; WOLF, M., Sachenrecht, Rz. 684.
124 Vgl. BAUR, F./STÜRNER, R., Sachenrecht, § 59, Rz. 1.

des Kreditnehmers, so dass er das Gut weiterhin unbeschränkt nutzen kann.[125] Der Kreditnehmer und der Kreditgeber vereinbaren zusätzlich im Sicherungsvertrag, dass die Sicherungsübereignung unter der auflösenden Bedingung endet, dass der Kreditnehmer das gesicherte Darlehen vollständig getilgt hat (§ 158 Abs. 2 BGB). Dann fällt das Eigentum am sicherungsübereigneten Gut an den Kreditnehmer zurück. Das Eigentum an dem sicherungsübereigneten Gut wird dem Kreditgeber nur vorläufig bzw. vorübergehend übergeben.[126] Wenn der Kreditnehmer nicht mehr in der Lage ist, sein gesichertes Darlehen zu tilgen, ist der Kreditgeber berechtigt, die Substanz des gesicherten Guts zu verwerten.[127]

Der Vorbehaltskäufer bzw. Kreditnehmer besitzt ein durch die vollständige Kaufpreiszahlung bzw. Tilgung des Darlehens bedingtes Erwerbsrecht. Der Vorbehaltsverkäufer bzw. Kreditgeber hingegen hat ein bedingtes Verwertungsrecht ohne Besitzübergabe und ohne Publizitätsfunktion, das nur wirksam wird, wenn der Vorbehaltskäufer der Kaufpreisverpflichtung nicht nachkommt bzw. der Kreditnehmer das Darlehen nicht tilgt. Der Vorbehaltskäufer bzw. der Kreditnehmer trägt sowohl die Risiken einer Wertminderung und des Verlusts des Guts sowie die Chancen einer Wertsteigerung des Guts. Der Vorbehaltsverkäufer bzw. Kreditgeber hat ausschließlich ein Delkredererisiko.

265. In der Praxis anzutreffende und theoretisch denkbare Kombinationen von Teilrechten

Der rechtliche Eigentümer wird immer dann ein Teilrechtsbündel von seinem Vollrecht abspalten, wenn es für ihn wirtschaftlich sinnvoll ist und er eine Person findet, die bereit ist, für die Überlassung des Teilrechtsbündels zu zahlen. Art und Umfang des Teilrechtsbündels können je nach schuldrechtlicher Vereinbarung zwischen dem rechtlichen Eigentümer und dem Berechtigten festgelegt werden. Mit den einzelnen Teilrechten werden jeweils unterschiedliche wirtschaftliche Zwecke verfolgt. Je nach wirtschaftlichem Zweck liegen bestimmte Teilrechtsbündel entweder beim berechtigten Unternehmen oder beim Eigentümer. Aus den ausgewählten typischen Kombinationen können folgende Schlussfolgerungen für die möglichen Kombinationen von Teilrechten gezogen werden: Zum einen wird der Eigentümer ein Nutzungsrecht immer dann vergeben, wenn das Entgelt für die Nutzungsüberlassung höher ist als der Ertrag aus der Nutzung des Guts im eigenen betrieblichen Produktionsprozess.[128]

---

125 Vgl. BAUR, F./STÜRNER, R., Sachenrecht, § 57, Rz. 1.
126 Vgl. BAUR, F./STÜRNER, R., Sachenrecht, § 57, Rz. 2; WOLF, M., Sachenrecht, Rz. 767.
127 Vgl. BAUR, F./STÜRNER, R., Sachenrecht, § 57, Rz. 2; SERICK, R., Eigentumsvorbehalt und Sicherungsübertragung, S. 38; WOLF, M., Sachenrecht, Rz. 779.
128 Vgl. POSNER, R. A., Economic Analysis of Law, S. 37.

Ein nutzungsberechtigtes Unternehmen wird ein Nutzungsverhältnis eingehen, weil es ein Gut nur für eine vorübergehende Dauer nutzen oder nur bestimmte Nutzungsarten gebrauchen will. Oftmals beabsichtigt das (vorerst) ausschließlich nutzungsberechtigte Unternehmen zwar das Gut zu erwerben, aber es fehlen die finanziellen Mittel, um den Kaufpreis sofort vollständig zu zahlen.[129] In diesem Fall wird das Teilrechtsbündel um ein unbedingtes oder ein bedingtes Erwerbsrecht erweitert. Ein Teilrechtsbündel, das aus Nutzungsrecht und/oder Erwerbsrecht besteht, wird stets bei dem Unternehmen liegen, das nicht rechtlicher Eigentümer ist. Dementsprechend verbleibt ein Teilrechtsbündel, das nur ein bedingtes Verwertungsrecht ohne Besitzübergabe enthält, stets beim rechtlichen Eigentümer.

Bestimmte Teilrechte werden in der Realität nicht miteinander gebündelt, weil sie sich gegenseitig widersprechende wirtschaftliche Zwecke verfolgen. Grundsätzlich wird ein Nutzungsrecht vom Eigentümer vergeben, damit der Berechtigte das Gut in seinem betrieblichen Leistungsprozess gebrauchen kann, das er nicht erwerben will oder kann. Die bedingten Verwertungsrechte hingegen dienen der Kreditsicherung. Ein Kreditgeber ist nicht daran interessiert, das Sicherungsgut zu besitzen oder sogar zu nutzen, sondern das Sicherungsgut im Insolvenzfall zu verwerten. Daher wird eine Kombination von unbeschränkten oder beschränkten Nutzungsrechten mit einem bedingten Verwertungsrecht i. d. R. nicht vorkommen. Im deutschen Rechtssystem bspw. kommt das Pfandrecht an beweglichen Gütern, das ein bedingtes Verwertungsrecht sowie den unmittelbaren Besitz an den Kreditgeber vergibt und den Kreditnehmer von der Nutzung ausschließt, im Wirtschaftsleben so gut wie nie vor.[130] Eine Kombination eines unbeschränkten Nutzungsrechts und eines unbedingten Verwertungsrechts hingegen stellt den wirtschaftlich materiellen Gehalt des Eigentums dar und verbleibt in dieser Kombination i. d. R. beim rechtlichen Eigentümer.

Bestimmte Teilrechte können nicht miteinander gebündelt werden, weil sie sich gegenseitig ausschließen. Wenn ein rechtlicher Eigentümer ein Erwerbsrecht vergibt, ist er gleichzeitig davon ausgeschlossen, die Sache oder das Recht anderweitig zu veräußern oder zu verwerten. Der rechtliche Eigentümer wird also in seinem Recht zur Verwertung gehindert. Der Erwerbsberechtigte hat einen (gesicherten) Rechtsanspruch, das Verwertungsrecht und das Nutzungsrecht als materielle Befugnisse des Eigentumsrechts zu erwerben. Er benötigt also nicht zusätzlich zum Erwerbsrecht ein Verwertungsrecht, das er ohnehin automatisch bei der Ausübung des Erwerbsrechts erhält. Das Verwertungsrecht und das Erwerbsrecht können nie im gleichen Bündel von Teilrechten vom Eigentum abgespalten und an einen Berechtigten übertragen werden. Vergibt der rechtliche Eigentümer das Verwertungsrecht an einen Berechtig-

---

129 Vgl. BAAR, S./STREIT, B., Vergleich zwischen Leasing und Kauf, S. 705-710 m. w. N.
130 Vgl. BAUR, F./STÜRNER, R., Sachenrecht, § 56, Rz. 2; WOLF, M., Sachenrecht, § 28, Rz. 668.

ten, hat der rechtlicher Eigentümer keine Möglichkeit, den Vermögenswert selber zu verwerten, indem er den Vermögenswert einem Dritten zum Erwerb anbietet. Ein rechtlicher Eigentümer kann also nicht gleichzeitig das Verwertungsrecht und das Erwerbsrecht an jeweils unterschiedliche Unternehmen vergeben. Außerdem wird ein drittes Unternehmen kein wirtschaftliches Interesse daran haben, einen Vermögenswert zu erwerben, der jederzeit durch ein verwertungsberechtigtes Unternehmen verwertet werden kann.

Ein rechtlicher Eigentümer kann nicht gleichzeitig das unbeschränkte Nutzungsrecht und das beschränkte Nutzungsrecht oder das unbedingte Verwertungsrecht und das bedingte Verwertungsrecht oder das unbedingte Erwerbsrecht und das bedingte Erwerbsrecht von seinem Eigentum abspalten und an eine andere Person übertragen. Wenn bereits ein unbeschränktes bzw. unbedingtes Teilrecht an eine Person abgespalten wurde, ist es nicht mehr möglich, ein beschränktes oder bedingtes Teilrecht an dieselbe oder sogar eine andere Person zu vergeben. Im Ergebnis ist festzuhalten, dass alle drei Teilrechte jeweils einzeln an einen Berechtigten vergeben werden bzw. beim Eigentümer verbleiben können. Diese Teilrechte können sowohl unbeschränkt oder beschränkt bzw. unbedingt oder bedingt sein.

Neben den einzelnen Teilrechten, nämlich dem unbeschränkten oder beschränkten Nutzungsrecht, unbedingten oder bedingten Verwertungsrecht, unbedingten oder bedingten Erwerbsrecht, sind folgende Teilrechtsbündel sowohl theoretisch denkbar als auch in der Realität anzutreffen und werden entweder vom Eigentum abgespalten und an ein anderes Unternehmen übertragen oder verbleiben beim rechtlichen Eigentümer:

- ein unbeschränktes Nutzungsrecht und ein unbedingtes Verwertungsrecht,
- ein beschränktes Nutzungsrecht und ein unbedingtes Verwertungsrecht,
- ein unbeschränktes Nutzungsrecht und ein unbedingtes Erwerbsrecht,
- ein unbeschränktes Nutzungsrecht und ein bedingtes Erwerbsrecht,
- ein beschränktes Nutzungsrecht und ein unbedingtes Erwerbsrecht oder
- ein beschränktes Nutzungsrecht und ein bedingtes Erwerbsrecht.

Die folgende Übersicht 2-3 gibt einen Überblick über die möglichen Kombinationen von Teilrechten. Die weißen Felder repräsentieren alle möglichen einzelnen Teilrechte und Kombinationen von Teilrechten, die entweder vom Eigentum abgespalten und an ein anderes Unternehmen übertragen werden oder beim rechtlichen Eigentümer verbleiben. Die Kombinationen von Teilrechten in den grau ausgefüllten Feldern sind entweder nicht denkbar oder in der Realität nicht anzutreffen.

Teilrechts-bündel besteht aus / Teilrechts-bündel besteht aus		Nutzungsrecht		Verwertungsrecht		Erwerbsrecht	
		unbe-schränkt	be-schränkt	unbedingt	bedingt	unbedingt	bedingt
Nutzungs-recht	unbe-schränkt						
	be-schränkt						
Verwer-tungs-recht	unbedingt						
	bedingt						
Erwerbs-recht	unbedingt						
	bedingt						

Übersicht 2-3: Mögliche Kombinationen von Teilrechten

3 Grundsätze einer wirtschaftlichen Zurechnung von Vermögenswerten zum bilanziellen Vermögen von Unternehmen

31 Ziel der IFRS-Rechnungslegung und Anforderungen an die IFRS-Rechnungslegung

311. Bedeutung des Framework des IASB für die IFRS-Rechnungslegung

Das Prinzip der wirtschaftlichen Zurechnung von Vermögenswerten zum bilanziellen Vermögen eines Unternehmens ist im Framework des IASB verankert.[1] Das Framework ist die theoretische Grundlage des Regelwerks des IASB.[2] Im Framework werden die Zielsetzung der IFRS-Rechnungslegung, die qualitativen Anforderungen an die Rechnungslegung, die Definitionen, Ansatzkriterien und Bewertungsmaßstäbe von Abschlussposten sowie die Kapitalerhaltungsgrundsätze geregelt. Das IASC, der organisatorische Vorläufer des IASB, hat das Framework erst 1989 endgültig verabschiedet. Zu diesem Zeitpunkt gab es bereits 26 gültige Standards, die nicht immer mit der Konzeption des Framework übereinstimmten.[3] Das IASC legte indes fest, dass die Einzelregelungen in den IAS Vorrang vor den Regelungen des Framework haben.[4] Das Framework nimmt somit nicht die Rangordnung eines Standards ein.[5] IAS 1, *Presentation of Financial Statements*, nimmt die Zielsetzung eines IFRS-Abschlusses und wesentliche Bilanzierungsgrundsätze aus dem Framework auf. Daher entfalten die Zielsetzung der IFRS-Rechnungslegung in IAS 1 und die dort genannten Bilanzierungsgrundsätze die Wirkung eines Standards. Sie sind von allen Abschlusserstellern uneingeschränkt zu beachten.[6]

Das Framework erfüllt im Wesentlichen folgende Aufgaben: Die primäre Aufgabe ist, als konzeptionelle Grundlage für die Entwicklung neuer Standards zu dienen.[7] Zusätzlich unterstützt das Framework die Abschlussersteller und Abschlussadressaten, bereits bestehende Standards anzuwenden und zu interpretieren.[8] Das Framework kann aber auch herangezogen werden, um Anworten auf noch nicht im Regelwerk

---

1 Vgl. F.57.
2 Vgl. WOLLMERT, P./ACHLEITNER, A.-K., Konzeption, Rz. 8.
3 Vgl. WOLLMERT, P./ACHLEITNER, A.-K., Konzeption, Rz. 8.
4 Vgl. F.2.
5 Vgl. F.2.
6 Vgl. ACHLEITNER, A.-K./KLEEKÄMPER, H., Presentation of Financial Statements, S. 117 f.
7 Vgl. F.1(a).
8 Vgl. F.1(d)-(f).

des IASB behandelte Bilanzierungsfragen deduktiv zu entwickeln,[9] z. B. eindeutige und objektive Kriterien für die wirtschaftliche Zurechnung von Vermögenswerten zum bilanziellen Vermögen eines Unternehmens. Schließlich soll das Framework den IASB unterstützen, die bestehenden Standards zu harmonisieren, um die derzeit noch alternativ zulässigen Bilanzierungsmethoden in den Standards zu reduzieren.[10]

312. Ziel der IFRS-Rechnungslegung

Das Ziel eines IFRS-Abschlusses[11], nämlich entscheidungsnützliche Informationen über die Vermögens-, Finanz- und Ertragslage sowie über die Veränderung der Vermögens- und Finanzlage zu vermitteln,[12] wird durch das Prinzip der wirtschaftlichen Zurechnung von Vermögenswerten zum bilanziellen Vermögen desjenigen Unternehmens, das die Verfügungsmacht über den künftigen wirtschaftlichen Nutzen des Vermögenswerts innehat, unterstützt. Die in einem Abschluss veröffentlichten Informationen sollen den Abschlussadressaten helfen, wirtschaftliche Entscheidungen, wie Entscheidungen über den Erwerb, das Halten oder die Veräußerung von Unternehmensanteilen, zu treffen.[13] Der Maßstab für die Vermittlung entscheidungsnützlicher Informationen sind die Informationsbedürfnisse der verschiedenen Adressaten eines Abschlusses. Abschlussadressaten können aktuelle und potentielle Investoren, Arbeitnehmer, Kreditgeber, Lieferanten, Kunden, staatliche Einrichtungen und die Öffentlichkeit sein.[14] Die Informationsbedürfnisse der verschiedenen Abschlussadressaten an einen Abschluss sind unterschiedlich und ein Abschluss kann nicht sämtliche divergierenden Informationsansprüche erfüllen. Die Vorschriften des IASB orientieren sich vornehmlich an den Informationsbedürfnissen der aktuellen und künftigen Investoren, weil deren Informationsbedürfnisse allen Abschlussadressaten gemeinsam sind.[15]

Entscheidungsnützlichkeit der vermittelten Informationen bedeutet, dass mittels der in einem Abschluss bereitgestellten Informationen die Abschlussadressaten die Fähigkeit des Unternehmens beurteilen können, Zahlungsmittel und Zahlungsmitteläquivalente in der Zukunft zu erwirtschaften.[16] Investoren, aber auch Kreditgeber wollen wissen, wie das Unternehmen mit dem zur Verfügung gestellten Kapital gewirtschaftet hat und ob ihre Bereitschaft, Risikokapital zur Verfügung zu stellen, in Form von

---

9   Vgl. F.1(d).
10   Vgl. F.1(b).
11   Im Folgenden wird unter dem Begriff Abschluss immer ein IFRS-Abschluss verstanden.
12   Vgl. F.12.
13   Vgl. F.14; CAIRNS, D., Applying IAS, S. 81.
14   Vgl. F.9.
15   Vgl. F.10.
16   Vgl. F.15.

Ausschüttungen oder Zinsen vergütet wird.[17] Damit die Abschlussadressaten die Fähigkeit eines Unternehmens, künftige Zahlungsmittel und Zahlungsmitteläquivalente zu erwirtschaften, besser prognostizieren können, benötigen sie Informationen über die Vermögens-, Finanz- und Ertragslage sowie über die Veränderung der Vermögens- und Finanzlage.[18]

Eine Prognose der künftigen Zahlungsströme hilft den Abschlussadressaten bei der Beantwortung der Frage, wie sicher die Verdienstquelle „Unternehmen" ist.[19] Das Ziel, die Verdienstquelle zu sichern, ist ein wesentliches monetäres Ziel jeder unternehmerischen Tätigkeit. Neben dem Sicherheitsziel wird auch das Ziel verfolgt, Geld zu verdienen.[20] Beide monetären Ziele stehen interdependent zueinander. Eine stabile Vermögens- und Finanzlage ist Voraussetzung für einen langfristigen und kontinuierlichen Zufluss von Erträgen. Allerdings kann auch nur ein ertragsstarkes Unternehmen langfristig finanziell stabil sein.[21] Damit die Abschlussadressaten die Frage nach der Sicherheit der Verdienstquelle beantworten können, müssen sie sowohl die Investitions- als auch die Finanzierungstätigkeit des Unternehmens analysieren können.

Eine Analyse der Vermögens- und Finanzlage liefert aber nur dann entscheidungsnützliche Analyseergebnisse, wenn die Ressourcen im Abschluss entsprechend den tatsächlichen Verhältnissen abgebildet werden. Die Ressourcen eines Unternehmens werden in einem Abschluss durch die Vermögenswerte abgebildet, die die Definitions- und Ansatzkriterien des Framework und der jeweiligen International Financial Reporting Standards (IFRS) erfüllen. Ein Vermögenswert ist eine in der Verfügungsmacht des Unternehmens stehende Ressource, die das Ergebnis von Ereignissen der Vergangenheit ist und von der erwartet wird, dass aus ihr dem Unternehmen künftiger wirtschaftlicher Nutzen zufließt.[22] Der künftige wirtschaftliche Nutzen eines Vermögenswerts liegt in seiner Fähigkeit, dem Unternehmen Zahlungsmittel und Zahlungsmitteläquivalente zufließen zu lassen.[23]

In vielen Fällen hat ein Unternehmen sowohl das rechtliche Eigentum als auch die Verfügungsmacht über eine Ressource inne, so dass diese Ressource unzweifelhaft und ohne Ausnahme in der Bilanz dieses Unternehmens als Vermögenswert anzuset-

---

17 Vgl. F.15.
18 Vgl. F.15.
19 Vgl. BAETGE, J., Bilanzanalyse, S. 3.
20 Vgl. ausführlich zu den monetären Zielen BAETGE, J./KIRSCH, H.-J./THIELE, S., Bilanzen, S. 6-12.
21 Vgl. BAETGE, J., Bilanzanalyse, S. 3; COENENBERG, A. G., Jahresabschluss und Jahresabschlussanalyse, S. 918.
22 Vgl. F.49(a).
23 Vgl. F.53.

zen ist.[24] Durch die Zurechnung einer Ressource zu einem Unternehmen, das zwar das rechtliche Eigentum an dieser Ressource, aber nicht (mehr) die Verfügungsmacht über den künftigen wirtschaftlichen Nutzen des Vermögenswerts besitzt, wird die Vermögens- und Finanzlage des Unternehmens nicht korrekt dargestellt. In diesen Fällen überlässt der rechtliche Eigentümer die Verfügungsmacht entweder auf Grund vertraglicher Vereinbarungen einem anderen Unternehmen oder der rechtliche Eigentümer wird durch Gesetze und rechtliche Bestimmungen in seiner Verfügungsmacht eingeschränkt. Dann entspräche es nicht mehr den tatsächlichen Verhältnissen, wenn die Ressource in der Bilanz des rechtlichen Eigentümers und nicht in der Bilanz des Unternehmens, das die Verfügungsmacht über den künftigen wirtschaftlichen Nutzen besitzt, als Vermögenswert angesetzt würde. Mittels dieser nicht den tatsächlichen Verhältnissen entsprechenden Vermögens- und Finanzlage können die Abschlussadressaten die künftigen Zahlungsmittelströme des Unternehmens nicht korrekt prognostizieren, auf deren Basis sie ihre wirtschaftlichen Entscheidungen über das Erwerben, Halten und Veräußern ihrer Unternehmensanteile treffen.

Das Management eines Unternehmens kann nun daran interessiert sein, die wirtschaftliche Zurechnung von Vermögenswerten zum Unternehmen bewusst zu manipulieren, damit die Anteilseigner ihre wirtschaftlichen Entscheidungen nach den Interessen der Unternehmensleitung treffen. Das Prinzip der wirtschaftlichen Zurechnung von Vermögenswerten kann indes nur dann die Zielsetzung eines Abschlusses, nämlich entscheidungsnützliche Informationen zu vermitteln, unterstützen, wenn durch dieses Prinzip die Möglichkeiten zur Manipulation der Rechnungslegungsinformationen durch das Management von den Anteilseignern erkannt und verhindert werden können. An die Rechnungslegungsinformationen sind daher bestimmte qualitative Anforderungen zu stellen.

313. Anforderung an die IFRS-Rechnungslegung

Bei der Formulierung der Anforderungen an die Rechnungslegungsinformationen ist zu berücksichtigen, dass das Verhältnis zwischen Anteilseignern und Management eines Unternehmens durch die Probleme einer Principal-Agent-Beziehung gekennzeichnet ist.[25] Eine Principal-Agent-Beziehung ist ein Vertragsverhältnis, in dem ein Auftraggeber *(principal)* einen Auftragnehmer *(agent)* verpflichtet, in seinem Auftrag Tätigkeiten auszuführen. Dazu ist erforderlich, dass der Principal Entscheidungsbefugnisse über seine Ressourcen auf den Agent überträgt.[26] Grundsätzlich richten in ei-

---

24 Vgl. F.57.
25 Vgl. zu den Interessenskonflikten zwischen den Eigenkapitalgebern und dem Management LAUX, H., Unternehmensrechnung, S. 4-7.
26 Vgl. JENSEN, M. C./MECKLING, W. H., Theory of the Firm, S. 308.

ner Principal-Agent-Beziehung beide Vertragsparteien ihre Handlungen nach ihrem eigenen Vorteil aus.[27] Die besondere Problematik einer Principal-Agent-Beziehung liegt zum einen darin, dass die Entscheidungsbefugnis und die aus den getroffenen Entscheidungen resultierenden finanziellen Risiken asymmetrisch verteilt sind. Denn nicht der Agent als Entscheidungsträger, sondern der Principal trägt die finanziellen Risiken der getroffenen Entscheidungen.[28] Zum anderen sind die Informationen zwischem dem Agent und dem Principal asymmetrisch verteilt.[29] Auf Grund der asymmetrischen Risiko- und Informationsverteilung ist der Agent in der Lage, Entscheidungen über die ihm anvertrauten Ressourcen zu seinem Nutzen zu treffen; der Principal kann aber nicht erkennen, ob der Agent zu Lasten des Principal gehandelt hat (*hidden information/ moral hazard*).[30]

Die Anteilseigner (Principals) übertragen die Verfügungsgewalt über das von ihnen in das Unternehmen investierte Kapital an das Management (Agent).[31] Diese Kapitalverwendung durch das Management kann indes den Zielvorstellungen der Eigenkapitalgeber zuwiderlaufen und den Unternehmenswert aus der Sicht der Eigenkapitalgeber verringern.[32] Weil der Unternehmenswert, den das Management erzielt hat, nicht nur von seinem Handeln, sondern auch vom Zufall abhängt, können die Eigenkapitalgeber keine Rückschlüsse daraus ziehen, wie sich das Management verhalten hat.[33] Um den Konflikt zwischen den Eigenkapitalgebern und dem Management zu entschärfen, müssen durch vertragliche Vereinbarungen Anreize für das Management dafür geschaffen werden, dass das Management trotz seiner individuellen Zielvorstellungen die Interessen der Eigenkapitalgeber verfolgt. Zum einen kann das Management an den Risiken seiner Entscheidungen beteiligt werden, z. B. durch eine Gewinnbeteiligung des Managements.[34] Zum anderen kann das eigennützige Verhalten des Managements eingeschränkt werden, wenn die Informationsasymmetrien zwischen dem Management und den Eigenkapitalgebern verringert werden. Dazu ist es erforderlich, dass sich das Management einer Kontrolle und Steuerung durch die Eigenkaptialgeber unterzieht, bspw. durch eine verpflichtende externe Rechnungslegung.[35]

---

27 Vgl. BALLWIESER, W., Rechnungswesen im Lichte ökonomischer Theorien, S. 100; HAX, H., Theorie der Unternehmung, S. 56.

28 Vgl. EWERT, R., Rechnungslegung, S. 1.

29 Vgl. EWERT, R., Rechnungslegung, S. 3; HAX, H., Theorie der Unternehmung, S. 57.

30 Vgl. HAX, H., Theorie der Unternehmung, S. 60; HARTMANN-WENDELS, T., Rechnungslegung der Unternehmen, S. 2.

31 Vgl. HAX, H., Theorie der Unternehmung, S. 60; HARTMANN-WENDELS, T., Rechnungslegung der Unternehmen, S. 3.

32 Vgl. dazu ausführlich JENSEN, M. C./MECKLING, W. H., Theory of the Firm, S. 312-319.

33 Vgl. HAX, H., Theorie der Unternehmung, S. 60.

34 Vgl. HAX, H., Theorie der Unternehmung, S. 58.

Die Informationsasymmetrien können durch eine externe Rechnungslegung nur dann verringert werden, wenn das Management die veröffentlichten Informationen nicht entsprechend seinen eigenen Zielvorstellungen gestaltet (Bilanzpolitik) und keine Informationen zurückgehalten werden, um aus der Kontrolle resultierende Sanktionen zu vermeiden.[36] Instrumente der Bilanzpolitik, wie Wahlrechte, Möglichkeiten zu bilanzpolitisch motivierten Sachverhaltsgestaltungen und bilanzielle Spielräume, schränken die Eignung der externen Rechnungslegung als Kontrollinstrument ein.[37] Die externe Rechnungslegung ist für die Eigenkapitalgeber erst dann ein geeignetes Kontrollinstrument, wenn sie intersubjektiv nachprüfbar und somit zuverlässig ist.[38]

Die Zielsetzung der IFRS-Rechnungslegung, den Abschlussadressaten entscheidungsnützliche Informationen zu vermitteln, wird nur dann erreicht, wenn die Möglichkeiten des Managements zur Bilanzpolitik eingeschränkt werden. Diese Forderung kann nur dann erfüllt werden, wenn der Jahresabschluss objektivierte Informationen enthält. Dazu sind Rechnungslegungsvorschriften erforderlich, die nicht durch das Management manipulierbar sind.[39] Bezogen auf das in dieser Arbeit zu betrachtende Prinzip der wirtschaftlichen Zurechnung von Vermögenswerten zum bilanziellen Vermögen eines Unternehmens können die Manipulationsspielräume des Managements eingeschränkt und somit die Eignung der externen Rechnungslegung als Kontrollinstrument erhöht werden, wenn die Entscheidungen über die Zurechnung des Vermögenswerts auf intersubjektiv nachprüfbaren Kriterien beruhen. Von den einer Zurechnungsentscheidung zu Grunde liegenden Informationen ist zum einen zu fordern, dass sie in jedem Fall zu einer Zurechnung des Vermögenswerts zum bilanziellen Vermögen desjenigen Unternehmens führen, das die Verfügungsmacht über den künftigen wirtschaftlichen Nutzen des Vermögenswerts besitzt. Zum anderen müssen diese Informationen intersubjektiv nachprüfbar und somit zuverlässig sein. Wenn diese Anforderungen erfüllt sind, vermittelt ein Abschluss ein den tatsächlichen Verhältnissen entsprechendes Bild der Vermögens- und Finanzlage und enthält somit entscheidungsnützliche Informationen für den Anteilseigner.

Basierend auf der Zielsetzung der IFRS-Rechnungslegung ist ein Jahresabschluss nach den grundlegenden Annahmen (*underlying assumption*)[40] zu erstellen und die Jahresabschlussinformationen haben die an sie gestellten qualitativen Anforderungen (*qua-*

---

35 Vgl. HAX, H., Theorie der Unternehmung, S. 59; HAX, H., Rechnungslegungsvorschriften, S. 197.

36 Vgl. BAETGE, J./BALLWIESER, W., Bilanzpolitischer Spielraum, S. 203.

37 Vgl. BAETGE, J./BALLWIESER, W., Bilanzpolitischer Spielraum, S. 215; WATRIN, C., Internationale Rechnungslegung und Regulierungstheorie, S. 33.

38 Vgl. ORDELHEIDE, D., Kaufmännischer Periodengewinn, S. 297 f.

39 Vgl. BAETGE, J., Objektivierung des Jahreserfolges, S. 16-17.

40 Vgl. F.22-23.

litative characteristics)[41] zu erfüllen. Die grundlegenden Annahmen sind der Grundsatz der Periodenabgrenzung und der Grundsatz der Unternehmensfortführung. Gemäß dem Grundsatz der Periodenabgrenzung (*accrual basis*) sind die Auswirkungen von Geschäftsvorfällen und anderen Ereignissen ergebniswirksam in der Periode zu erfassen, in der sie wirtschaftlich angefallen sind, und nicht erst zum Zeitpunkt ihrer zugehörigen Ein- oder Auszahlungen. Nach Ansicht des IASB informiert ein Abschluss somit nicht nur über die vergangenen Geschäftsvorfälle, sondern auch über die künftigen Zahlungsverpflichtungen und die Ressourcen, die künftig zu Zahlungsmittelzuflüssen führen.[42] Der Grundsatz der Unternehmensfortführung fordert, dass der Jahresabschluss unter der Annahme der Unternehmensfortführung für einen absehbaren Zeitraum aufgestellt wird.[43]

Ein Abschluss kann nur dann ein den tatsächlichen Verhältnissen entsprechendes Bild der Vermögens-, Finanz- und Ertragslage darstellen und somit entscheidungsnützlich sein, wenn die qualitativen Anforderungen des Framework erfüllt sind.[44] Gemäß den in F.24 kodifizierten qualitativen Anforderungen müssen Abschlussinformationen verständlich, entscheidungserheblich, zuverlässig und vergleichbar sein. Diese Grundsätze werden auch als Primärgrundsätze der IFRS-Rechnungslegung bezeichnet.[45] Der Grundsatz der Verständlichkeit fordert, dass ein fachkundiger Adressat die vermittelten Abschlussinformationen nachvollziehen kann.[46] Abschlussinformationen sind entscheidungserheblich, wenn sie die wirtschaftlichen Entscheidungen der Abschlussadressaten beeinflussen.[47] Ob eine Information entscheidungserheblich ist, wird durch die Art und/oder Wesentlichkeit der Information bestimmt.[48] Gemäß F.30 ist eine Information wesentlich, wenn die wirtschaftliche Entscheidung eines Abschlussadressaten davon beeinflusst wird, ob die Informationen im Abschluss bereitgestellt oder weggelassen wurden. Eine Abschlussinformation ist zuverlässig, wenn sie frei von wesentlichen Fehlern ist und Sachverhalte unverzerrt abbildet.[49] Der Grundsatz der Zuverlässigkeit wird durch fünf Sekundärgrundsätze in F.33-38 weiter konkretisiert. Als letzte Anforderung, nämlich der Vergleichbarkeit, wird gefordert, dass die Abschlussinformationen im Zeitablauf vergleichbar sein müssen.[50]

---

41 Vgl. F.24-46.
42 Vgl. F.22.
43 Vgl. F.23.
44 Vgl. F.46 und IAS 1.13.
45 Vgl. stellvertretend für viele PELLENS, B., Internationale Rechnungslegung, S. 442.
46 Vgl. F.25.
47 Vgl. F.26.
48 Vgl. F.29.
49 Vgl. F.31.
50 Vgl. F.39.

32 Das Prinzip der wirtschaftlichen Zurechnung von Vermögenswerten im Framework des IASB

321. Verfügungsmacht über den künftigen wirtschaftlichen Nutzen als generelles Zurechnungskriterium

Ob eine Ressource als Vermögenswert im Abschluss zu aktivieren ist, regelt die Aktivierungskonzeption des Framework. Das Framework sieht eine zweistufige Aktivierungskonzeption für einen Vermögenswert vor. Eine Ressource muss zuerst die Definitionskriterien eines Vermögenswerts erfüllen, damit sie überhaupt in einem Abschluss berücksichtigt werden kann.[51] Die Definition eines Vermögenswertes lautet:

> *„An asset is a resource controlled by the enterprise as a result of past events and from which future economic benefits are expected to flow to the enterprise."*[52]

Demnach liegt ein Vermögenswert (*asset*) vor, wenn

- ■ von der Ressource zu erwarten ist, dass dem Unternehmen daraus ein künftiger wirtschaftlicher Nutzen zufließt (*future economic benefits are expected to flow to the enterprise*),

- ■ die Ressource in der Verfügungsmacht eines Unternehmens steht (*controlled by the enterprise*) und

- ■ die Ressource ein Ergebnis vergangener Ereignisse darstellt (*result of past events*).

Die Frage, wem ein Vermögenswert wirtschaftlich zuzurechnen ist, ergibt sich direkt aus der Vermögenswertdefinition des Framework. Demnach ist ein Vermögenswert demjenigen Unternehmen wirtschaftlich zuzurechnen, das die Verfügungsmacht über den künftigen wirtschaftlichen Nutzen innehat. Das generelle Kriterium für die wirtschaftliche Zurechnung von Vermögenswerten ist also die **Verfügungsmacht über den künftigen wirtschaftlichen Nutzen** des Vermögenswerts (*Control*-Prinzip),[53] die vom Unternehmen allein ausgeübt werden muss.[54] Damit das wirtschaftliche Nutzenpotential in der Verfügungsmacht des Unternehmens steht, muss das Unternehmen in der Lage sein, den künftigen wirtschaftlichen Nutzen aus dem Vermögenswert allein zu vereinnahmen, und alle anderen Unternehmen daran hindern können, auf diesen künftigen wirtschaftlichen Nutzen zuzugreifen.[55] Die Verfügungsmacht über den künftigen wirtschaftlichen Nutzen wird i. d. R. ange-

---

51 Vgl. EPSTEIN, B. J./MIRZA, A. A., IAS 2003, S. 75.
52 F.49(a).
53 Vgl. CAIRNS, D., Applying IAS, S. 87; THIELE, S., § 246 HGB, Rz. 581; ADLER, H./DÜRING, W./ SCHMALTZ, K., Rechnungslegung International, Grundlagen, Rz. 146.
54 Vgl. F.57; KEITZ, I. V., Immaterielle Vermögenswerte, S. 183.

nommen, wenn ein Unternehmen der rechtliche Eigentümer des Vermögenswerts ist. Das rechtliche Eigentum ist aber nur ein Indiz dafür, dass ein Unternehmen die Verfügungsmacht über den künftigen wirtschaftlichen Nutzen innehat.[56] Bei der Entscheidung, welchem Unternehmen der Vermögenswert wirtschaftlich zuzurechnen ist, ist der Grundsatz *substance over form* zu berücksichtigen, d. h., der wirtschaftliche Gehalt und nicht die zivilrechtliche Form eines Sachverhalts ist für die wirtschaftliche Zurechnung eines Vermögenswerts entscheidend.[57]

Eine Ressource, die die Definitionskriterien eines Vermögenswerts erfüllt, darf aber erst dann im Jahresabschluss als Vermögenswert aktiviert werden, wenn sie die Ansatzkriterien des Framework erfüllt.[58] Als zweite Stufe der Aktivierungskonzeption legen die Ansatzkriterien fest, dass ein Vermögenswert in der Bilanz angesetzt werden darf, wenn der künftige wirtschaftliche Nutzen dem Unternehmen wahrscheinlich zufließen wird und die Anschaffungs- oder Herstellungskosten oder ein anderer Wert des Vermögenswerts zuverlässig bestimmt werden kann.[59]

Im Regelwerk des IASB wird an einigen Stellen die Entscheidung über die Zurechnung eines Vermögenswerts danach getroffen, welche Vertragspartei im Wesentlichen alle Chancen und Risiken, die mit dem Eigentum eines Vermögenswerts verbunden sind, trägt (*Risk-and-reward*-Ansatz).[60] Nach dem generellen Zurechnungskriterium des Framework, nämlich der Verfügungsmacht über den künftigen wirtschaftlichen Nutzen, das auf dem Control-Prinzip basiert, kommt es für die Zurechnung eines Vermögenswerts nicht primär darauf an, auf welche Vertragspartei die Chancen und Risiken, die mit dem Eigentum eines Vermögenswerts verbunden sind, übergegangen sind. Damit folgt das generelle Zurechnungskriterium nicht unmittelbar dem Risk-and-reward-Ansatz. Allerdings ist das positive Merkmal des Risk-and-reward-Ansatzes, nämlich die Chancen, indirekt in der Vermögenswertdefinition des Framework enthalten. Denn ein Vermögenswert ist eine Ressource, aus der ein künftiger wirtschaftlicher Nutzenzufluss erwartet wird. Die Chancen, die mit dem Eigentum eines Vermögenswerts verbunden sind, können als Substitution für die Nutzenzuflüsse angesehen werden.[61] Bspw. definiert IAS 17 die Chancen aus einem Leasinggegenstand als Erwartungen eines Gewinn bringenden Einsatzes im Geschäftsbetrieb während der wirtschaftlichen Nutzungsdauer des Vermögenswerts und

---

55 Vgl. F.57; KEITZ, I. V., Immaterielle Vermögenswerte, S. 183; EPSTEIN, B. J./MIRZA, A. A., IAS 2003, S. 75.
56 Vgl. F.57.
57 Vgl. F.35.
58 Vgl. F.50.
59 Vgl. F.83, F.89.
60 Vgl. IAS 17.7; IAS 39.20.
61 Vgl. THIELE, S., § 246 HGB, Rz. 587.

eines Gewinns aus einem Wertezuwachs oder aus der Realisation eines Restwerts. Mit dem Eigentum an einem Vermögenswert sind aber immer auch Risiken verbunden. Zu diesen Risiken zählt z. B. IAS 17 die Verlustmöglichkeiten auf Grund von ungenutzten Kapazitäten oder technischer Überholung und Renditeabweichungen auf Grund geänderter Rahmenbedingungen. Die Risiken substituieren somit mögliche Nutzenabflüsse.[62]

Wie bereits in Abschnitt 11 festgestellt wurde, wird der wirtschaftliche Inhalt des Eigentums an einem Vermögenswert durch die wirtschaftlich wesentlichen Handlungsmöglichkeiten, nämlich die Nutzung und Verwertung des wirtschaftlichen Nutzenpotentials eines Vermögenswerts, bestimmt. Die Möglichkeit eines Unternehmens zur Nutzung und Verwertung des wirtschaftlichen Nutzenpotentials eines Vermögenswerts wird dadurch ausgedrückt, dass dieses Unternehmen die mit dem Vermögenswert verbundenen Chancen und Risiken übernimmt.[63] Wenn der rechtliche Eigentümer des Vermögenswerts das Nutzungs- und Verwertungsrecht vom rechtlichen Eigentum abspaltet und an ein anderes Unternehmen überträgt, dann ist nach dem Risk-and-reward-Ansatz der Vermögenswert demjenigen Unternehmen bilanziell zuzurechnen, das die mit dem Eigentum verbundenen Chancen und Risiken trägt.[64] Bei dieser Zurechnungsregel nach dem Risk-and-reward-Ansatz für einen Vermögenswert wird implizit unterstellt, dass ein Unternehmen die mit dem Eigentum des Vermögenswerts verbundenen Chancen und Risiken nur dann übertragen bekommt bzw. übernimmt, wenn es zum gleichen Zeitpunkt auch berechtigt ist, über den wirtschaftlichen Inhalt des Eigentums zu bestimmen, nämlich das wirtschaftliche Nutzenpotential des Vermögenswerts zu nutzen und zu verwerten.[65]

Das Control-Prinzip und der Risk-and-reward-Ansatz werden in den meisten Fällen zu einer identischen Entscheidung über die Zurechnung von Vermögenswerten zum bilanziellen Vermögen eines Unternehmens führen.[66] Allerdings ist es nicht zwingend, dass ein Unternehmen, das die mit dem Eigentum verbundenen Chancen und Risiken übernommen hat, die Verfügungsmacht über den künftigen wirtschaftlichen Nutzen eines Vermögenswerts innehat. Einen solchen Fall verdeutlicht das aus dem Diskussionspapier des IASC entnommene Beispiel zur Zurechnung von finanziellen Vermögenswerten.[67] In diesem Beispiel überträgt ein Unternehmen A einen finanziellen Vermögenswert an das Unternehmen B, wobei A eine Ausfallgarantie für den fi-

---

62 Vgl. IAS 17.7.
63 Vgl. MELLWIG, W., Bilanzielle Darstellung von Leasingverträgen, S. 3.
64 Vgl. bspw. für Leasingverhältnisse IAS 17.8 i.V.m. IAS 17.20.
65 Vgl. OLDENBURGER, I., Bilanzierung von Pensionsgeschäften, S. 121.
66 Vgl. IASC (HRSG.), Financial Assets and Financial Liabilities, S. 54, Rz. 5.3.
67 Vgl. IASC (HRSG.), Financial Assets and Financial Liabilities, S. 54 f., Rz. 5.6.-5.7.

nanziellen Vermögenswert übernimmt. Die Transaktion führt dazu, dass A die Verfügungsmacht über den finanziellen Vermögenswert an B verliert. B erhält neben der Verfügungsmacht über den finanziellen Vermögenswert noch eine Ausfallgarantie von A. Nach dem Control-Prinzip ist der finanzielle Vermögenswert dem bilanziellen Vermögen des B zuzurechnen. Die Ausfallgarantie ist als ein separater Vermögenswert zu behandeln und als finanzieller Vermögenswert im Jahresabschluss des B und als finanzielle Verpflichtung im Jahresabschluss des A zu bilanzieren. Im gleichen Sachverhalt bilanziert A nach dem Risk-and-reward-Ansatz auch nach der Übertragung an B den finanziellen Vermögenswert, weil A das Bonitätsrisiko am finanziellen Vermögenswert behält. Die Übertragung des finanziellen Vermögenswerts wird im Jahresabschluss des A als eine besicherte Kreditaufnahme bilanziert, obwohl A die Verfügungsmacht über den künftigen wirtschaftlichen Nutzen des finanziellen Vermögenswerts verloren hat. In einem solchen Fall gelangen die beiden Zurechnungsregeln zu einer unterschiedlichen Zurechnungsentscheidung des Vermögenswerts. Der Risk-and-reward-Ansatz führt im geschilderten Fall zu einer Zurechnungsentscheidung, die dem generellen Zurechnungskriterium des Framework, nämlich der Verfügungsmacht über den künftigen wirtschaftlichen Nutzen, widerspricht. Wenn in diesem Fall die Zurechnungsentscheidung nach dem Risk-and-reward-Ansatz getroffen wird, sind im Jahresabschluss des übertragenden Unternehmens Vermögenswerte enthalten, über deren künftigen wirtschaftlichen Nutzen das Unternehmen keine Verfügungsmacht mehr besitzt. Der Jahresabschluss gibt dann kein den tatsächlichen Verhältnissen entsprechendes Bild der Vermögens-, Finanz- und Ertraglage wieder.

In dieser Arbeit sollen die Entscheidungen für die Zurechnung eines Vermögenswerts auf dem generellen Zurechnungskriterium des Framework nach dem Control-Prinzip beruhen, nämlich auf dem Innehaben der Verfügungsmacht über den künftigen wirtschaftlichen Nutzen. Allerdings ist bei dieser Zurechnungsentscheidung, die nach dem Control-Prinzip erfolgt, zusätzlich zu beachten, ob ein Unternehmen, das zwar die Verfügungsmacht über den künftigen wirtschaftlichen Nutzen eines Vermögenswerts verloren hat und somit den Vermögenswert aus seinem bilanziellen Vermögen ausbucht, noch mit dem ausgebuchten Vermögenswert verbundene Risiken, wie eine Ausfallgarantie, trägt. Diese Risiken sind mögliche künftige Nutzenabflüsse, die gemäß der Definition des F.49(b) eine Verpflichtung für das Unternehmen darstellen.[68] Ob diese Verpflichtung als eine Verbindlichkeit, Rückstellung oder Eventualverbindlichkeit im Jahresabschluss des Unternehmens abzubilden ist, hängt vom Grad der Wahrscheinlichkeit ab, dass mit der Erfüllung der Verpflichtung der künftige wirtschaftliche Nutzen tatsächlich aus dem Unternehmen abfließen wird.[69]

---

68 Vgl. F.49(b). *„A liability is a present obligation of the enterprise arising from past events, the settlement of which is expected to result in an outflow from the enterprise of resources embodying economic benefits."*

Wenn zwar eine mögliche Verpflichtung vorliegt, aber für einen Nutzenabfluss nur eine geringe Wahrscheinlichkeit besteht, dann ist diese Verpflichtung als eine Eventualverbindlichkeit im Anhang des Unternehmens anzugeben.[70] Wenn auf Grund der Verpflichtung ein Nutzenabfluss wahrscheinlich ist, dann ist die Verpflichtung als eine Rückstellung im Jahresabschluss des Unternehmens zu passivieren.[71] Der Nutzenabfluss ist wahrscheinlich, wenn unter der Berücksichtigung aller verfügbaren Hinweise die Eintrittswahrscheinlichkeit größer als 50 % (*more likely than not*) ist.[72] Besteht keine Unsicherheit hinsichtlich des Zeitpunkts und der Höhe des künftigen Nutzenabflusses, so ist die Verpflichtung als eine Schuld im Jahresabschluss des übertragenden Unternehmens zu passivieren.[73]

Eine wirtschaftliche Zurechnung von Vermögenswerten nach dem Risk-and-reward-Ansatz gewährt den bilanzierenden Unternehmen auch Ermessensspielräume. Denn für die Zurechnungsregel, dass im Wesentlichen sämtliche mit dem Vermögenswert verbundenen Eigentümerrisiken und -chancen übertragen worden sein müssen, ist in jedem Einzelfall zu prüfen, welche Eigentümerrisiken -chancen vorhanden und wesentlich sind. Diese Analyse und Bewertung kann nur subjektiv für jeden einzelnen Sachverhalt erfolgen, weil die wesentlichen mit dem Eigentum verbundenen Chancen und Risiken nicht objektiv und für jeden Sachverhalt einheitlich analysiert und bewertet werden können. Die Entscheidung über die Zurechnung von Vermögenswerten kann bei identischen Sachverhalten von den jeweiligen Unternehmen unterschiedlich getroffen werden.[74] Zusätzliche Schwierigkeiten ergeben sich bei der Bestimmung des Umfangs, zu dem die Risiken und Chancen aus dem übertragenen Vermögenswert transferiert werden müssen. In der praktischen Anwendung ist vor allem problematisch, dass die Bestimmung der Grenze einer Chancen-/Risikoverteilung zwischen den verschiedenen Vertragsparteien den bilanzierenden Unternehmen einen Ermessensspielraum gewährt.[75]

Das generelle Zurechnungskriterium des Framework, nämlich die Verfügungsmacht über den künftigen wirtschaftlichen Nutzen eines Vermögenswerts, das in dieser Arbeit zu Grunde gelegt wird, ist bisher unkonkret und nicht operational. Im Folgenden wird daher versucht, dieses Kriterium durch die Aktivierungskonzeption des Framework, d. h. mittels der Definitions- und Ansatzkriterien, zu konkretisieren und eine anwendbare Zurechnungsregel zu entwickeln.

---

69 Vgl. F.86.
70 Vgl. IAS 37.86.
71 Vgl. IAS 37.14.
72 Vgl. IAS 37.15; Vgl. BAETGE, J./KIRSCH, H.-J./THIELE, S., Bilanzen, S. 410.
73 Vgl. IAS 37.11.
74 Vgl. IASC (HRSG.), Financial Assets and Financial Liabilities, S. 56., Rz. 5.7(d).
75 Vgl. BRAKENSIEK, S., Bilanzneutrale Finanzierungsinstrumente, S. 69.

322. Konkretisierung des generellen Zurechnungskriteriums durch die Aktivierungskonzeption

322.1 Definitionskriterien für einen Vermögenswert

322.11 Künftiger wirtschaftlicher Nutzen

Die Vermögenswertdefinition fordert, dass die Ressource dem Unternehmen einen künftigen wirtschaftlichen Nutzen stiftet. Der künftige wirtschaftliche Nutzen eines Vermögenswerts ist das Potential, einen Zufluss von Zahlungsmitteln[76] zu erzielen oder den Abfluss von Zahlungsmitteln zu verringern.[77] Ein Vermögenswert kann einem Unternehmen Zahlungsmittel direkt oder indirekt zufließen lassen. Der Vermögenswert trägt direkt, z. B. durch den Verkauf des Vermögenswerts, zum Zahlungsmittelzufluss bei. Ein Zahlungsmittelzufluss eines Vermögenswerts ist indirekt, wenn bspw. der Vermögenswert bei der Herstellung eines Produkts genutzt wird und dem Unternehmen durch den späteren Verkauf dieses erstellten Produkts Zahlungsmittel zufließen.[78] Zahlungsmittelzuflüsse werden durch einen Vermögenswert ebenfalls gewährleistet, wenn der Zahlungsmittelabfluss verringert wird, z. B. durch ein Produktionskosten einsparendes, alternatives Produktionsverfahren.[79] Die Definition des Vermögenswerts im Framework stellt entscheidend auf das im Vermögenswert verkörperte wirtschaftliche Nutzenpotential ab[80] und folgt somit eher einer dynamischen als einer statischen Bilanztheorie.[81] Die Aktivierungskonzeption des IASB erfasst neben den Vermögensgegenständen im Sinne der handelsrechtlichen Aktivierungskonzeption weitere Sachverhalte als bilanzierungsfähige Vermögenswerte, wie die handelsrechtlichen Rechnungsabgrenzungsposten, Bilanzierungshilfen und nicht aktivierungsfähige Vermögensgegenstände.[82]

Der künftige wirtschaftliche Nutzen aus einem Vermögenswert kann dem Unternehmen auf unterschiedlichen Wegen als Zahlungsmittel zufließen:[83]

---

76 Unter dem Begriff Zahlungsmittel werden im Folgenden sowohl Zahlungsmittel als auch Zahlungsmitteläquivalente verstanden.

77 Vgl. F.53; ALEXANDER, D./ARCHER, S., IAS-Guide, S. 2.14.

78 Vgl. F.53.

79 Vgl. F.53; ALEXANDER, D./ARCHER, S., IAS-Guide, S. 2.14.

80 Vgl. BAETGE, J./KIRSCH, H.-J./THIELE, S., Bilanzen, S. 164.

81 Vgl. BAETGE, J./BEERMANN, T., Bilanzierung von Vermögenswerten, S. 163; GOEBEL, A./FUCHS, M., Rechnungslegung nach IAS, S. 879; KEITZ, I. V., Immaterielle Vermögenswerte, S. 187; SCHRUFF, W., Internationale Vereinheitlichung der Rechnungslegung, S. 414; THIELE, S., § 246 HGB, Rz. 525.

82 Vgl. ACHLEITNER, A.-K./WOLLMERT, D./HULLE, K. V., Grundlagen, Rz. 21; GOEBEL, A./FUCHS, M., Rechnungslegung nach IAS, S. 879; THIELE, S., § 246 HGB, Rz. 526.

83 Vgl. F.55(a)-(d); CAIRNS, D., Applying IAS, S. 87.

(a) Ein Vermögenswert wird einzeln oder zusammen mit anderen Vermögenswerten in der betrieblichen Leistungserstellung genutzt, z. B. Vorräte, Immobilien, Maschinen und Geschäftsausstattungen sowie Know-how. Die erstellten Leistungen werden vom Unternehmen an Kunden gegen Zahlungsmittel verkauft.

(b) Ein Vermögenswert wird gegen andere Vermögenswerte getauscht, z. B. Vermögenswerte gegen Zahlungsmittel, Forderungen oder börsenfähige Wertpapiere.

(c) Mit einem Vermögenswert wird eine Schuld beglichen, z. B. werden mit Zahlungsmitteln Darlehen zurückgezahlt.

(d) Ein Vermögenswert wird an die Unternehmenseigentümer verteilt, z. B. werden Zahlungsmittel an die Unternehmenseigentümer ausgeschüttet. Jeder Eigenkapitalgeber investiert Kapital in ein Unternehmen mit dem Ziel, eine Rendite für sein investiertes Kapital zu erhalten. Diese Renditen werden regelmäßig als Zahlungsmittel, die mittels der in der Verfügungsmacht des Unternehmens stehenden Ressourcen erwirtschaftet wurden, an die Eigenkapitalgeber ausgeschüttet. Verteilt ein Unternehmen direkt die Vermögenswerte, die der Unternehmenseigentümer wiederum in Zahlungsmittel tauschen kann, profitiert der Unternehmenseigentümer unmittelbar vom wirtschaftlichen Nutzenpotential des Vermögenswert.

In diesen Beispielen fließt das wirtschaftliche Nutzenpotential eines Vermögenswerts dem Unternehmen grundsätzlich auf zwei Wegen zu. Zum einen kann das Unternehmen den Vermögenswert in seiner betrieblichen Leistungserstellung nutzen, um das wirtschaftliche Nutzenpotential in Form von Zahlungsmitteln zu erwirtschaften (Fall (a)). Zum anderen fließen dem Unternehmen Zahlungsmittel zu, wenn es das wirtschaftliche Nutzenpotential des Vermögenswerts verwertet (Fall (b)-(d)). Voraussetzung ist, dass der Vermögenswert noch ein wirtschaftlich wesentliches Nutzenpotential zum Verwertungszeitpunkt besitzt. Einem Unternehmen fließt der **künftige wirtschaftliche Nutzen** eines Vermögenswerts also direkt oder indirekt als Zahlungsmittel zu, die **durch die Nutzung und/oder Verwertung** des wirtschaftlichen Nutzenpotentials des Vermögenswerts erwirtschaftet werden.

322.12 Verfügungsmacht über den künftigen wirtschaftlichen Nutzen

Dieses Kriterium der Vermögenswertdefinition soll sicherstellen, dass ein Unternehmen nur solche Ressourcen aktiviert, über die es die Verfügungsmacht bezüglich des künftigen wirtschaftlichen Nutzens innehat. Bei diesem Kriterium handelt es sich um das Zurechnungskriterium und weniger um ein konstitutives Kriterium für Vermögenswerte.[84] Ein Vermögenswert steht in der Verfügungsmacht eines Unternehmens, wenn dieses allein die Möglichkeit besitzt, den künftigen wirtschaftlichen Nutzen zu vereinnahmen, und alle anderen Unternehmen daran hindern kann, auf diesen künftigen wirtschaftlichen Nutzen zuzugreifen.[85] Die Möglichkeit des Unternehmens, über das wirtschaftliche Nutzenpotential zu verfügen, beruht häufig auf dem rechtlichen Eigentum. Allerdings ist das rechtliche Eigentum nicht entscheidend, sondern lediglich ein Indiz dafür, dass das Definitionskriterium der Verfügungsmacht über den künftigen wirtschaftlichen Nutzen erfüllt ist.[86] Zum einen hat ein Unternehmen auch dann die Verfügungsmacht über den künftigen wirtschaftlichen Nutzen inne, wenn das Unternehmen nicht der rechtliche Eigentümer des Vermögenswerts ist.[87] Ein Unternehmen besitzt bspw. die Verfügungsmacht über den künftigen wirtschaftlichen Nutzen des Know-hows aus seiner Entwicklungstätigkeit, wenn es das Know-how vor anderen Wettbewerbern geheim hält.[88] Zum anderen übt ein Unternehmen, das zwar das rechtliche Eigentum am Vermögenswert innehat, die Verfügungsmacht über den künftigen wirtschaftlichen Nutzen dann nicht aus, wenn das rechtliche Eigentum diese Verfügungsmacht nicht begründen kann.[89] In diesem Fall hat der rechtliche Eigentümer die Befugnisse am wirtschaftlichen Nutzenpotential des Vermögenswerts, die ihm als rechtlichem Eigentümer zustehen, aufgegeben und auf ein anderes Unternehmen übertragen. Bspw. übt ein Leasingnehmer bei einem Finanzierungsleasingverhältnis die Verfügungsmacht über den künftigen wirtschaftlichen Nutzen eines Leasinggegenstands aus, ohne der rechtliche Eigentümer zu sein, der Leasinggeber als rechtlicher Eigentümer hat dagegen die Verfügungsmacht aufgegeben.

Entscheidend ist also nicht, dass die Verfügungsmacht über den künftigen wirtschaftlichen Nutzen auf das rechtliche Eigentum gegründet wird, sondern dass ein Unternehmen tatsächlich über den künftigen wirtschaftlichen Nutzen verfügt. Dies entspricht dem Grundsatz *substance over form*, der in F.35 und IAS 8.10(b) explizit kodifiziert ist. Der Grundsatz *substance over form* fordert, dass Geschäftsvorfälle und andere Ereignisse gemäß ihrem tatsächlichen wirtschaftlichen Gehalt und nicht allein gemäß der rechtlichen Gestaltung zu bilanzieren sind. Somit gewährleistet der Grundsatz *substance over form*, dass den Abschlussadressaten glaubwürdige Informationen über die Vermögens-, Finanz- und Ertragslage vermittelt werden.[90] Der Grundsatz *substance over form* ist ein wesentlicher Bestandteil der qualitativen Anforderung nach Zuverlässigkeit der Jahresabschlussinformationen.[91] Die Jahresabschlussinfor-

---

84 Vgl. ADLER, H./DÜRING, W./SCHMALTZ, K., Rechnungslegung International, Grundlagen, Rz. 147.

85 Vgl. F. 57; KEITZ, I. V., Immaterielle Vermögenswerte, S. 183; EPSTEIN, B. J./MIRZA, A. A., IAS 2003, S. 75.

86 Vgl. F.57.

87 Vgl. CAIRNS, D., Applying IAS, S. 87.

88 Vgl. F.57.

89 Vgl. CAIRNS, D., Applying IAS, S. 87.

90 Vgl. F.35.

mationen sind zuverlässig, wenn sie keine wesentlichen Fehler enthalten und frei von verzerrenden Einflüssen sind. Denn die Abschlussadressaten müssen sich darauf verlassen können, dass die Jahresabschlussinformationen glaubwürdig darstellen, was sie vorgeben darzustellen oder was vernünftigerweise inhaltlich von ihnen erwartet werden kann.[92] Die Jahresabschlussinformationen können die qualitative Anforderung nach Zuverlässigkeit nur dann erfüllen, wenn sie objektiv sind, d. h. willkürfrei und intersubjektiv nachprüfbar.[93] Für die Zurechnung von Vermögenswerten zum bilanziellen Vermögen eines Unternehmens bedeutet der Grundsatz *substance over form* bspw., dass ein Unternehmen einen Vermögenswert, den es rechtlich wirksam an ein anderes Unternehmen insgesamt verkauft hat, in seiner Bilanz aktivieren muss, wenn es weiterhin im Wesentlichen den gesamten künftigen wirtschaftlichen Nutzen aus dem Vermögenswert auf Grund anderer Vereinbarungen oder Abreden tatsächlich erzielt. Würde das veräußernde Unternehmen den Vermögenswert nicht in seiner Bilanz aktivieren und den Verkauf des Vermögenswerts somit in seinem Abschluss abbilden, entspräche dies nicht den tatsächlichen wirtschaftlichen Gegebenheiten. Der Abschluss würde dann kein den tatsächlichen Verhältnissen entsprechendes Bild und somit unzuverlässige und nicht entscheidungsnützliche Informationen vermitteln.[94] Unter Beachtung des Grundsatzes *substance over form* ist im genannten Beispiel der Vermögenswert nicht beim neuen, sondern beim ursprünglichen Eigentümer zu bilanzieren.

Wenn der rechtliche Eigentümer eines Vermögenswerts auch gleichzeitig die Verfügungsmacht über den künftigen wirtschaftlichen Nutzen dieses Vermögenswerts innehat, entspricht die rechtliche Gestaltung (form) auch dem tatsächlichen wirtschaftlichen Gehalt (substance) des Sachverhalts. Allerdings wird eine Orientierung der Zurechnungsentscheidung für Vermögenswerte allein an der rechtlichen Gestaltung eines Sachverhalts den in der wirtschaftlichen Realität anzutreffenden komplex konstruierten rechtlichen Gestaltungen nicht immer gerecht. In vielen Fällen können Geschäftsvorfälle und Ereignisse nicht zuverlässig wirtschaftlich beurteilt werden, wenn die Beurteilung auf den rechtlichen Verhältnissen oder anderen formalen Gestaltungsmöglichkeiten basiert.[95] Denn die wirtschaftliche Realität eines Geschäftsvorfalls stimmt nicht in jedem Fall mit der rechtlich konstruierten Form überein.[96] In diesen Fällen werden die Geschäftsvorfälle und Ereignisse nicht glaubwürdig darge-

91   Vgl. ACHLEITNER, A.-K./WOLLMERT, D./HULLE, K. V., Grundlagen, Rz. 6; THIELE, S., § 246 HGB, Rz. 582.

92   Vgl. F.31.

93   Vgl. BAETGE, J., Objektivierung des Jahreserfolges, S. 15 f.

94   Vgl. F.35, F.51.

95   Vgl. ACHLEITNER, A.-K./WOLLMERT, D./HULLE, K. V., Grundlagen, Rz. 6.

96   Vgl. F.35.

stellt und die Abschlussadressaten können sich nicht auf die Abschlussinformationen verlassen,[97] weil die formalrechtliche Gestaltung (form) nicht mehr dem wirtschaftlichen Gehalt (substance) entspricht. Genau für diese Fälle ist entsprechend dem Grundsatz *substance over form* zu prüfen, wann die tatsächlichen Verfügungsmöglichkeiten eines Unternehmens über den künftigen wirtschaftlichen Nutzen eines Vermögenswerts (substance) so bedeutend sind, dass die Entscheidung über die Zurechnung eines Vermögenswerts nicht mehr nach dem formalrechtlichen Eigentum (form) zu treffen ist, sondern nach dem Innehaben der Verfügungsmacht über den künftigen wirtschaftlichen Nutzen.

Innerhalb einer bestehenden Rechtsordnung wird eine Verfügungsmacht erst durch eine wirksame Rechtsposition, die bspw. aus einem Bündel von Teilrechten an dem Eigentum besteht, gesichert.[98] Je nach Art und Umfang der Verfügungsmacht nehmen die Bündel von Teilrechten eine bestimmte Form und Zusammensetzung an. Die Verfügungsmacht wird durch diese Form und Zusammensetzung eines Bündels von Teilrechten repräsentiert.[99] Daher ist zu prüfen, welche Teilrechte bzw. Kombinationen von Teilrechten die Verfügungsmacht über den künftigen wirtschaftlich Nutzen begründen können. Diese Prüfung ist Gegenstand der folgenden Untersuchungen.

Ein Unternehmen hat die Verfügungsmacht über den künftigen wirtschaftlichen Nutzen inne, wenn das Unternehmen **allein** die Möglichkeit besitzt, den künftigen wirtschaftlichen Nutzen zu vereinnahmen. Ein Unternehmen vereinnahmt den künftigen wirtschaftlichen Nutzen, wenn es diesen nutzt und/oder verwertet.[100] Ein Vermögenswert kann entweder genutzt oder verwertet werden, aber nicht auf beiden Wegen **gleichzeitig** zu einem Zahlungsmittelzufluss beitragen. Hat das Unternehmen einmal im Wesentlichen das gesamte wirtschaftliche Nutzenpotential des Vermögenswerts verwertet, kann es dieses nicht mehr nutzen. Ein Unternehmen verwertet bspw. das wirtschaftliche Nutzenpotential eines Vermögenswerts insgesamt in einem Akt, wenn es ihn verkauft, oder sukzessiv, wenn es einem anderen Unternehmen einen Vermögenswert zur Nutzung während der im Wesentlichen gesamten wirtschaftlichen Nutzungsdauer des Vermögenswerts überlässt und der Vermögenswert nach Beendigung der Nutzungsüberlassung nur noch einen unwesentlichen Restwert besitzt.[101] Solange ein Unternehmen den Vermögenswert in seinem betrieblichen Leistungsprozess für eine bestimmte oder unbestimmte Zeitdauer nutzt, kann es nicht

---

97 Vgl. F.35.

98 Vgl. KNAPP, L., Vermögensgegenstände, S. 1128, die sogar eine schuldrechtliche Sicherung der Rechtsposition fordert. DÖLLERER, G., Leasing, S. 526, bezweifelt, dass eine schuldrechtliche Sicherung der Rechtsposition notwendig ist.

99 Vgl. FREERICKS, W., Bilanzierungsfähigkeit und Bilanzierungspflicht, S. 135.

100 Vgl. Abschnitt 322.11.

gleichzeitig das gesamte wirtschaftliche Nutzenpotential des Vermögenswerts in einem Verwertungsakt und zu einem Zeitpunkt verwerten. Wenn ein Vermögenswert auf mehrere Arten dazu beitragen kann, dass dem Unternehmen ein künftiger wirtschaftlicher Nutzen in Form von Zahlungsmitteln zufließt, muss das Unternehmen entscheiden können, auf welche Art ihm der künftige wirtschaftliche Nutzen zufließen soll.[102] Dazu muss das Unternehmen berechtigt sein, den Vermögenswert zu nutzen und/oder zu verwerten und gleichzeitig alle anderen Unternehmen von diesen Befugnissen und den daraus resultierenden Zahlungsmitteln auszuschließen.

Ein Unternehmen besitzt allerdings auch dann allein die Möglichkeit, den künftigen wirtschaftlichen Nutzen aus der Nutzung und Verwertung zu vereinnahmen, wenn ihm nicht der gesamte Nutzen, sondern der wesentliche Teil des Nutzens zufließt und somit andere Unternehmen nur einen unwesentlichen Anteil am Nutzenpotential erhalten. Dies wäre bspw. der Fall, wenn ein Leasinggeber nach Beendigung des Leasingverhältnisses nur einen unwesentlichen Restverkaufserlös aus dem Verkauf des Leasinggegenstands erzielte. Entscheidend für die Zurechnung ist, dass der Leasingnehmer die Art der Nutzung und/oder Verwertung des Vermögenswerts bestimmen kann. Daher ist ihm der Vermögenswert (der Leasinggegenstand) zuzurechnen. Für die Zurechnung eines Vermögenswerts ist aber entscheidend, **wer im Wesentlichen das gesamte wirtschaftliche Nutzenpotential vereinnahmt.** Hier stellt sich die Frage, ab welcher Höhe des vereinnahmten wirtschaftlichen Nutzenpotentials ein Unternehmen **im Wesentlichen** das gesamte wirtschaftliche Nutzenpotential vereinnahmen kann.

Gemäß der qualitativen Anforderung der Wesentlichkeit der Abschlussinformationen ist eine Information wesentlich, wenn sie die wirtschaftlichen Entscheidungen der Adressaten, die auf der Basis des Abschlusses getroffen werden, beeinflusst, weil die Information nicht gesondert ausgewiesen bzw. angegeben oder fehlerhaft dargestellt wird. Die Wesentlichkeit einer Information hängt somit von der Größe und Natur des Bilanzpostens bzw. des Fehlers ab. Die Wesentlichkeit ist mehr ein quantitativer Grenzwert als eine qualitative Anforderung an die Informationen. Im Regelwerk des IASB sind keine allgemein gültigen Grenzwerte für die Wesentlichkeit festgelegt worden, weil die Grenzwerte der Wesentlichkeit sachverhaltsabhängig zu bestimmen sind.[103] Wenn die Wesentlichkeit eines Sachverhalts bestimmt werden soll, so müs-

---

101 Vgl. MEYER, D., Behandlung des Nießbrauchs und anderer Nutzungsüberlassungen, S. 150 f.; FABRI, S., Bilanzierung entgeltlicher Nutzungsverhältnisse, S. 62.
102 Vgl. entsprechend für die Definition des *wirtschaftlichen Eigentums* im Handelsrecht MELLWIG, W./ WEINSTOCK, M., Zurechnung von mobilen Leasingobjekten, S. 2347 f.
103 Vgl. F.30.

sen die Größe und die Art des Sachverhalts gemeinsam bewertet werden. Dabei kann entweder die Art oder die Größe des Sachverhalts die Wesentlichkeit bestimmen.

Weil ein quantitativer Grenzwert nicht allgemein gültig festgelegt worden ist, wird sich jedes Unternehmen bei jedem Sachverhalt für eine individuelle Wesentlichkeitsgrenze entscheiden. Dem Abschlussadressaten ist aber das Entscheidungsverhalten und der Informationsbedarf des Bilanzerstellers nicht bekannt.[104] Die für jeden Einzelfall intuitiv getroffenen Wesentlichkeitsentscheidungen sind zudem nicht intersubjektiv nachprüfbar.[105] Mittels vorgegebener objektiver Wesentlichkeitsgrenzen kann der bilanzielle Ermessensspielraum des Unternehmens bei der Bestimmung der Wesentlichkeitsgrenze eingeschränkt werden.[106] Allerdings können exakte Wesentlichkeitsgrenzen dazu führen, mittels Sachverhaltsgestaltungen die Wesentlichkeitsgrenze gerade zu unter- bzw. zu überschreiten, um eine Zurechnung des Vermögenswerts zu verhindern oder herbeizuführen.[107] In Anlehnung an die in der Literatur diskutierten allgemeinen Maßgrößen für die Wesentlichkeit[108] wird der folgende mögliche quantitative Grenzwert vorgeschlagen, ab dem ein Unternehmen im Wesentlichen das gesamte wirtschaftliche Nutzenpotential vereinnahmt hat. Wenn einem Unternehmen mehr als 90 % bis 95 % des wirtschaftlichen Nutzenpotentials eines Vermögenswerts zufließen, dann kann es im Wesentlichen das gesamte wirtschaftliche Nutzenpotential des Vermögenswerts vereinnahmen. Die Höhe des wirtschaftlichen Nutzenpotentials eines Vermögenswerts wird durch den Wert repräsentiert, mit dem der Vermögenswert im Jahresabschluss bewertet worden ist, wie fortgeführte Anschaffungs- oder Herstellungskosten oder andere Werte (z. B. der beizulegende Zeitwert).

In dieser Arbeit werden Bandbreiten für die Wesentlichkeitsgrenze definiert. Bandbreiten sind zwar feste Grenzwerte, aber sie ermöglichen, innerhalb der Bandbreite individuelle Wesentlichkeitsentscheidungen zu treffen. Bandbreiten bieten eine Orientierung an objektiven Grenzwerten, die den Ermessensspielraum der Unternehmen bei der Bestimmung der Wesentlichkeitsgrenze einschränken. Gleichzeitig erlauben Bandbreiten innerhalb der festgelegten Ober- und Untergrenze individuelle Entscheidungen anhand anderer Kriterien, bspw. der absoluten Höhe des betreffenden Ab-

---

104 Vgl. LEFFSON, U., GoB, S. 183.

105 Vgl. OSSADNIK, W., Grundsatz und Interpretation der Materiality, S. 618; LEFFSON, U., Wesentlich, S. 443.

106 Vgl. OSSADNIK, W., Grundsatz und Interpretation der Materiality, S. 619.

107 Oftmals werden in Deutschland die Leasingverhältnisse nach den quantitativen Grenzwerten der steuerrechtlichen Leasingerlasse gestaltet. Vgl. BUHL, H. U., Leasing, Sp. 1487.

108 Eine Übersicht über die in der Literatur vorgeschlagenen Wesentlichkeitsgrenzen sowie eine empirische Untersuchung über tatsächlich verwendete Wesentlichkeitsgrenzen gewährt OSSADNIK, W., Grundsatz und Interpretation der Materiality, S. 617-629.

schlusspostens, zu treffen. Fließen dem Unternehmen auf Grund seiner Verfügungsmacht mehr als 95 % des wirtschaftlichen Nutzenpotentials eines Vermögenswerts zu, dann vereinnahmt ein Unternehmen im Wesentlichen den gesamten künftigen wirtschaftlichen Nutzen. Wenn weniger als 90 % des wirtschaftlichen Nutzenpotentials dem Unternehmen auf Grund seiner Verfügungsmacht zufließen, dann vereinnahmt das Unternehmen nicht im Wesentlichen den gesamten künftigen wirtschaftlichen Nutzen. Innerhalb der Bandbreite kann je nach Sachverhalt, z. B. absolute Höhe des Nutzenpotentials, entschieden werden, ob die Wesentlichkeitsgrenze überschritten worden ist. Wünschenswert ist, dass die Gründe für die Wesentlichkeitsentscheidung innerhalb der Bandbreite im Anhang veröffentlicht werden.[109] Genauso wie einfache Wesentlichkeitsgrenzen können Wesentlichkeitsober- und -untergrenzen nicht ermessensfrei festgelegt werden.[110] Dieser Ermessensspielraum kann zumindest eingeengt werden, wenn für spezifische Sachverhalte Wesentlichkeitsstandards normiert oder zumindest Konventionen festgelegt werden.[111]

Im Framework sind keine Hinweise enthalten, **wie** ein Unternehmen die Verfügungsmacht über den künftigen wirtschaftlichen Nutzen im Wesentlichen allein innehaben kann, ohne der rechtliche Eigentümer zu sein, bzw. wann der rechtliche Eigentümer nicht (mehr) allein die wesentliche Verfügungsmacht über den künftigen wirtschaftlichen Nutzen innehat. Das Kriterium der Verfügungsmacht über den künftigen wirtschaftlichen Nutzen lässt sich mit der in Abschnitt 2 entwickelten Systematisierung des rechtlichen Eigentums konkretisieren. Mit der Systematisierung in der Übersicht 2-1, Seite 17, kann gezeigt werden, wie der rechtliche Eigentümer Teilrechte von seinem Eigentumsrecht abspaltet und diese auf ein anderes Unternehmen überträgt. In dieser Systematisierung der Teilrechte ist jene Grenze zu ermitteln, ab der der rechtliche Eigentümer durch Abspaltung von Teilrechten die wirtschaftliche Verfügungsmacht über den Vermögenswert verliert bzw. ab der durch die Abspaltung der Teilrechte Begünstigte die wirtschaftliche Verfügungsmacht gewinnt. Der rechtliche Eigentümer kann das andere Unternehmen dazu berechtigen, den künftigen wirtschaftlichen Nutzen des Vermögenswerts zu nutzen und/oder zu verwerten oder sogar den Vermögenswert zu erwerben.[112] Das berechtigte Unternehmen hat die Verfügungsmacht über den künftigen wirtschaftlichen Nutzen inne, wenn die abgespaltenen und übertragenen Teilrechte so ausgestaltet sind, dass das berechtigte Unternehmen im Wesentlichen das gesamte wirtschaftliche Nutzenpotential des Vermögenswerts nutzen und/oder verwerten kann. In diesem Fall hat das Unternehmen die

---

109 Vgl. OSSADNIK, W., Grundsatz und Interpretation der Materiality, S. 629; WOLZ, M., Wesentlichkeit im Rahmen der Abschlussprüfung, S. 13.

110 Vgl. OSSADNIK, W., Grundsatz und Interpretation der Materiality, S. 620.

111 Vgl. OSSADNIK, W., Materiality als Grundsatz externer Rechnungslegung, S. 38.

112 Vgl. Abschnitt 22.

Verfügungsmacht über den künftigen wirtschaftlichen Nutzen des Vermögenswerts inne, ohne der rechtliche Eigentümer des Vermögenswerts zu sein, weil es die entsprechenden Teilrechte des rechtlichen Eigentums besitzt, die die Verfügungsmacht über den künftigen wirtschaftlichen Nutzen begründen. Gemäß der in Abschnitt 2 entwickelten Systematisierung hat das berechtigte Unternehmen die Verfügungsmacht auch allein inne, weil es den rechtlichen Eigentümer und alle anderen Unternehmen im Umfang seiner (wesentlichen) Teilrechte im Wesentlichen vom gesamten wirtschaftlichen Nutzenpotential ausschließen kann.[113]

322.13 Ergebnis vergangener Ereignisse

Nach F.49(a) muss das Ereignis, das ein Unternehmen berechtigt, den künftigen wirtschaftlichen Nutzen zu vereinnahmen, bereits eingetreten sein. Ein vergangenes Ereignis, wie der Kauf, die Herstellung, ein öffentlicher Zuschuss oder die Entdeckung von Rohstoffquellen, kann zu einem Vermögenswert führen. Die Absicht, einen Vermögenswert zu kaufen, reicht hingegen nicht aus, dass ein Sachverhalt die Vermögenswertdefinition erfüllt.[114] Auch wenn ein Unternehmen eine Anzahlung vorgenommen hat, ist dies kein Beweis dafür, dass dieser Geschäftsvorfall einen Vermögenswert darstellt.[115] Allerdings ist die Verfügungsmacht über den angezahlten Geldbetrag an das andere Unternehmen übergegangen. Die von einem Unternehmen bei einem Geschäftsvorfall für einen Vermögenswert getätigten Ausgaben sind zwar ein Indiz für einen künftigen wirtschaftlichen Nutzen, weil ein Unternehmen i. d. R. mit den getätigten Ausgaben anstrebt, einen künftigen wirtschaftlichen Nutzen aus bzw. mit dem angezahlten Vermögenswert zu erwirtschaften. Trotz des engen Zusammenhangs zwischen einer getätigten Ausgabe und der Zurechnung eines Vermögenswerts ist eine Ausgabe aber keine notwendige Voraussetzung, dass die getätigte Ausgabe unmittelbar und allein zur Zurechnung des angezahlten Vermögenswerts führt. Denn andersherum kann ein Gegenstand, der einem Unternehmen ohne eine entsprechende Ausgabe dafür zugegangen ist, z. B. durch Schenkung, die Vermögenswertdefinition erfüllen. Die Ausgabe ist also kein hinreichendes Kriterium, dass ein Sachverhalt als Vermögenswert anzusetzen ist.[116] Der Zeitpunkt der Aktivierung ist nicht an bereits getätigte Zahlungsströme gekoppelt.[117]

---

113 Vgl. Abschnitt 22.
114 Vgl. F.58.
115 Vgl. ACHLEITNER, A.-K./WOLLMERT, D./HULLE, K. V., Grundlagen, Rz. 20.
116 Vgl. F.59.
117 Vgl. ACHLEITNER, A.-K./WOLLMERT, D./HULLE, K. V., Grundlagen, Rz. 20.

322.2 Ansatzkriterien für einen Vermögenswert

322.21 Wahrscheinlichkeit des künftigen Nutzenzuflusses

Gemäß dem ersten Ansatzkriterium darf ein Sachverhalt, der die Kriterien der Vermögenswertdefinition erfüllt, erst in der Bilanz als Vermögenswert angesetzt werden, wenn der künftige wirtschaftliche Nutzen dem Unternehmen wahrscheinlich zufließen wird.[118] Das Framework quantifiziert indes nicht die zu fordernde Wahrscheinlichkeit eines künftigen Nutzenzuflusses. Absolute Sicherheit wird zwar nicht verlangt. Allerdings wird eine gewisse Wahrscheinlichkeit gefordert, mit der der künftige wirtschaftliche Nutzen zufließt. Mit dieser Einschränkung sollen die unsicheren wirtschaftlichen Rahmenbedingungen, in denen das Unternehmen agiert, berücksichtigt werden.[119]

Im Framework wird allerdings nicht näher konkretisiert, mit welchem Wahrscheinlichkeitsgrad ein künftiger wirtschaftlicher Nutzen zufließen muss. Im Schrifttum wird teils ein Wahrscheinlichkeitsgrad von mehr als 50 % als ausreichend angesehen, begründet wird dies mit der an anderer Stelle der IAS, nämlich IAS 37.15, genannten Forderung: *„more likely than not".*[120] In der Literatur werden aber auch andere erforderliche Wahrscheinlichkeitsgrade, nämlich von 70 % bis 80 %, genannt.[121] Solange der IASB aber nicht eindeutig und nicht für alle IFRS einheitlich den Begriff der Wahrscheinlichkeit definiert und auch nicht angibt, welcher Wahrscheinlichkeitsgrad zu fordern ist, wird die Wahrscheinlichkeit eines Nutzenzuflusses weiterhin unterschiedlich interpretiert werden. Daher werden die Unternehmen zu unterschiedlichen Lösungen kommen, wann ein Vermögenswert vorliegt, weil nicht eindeutig geklärt ist, wann der künftige wirtschaftliche Nutzen eines Vermögenswerts als hinreichend wahrscheinlich anzusehen ist.[122] Zur Bestimmung der Wahrscheinlichkeit des Nutzenzuflusses ist zu beachten, dass nach IAS 10.7 immer der Zeitpunkt zu Grunde zu legen ist, an dem der Abschluss erstellt wird. Somit sind auch werterhellende Informationen für die Bestimmung der Wahrscheinlichkeit eines Nutzenzuflusses heranzuziehen.[123]

Auch wenn bezüglich der Wahrscheinlichkeit des Nutzenzuflusses nach IAS noch einige Fragen offen geblieben sind, lässt sich allgemein sagen, dass ein Vermögenswert nicht in der Bilanz angesetzt wird, wenn unwahrscheinlich ist, dass aus den Ausgaben,

---

118 Vgl. F.89.
119 Vgl. F.85.
120 Vgl. BAETGE, J./KIRSCH, H.-J./THIELE, S., Bilanzen, S. 165.
121 Vgl. CAIRNS, D., Applying IAS, S. 92.
122 Vgl. CAIRNS, D., Applying IAS, S. 92; KEITZ, I. v., Immaterielle Vermögenswerte, S. 187.
123 Vgl. IAS 10.7; KEITZ, I. v., Immaterielle Vermögenswerte, S. 185.

die für den Geschäftsvorfall getätigt wurden, dem Unternehmen ein wirtschaftlicher Nutzen in den künftigen Perioden zufließen wird. Die Ausgaben für einen Geschäftsvorfall, der zu einem eher unwahrscheinlichen Nutzenzufluss führt, sind in der Gewinn- und Verlustrechnung als Aufwand zu erfassen und nicht einem Vermögenswert zuzurechnen.[124]

322.22 Zuverlässige Bewertbarkeit

Weitere Bedingung für den Ansatz eines Vermögenswerts ist, dass die Anschaffungs- oder Herstellungskosten oder ein anderer Wert für den Vermögenswert zuverlässig ermittelt werden können. Eine zuverlässige Bewertung ist gewährleistet, wenn bei ihrer Ermittlung die qualitativen Anforderungen nach F.31-F.38 berücksichtigt werden. Danach ist es zulässig, dass der Wert eines Abschlusspostens hinreichend genau geschätzt wird, denn bei der Erstellung eines Abschlusses sind Schätzungen ein wesentlicher Bestandteil. Wenn der Wert indes nicht hinreichend zuverlässig geschätzt werden kann, darf der Gegenstand nicht in der Bilanz angesetzt werden.[125] Eine Information ist hinreichend zuverlässig beschrieben, wenn sie abbildungstreu und genau ist, den Grundsatz *substance over form* erfüllt, neutral, d. h. willkürfrei, vorsichtig und vollständig ist.[126]

Ein Sachverhalt, der zu einem bestimmten Zeitpunkt die Ansatzkriterien nicht erfüllt, kann allerdings auf Grund nachfolgender Umstände zu einem späteren Zeitpunkt ansatzfähig und somit ansatzpflichtig sein.[127] Allerdings enthält das Framework keine konkrete Regelung zur Nachaktivierung von Vermögenswerten.[128] Hier wird daher gefordert, dass eine bereits getätigte Ausgabe nachträglich zu aktivieren ist, wenn es in einem späteren Berichtsjahr möglich ist, die Anschaffungs-/Herstellungskosten oder einen anderen Wert zuverlässig zu bewerten. In der späteren Berichtsperiode ist gemäß IAS 8.36 ein entsprechender Vermögenswert in der Bilanz zu aktivieren und ein korrespondierender Ertrag in der GuV ergebniswirksam zu erfassen.[129] Ein Gegenstand, der zwar die Definitionskriterien, aber nicht die Ansatzkriterien erfüllt, muss im Anhang, in den Erläuterungen oder in ergänzenden Darstellungen angegeben werden, wenn für einen Adressaten die Kenntnis dieses Postens entscheidungserheblich ist.[130]

---

124 Vgl. F.90.
125 Vgl. F.86.
126 Vgl. F.33-38.
127 Vgl. F.87.
128 Vgl. ACHLEITNER, A.-K./WOLLMERT, D./HULLE, K. V., Grundlagen, Rz. 63.
129 Vgl. ADLER, H./DÜRING, W./SCHMALTZ, K., Rechnungslegung International, Grundlagen, Rz. 153.
130 Vgl. F.88.

323. Zwischenfazit

Die Vermögenswertdefinition ist die einzige übergeordnete Vorschrift im Framework für die Frage, wem ein Vermögenswert wirtschaftlich zuzurechnen ist. Demnach ist demjenigen Unternehmen der Vermögenswert wirtschaftlich zuzurechnen, das die Verfügungsmacht über den künftigen wirtschaftlichen Nutzen des Vermögenswerts innehat. Im Framework wird zwar darauf hingewiesen, dass nicht das rechtliche Eigentum am Vermögenswert, sondern die Verfügungsmacht über den künftigen wirtschaftlichen Nutzen für die wirtschaftliche Zurechnung des Vermögenswerts entscheidend ist. Für das in dieser Arbeit zu erörternde Problem, wem ein Vermögenswert bilanziell zuzurechnen ist, wenn das rechtliche Eigentum an einem Vermögenswert und die Verfügungsmacht über den künftigen wirtschaftlichen Nutzen des Vermögenswerts bei unterschiedlichen Unternehmen liegen, ist die übergeordnete Vorschrift des Framework indes wenig operational. Denn das Framework konkretisiert nicht eindeutig, was unter der Verfügungsmacht über den künftigen wirtschaftlichen Nutzen zu verstehen ist.

Aus der Vermögenswertdefinition des Framework und den zugehörigen Vorschriften im Framework können allerdings folgende Merkmale entnommen werden, wann ein Unternehmen die Verfügungsmacht über den künftigen wirtschaftlichen Nutzen eines Vermögenswerts innehat und der Vermögenswert diesem Unternehmen bilanziell zuzurechnen ist:

■ Der künftige wirtschaftliche Nutzen fließt dem Unternehmen direkt oder indirekt als Zahlungsmittel zu, indem das Unternehmen den Vermögenswert nutzt und/oder verwertet.[131]

■ Das Unternehmen ist allein berechtigt, das wirtschaftliche Nutzenpotential durch Nutzung und/oder Verwertung des Vermögenswerts zu vereinnahmen.[132]

■ Das Unternehmen vereinnahmt aus der Nutzung und/oder Verwertung des wirtschaftlichen Nutzenpotentials im Wesentlichen den gesamten künftigen wirtschaftlichen Nutzen.[133]

Im Ergebnis kann aus der Vermögenswertdefinition des Framework das folgende **generelle Zurechnungskriterium** für Vermögenswerte zum bilanziellen Vermögen eines Unternehmens entwickelt werden:

---

131 Vgl. F.53 i. V. m. F.55. Vgl. Abschnitt 322.11.
132 Vgl. F.57; KEITZ, I. v., Immaterielle Vermögenswerte, S. 183; EPSTEIN, B. J./MIRZA, A. A., IAS 2003, S. 75. Vgl. Abschnitt 322.12.
133 Vgl. Abschnitt 322.12.

Ein Unternehmen hat die Verfügungsmacht über den künftigen wirtschaftlichen Nutzen eines Vermögenswerts inne, wenn es allein berechtigt ist, im Wesentlichen das gesamte wirtschaftliche Nutzenpotential des Vermögenswerts zu nutzen und/oder zu verwerten.

Ein Unternehmen ist berechtigt, einen Vermögenswert zu nutzen und/oder zu verwerten, wenn ihm diese Berechtigung entweder auf Grund seines rechtlichen Eigentums am Vermögenswert zusteht oder er diese Berechtigung vom rechtlichen Eigentümer erhält. In der Systematisierung in Abschnitt 2 werden die Teilrechte in das Nutzungs-, Verwertungs- und Erwerbsrecht eingeteilt. Diese Teilrechte können vom rechtlichen Eigentümer abgespalten und an ein anderes Unternehmen einzeln oder kombiniert übertragen werden. Im Umfang dieser Teilrechte schließt ein berechtigtes Unternehmen den rechtlichen Eigentümer vom wirtschaftlichen Nutzenpotential des Vermögenswerts aus. Weil die Teilrechte i. d. R. vertraglich vereinbart sind, können die Rechte und Pflichten intersubjektiv nachgeprüft werden. Im Folgenden soll daher untersucht werden, ob die systematisierten Teilrechte des rechtlichen Eigentums das generelle Zurechnungskriterium für Vermögenswerte konkretisieren können. Die wesentliche Frage ist, welche Teilrechte bzw. Kombinationen von Teilrechten zur Nutzung und Verwertung berechtigen und in welcher Ausprägung diese Teilrechte bzw. Kombinationen von Teilrechten die Verfügungsmacht über den im Wesentlichen gesamten künftigen wirtschaftlichen Nutzen begründen. Der Vermögenswert ist einem Unternehmen dann wirtschaftlich zuzurechnen, wenn es solche die Verfügungsmacht begründenden Teilrechte oder Kombinationen von Teilrechten innehat, unabhängig davon, ob es der rechtliche Eigentümer des Vermögenswerts ist.

33 Begründung der Verfügungsmacht über das wirtschaftliche Nutzenpotential durch einzelne Teilrechte

331. Vorüberlegungen

Im Folgenden wird untersucht, ob und wie die verschiedenen Teilrechte des rechtlichen Eigentums die Verfügungsmacht über den im Wesentlichen gesamten künftigen wirtschaftlichen Nutzen begründen können. Dazu ist zu analysieren, ob die einzelnen Teilrechte ein Unternehmen berechtigen, einen Vermögenswert zu nutzen und/oder zu verwerten. Dies ist der Fall, wenn ein Unternehmen auf Grund der ihm zustehenden Teilrechte allein die Möglichkeit besitzt, im Wesentlichen das gesamte wirtschaftliche Nutzenpotential durch Nutzung und/oder Verwertung des Vermögenswerts zu vereinnahmen. Im ersten Schritt der Analyse werden das Nutzungsrecht, das Verwertungsrecht und das Erwerbsrecht unter der Fragestellung untersucht, ob und in welcher Ausprägung sie die Verfügungsmacht über den im Wesentlichen gesamten künftigen wirtschaftlichen Nutzen begründen können. Die Analyse für das jeweilige Teilrecht ist zweischrittig aufgebaut. Im **ersten Schritt** werden von einem Teilrecht zu erfüllende Bedingungen analysiert, die eine Verfügungsmacht über den im Wesentlichen gesamten künftigen wirtschaftlichen Nutzen des Vermögenswerts begründen und somit zu einer Zurechnung des Vermögenswerts zum betreffenden Unternehmen führen. Außerdem werden im ersten Schritt noch die qualitativen Anforderungen an die Rechnungslegungsinformationen formuliert, auf denen die Entscheidung, wem der Vermögenswert bilanziell zuzurechnen ist, basiert. Für jeden Umfang, jede Kombination und jede Ausprägung der drei Teilrechte, die in Abschnitt 2 systematisiert wurden, werden dann konkrete Regeln entwickelt, nach denen entschieden werden kann, ob dem Teilrechtsinhaber der Vermögenswert bilanziell zuzurechnen ist.

In einem **zweiten Schritt** werden die einzelnen Teilrechte in den verschiedenen Umfängen und Ausprägungen miteinander gebündelt und die jeweiligen Bündel werden analog zu den jeweiligen einzelnen Teilrechten analysiert. Dabei wird auf die in Abschnitt 265. genannten Teilrechtsbündel zurückgegriffen, die in der Realität anzutreffen oder theoretisch denkbar sind. Für die Teilrechtsbündel werden daran anschließend ebenfalls konkrete Zurechnungsregeln entwickelt.

Für die Entscheidung über die Zurechnung eines Vermögenswerts ist ausschließlich der Umfang des Teilrechts maßgeblich, der zu **Beginn des Rechtsverhältnisses** übertragen wurde. Die Übertragung eines Teilrechts ist eine wirtschaftliche Transaktion, deren finanzielle Auswirkungen je nach ihren ökonomischen Merkmalen entsprechend dem Grundsatz *substance over form* als Abschlussposten, z. B. als Vermögenswert, im Abschluss erfasst werden.[134] Weil die finanziellen Auswirkungen von Transaktionen dann zu erfassen sind, wenn sie auftreten,[135] ist zum Übertragungszeitpunkt der Teilrechte die Frage zu beantworten, ob das Unternehmen auf Grund seines Teilrechts oder einer Kombination von Teilrechten die Verfügungsmacht über den im Wesentlichen gesamten künftigen wirtschaftlichen Nutzen des Vermögenswerts innehat. Wenn ein Unternehmen auf Grund seiner Teilrechte eine solche Verfügungsmacht besitzt, dann ist der Vermögenswert dem betreffenden Unternehmen bilanziell zuzurechnen. Dabei ist vom vertraglich vereinbarten planmäßigen Verlauf des Rechtsverhältnisses auszugehen, sofern sich der Umfang des übertragenen Teilrechts auf Grund vertraglicher Vereinbarungen nicht vergrößert oder nicht verkleinert. Ändert sich der Umfang der übertragenen Teilrechte, dann ist erneut zu prüfen, ob ein verkleinertes Teilrechtsbündel eine bereits bestehende Verfügungsmacht über den im Wesentlichen gesamten künftigen wirtschaftlichen Nutzen des Vermögenswerts wei-

---

134 Vgl. F.47.
135 Vgl. F.22.

terhin begründen kann. Wenn die Verfügungsmacht auf Grund des verkleinerten Teilrechtsbündels nicht mehr beim berechtigten Unternehmen liegt, dann ist der Vermögenswert aus der Bilanz des berechtigten Unternehmens auszubuchen und demjenigen Unternehmen bilanziell zuzurechnen, das nun die Verfügungsmacht über den im Wesentlichen gesamten künftigen wirtschaftlichen Nutzen innehat.

Wird der Umfang der übertragenen Teilrechte vergrößert, so ist zu untersuchen, ob dieses vergrößerte Teilrechtsbündel die Verfügungsmacht über den im Wesentlichen gesamten künftigen wirtschaftlichen Nutzen eines Vermögenswerts, der bei einem bisherigen kleineren Teilrechtsbündel nicht dem betreffenden Unternehmen bilanziell zugerechnet werden konnte, nun begründen kann und ob dieser Vermögenswert dem betreffenden Unternehmen bilanziell zuzurechnen ist.

332. Nutzungsrecht

332.1 Vorbemerkung

Die Zurechnung eines Vermögenswerts zu einem Unternehmen ist in den Fällen problematisch, in denen das Unternehmen als rechtlicher Eigentümer keine oder nur eine eingeschränkte Verfügungsmacht über den im Wesentlichen gesamten künftigen wirtschaftlichen Nutzen des Vermögenswerts besitzt. In diesen Fällen überlässt der rechtliche Eigentümer die Verfügungsmacht ganz oder teilweise einem anderen Unternehmen, indem er Teilrechte oder Kombinationen von Teilrechten von seinem rechtlichen Eigentum abspaltet und auf das andere Unternehmen überträgt. Für diese Fälle ist zu prüfen, ob die abgespalteten Teilrechte bzw. Kombinationen von Teilrechten die Verfügungsmacht über den im Wesentlichen gesamten wirtschaftlichen Nutzen eines Vermögenswerts begründen bzw. begründen können.

In der Realität können die Nutzungsrechte nur vom rechtlichen Eigentümer von seinem rechtlichen Eigentum an einem Vermögenswert abgespalten und an ein anderes Unternehmen übertragen werden, z. B. beim Mietverhältnis, beim Nießbrauch, bei Leasingverhältnissen. Das andere Unternehmen wird als nutzungsberechtigtes Unternehmen bezeichnet. Da in der Realität keine Fälle anzutreffen bzw. denkbar sind, in denen der rechtliche Eigentümer nur das Nutzungsrecht an einem Vermögenswert behält und alle anderen Teilrechte an ein anderes Unternehmen überträgt,[136] sind im Folgenden also nur solche Fälle zu untersuchen, in denen das Nutzungsrecht in seinen verschiedenen Umfängen und Ausprägungen gemäß der Systematisierung in Übersicht 2-1 vom rechtlichen Eigentümer abgespalten und auf ein anderes Unternehmen übertragen wird. Die folgende Übersicht 3-1 verdeutlicht ein grundsätzliches

---

136 Vgl. KNAPP, L., Vermögensgegenstände, S. 1124.

Rechtsverhältnis zwischen dem rechtlichen Eigentümer und dem nutzungsberechtigten Unternehmen, das der folgenden Untersuchung zu Grunde liegt:

Übersicht 3-1: *Rechtsverhältnis bei einem abgespaltenen Nutzungsrecht*

332.2 Begründung der Verfügungsmacht durch das Nutzungsrecht

332.21 Analyse der von einem Nutzungsrecht zu erfüllenden Bedingungen

Gemäß dem generellen Zurechnungskriterium verfügt ein Unternehmen über den künftigen wirtschaftlichen Nutzen eines Vermögenswerts, wenn es allein die Möglichkeit hat, im Wesentlichen das gesamte wirtschaftliche Nutzenpotential zu nutzen und/oder zu verwerten. Im Folgenden ist also die Frage zu beantworten, ob das Nutzungsrecht die Verfügungsmacht über den im Wesentlichen gesamten künftigen wirtschaftlichen Nutzen eines Vermögenswerts begründet bzw. begründen kann. Dies ist der Fall, wenn ein Unternehmen **auf Grund seines Nutzungsrechts** allein die Möglichkeit besitzt, im Wesentlichen das gesamte wirtschaftliche Nutzenpotential zu nutzen und/oder zu verwerten. Das in Abschnitt 23 systematisierte Nutzungsrecht ermöglicht dem nutzungsberechtigten Unternehmen, das wirtschaftliche Nutzenpotential eines Vermögenswerts zu nutzen. Weil das Nutzungsrecht verschiedene Ausprägungen annehmen kann, ist zu untersuchen, in welcher Ausprägung das Nutzungsrecht einem Unternehmen allein ermöglicht, im Wesentlichen das gesamte wirtschaftliche Nutzenpotential zu nutzen und/oder zu verwerten.

Wenn ein Nutzungsrecht das nutzungsberechtigte Unternehmen berechtigt, das Nutzenpotential nach jeder möglichen Nutzungsart zu nutzen, dann wird sich das Unternehmen aus diesen möglichen Nutzungsarten diejenige Nutzungsart aussuchen, die für seine individuelle wirtschaftliche Zwecksetzung den größten wirtschaftlichen Nutzen stiftet. Ein **sachlich unbeschränktes Nutzungsrecht** ermöglicht einem Unternehmen, jede dieser wirtschaftlich wesentlichen Nutzungsarten auszuüben.[137] Für eine sachlich unbeschränkte Nutzung durch ein nutzungsberechtigtes Unternehmen ist aber nicht erforderlich, dass der rechtliche Eigentümer von allen Nutzungsarten ausgeschlossen ist.[138] Das nutzungsberechtigte Unternehmen wird in seinem sachlich unbeschränkten Nutzungsumfang nämlich nicht eingeschränkt, wenn der rechtliche Eigentümer den Vermögenswert weiterhin in einer wirtschaftlich unwesentlichen Nutzungsart nutzt bzw. nutzen darf. Eine Nutzungsart ist wirtschaftlich unwesentlich, wenn sie einen wirtschaftlich unwesentlichen Nutzen stiftet;[139] in diesem Fall kann das nutzungsberechtigte Unternehmen im Wesentlichen das gesamte wirtschaftliche Nutzenpotential des Vermögenswerts weiterhin nutzen. Entsprechend der in Abschnitt 322.12 definierten Wesentlichkeitsgrenze kann ein sachlich unbeschränkt nutzungsberechtigtes Unternehmen im Wesentlichen den gesamten künftigen wirtschaftlichen Nutzen vereinnahmen, wenn es mehr als 90 % bis 95 % des wirtschaftlichen Nutzenpotentials vereinnahmen kann. Wenn dem rechtlichen Eigentümer auf Grund eines bei ihm verbliebenen wirtschaftlich unwesentlichen Nutzungsrechts weniger als 5 % bis 10 % des wirtschaftlichen Nutzenpotentials zufließen, ist das Nutzungsrecht des berechtigen Unternehmens sachlich unbeschränkt. Ein rechtlicher Eigentümer kann sich bspw. ein Wegerecht an seinem Grundstück vorbehalten, das er einem Unternehmen zur Nutzung überlassen hat. Das nutzungsberechtigte Unternehmen wird durch das Wegerecht nicht daran gehindert, im Wesentlichen das gesamte wirtschaftliche Nutzenpotential des Grundstücks zu nutzen.

Ein Unternehmen nutzt im Wesentlichen das gesamte wirtschaftliche Nutzenpotential eines Vermögenswerts, wenn nach Beendigung der Nutzung durch das nutzungsberechtigte Unternehmen kein wesentliches wirtschaftliches Nutzenpotential mehr vorhanden ist, das der rechtliche Eigentümer im Anschluss nutzen kann. Dies ist der Fall, wenn das nutzungsberechtigte Unternehmen berechtigt ist, im Wesentlichen das gesamte wirtschaftliche Nutzenpotential eines Vermögenswerts während des Nutzungsverhältnisses durch die Nutzung zu verbrauchen.[140] Nach Beendigung der Nutzung durch das nutzungsberechtigte Unternehmen ist kein wirtschaftliches Nutzenpotential mehr vorhanden, das der rechtliche Eigentümer im Anschluss an das Nut-

---

137 Vgl. zu den wirtschaftlich wesentlichen Nutzungsarten Abschnitt 231.1.
138 Vgl. BREMSER, H., Finanzierungs-Leasing, S. 531.
139 Vgl. Abschnitt 231.21.
140 Ein nutzungsberechtigtes Unternehmen kann neben seinem Nutzungsrecht berechtigt sein, den Vermögenswert am Ende der Nutzungszeit zu sehr günstigen Konditionen zu erwerben. Diese Kombination eines Nutzungsrechts mit einem Erwerbsrecht wird in Abschnitt 342. darauf untersucht, ob es die Verfügungsmacht über den im Wesentlichen gesamten künftigen wirtschaftlichen Nutzen begründen kann.

zungsverhältnis nutzen und/oder verwerten kann. Das wirtschaftliche Nutzenpotential eines Vermögenswerts kann nur dann durch die Nutzung verbraucht werden, wenn es ein **abnutzbares Gebrauchsgut** ist. Ein abnutzbares Gebrauchsgut ist nach seiner Abnutzung physisch zwar noch vorhanden, aber der Zustand des Gebrauchsguts erlaubt keine seinem wirtschaftlichen Zweck entsprechende Abgabe eines künftigen wirtschaftlichen Nutzens mehr.[141]

Das wirtschaftliche Nutzenpotential eines abnutzbaren Gebrauchsguts wird gebrauchsbedingt oder durch natürlichen Verschleiß verbraucht. Während der natürliche Verschleiß unabhängig von der Nutzung des Gebrauchsguts stattfindet, hängt der gebrauchsbedingte Verschleiß von Art, Ausmaß und Intensität der Abnutzung ab.[142] Je nach Art, Ausmaß und Intensität der Abnutzung wird das wirtschaftliche Nutzenpotential somit unterschiedlich schnell verbraucht. Art, Ausmaß und Intensität der Abnutzung durch die Nutzungsart bestimmen, wie schnell das wirtschaftliche Nutzenpotential durch diese Nutzung verbraucht sein wird. Dieser Zeitraum entspricht der wirtschaftlichen Nutzungsdauer des Vermögenswerts.[143]

Sowohl das nutzungsberechtigte Unternehmen als auch der rechtliche Eigentümer können mit dem Vermögenswert einen anderen wirtschaftlichen Zweck verfolgen und das wirtschaftliche Nutzenpotential auf eine andere Art, in einem anderen Ausmaß oder in einer anderen Intensität nutzen. Der rechtliche Eigentümer kann nach Beendigung des Nutzungsverhältnisses noch weiteren künftigen wirtschaftlichen Nutzen durch eine Nutzung erzielen, wenn das wirtschaftliche Nutzenpotential durch das nutzungsberechtigte Unternehmen nicht vollständig verbraucht wurde.[144] Ebenso kann der rechtliche Eigentümer das wirtschaftliche Nutzenpotential nach Beendigung des Nutzungsverhältnisses weiter nutzen, wenn das wirtschaftliche Nutzenpotential durch Ersatz und Reparaturen technisch erweitert und/oder erneuert wird.[145] Das wirtschaftliche Nutzenpotential kann technisch u. U. bis ins Unendliche erweitert werden.[146] Die wirtschaftliche Nutzungsdauer, während der das nutzungsberechtigte Unternehmen das wirtschaftliche Nutzenpotential nutzen kann, kann sich also von der wirtschaftlichen Nutzungsdauer des rechtlichen Eigentümers unterscheiden. Um die Frage zu beantworten, ob die Dauer eines Nutzungsrechts im Wesentlichen der gesamten wirtschaftlichen Nutzungsdauer entspricht, ist zu klären, ob

---

141 Vgl. BRIEL, H. v., Nutzungsdauer, S. 19.
142 Vgl. SCHNEIDER, D., Nutzungsdauer, S. 33-35; MÄNNEL, W., Wirtschaftlichkeitsfragen der Anlagenerhaltung, S. 34-36; DIETZ, H., Normierung der Abschreibung, S. 74-76.
143 Vgl. IAS 16.57; DIETZ, H., Normierung der Abschreibung, S. 76.
144 Vgl. DÖLLERER, G., Leasing, S. 537.
145 Vgl. KNAPP, L., Problematischer Leasingerlaß, S. 687.
146 Vgl. SCHNEIDER, D., Nutzungsdauer, S. 35.

die wirtschaftliche Nutzungsdauer des rechtlichen Eigentümers oder des nutzungsberechtigten Unternehmens heranzuziehen ist.

Bereits zu Beginn des Nutzungsverhältnisses ist zu prüfen, ob die vom rechtlichen Eigentümer an das nutzungsberechtigte Unternehmen übertragenen Teilrechte die Verfügungsmacht über den im Wesentlichen gesamten künftigen wirtschaftlichen Nutzen des Vermögenswerts begründen können. Zu diesem Zeitpunkt liegen i. d. R. keine zuverlässigen Informationen darüber vor, ob und welche Nutzungszwecke der rechtliche Eigentümer nach Beendigung des Nutzungsverhältnisses durch das nutzungsberechtigte Unternehmen mit dem Vermögenswert verfolgen kann und wird. Außerdem kann zu Beginn des Nutzungsverhältnisses i. d. R. keine zuverlässige Aussage über die Höhe des künftigen wirtschaftlichen Nutzens, der dem rechtlichen Eigentümer nach Beendigung des Nutzungsverhältnisses zur Verfügung steht, getroffen werden, weil die künftige Nutzungsart des rechtlichen Eigentümers unbekannt ist und das wirtschaftliche Nutzenpotential durch Ersatz und Reparaturen technisch erweitert und/oder erneuert werden kann.[147] Da die wirtschaftliche Nutzungsdauer des rechtlichen Eigentümers zu Beginn des Nutzungsverhältnisses i. d. R. nicht zuverlässig bestimmt werden und u. U. unendlich sein kann, eignet sie sich nicht dafür, bereits zu Beginn des Nutzungsverhältnisses die Frage zu beantworten, ob die Dauer des Nutzungsrechts im Wesentlichen der gesamten wirtschaftlichen Nutzungsdauer des Vermögenswerts entspricht. Zur Beantwortung dieser Frage wird auf die dem nutzungsberechtigten Unternehmen eingeräumte Nutzungsart zurückgegriffen.

Zu Beginn des Nutzungsverhältnisses ist daher anhand von Investitionsplänen oder internen betrieblichen Kalkulationen des nutzungsberechtigten Unternehmens zu ermitteln, auf welche Nutzungsart das nutzungsberechtigte Unternehmen das wirtschaftliche Nutzenpotential des Vermögenswerts voraussichtlich nutzen wird. Die ermittelte Nutzungsart des nutzungsberechtigten Unternehmens kann herangezogen werden, um Art, Ausmaß und Intensität der Abnutzung für den Vermögenswert zu bestimmen. Die durch die Nutzungsart bestimmte Art, das Ausmaß und die Intensität der Abnutzung des Vermögenswerts durch das nutzungsberechtigte Unternehmen bestimmen, wie schnell das gesamte wirtschaftliche Nutzenpotential verbraucht sein wird. Der ermittelte Zeitraum entspricht der wirtschaftlichen Nutzungsdauer des Vermögenswerts.[148] Diese wirtschaftliche Nutzungsdauer des Vermögenswerts wird zu Beginn des Nutzungsverhältnisses mit der Dauer des Nutzungsverhältnisses verglichen. Wenn die Dauer des Nutzungsverhältnisses im Wesentlichen der wirtschaftlichen Nutzungsdauer des Vermögenswerts in der Nutzungsart des nutzungsberechtigten Unternehmens entspricht, dann ist nach Ablauf der wirtschaftlichen Nutzungs-

---

147 Vgl. BAETGE, J./BALLWIESER, W., Ansatz und Ausweis von Leasingobjekten, S. 6.
148 Vgl. IAS 16.57; DIETZ, H., Normierung der Abschreibung, S. 76.

dauer im Wesentlichen das gesamte wirtschaftliche Nutzenpotential des Vermögenswerts durch die Nutzungsart des nutzungsberechtigten Unternehmens verbraucht. Ein Nutzungsrecht, das im Wesentlichen der gesamten wirtschaftlichen Nutzungsdauer des Vermögenswerts entspricht, wird gemäß der Systematisierung in Abschnitt 2 - etwas vergröbernd - als ein **zeitlich unbeschränktes Nutzungsrecht** bezeichnet.[149] Entsprechend der in Abschnitt 322.12 definierten Wesentlichkeitsgrenze entspricht die Dauer des Nutzungsverhältnisses im Wesentlichen der wirtschaftlichen Nutzungsdauer, wenn das Nutzungsverhältnis während 90 % bis 95 % der wirtschaftlichen Nutzungsdauer, die zu Beginn des Nutzungsverhältnisses zu ermitteln ist, besteht.

Das nutzungsberechtigte Unternehmen kann während des Nutzungsverhältnisses im Wesentlichen das gesamte wirtschaftliche Nutzenpotential vereinnahmen, sofern während der Dauer des Nutzungsverhältnisses eine Kündigungssperre für beide Vertragsparteien besteht. Wenn der rechtliche Eigentümer dagegen berechtigt wäre, das Nutzungsrecht jederzeit - gegebenenfalls unter Beachtung vorhandener rechtlicher Kündigungsfristen - zu kündigen, dann würde das nutzungsberechtigte Unternehmen nicht mehr im Wesentlichen den gesamten künftigen wirtschaftlichen Nutzen des Vermögenswerts vereinnahmen. Eine Kündigungssperre ist also ein vertraglich vereinbarter Schutz für das nutzungsberechtigte Unternehmen, weil es durch die Kündigungssperre nicht durch den rechtlichen Eigentümer in seinem Recht gehindert werden kann, im Wesentlichen das gesamte wirtschaftliche Nutzenpotential zu nutzen. Das nutzungsberechtigte Unternehmen ist durch die Kündigungssperre davor geschützt, dass ihm der Vermögenswert vor dem vereinbarten Ablauf des Nutzungsverhältnisses durch den rechtlichen Eigentümer entzogen wird.[150] Allerdings wäre zum Zeitpunkt und im Fall einer berechtigten Kündigung aus wichtigem Grunde erneut zu prüfen, ob das nutzungsberechtigte Unternehmen auf Grund dieser Kündigung im Wesentlichen das gesamte wirtschaftliche Nutzenpotential nutzen kann. Sofern das nutzungsberechtigte Unternehmen auf Grund der Kündigung nicht im Wesentlichen das gesamte wirtschaftliche Nutzenpotential vereinnahmen kann, ist der Vermögenswert dem bilanziellen Vermögen des rechtlichen Eigentümers zuzurechnen.

Der rechtliche Eigentümer wird dem nutzungsberechtigten Unternehmen nur dann die Möglichkeit geben, im Wesentlichen das gesamte wirtschaftliche Nutzenpotential zu verbrauchen, wenn ihm das nutzungsberechtigte Unternehmen ein Entgelt zahlt, das sowohl das vom Eigentümer eingesetzte Kapital als auch die mit dem Vermögenswert verbundenen Kosten und Zinsen deckt. Während der unkündbaren Dauer des

---

149 Vgl. Abschnitt 231.22.
150 Vgl. LEFFSON, U., Leasingverträge im Jahresabschluß, S. 638.

Nutzungsverhältnisses wird der rechtliche Eigentümer die Nutzungsentgelte daher vertraglich so bemessen bzw. so festlegen, dass sein eingesetztes Kapital sowie die dem Nutzungsverhältnis zuzurechnenden Kosten und Zinsen vollständig gedeckt werden.[151] Entsprechend schützt sich der rechtliche Eigentümer durch die Kündigungssperre vor dem Risiko, dass durch eine ansonsten mögliche vorzeitige Beendigung des Nutzungsverhältnisses der Vermögenswert anderweitig nicht genutzt oder nicht verwertet werden kann und sich somit seine Investition nicht amortisieren könnte.[152] Daher wird das nutzungsberechtigte Unternehmen das Nutzungsverhältnis nur dann vorzeitig kündigen dürfen, wenn es die noch ausstehenden Nutzungsentgelte bei Kündigung sofort (eventuell abgezinst) an den rechtlichen Eigentümer zahlt.[153] Auch das nutzungsberechtigte Unternehmen wird daher ein großes Interesse daran haben, dass der rechtliche Eigentümer das Nutzungsrecht nicht vorzeitig aus wichtigem Grunde, z. B. wegen vertragswidriger Nutzung, unterlassener Erhaltungsmaßnahmen durch das nutzungsberechtigte Unternehmen, kündigt. Denn bei einer vorzeitigen Kündigung des Nutzungsrechts muss das nutzungsberechtigte Unternehmen ein Nutzungsentgelt für das im Wesentlichen gesamte wirtschaftliche Nutzenpotential zahlen, ohne dieses wirtschaftliche Nutzenpotential tatsächlich vereinnahmen zu können. In der Zurechnungsentscheidung, die stets zu Beginn des Nutzungsverhältnisses zu treffen ist, ist vom vertraglich vereinbarten planmäßigen Verlauf des Rechtsverhältnisses auszugehen. Die Möglichkeit, dass ein Nutzungsverhältnis vorzeitig aus wichtigem Grunde gekündigt werden kann, beeinflusst nicht die Zurechnungsentscheidung, die auf Grund des vergebenen Teilrechtsbündels an das nutzungsberechtige Unternehmen getroffen wird.

Wenn vertraglich vereinbart wurde, dass während des unkündbaren Nutzungsverhältnisses das nutzungsberechtigte Unternehmen verpflichtet ist, Entgelt für die Nutzungsüberlassung zu bezahlen, unabhängig davon, ob der Vermögenswert vorzeitig verschleißt, zufällig untergeht oder gestohlen wird, dann schützt die Kündigungssperre den rechtlichen Eigentümer vor der Lastentragung.[154] Die mit dem Vermögenswert verbundenen Lasten können je nach vertraglicher Vereinbarung gar nicht, teilweise oder vollständig vom rechtlichen Eigentümer auf das nutzungsberechtigte Unternehmen übertragen werden.[155] Bei abnutzbaren Gebrauchsgütern entstehen die Lasten, wie Erhaltungsmaßnahmen, vor allem durch die Nutzung. Daher wird der rechtliche Eigentümer die Lastentragung i. d. R. vollständig auf das nutzungsbe-

---

151 Vgl. FLUME, W., Rechtsverhältnis des Leasing, S. 58; FLUME, W., Rechtsfigur des Finanzierungsleasing, S. 269; LEFFSON, U., Leasingverträge im Jahresabschluß, S. 638.

152 Vgl. LEFFSON, U., Leasingverträge im Jahresabschluß, S. 639.

153 Vgl. LEFFSON, U., Leasingverträge im Jahresabschluß, S. 638.

154 Vgl. FLUME, W., Rechtsverhältnis des Leasing, S. 58.

155 Vgl. Abschnitt 232.

rechtigte Unternehmen überwälzen.[156] Im Nutzungsvertrag kann aber auch vereinbart werden, dass der rechtliche Eigentümer die notwendigen Erhaltungsmaßnahmen
durchführt und sonstige Lasten (z. B. Abgaben, Steuern) trägt, diese Lasten indes in
den Nutzungsentgelten, die das nutzungsberechtigte Unternehmen an den rechtlichen Eigentümer während des unkündbaren Nutzungsverhältnisses zu leisten hat,
enthalten sind.

Wenn das Nutzungsrecht zeitlich und sachlich unbeschränkt ist, dann liegt das im
Wesentlichen gesamte wirtschaftliche Nutzenpotential beim nutzungsberechtigten
Unternehmen. Das nutzungsberechtigte Unternehmen kann vertraglich verpflichtet
sein, den erzielten Nutzen mit dem rechtlichen Eigentümer oder anderen Unternehmen teilen zu müssen. Dies ist der Fall, wenn das Nutzungsrecht quantitativ beschränkt ist.[157] Weil ein quantitativ beschränktes Nutzungsrecht ein nutzungsberechtigtes Unternehmen i. d. R. daran hindert, das im Wesentlichen gesamte wirtschaftliche Nutzenpotential zu vereinnahmen, führt nur ein **quantitativ unbeschränktes
Nutzungsrecht** dazu, dass beim nutzungsberechtigten Unternehmen das im Wesentlichen gesamte wirtschaftliche Nutzenpotential liegt. Ist die quantitative Beschränkung des Nutzungsrechts unwesentlich, dann ist der rechtliche Eigentümer nur unwesentlich am wirtschaftlichen Nutzenpotential des Vermögenswerts beteiligt, so
dass dem nutzungsberechtigten Unternehmen dagegen der im Wesentlichen gesamte
künftige wirtschaftliche Nutzen zufließt. Entsprechend der in Abschnitt 322.12 definierten Wesentlichkeitsgrenze kann ein quantitativ unbeschränkt nutzungsberechtigtes Unternehmen den im Wesentlichen gesamten künftigen wirtschaftlichen Nutzen
vereinnahmen, wenn es mehr als 90 % bis 95 % des wirtschaftlichen Nutzenpotentials vereinnahmen kann. Wenn dem rechtlichen Eigentümer auf Grund eines bei ihm
verbliebenen quantitativ unwesentlichen Nutzungsrechts weniger als 5 % bis 10 %
des wirtschaftlichen Nutzenpotentials zufließen, ist das Nutzungsrecht des berechtigten Unternehmens quantitativ unbeschränkt.

Ein sachlich, zeitlich und quantitativ unbeschränktes Nutzungsrecht reicht unter den
bereits diskutierten Voraussetzungen indes noch nicht aus, die Verfügungsmacht
über den im Wesentlichen gesamten künftigen wirtschaftlichen Nutzen zu begründen.[158] Denn das ausschließlich nutzungsberechtigte Unternehmen ist verpflichtet,
den Vermögenswert nach Beendigung des Nutzungsverhältnisses an den rechtlichen
Eigentümer herauszugeben. Weil das sachlich, zeitlich und quantitativ unbeschränkte
Nutzungsrecht nach Beendigung des Nutzungsverhältnisses automatisch an den
rechtlichen Eigentümer zurückfällt, ist er berechtigt, das wirtschaftliche Nutzenpo-

---

156 Vgl. FLUME, W., Rechtsverhältnis des Leasing, S. 57; PLATHE, P., Rechtliche Beurteilung, S. 601.
157 Vgl. Abschnitt 231.23.
158 Vgl. KNAPP, L., Vermögensgegenstände, S. 1128.

tential des Vermögenswerts nach der Nutzung durch das nutzungsberechtigte Unternehmen weiter zu nutzen und/oder zu verwerten. Ist das nach der Herausgabe an den rechtlichen Eigentümer verbleibende wirtschaftliche Nutzenpotential nicht unwesentlich, dann vereinnahmt nicht das nutzungsberechtigte Unternehmen, sondern der rechtliche Eigentümer das im Wesentlichen gesamte wirtschaftliche Nutzenpotential, so dass die Verfügungsmacht über den künftigen wirtschaftlichen Nutzen beim rechtlichen Eigentümer liegt. Wenn das nutzungsberechtigte Unternehmen dagegen berechtigt ist, den Vermögenswert sachlich, zeitlich und quantitativ unbeschränkt zu nutzen, und ist das im Wesentlichen gesamte wirtschaftliche Nutzenpotential durch die Nutzung verbraucht worden, dann kann der rechtliche Eigentümer nach der Nutzung durch das nutzungsberechtigte Unternehmen keinen wirtschaftlichen Nutzen mehr aus der Nutzung des Vermögenswerts ziehen. In diesem Fall besitzt das nutzungsberechtigte Unternehmen die Verfügungsmacht über den künftigen wirtschaftlichen Nutzen.

Nach Beendigung des Nutzungsverhältnisses kann der rechtliche Eigentümer auf Grund seines Herausgabeanspruchs den Vermögenswert verwerten und daraus einen wirtschaftlichen Nutzen ziehen. Verwerten bedeutet, den Vermögenswert zu verkaufen, in Zahlung zu geben sowie gegen andere Güter einzutauschen.[159] Ein Vermögenswert kann auch im Wege der Zwangsvollstreckung verwertet werden.[160] Wenn der rechtliche Eigentümer aus der Verwertung des nach der Nutzung verbleibenden wirtschaftlichen Nutzenpotentials noch einen wesentlichen wirtschaftlichen Nutzen erzielen kann,[161] so hat das sachlich, zeitlich und quantitativ unbeschränkt nutzungsberechtigte Unternehmen nicht den im Wesentlichen gesamten wirtschaftlichen Nutzen aus dem Vermögenswert durch die Nutzung verbraucht. In diesem Fall liegt die Verfügungsmacht über den künftigen wirtschaftlichen Nutzen nicht beim nutzungsberechtigten Unternehmen, sondern beim rechtlichen Eigentümer. Hier stellt sich die Frage, ob ein sachlich, zeitlich und quantitativ unbeschränkt nutzungsberechtigtes Unternehmen das wirtschaftliche Nutzenpotential in dem Maße verbrauchen kann, dass der rechtliche Eigentümer im Wesentlichen keinen wirtschaftlichen Nutzen aus der Verwertung des Vermögenswerts nach der Nutzung durch das nutzungsberechtigte Unternehmen mehr vereinnahmen kann.

Wenn das nutzungsberechtigte Unternehmen das im Wesentlichen gesamte abnutzbare wirtschaftliche Nutzenpotential durch die Nutzung verbraucht, verbleibt nach dem Nutzungsverhältnis nur noch ein unwesentliches wirtschaftliches Nutzenpotential, das der rechtliche Eigentümer verwerten kann.[162] Das restliche Nutzenpotential

---

159 Vgl. Abschnitt 241.
160 Vgl. Abschnitt 242.3.
161 Vgl. FAHRHOLZ, B., Leasing in der Bilanz, S. 57 f.

aus der Verwertung ist unwesentlich, wenn es im Vergleich zum ursprünglich vorhandenen Nutzenpotential des Vermögenswerts zu Beginn des Nutzungsverhältnisses unwesentlich ist. Bereits zu Beginn des Nutzungsverhältnisses muss für die Zurechnung entschieden werden, ob nach Beendigung des Nutzungsverhältnisses voraussichtlich ein wesentliches Nutzenpotential verbleibt. Das voraussichtlich verbleibende Nutzenpotential entspricht dem voraussichtlichen Restwert des Vermögenswerts zum Ende des Nutzungsverhältnisses. Dieser Zeitpunkt stimmt bei einem zeitlich unbeschränkten Nutzungsrecht mit dem Ende der wirtschaftlichen Nutzungsdauer im Wesentlichen überein.[163] Der Restwert ist der Nettobetrag, den das Unternehmen am Ende des Nutzungsverhältnisses nach Abzug eventuell anfallender Kosten erwartungsgemäß erzielt.[164] Dieser Restwert wird bereits zu Beginn des Nutzungsverhältnisses geschätzt.[165] Wenn der voraussichtliche Restwert des Vermögenswerts zum Ende des Nutzungsverhältnisses im Vergleich zu den Anschaffungs- bzw. Herstellungskosten oder eines anderen Werts, mit dem der Vermögenswert zu Beginn des Nutzungsverhältnisses bewertet wurde, unwesentlich ist, darf für die Zurechnung angenommen werden, dass der rechtliche Eigentümer im Anschluss an das Nutzungsverhältnis nur einen unwesentlichen Nutzen aus der Verwertung des restlichen wirtschaftlichen Nutzenpotentials ziehen wird. Gemäß der in Abschnitt 322.12 definierten Wesentlichkeitsgrenze ist der wirtschaftliche Nutzen, den der rechtliche Eigentümer aus der Verwertung des Vermögenswerts nach dem Ende der Nutzung durch das nutzungsberechtigte Unternehmen erzielt, unwesentlich, wenn der Nutzen aus der Verwertung weniger als 5 % bis 10 % des ursprünglichen Nutzenpotentials beträgt. In diesem Fall vereinnahmt das nutzungsberechtigte Unternehmen nämlich mehr als 90 % bis 95 % des wirtschaftlichen Nutzenpotentials aus der Nutzung, das im Wesentlichen das gesamte wirtschaftliche Nutzenpotential darstellt.

Bei Vertragsverhältnissen, bei denen der rechtliche Eigentümer ein Nutzungsrecht von seinem rechtlichen Eigentum abspaltet und an ein anderes Unternehmen gegen ein Nutzungsentgelt überlässt, vereinnahmen beide Vertragsparteien Nutzen aus der Nutzung des wirtschaftlichen Nutzenpotentials. Zum einen vereinnahmt das nutzungsberechtigte Unternehmen einen wirtschaftlichen Nutzen aus dem unmittelbaren Einsatz des Gebrauchsguts in seiner betrieblichen Leistungserstellung. Zum anderen fließt dem rechtlichen Eigentümer ein mittelbarer Nutzen aus der Nutzungsüberlassung zu.[166] Hier stellt sich nun die Frage, ob ein sachlich, zeitlich und quantitativ

---

162 Vgl. DÖLLERER, G., Leasing, S. 537; FLUME, W., Bilanzielle Behandlung von Leasing-Verhältnissen, S. 1664.

163 Die wirtschaftliche Nutzungsdauer bestimmt sich durch Art, Ausmaß und Intensität der Nutzung, die das nutzungsberechtigte Unternehmen zu Beginn des Nutzungsverhältnisses bestimmt.

164 Vgl. IAS 16.6.

165 Vgl. IAS 16.53.

unbeschränkt nutzungsberechtigtes Unternehmen im Wesentlichen das gesamte wirtschaftliche Nutzenpotential aus dem Vermögenswert vereinnahmen kann, weil dem rechtlichen Eigentümer ebenfalls ein wirtschaftlicher Nutzen aus dem Nutzungsverhältnis zufließt. Durch eine Nutzung, die im Wesentlichen während der gesamten wirtschaftlichen Nutzungsdauer des Gebrauchsguts andauert, wird im Wesentlichen das gesamte wirtschaftliche Nutzenpotential des Gebrauchsguts sukzessiv verbraucht.[167] Der rechtliche Eigentümer vereinnahmt durch die Nutzungsentgelte sukzessive einen wirtschaftlichen Nutzen. In der wirtschaftlichen Konsequenz entspricht dieser sukzessive Verbrauch gegen sukzessive Nutzungsentgelte einem sofortigen Verkauf des Vermögenswerts gegen Ratenzahlung durch den rechtlichen Eigentümer. Der rechtliche Eigentümer zieht also keinen wirtschaftlichen Nutzen aus der Nutzung, sondern aus dem sukzessiven Verbrauch des Vermögenswerts. Der wirtschaftliche Nutzen fließt dem rechtlichen Eigentümer aus der Verwertung und nicht aus der Nutzung des Vermögenswerts zu.[168] Die Verfügungsmacht über den künftigen wirtschaftlichen Nutzen gibt der rechtliche Eigentümer bereits zu Beginn des Nutzungsverhältnisses an das nutzungsberechtigte Unternehmen ab, sofern das wirtschaftliche Nutzenpotential am Ende der Nutzungsüberlassung einen unwesentlichen Restwert hat und das Nutzungsverhältnis vom nutzungsberechtigten Unternehmen nur unter der Kautel der sofortigen Zahlung der noch ausstehenden Nutzungsentgelte oder durch den rechtlichen Eigentümer bei Vorliegen eines wichtigen Grundes gekündigt werden darf.

In diesem Abschnitt war die Frage zu beantworten, ob das Nutzungsrecht die Verfügungsmacht über den künftigen wirtschaftlichen Nutzen eines Vermögenswerts begründet bzw. begründen kann. Weil das Nutzungsrecht verschiedene Ausprägungen annehmen kann, war zu untersuchen, in welcher Ausprägung das Nutzungsrecht einem Unternehmen allein ermöglicht, im Wesentlichen das gesamte wirtschaftliche Nutzenpotential zu nutzen und/oder zu verwerten. Diese Untersuchung führte zu folgenden Ergebnissen: Ein nutzungsberechtigtes Unternehmen vereinnahmt im Wesentlichen das gesamte wirtschaftliche Nutzenpotential, wenn

(1) das Nutzungsrecht sachlich unbeschränkt ist,

(2) das Nutzungsrecht quantitativ unbeschränkt ist,

(3) durch die Nutzung des nutzungsberechtigten Unternehmens im Wesentlichen das gesamte wirtschaftliche Nutzenpotential verbraucht worden ist. Dies ist nur

---

166 Vgl. LEFFSON, U., Leasingverträge im Jahresabschluß, S. 641.
167 Vgl. MEYER, D., Behandlung des Nießbrauchs und anderer Nutzungsüberlassungen, S. 150 f.; FABRI, S., Bilanzierung entgeltlicher Nutzungsverhältnisse, S. 62.
168 Vgl. MEYER, D., Behandlung des Nießbrauchs und anderer Nutzungsüberlassungen, S. 150 f.; FABRI, S., Bilanzierung entgeltlicher Nutzungsverhältnisse, S. 62.

bei abnutzbaren Gebrauchsgütern erfüllt, wenn die Dauer des Nutzungsverhältnisses im Wesentlichen der wirtschaftlichen Nutzungsdauer des Vermögenswerts entspricht, d. h., wenn ein zeitlich unbeschränktes Nutzungsrecht vorliegt. Zusätzlich kann das Nutzungsverhältnis nicht vorzeitig gekündigt werden, es sei denn durch den rechtlichen Eigentümer bei Vorliegen eines wichtigen Grundes und unter der Kautel der sofortigen Zahlung der noch ausstehenden Nutzungsentgelte durch das nutzungsberechtigte Unternehmen,

(4) nach Beendigung des Nutzungsverhältnisses der rechtliche Eigentümer nur ein unwesentliches restliches Nutzenpotential verwerten kann. Dies ist der Fall, wenn das wirtschaftliche Restnutzenpotential zum Ende des Nutzungsverhältnisses im Vergleich zum ursprünglichen wirtschaftlichen Nutzenpotential zu Beginn des Nutzungsverhältnisses unwesentlich ist.

Ein Nutzungsrecht kann aber nur dann die Verfügungsmacht über den im Wesentlichen gesamten künftigen wirtschaftlichen Nutzen begründen, wenn es die vier genannten Kriterien kumulativ erfüllt. In diesem Fall besitzt das nutzungsberechtigte Unternehmen die Verfügungsmacht über den im Wesentlichen gesamten künftigen wirtschaftlichen Nutzen des Vermögenswerts. Gemäß dem generellen Zurechnungskriterium, das in Abschnitt 32 aus der Vermögenswertdefinition des Framework entwickelt worden ist, ist dem nutzungsberechtigten Unternehmen der Vermögenswert bilanziell zuzurechnen. Diese Zurechnung des Vermögenswerts zum bilanziellen Vermögen des nutzungsberechtigten Unternehmens folgt damit dem Grundsatz *substance over form*, weil die tatsächlichen Verfügungsmöglichkeiten des nutzungsberechtigten Unternehmens über den im Wesentlichen gesamten künftigen wirtschaftlichen Nutzen eines Vermögenswerts (substance) so bedeutend sind, dass die Entscheidung über die Zurechnung eines Vermögenswerts nicht mehr nach dem rechtlichen Eigentum (form) zu treffen ist, sondern nach dem Innehaben der Verfügungsmacht über den künftigen wirtschaftlichen Nutzen.

Die Rechnungslegungsdaten, die dieser Zurechnungsentscheidung zu Grunde liegen, können im Fall der wirtschaftlichen Nutzungsdauer des Vermögenswerts sowie des wirtschaftlichen Restnutzenpotentials allerdings nur geschätzt werden. Hier eröffnen sich den bilanzierenden Unternehmen Ermessensspielräume. Im folgenden Abschnitt wird daher analysiert, wie diese Ermessenspielräume eingeschränkt werden können, um die Zuverlässigkeit der den Zurechnungsentscheidungen zu Grunde liegenden Informationen zu erhöhen.

332.22 Zuverlässigkeit der den Zurechnungsentscheidungen zu Grunde liegenden Informationen

Bei der Prüfung, ob ein Nutzungsrecht zeitlich unbeschränkt ist, wird die Dauer des Nutzungsverhältnisses zur wirtschaftlichen Nutzungsdauer ins Verhältnis gesetzt, um zu bestimmen, ob die Dauer des Nutzungsverhältnisses im Wesentlichen der wirtschaftlichen Nutzungsdauer entspricht. Gegen diese Wesentlichkeitsgrenze kann eingewendet werden, dass sie keine zuverlässige Entscheidungsgrundlage für eine Zurechnung des Vermögenswerts liefert. Die Ermittlung der wirtschaftlichen Nutzungsdauer eröffnet einen großen bilanziellen Ermessensspielraum.[169] Denkbar ist, dass die wirtschaftliche Nutzungsdauer so bestimmt wird, dass die Wesentlichkeitsgrenze eben genau über- oder unterschritten wird. Durch eine individuell ermittelte voraussichtliche wirtschaftliche Nutzungsdauer kann also bewusst gesteuert werden, ob ein Merkmal für ein zeitlich unbeschränktes Nutzungsrecht erfüllt ist. Die Vergleichbarkeit der Jahresabschlussinformationen wird eingeschränkt, wenn bei unterschiedlicher Schätzung der voraussichtlichen Nutzungsdauer die Zurechnungsentscheidung eines Vermögenswerts in einem identischen Sachverhalt unterschiedlich getroffen wird.

Im Regelwerk des IASB wird die Nutzungsdauer als die Zeitspanne definiert, in der das Unternehmen den Vermögenswert voraussichtlich nutzen wird, oder als die Leistungsmenge, die der Vermögenswert voraussichtlich abgeben wird.[170] Die voraussichtliche Nutzungsdauer ist unter der Berücksichtigung der voraussichtlichen Nutzung, des individuellen physischen Verschleißes, der technischen Überholung und rechtlicher oder ähnlicher Nutzungsdauerbeschränkungen zu schätzen.[171] Die Schätzung der voraussichtlichen Nutzungsdauer beruht auf Erfahrungswerten des Unternehmens mit vergleichbaren Vermögenswerten.[172] Bei der Bestimmung der Nutzungsdauer auf der Basis von Erfahrungswerten handelt es sich um unechte Glaubwürdigkeitsfälle, die mit Hilfe statistischer Verfahren in wahrscheinliche Erwartungen überführt werden können.[173] Die wahrscheinlichen Erwartungen über die Nutzungsdauer können mittels statistischer Erfahrungswerte über die tatsächlichen in der Vergangenheit realisierten Nutzungsdauern geschätzt werden.[174] Mittels quantitativ-statistischer Verfahren werden die wahrscheinlichen Erwartungen für die Nutzungsdauer dann auf den zu bewertenden Vermögenswert übertragen.[175] Auf Grund

---

169 Vgl. BAETGE, J./KIRSCH, H.-J./THIELE, S., Bilanzen, S. 202.
170 Vgl. IAS 16.6; IAS 38.7.
171 Vgl. IAS 16.56.
172 Vgl. IAS 16.57.
173 Vgl. BAETGE, J., Objektivierung des Jahreserfolges, S. 79 f.
174 Vgl. BAETGE, J., Objektivierung des Jahreserfolges, S. 116-118.

der Anforderungen an die Zuverlässigkeit von statistischen Wahrscheinlichkeiten lassen sich Nutzungsdauern auf der Basis von quantitativ-statistischen Verfahren nicht zuverlässig ermitteln.[176] Daher sollte die betriebsindividuelle Nutzungsdauer normiert werden. Die normierten Nutzungsdauern werden zwar von den tatsächlichen Nutzungsdauern abweichen. Allerdings führt nur eine Normierung zu intersubjektiv nachprüfbaren Nutzungsdauern.[177] Im Regelwerk des IASB sind allerdings keine normierten Nutzungsdauern vorgesehen.[178] Bei Leasinggeschäften bspw. liegen das Nutzungsrecht und das rechtliche Eigentum stets bei unterschiedlichen Vertragsparteien. Eine normierte zuverlässige Nutzungsdauer könnte hier z. B. vorliegen, wenn eine Leasinggesellschaft die wirtschaftlichen Nutzungsdauern der Gegenstände, die dem Leasingnehmer zum Gebrauch überlassen werden, auf der Basis von ähnlichen, bereits abgeschlossenen Leasinggeschäften schätzt.

Während des Nutzungsverhältnisses kann sich nun erweisen, dass die tatsächliche wirtschaftliche Nutzungsdauer erheblich von den früheren Schätzungen zu Beginn des Nutzungsverhältnisses abweicht. Die tatsächliche wirtschaftliche Nutzungsdauer kann länger oder kürzer als erwartet sein. Aus dem Vergleich der Dauer des Nutzungsverhältnisses und der neu ermittelten wirtschaftlichen Nutzungsdauer kann sich ergeben, dass das nutzungsberechtigte Unternehmen das wirtschaftliche Nutzenpotential auf Grund einer verlängerten wirtschaftlichen Nutzungsdauer nicht mehr bzw. erst durch eine verkürzte wirtschaftliche Nutzungsdauer das im Wesentlichen gesamte wirtschaftliche Nutzenpotential nutzen kann. Fraglich ist, ob in diesem Fall die Zurechnungsentscheidung über den Vermögenswert neu zu treffen ist. Eine Entscheidung über die Zurechnung eines Vermögenswerts während eines bestehenden Nutzungsverhältnisses ist zu ändern, wenn sich der Umfang der vergebenen Teilrechtsbündel vergrößert oder verkleinert. Die Änderung der wirtschaftlichen Nutzungsdauer ist eine Änderung von Schätzungen[179] und ändert nicht den Umfang des zu Beginn des Nutzungsverhältnisses übertragenen Nutzungsrechts. Über die Zurechnung des Vermögenswerts ist bei einer neu ermittelten wirtschaftlichen Nutzungsdauer nicht erneut zu entscheiden,[180] es sei denn, dass auf Grund der neu ermittelten wirtschaftlichen Nutzungsdauer auch die Dauer des Nutzungsverhältnisses im Nutzungsvertrag neu festgelegt wird und sich dadurch das Verhältnis von Dauer des

---

175 Vgl. HEIZMANN, G., Bilanzielle Bewertung bei unsicheren Erwartungen, S. 58 m. w. N.; LEFFSON, U., GoB, S. 472.

176 Vgl. HAGEMEISTER, C., Bilanzierung von Sachanlagevermögen nach dem Komponentenansatz des IAS 16, im Druck, m. w. N.

177 Vgl. BAETGE, J., Objektivierung des Jahreserfolges, S. 123.

178 Vgl. BAETGE, J./KIRSCH, H.-J./THIELE, S., Bilanzen, S. 251.

179 Vgl. IAS 8.32.

180 Vgl. für die Klassifizierung von Leasingverhältnissen IAS 17.13. Demnach sind Änderungen von Schätzungen kein Anlass, ein Leasingverhältnis neu zu klassifizieren.

Nutzungsverhältnisses zur wirtschaftlichen Nutzungsdauer ändert. Dies kann der Fall sein, wenn die neu ermittelte wirtschaftliche Nutzungsdauer wesentlich von der ursprünglich ermittelten Nutzungsdauer abweicht. In diesem Fall wäre erneut zu prüfen, ob das Nutzungsverhältnis zeitlich beschränkt oder zeitlich unbeschränkt ist, und gegebenenfalls wäre die Zurechnungsentscheidung neu zu treffen.

Bei der Prüfung, ob nach Beendigung des Nutzungsverhältnisses dem rechtlichen Eigentümer ein unwesentlicher wirtschaftlicher Nutzen verbleibt, wird das Restnutzenpotential zum Ende des Nutzungsverhältnisses zum ursprünglichen wirtschaftlichen Nutzenpotential zu Beginn des Nutzungsverhältnisses ins Verhältnis gesetzt. Gegen diese Wesentlichkeitsgrenze kann eingewendet werden, dass sie keine zuverlässige Entscheidungsgrundlage für eine Zurechnung des Vermögenswerts liefert. Von der Höhe des voraussichtlichen Restnutzenpotentials hängt ab, ob der rechtliche Eigentümer keinen wesentlichen Nutzen aus der Verwertung des Vermögenswerts ziehen kann. Weil die Voraussetzungen kumulativ erfüllt sein müssen, kann bei unterschiedlicher Schätzung des voraussichtlichen Restwerts über die Zurechnung des Vermögenswerts in einem vergleichbaren Sachverhalt unterschiedlich entschieden werden. Der Restwert kann ebenfalls mittels statistischer Erfahrungswerte über tatsächlich in der Vergangenheit erzielte Restwerte ermittelt werden. Die quantitativ-statistischen Verfahren führen wie bei der Bestimmung der Nutzungsdauer zu unzuverlässigen Restwerten. Entsprechend einer normierten Nutzungsdauer könnte der Restwert ebenfalls normiert werden. Zwar entspricht der normierte Restwert nicht dem tatsächlichen Restwert, z. B. auf Grund veränderter Absatzmarktbedingungen. Aber der normierte Restwert stellt eine objektivierte Rechnungslegungsinformation dar. Eine Normierung könnte bspw. die Höhe der Zahlungsmittelzuflüsse sein, die eine Leasinggesellschaft aus der Verwertung der Leasinggegenstände nach Beendigung ähnlicher, bereits abgeschlossener Leasinggeschäfte erzielt hat.

332.3 Zurechnungsentscheidung über Vermögenswerte gemäß dem Umfang des Nutzungsrechts

332.31 Vorbemerkung

Das Nutzungsrecht kann in unterschiedlichen Ausprägungen vom rechtlichen Eigentum abgespalten und an ein anderes Unternehmen übertragen werden. Für jede mögliche Ausprägung des Nutzungsrechts soll im Folgenden untersucht werden, ob das Nutzungsrecht in der jeweiligen Ausprägung die Verfügungsmacht über den im Wesentlichen gesamten künftigen wirtschaftlichen Nutzen eines Vermögenswerts begründen kann. Die Untersuchung in Abschnitt 332.21 führte zu dem Ergebnis, dass ein Nutzungsrecht die Verfügungsmacht über den im Wesentlichen gesamten künftigen wirtschaftlichen Nutzen eines Vermögenswerts begründen kann, wenn das

Nutzungsrecht die dort genannten Kriterien kumulativ erfüllt. Anhand dieses Kriterienkatalogs soll nun für jedes Nutzungsrecht in seiner jeweiligen Ausprägung geprüft werden, ob dieses Nutzungsrecht die Kriterien kumulativ erfüllt. Wenn ein Nutzungsrecht die Kriterien kumulativ erfüllt, dann ist dem nutzungsberechtigten Unternehmen gemäß dem generellen Zurechnungskriterium der Vermögenswert bilanziell zuzurechnen.

Zuerst wird für ein unbeschränktes Nutzungsrecht untersucht, ob es die Verfügungsmacht über den im Wesentlichen gesamten künftigen wirtschaftlichen Nutzen begründen kann. Im Anschluss werden die beschränkten Nutzungsrechte darauf untersucht, ob sie zu einer Zurechnung des Vermögenswerts zum bilanziellen Vermögen des nutzungsberechtigten Unternehmens führen. Weil das Nutzungsrecht in mehreren Dimensionen beschränkt werden kann, werden in einem ersten Schritt Nutzungsrechte untersucht, die nur in einer Dimension, d. h. sachlich oder zeitlich oder quantitativ beschränkt sind. Anschließend wird dann ein in mehreren Dimensionen beschränktes Nutzungsrecht analysiert.

332.32   Unbeschränktes Nutzungsrecht

Die folgende Übersicht 3-2 verdeutlicht das Rechtsverhältnis zwischen dem rechtlichen Eigentümer und einem **unbeschränkt nutzungsberechtigten Unternehmen**, das der folgenden Untersuchung zu Grunde liegt:

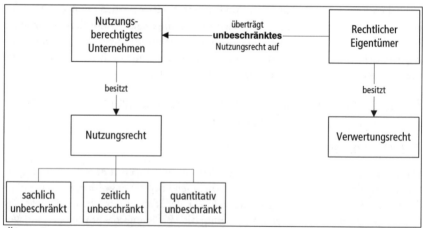

Übersicht 3-2:   Rechtsverhältnis bei einem unbeschränkten Nutzungsrecht

Wenn der rechtliche Eigentümer ein unbeschränktes Nutzungsrecht, das einer Kündigungssperre für die Dauer des Nutzungsverhältnisses unterliegt, an das nutzungsberechtigte Unternehmen überträgt, ist das nutzungsberechtigte Unternehmen berechtigt, den Vermögenswert sachlich, zeitlich und quantitativ unbeschränkt zu nutzen. Das Unternehmen kann das wirtschaftliche Nutzenpotential auf jede mögliche Nutzungsart nutzen,[181] sofern diese Nutzungsarten den vertraglich vereinbarten Nutzungsarten sowie dem festgelegten Umfang der Nutzungarten für das nutzungsberechtigte Unternehmen entsprechen. Weil das Nutzungsrecht zeitlich unbeschränkt ist, kann es den Vermögenswert, wenn es sich um ein nicht abnutzbares Gebrauchsgut handelt, so lange nutzen, bis sich die Rechtsposition des rechtlichen Eigentümers ändert oder das Nutzungsrecht auf Grund externer Ereignisse, die weder der rechtliche Eigentümer noch das nutzungsberechtigte Unternehmen beeinflussen kann, nicht mehr ausgeübt werden kann. Wenn der Vermögenswert ein abnutzbares Gebrauchsgut ist, ist das unbeschränkt nutzungsberechtigte Unternehmen berechtigt, den Vermögenswert im Wesentlichen bis zum Ende der wirtschaftlichen Nutzungsdauer zu nutzen.[182] Gemäß den in Abschnitt 332.21 definierten Wesentlichkeitsgrenzen kann das nutzungsberechtigte Unternehmen den Vermögenswert im Wesentlichen bis zum Ende der wirtschaftlichen Nutzungsdauer nutzen, wenn die Dauer des Nutzungsverhältnisses mehr als 90 % bis 95 % der wirtschaftlichen Nutzungsdauer beträgt. Zusätzlich ist das unbeschränkt nutzungsberechtigte Unternehmen nicht verpflichtet, den erwirtschafteten Nutzen mit dem rechtlichen Eigentümer oder einem anderen Unternehmen zu teilen.[183] Nach Beendigung des Nutzungsverhältnisses ist der Vermögenswert wieder an den rechtlichen Eigentümer herauszugeben.[184]

Im Folgenden wird anhand des in Abschnitt 332.21 erarbeiteten Kriterienkatalogs geprüft, ob das unbeschränkte Nutzungsrecht die dort genannten Kriterien kumulativ erfüllt. Wenn das unbeschränkte Nutzungsrecht diese Kriterien kumulativ erfüllt, kann es die Verfügungsmacht über im Wesentlichen den gesamten künftigen wirtschaftlichen Nutzen begründen und der Vermögenswert ist dem bilanziellen Vermögen des unbeschränkt nutzungsberechtigten Unternehmens gemäß dem generellen Zurechnungskriterium zuzurechnen.

Sowohl das erste Kriterium des Kriterienkatalogs, nämlich sachlich unbeschränkte Nutzung, als auch das zweite Kriterium des Kriterienkatalogs, nämlich quantitativ unbeschränkte Nutzung, sind bei einem unbeschränkten Nutzungsrecht in jedem Fall erfüllt.

Beim dritten Kriterium des Kriterienkatalogs, nämlich der zeitlich unbeschränkten Nutzung, ist zu unterscheiden, ob das unbeschränkte Nutzungsrecht an einem ab-

---

181 Vgl. Abschnitt 231.21.
182 Vgl. Abschnitt 231.22.
183 Vgl. Abschnitt 231.23.
184 Vgl. Abschnitt 231.1.

nutzbaren oder einem nicht abnutzbaren Vermögenswert besteht. Gemäß dem dritten Kriterium kann ein zeitlich unbeschränkt nutzungsberechtigtes Unternehmen nur dann im Wesentlichen das gesamte wirtschaftliche Nutzenpotential durch seine Nutzung vereinnahmen, wenn der Vermögenswert ein abnutzbares Gebrauchsgut ist. Ist der Vermögenswert, an dem ein Unternehmen ein unbeschränktes Nutzungsrecht innehat, ein nicht abnutzbares Gebrauchsgut, dann kann das unbeschränkt nutzungsberechtigte Unternehmen nicht den im Wesentlichen gesamten künftigen wirtschaftlichen Nutzen aus der Nutzung des nicht abnutzbaren Gebrauchsguts vereinnahmen, so dass das unbeschränkt nutzungsberechtigte Unternehmen nicht die Verfügungsmacht über den im Wesentlichen gesamten künftigen wirtschaftlichen Nutzen des nicht abnutzbaren Gebrauchsguts besitzt.

Wenn der Vermögenswert ein abnutzbares Gebrauchsgut ist, kann das unbeschränkt nutzungsberechtigte Unternehmen entsprechend dem vierten Kriterium des Kriterienkatalogs erst dann den im Wesentlichen gesamten wirtschaftlichen Nutzen des Vermögenswerts vereinnahmen, wenn nach Beendigung des Nutzungsverhältnisses dem rechtlichen Eigentümer nur ein unwesentlicher wirtschaftlicher Nutzen aus der Verwertung des wirtschaftlichen Restnutzenpotentials verbleibt. Für jedes unbeschränkte Nutzungsrecht ist daher im Einzelfall zu Beginn des Nutzungsverhältnisses zu prüfen, ob das wirtschaftliche Restnutzenpotential am Ende des Nutzungsverhältnisses im Verhältnis zum ursprünglichen wirtschaftlichen Nutzenpotential zu Beginn des Nutzungsverhältnisses unwesentlich ist. Gemäß den in Abschnitt 332.21 definierten Wesentlichkeitsgrenzen ist das vierte Kriterium erfüllt, wenn das wirtschaftliche Restnutzenpotential weniger als 5 % bis 10 % des ursprünglichen wirtschaftlichen Nutzenpotentials beträgt.

Im Ergebnis ist festzuhalten, dass nicht allgemein gültig für jedes unbeschränkte Nutzungsrecht bejaht werden kann, dass es die Verfügungsmacht über den im Wesentlichen gesamten künftigen wirtschaftlichen Nutzen eines Vermögenswerts begründen kann. Bei einem unbeschränkten Nutzungsrecht ist stets **im Einzelfall** zu entscheiden, ob das unbeschränkt nutzungsberechtigte Unternehmen oder der rechtliche Eigentümer die Verfügungsmacht über den künftigen wirtschaftlichen Nutzen besitzt und somit der Vermögenswert dem bilanziellen Vermögen entweder des unbeschränkt nutzungsberechtigten Unternehmens oder des rechtlichen Eigentümers zuzurechnen ist.

Wenn das nutzungsberechtigte Unternehmen die Verfügungsmacht über den im Wesentlichen gesamten künftigen wirtschaftlichen Nutzen des Vermögenswerts besitzt, dann ist dem nutzungsberechtigten Unternehmen der Vermögenswert gemäß dem generellen Zurechnungskriterium bilanziell zuzurechnen. Diese Zurechnung des Vermögenswerts zum bilanziellen Vermögen des unbeschränkt nutzungsberechtigten

Unternehmens folgt dem Grundsatz *substance over form*, weil die tatsächlichen Verfügungsmöglichkeiten des unbeschränkt nutzungsberechtigten Unternehmens über den im Wesentlichen gesamten künftigen wirtschaftlichen Nutzen eines Vermögenswerts (substance) so bedeutend sind, dass die Entscheidung über die Zurechnung eines Vermögenswerts nicht mehr nach dem rechtlichen Eigentum (form) zu treffen ist, sondern nach dem Innehaben der Verfügungsmacht über den künftigen wirtschaftlichen Nutzen.

Wenn der Vermögenswert dem bilanziellen Vermögen des unbeschränkt nutzungsberechtigten Unternehmens zuzurechnen ist, stellt sich die Frage, wie die zu leistenden Nutzungsengelte im Jahresabschluss des unbeschränkt nutzungsberechtigten Unternehmens bilanziell abzubilden sind. Das unbeschränkt nutzungsberechtigte Unternehmen kann sich während des unkündbaren Nutzungsverhältnisses den Zahlungsverpflichtungen aus der Nutzungsüberlassung nicht entziehen. Wenn das Nutzungsverhältnis aus wichtigem Grund vorzeitig vom rechtlichen Eigentümer gekündigt wird, hat das nutzungsberechtigte Unternehmen die noch nicht gezahlten Nutzungsentgelte sofort (eventuell abgezinst) in voller Höhe zu leisten. Die bestehenden Zahlungsverpflichtungen resultieren aus einem vergangenen Ereignis, nämlich aus der vertraglichen Vereinbarung eines Nutzungsverhältnisses. Wenn die Zahlungsverpflichtungen beglichen werden, fließt aus dem nutzungsberechtigten Unternehmen wirtschaftlicher Nutzen in Form von Zahlungsmitteln ab. Die Zahlungsverpflichtung stellt gemäß den Definitionskriterien des Framework eine Schuld dar.[185] Weil die Höhe der noch ausstehenden Zahlungsverpflichtungen und der Zeitpunkt der Zahlungsverpflichtungen auf Grund der vertraglichen Vereinbarungen bekannt sind, hat das nutzungsberechtigte Unternehmen gleichzeitig eine Verpflichtung in Höhe der abgezinsten noch zu zahlenden Nutzungsentgelte während des unkündbaren Nutzungsverhältnisses in seinem Abschluss zu passivieren.

Wenn das unbeschränkte Nutzungsrecht die Verfügungsmacht über den im Wesentlichen gesamten künftigen wirtschaftlichen Nutzen nicht begründen kann, verbleibt diese Verfügungsmacht beim rechtlichen Eigentümer. Die Zurechnungsentscheidung kann anhand des rechtlichen Eigentums erfolgen, so dass der Vermögenswert dem bilanziellen Vermögen des rechtlichen Eigentümers zuzurechnen ist.

Neben der Frage der Zurechnung des Vermögenswerts ist noch zu beachten, ob mit dem Vermögenswert verbundene Geschäftsvorfälle bilanziell zu berücksichtigen sind. Bei einer Zurechnung des Vermögenswerts zum bilanziellen Vermögen des rechtlichen Eigentümers ist zusätzlich zu prüfen, ob das nutzungsberechtigte Unternehmen

---

185 Vgl. F.49(b). *„A liability is a present obligation of the enterprise arising from past events, the settlement of which is expected to result in an outflow from the enterprise of resources embodying economic benefits."*

Nutzungsentgelte im Voraus an den rechtlichen Eigentümer für die Nutzungsüberlassung in künftigen Berichtsperioden geleistet hat. Wenn das unbeschränkt nutzungsberechtigte Unternehmen Nutzungsentgelte im Voraus geleistet hat, stellt sich die Frage, ob diese Nutzungsentgelte bei Zahlung sofort erfolgswirksam in der Gewinn- und Verlustrechnung als Aufwand für eine Nutzungsüberlassung oder in der Bilanz des unbeschränkt nutzungsberechtigten Unternehmens zu erfassen sind. Ausgaben werden nicht in der Bilanz, sondern in der Gewinn- und Verlustrechnung erfolgswirksam erfasst, wenn es unwahrscheinlich ist, dass dem Unternehmen über die aktuelle Berichtsperiode hinaus ein künftiger wirtschaftlicher Nutzen zufließen wird.[186] Die Nutzungsentgelte, die das nutzungsberechtigte Unternehmen an den rechtlichen Eigentümer entrichtet, stellen die Gegenleistungen für die Nutzungsüberlassung dar. Aus der Nutzung des Vermögenswerts vereinnahmt das nutzungsberechtigte Unternehmen während des Nutzungsverhältnisses einen künftigen wirtschaftlichen Nutzen. Weil aus den im Voraus geleisteten Nutzungsentgelten dem nutzungsberechtigten Unternehmen (wahrscheinlich) ein künftiger wirtschaftlicher Nutzen zufließen wird, sind die Ausgaben, die für eine Nutzungsüberlassung in den künftigen Berichtsperioden im Voraus getätigt worden sind, als ein Vermögenswert in der Bilanz des unbeschränkt nutzungsberechtigten Unternehmens anzusetzen. Die Bilanzierung der Vorauszahlung als Vermögenswert im Jahresabschluss des unbeschränkt nutzungsberechtigten Unternehmens ist aber nicht etwa die Zurechnung des zu nutzenden Vermögenswerts, sondern die Bilanzierung der Vorauszahlung für die Nutzung des Vermögenswerts. Diese Bilanzierung dient ausschließlich einer dem Grundsatz der Periodenabgrenzung (F.22) entsprechenden bilanziellen Abbildung der Vorauszahlungen für das Nutzungsverhältnis. Der Vermögenswert ist während des Nutzungsverhältnisses jeweils in Höhe des Anteils der Vorauszahlungen für die Nutzungsüberlassung durch den rechtlichen Eigentümer im Zeitablauf aufzulösen und als Aufwand für Nutzungsüberlassung in der Gewinn- und Verlustrechnung zu erfassen.

Die im Voraus geleisteten Nutzungsengelte, die der rechtliche Eigentümer für die Nutzungsüberlassung in den künftigen Berichtsperioden erhält, sind eine Verpflichtung des rechtlichen Eigentümers, den Vermögenswert dem unbeschränkt nutzungsberechtigten Unternehmen künftig zur Nutzung in den Perioden zu überlassen, für die bereits die Nutzungsentgelte im Voraus geleistet worden sind. Diese Verpflichtung ist als eine Schuld im Jahresabschluss des rechtlichen Eigentümers zu passivieren. Die Verpflichtung ist während des Nutzungsverhältnisses jeweils in Höhe der Nutzungsüberlassung durch den rechtlichen Eigentümer im Zeitablauf aufzulösen und als Ertrag aus Nutzungsüberlassung in der Gewinn- und Verlustrechnung zu er-

---

186 Vgl. F.90.

fassen. Die Passivierung der vom nutzungsberechtigten Unternehmen geleisteten Vorauszahlungen als Schuld im Jahresabschluss des rechtlichen Eigentümers dient ebenfalls ausschließlich einer dem Grundsatz der Periodenabgrenzung (F.22) entsprechenden bilanziellen Abbildung der Vorauszahlungen für das Nutzungsverhältnis.

332.33 Beschränktes Nutzungsrecht

332.331. Sachlich beschränktes Nutzungsrecht

Die folgende Übersicht 3-3 verdeutlicht das Rechtsverhältnis zwischen dem rechtlichen Eigentümer und einem **sachlich beschränkt nutzungsberechtigten Unternehmen**, das der folgenden Untersuchung zu Grunde liegt:

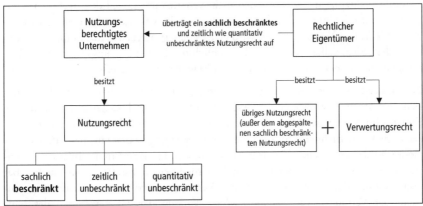

Übersicht 3-3: *Rechtsverhältnis bei einem sachlich beschränkten Nutzungsrecht*

Wenn der rechtliche Eigentümer ein sachlich beschränktes Nutzungsrecht, das einer Kündigungssperre für die Dauer des Nutzungsverhältnisses unterliegt, an das nutzungsberechtigte Unternehmen überträgt, ist das nutzungsberechtigte Unternehmen zwar berechtigt, den Vermögenswert zeitlich und quantitativ unbeschränkt zu nutzen. Aber das Unternehmen kann das wirtschaftliche Nutzenpotential nur in dem vertraglich festgelegten, sachlich beschränkten Umfang nutzen. Gemäß der in Abschnitt 2 entwickelten Systematisierung liegt immer dann ein sachlich beschränktes Nutzungsrecht vor, wenn das nutzungsberechtigte Unternehmen nicht sämtliche wirtschaftlich wesentlichen Nutzungsarten erhält, sondern von mindestens einer wirtschaftlich wesentlichen Nutzungsart ausgeschlossen ist.[187] In Anlehnung an die in Abschnitt 322.12 vorgeschlagenen Wesentlichkeitsgrenzen wäre eine Nutzungsart

---

187 Vgl. Abschnitt 231.21.

durch den rechtlichen Eigentümer wirtschaftlich wesentlich, wenn auf Grund dieser Nutzungsart mehr als 5 % bis 10 % des wirtschaftlichen Nutzenpotentials aus der Nutzung des Vermögenswerts vom rechtlichen Eigentümer vereinnahmt werden können. Außerdem ist nach Beendigung des Nutzungsverhältnisses der Vermögenswert wieder an den rechtlichen Eigentümer herauszugeben.[188]

Eine Prüfung anhand des in Abschnitt 332.21 erarbeiteten Kriterienkatalogs ergibt, dass ein sachlich beschränktes Nutzungsrecht die dort genannten Kriterien nicht kumulativ erfüllt. Bereits das erste Kriterium, nämlich eine sachlich unbeschränkte Nutzung, ist durch ein sachlich beschränktes Nutzungsrecht ex definitione nicht erfüllt. Ein sachlich beschränkt nutzungsberechtigtes Unternehmen kann den gesamten künftigen wirtschaftlichen Nutzen des Vermögenswerts durch seine sachlich beschränkte Nutzung im Wesentlichen nicht vereinnahmen, weil dem rechtlichen Eigentümer aus der ihm verbliebenen Nutzungsart ein wirtschaftlich wesentlicher Nutzen zufließt. Der **Vermögenswert wird** gemäß dem generellen Zurechnungskriterium nicht **dem bilanziellen Vermögen** des sachlich beschränkt nutzungsberechtigten Unternehmens, sondern dem **des rechtlichen Eigentümers zugerechnet.**

Neben der Frage der Zurechnung des Vermögenswerts ist noch zu beachten, ob mit dem Vermögenswert verbundene Geschäftsvorfälle bilanziell zu berücksichtigen sind. So sind im Voraus gezahlte Nutzungsentgelte des sachlich beschränkt nutzungsberechtigten Unternehmens für die Nutzungsüberlassung in den künftigen Berichtsperioden an den rechtlichen Eigentümer als ein Vermögenswert in der Bilanz des sachlich beschränkt nutzungsberechtigten Unternehmens anzusetzen. Das ändert aber nichts an der Zurechnung des genutzten Vermögenswerts zum rechtlichen Eigentümer. Der Vermögenswert *„vorausgezahltes Nutzungsentgelt"* ist während des Nutzungsverhältnisses jeweils in Höhe der Nutzungsüberlassung durch das nutzungsberechtigte Unternehmen im Zeitablauf aufzulösen und als Aufwand für Nutzungsüberlassung in seiner Gewinn- und Verlustrechnung zu erfassen. Die im Voraus geleisteten Nutzungsentgelte, die der rechtliche Eigentümer für die Nutzungsüberlassung in den künftigen Berichtsperioden erhält, sind die Gegenleistung für die Verpflichtung des rechtlichen Eigentümers, den Vermögenswert dem sachlich beschränkt nutzungsberechtigten Unternehmen künftig zur Nutzung zu überlassen. Diese Verpflichtung ist als Schuld im Jahresabschluss des rechtlichen Eigentümers zu passivieren und während des Nutzungsverhältnisses jeweils in Höhe der Nutzungsüberlassung im Zeitablauf aufzulösen und als Ertrag aus Nutzungsüberlassung in der Gewinn- und Verlustrechnung des rechtlichen Eigentümers zu erfassen.

---

188 Vgl. Abschnitt 231.1.

332.332.   Zeitlich beschränktes Nutzungsrecht

Die folgende Übersicht 3-4 verdeutlicht das Rechtsverhältnis zwischen dem rechtlichen Eigentümer und einem **zeitlich beschränkt nutzungsberechtigten Unternehmen**, das der folgenden Untersuchung zu Grunde liegt:

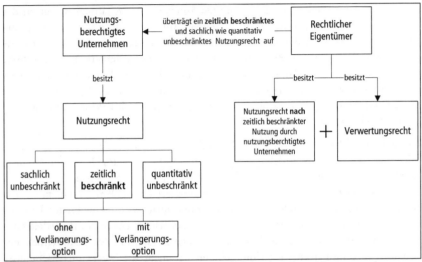

Übersicht 3-4:   *Rechtsverhältnis bei einem zeitlich beschränkten Nutzungsrecht*

Ein Nutzungsrecht ist zeitlich beschränkt, wenn bei einem abnutzbaren Gebrauchsgut das Nutzungsverhältnis wesentlich kürzer ist als die wirtschaftliche Nutzungsdauer bzw. wenn bei einem nicht abnutzbaren Gebrauchsgut das Nutzungsverhältnis für eine bestimmte Zeit vereinbart wurde. Die Dauer des Nutzungsverhältnisses ist in Anlehnung an die in Abschnitt 322.12 formulierte Wesentlichkeitsgrenze wesentlich kürzer als die wirtschaftliche Nutzungsdauer, wenn sie weniger als 90 % bis 95 % der wirtschaftlichen Nutzungsdauer beträgt. Außerdem ist ein Nutzungsrecht unabhängig von der Dauer des Nutzungsverhältnisses immer zeitlich beschränkt, wenn es durch mindestens eine Vertragspartei jederzeit ohne wichtigen Grund gekündigt werden kann. Ein zeitlich unbeschränkter Wohnraummietvertrag bspw. kann gemäß § 542 Abs. 1 BGB unter Einhaltung der gesetzlichen Kündigungsfristen jederzeit gekündigt werden.[189] Bei einem zeitlich beschränkten Nutzungsrecht kann der rechtliche Eigentümer dem zeitlich beschränkt nutzungsberechtigten Unternehmen die Option einräumen, das Nutzungsverhältnis zu verlängern. Für die Zurechnungsent-

---

189 Vgl. Abschnitt 231.22 sowie Abschnitt 262.

scheidung bezüglich des genutzten Vermögenswerts sind die Nutzungsverhältnisse ohne Verlängerungsoption und mit Verlängerungsoption voneinander zu trennen und gesondert zu untersuchen.

Zuerst wird die Frage beantwortet, ob ein zeitlich beschränkt nutzungsberechtigtes Unternehmen, das keine Verlängerungsoption eingeräumt bekommt, die Möglichkeit besitzt, im Wesentlichen den gesamten künftigen wirtschaftlichen Nutzen des betreffenden Vermögenswerts zu vereinnahmen. Anhand des in Abschnitt 332.21 erarbeiteten Kriterienkatalogs wird geprüft, ob das zeitlich beschränkte Nutzungsrecht ohne Verlängerungsoption die dort genannten Kriterien kumulativ erfüllt. Sowohl das erste Kriterium des Kriterienkatalogs, nämlich die sachlich unbeschränkte Nutzung, als auch das zweite Kriterium des Kriterienkatalogs, nämlich die quantitativ unbeschränkte Nutzung, sind bei einem lediglich zeitlich beschränkten Nutzungsrecht in jedem Fall erfüllt.

Ein zeitlich beschränktes Nutzungsrecht erfüllt nicht das dritte Kriterium des Kriterienkatalogs, weil sich ein zeitlich beschränkt nutzungsberechtigtes Unternehmen nicht im Wesentlichen den gesamten künftigen wirtschaftlichen Nutzen des Vermögenswerts aus seiner zeitlich beschränkten Nutzung sichern kann. Denn bei einem **zeitlich beschränkten Nutzungsrecht ohne Verlängerungsoption** beträgt die Dauer des Nutzungsverhältnisses weniger als 90 % bis 95 % der wirtschaftlichen Nutzungsdauer des Vermögenswerts und sieht auch keine Verlängerungsoption vor. Ein zeitlich beschränkt nutzungsberechtigtes Unternehmen hat nicht die Verfügungsmacht über den im Wesentlichen gesamten künftigen wirtschaftlichen Nutzen des Vermögenswerts inne. Der Vermögenswert wird gemäß dem generellen Zurechnungskriterium nicht dem bilanziellen Vermögen des zeitlich beschränkt nutzungsberechtigten Unternehmens zugerechnet. Die Verfügungsmacht verbleibt beim rechtlichen Eigentümer. Die Zurechnungsentscheidung kann anhand des rechtlichen Eigentums erfolgen, so dass der **Vermögenswert dem bilanziellen Vermögen des rechtlichen Eigentümers zuzurechnen** ist.

Wenn der rechtliche Eigentümer dem zeitlich beschränkt nutzungsberechtigten Unternehmen eine **Verlängerungsoption** einräumt, stellt sich die Frage, ob die eben getroffene Zurechnungsentscheidung für das zeitlich beschränkte Nutzungsrecht ohne Verlängerungsoption auch für den Fall mit Verlängerungsoption gültig ist oder verändert werden muss. Durch die Verlängerungsoption sichert sich das nutzungsberechtigte Unternehmen die Möglichkeit, das Nutzungsverhältnis zu verlängern, ohne zugleich die vollen Vertragspflichten des verlängerten Nutzungsverhältnisses zu übernehmen. Der rechtliche Eigentümer ist für die Dauer der Optionsfrist an sein Verlängerungsangebot gebunden.[190] Wenn das nutzungsberechtigte Unternehmen durch Ausübung der Verlängerungsoption die Möglichkeit erhält, ein abnutzbares Gebrauchsgut im Wesentlichen bis zum Ende der wirtschaftlichen Nutzungsdauer unkündbar zu nutzen, dann ist zu prüfen, ob das zeitlich verlängerte Nutzungsrecht die Verfügungsmacht über den künftigen wirtschaftlichen Nutzen begründen kann.

Ein Unternehmen kann ein abnutzbares Gebrauchsgut im Wesentlichen bis zum Ende der wirtschaftlichen Nutzungsdauer unkündbar nutzen, wenn zum einen sowohl während der fest vereinbarten Dauer des Nutzungsverhältnisses als auch während der Verlängerungszeit eine Kündigungssperre für beide Vertragsparteien besteht und zum anderen das zeitlich verlängerte und dann unbeschränkte Nutzungsrecht[191] das Unternehmen berechtigt, im Wesentlichen das gesamte wirtschaftliche Nutzenpotential zu nutzen. Dies ist der Fall, wenn das zeitlich verlängerte Nutzungsverhältnis mehr als 90 % bis 95 % der wirtschaftlichen Nutzungsdauer andauert.

Gemäß dem vierten Kriterium des Kriterienkatalogs aus Abschnitt 332.21 kann ein nutzungsberechtigtes Unternehmen erst dann im Wesentlichen den gesamten wirtschaftlichen Nutzen aus dem Vermögenswert vereinnahmen, wenn nach Beendigung des Nutzungsverhältnisses dem rechtlichen Eigentümer nur ein unwesentliches wirtschaftliches Restnutzenpotential verbleibt, das der rechtliche Eigentümer im Anschluss an das Nutzungsverhältnis verwerten kann. Bei dem zeitlich beschränkten Nutzungsrecht mit Verlängerungsoption ist daher zu prüfen, ob das wirtschaftliche Restnutzenpotential nach Beendigung des Nutzungsverhältnisses weniger als 5 % bis 10 % des ursprünglichen wirtschaftlichen Nutzenpotentials zu Beginn des Nutzungsverhältnisses beträgt. Wenn diese Bedingung erfüllt ist, dann kann ein zeitlich beschränkt nutzungsberechtigtes Unternehmen mit Verlängerungsoption im Wesentlichen das gesamte wirtschaftliche Nutzenpotential vereinnahmen, sofern das zeitlich beschränkt nutzungsberechtigte Unternehmen die Verlängerungsoption ausübt. Das zeitlich beschränkt nutzungsberechtigte Unternehmen wird seine Verlängerungsoption ausüben, wenn die Konditionen für das optionsberechtigte Unternehmen so vorteilhaft sind, dass eine Ausübung der Verlängerungsoption durch das optionsberechtigte Unternehmen hinreichend wahrscheinlich ist.

Da die Zurechnungsentscheidung bereits bei der Übertragung des Nutzungsrechts zu treffen ist, ist zu diesem Zeitpunkt zu prüfen, ob das Nutzungsrecht die Verfügungsmacht über den künftigen wirtschaftlichen Nutzen des Vermögenswerts begründen kann und der Vermögenswert somit dem nutzungsberechtigten Unternehmen wirtschaftlich zuzurechnen ist. Zwar ist bei der Übertragung des Nutzungsrechts nicht sicher, ob das nutzungsberechtigte Unternehmen seine Verlängerungsoption tatsächlich ausüben wird.[192] Aber für die Zurechnung des Vermögenswerts im Falle eines

---

190 Vgl. Abschnitt 231.22.
191 In diesem Abschnitt wird unterstellt, dass das Nutzungsrecht nur zeitlich beschränkt, aber sachlich und quantitativ unbeschränkt ist.

Nutzungsrechts mit Verlängerungsoption wird eine Entscheidungsregel benötigt. Da das nutzungsberechtigte Unternehmen bei vorteilhaften Optionsbedingungen die Verlängerungsoption bei rationalem Entscheidungsverhalten ausüben wird, sollte für die Zurechnungsentscheidung ebenfalls rationales Handeln des nutzungsberechtigten Unternehmens unterstellt werden. Für die Zurechnungsentscheidung soll gelten, dass ein nutzungsberechtigtes Unternehmen die Verlängerungsoption ausüben wird, wenn die Bedingungen der Verlängerungsoption vorteilhaft für das nutzungsberechtigte Unternehmen sind.[193]

Die Bedingungen der Verlängerungsoption sind für das nutzungsberechtigte Unternehmen vorteilhaft, wenn die Nutzungsentgelte während der Verlängerungszeit wesentlich niedriger sind als marktübliche Nutzungsentgelte, die ein drittes Unternehmen normalerweise für das noch vorhandene wirtschaftliche Nutzenpotential während der Verlängerungszeit zahlt.[194] Ein solches marktübliches Nutzungsentgelt ermittelt der rechtliche Eigentümer, indem er den Wert des noch vorhandenen Nutzenpotentials zum Ende der ursprünglich zwischen ihm und dem nutzungsberechtigten Unternehmen vereinbarten Nutzungsdauer auf die durch diese Verlängerungsoption eingeräumte Verlängerungszeit verteilt. Da zu Beginn des Nutzungsverhältnisses das wirtschaftliche Nutzenpotential am Ende der fest vereinbarten Dauer des Nutzungsverhältnisses nicht bekannt ist, werden als Ersatzwert für die Bestimmung eines üblichen Nutzungsentgelts die planmäßig fortgeführten Anschaffungskosten zu diesem Zeitpunkt herangezogen.[195] Werden die planmäßig fortgeführten Anschaffungskosten über die Dauer des verlängerten Restnutzungsverhältnisses verteilt, dann stellen sie das übliche Nutzungsentgelt (ersatzweise) dar.

Unklar ist, wann das Nutzungsentgelt, das das nutzungsberechtigte Unternehmen für die unkündbare Verlängerungszeit zu zahlen hat, wesentlich geringer ist als ein marktübliches Nutzungsentgelt. Eine mögliche Wesentlichkeitsgrenze wäre in diesem Fall, dass das Nutzungsentgelt während der unkündbaren Verlängerung nicht weniger als 90 % des marktüblichen Nutzungsentgelts beträgt. Wird die Verlängerungsoption vom rechtlichen Eigentümer (von Anfang an) zu weniger als 90 % der marktüblichen Konditionen angeboten, ist davon auszugehen, dass das nutzungsberechtigte Unternehmen die Option ausüben wird. In diesem Fall fließt dem nut-

---

192 Vgl. KNAPP, L., Problematischer Leasingerlaß, S. 688; LEFFSON, U., Leasingverträge im Jahresabschluß, S. 639.

193 Vgl. BFH-Urteil v. 26.1.1970, S. 273; BREMSER, H., Finanzierungs-Leasing, S. 531; DÖLLERER, G., Leasing, S. 537; FLUME, W., Rechtsverhältnis des Leasing, S. 6; LEFFSON, U., Leasingverträge im Jahresabschluß, S. 639.

194 Vgl. BFH-Urteil v. 26.1.1970, S. 273; DÖLLERER, G., Leasing, S. 537; FLUME, W., Rechtsverhältnis des Leasing, S. 6; LEFFSON, U., Leasingverträge im Jahresabschluß, S. 639.

195 Vgl. KNAPP, L., Problematischer Leasingerlaß, S. 689.

zungsberechtigen Unternehmen im Wesentlichen der gesamte künftige wirtschaftliche Nutzen zu, so dass der Vermögenswert dem bilanziellen Vermögen des nutzungsberechtigten Unternehmens zuzurechnen ist.

Im Ergebnis hat ein Unternehmen, das zwar ein **zeitlich beschränktes Nutzungsrecht** an einem Vermögenswert besitzt, dem der rechtliche Eigentümer aber eine **günstige Verlängerungsoption** eingeräumt hat, allein die Verfügungsmacht über den künftigen wirtschaftlichen Nutzen inne, wenn die folgenden Kriterien kumulativ erfüllt sind:

(1) Sowohl die fest vereinbarte als auch die Verlängerungszeit des Nutzungsverhältnisses sind unkündbar, es sei denn durch den rechtlichen Eigentümer bei Vorliegen eines wichtigen Grundes und unter der Kautel der sofortigen Zahlung der noch ausstehenden Nutzungsentgelte durch das nutzungsberechtigte Unternehmen.

(2) Die gesamte Dauer des Nutzungsverhältnisses, d. h. die Summe der ursprünglich zeitlich beschränkten Nutzungsdauer und der Verlängerungszeit, entspricht im Wesentlichen der wirtschaftlichen Nutzungsdauer.

(3) Nach Beendigung des Nutzungsverhältnisses verbleibt dem rechtlichen Eigentümer ein wirtschaftlich unwesentliches Nutzenpotential, das er im Anschluss verwerten kann.

(4) Die Ausübung der Verlängerungsoption ist hinreichend wahrscheinlich. Dies ist der Fall, wenn die Bedingungen für die Verlängerungsoption wirtschaftlich vorteilhaft für das nutzungsberechtigte Unternehmen sind. Die Bedingungen sind wirtschaftlich vorteilhaft, wenn das Nutzungsentgelt in der Verlängerungszeit wesentlich geringer als ein marktübliches Nutzungsentgelt ist.

Bei kumulativer Erfüllung aller vier oben genannten Kriterien ist der **Vermögenswert** gemäß dem generellen Zurechnungskriterium **dem bilanziellen Vermögen des nutzungsberechtigten Unternehmens zuzurechnen.** Diese Zurechnung des Vermögenswerts zum bilanziellen Vermögen des nutzungsberechtigten Unternehmens folgt damit dem Grundsatz *substance over form*, weil die tatsächlichen Verfügungsmöglichkeiten des nutzungsberechtigten Unternehmens über den im Wesentlichen gesamten künftigen wirtschaftlichen Nutzen eines Vermögenswerts (substance) so bedeutend sind, dass die Entscheidung über die Zurechnung eines Vermögenswerts nicht mehr nach dem rechtlichen Eigentum (form) zu treffen ist, sondern nach dem Innehaben der Verfügungsmacht über den künftigen wirtschaftlichen Nutzen. Wenn die Kriterien nicht erfüllt sind, dann ist der Vermögenswert analog zum zeitlich beschränkten Nutzungsrecht ohne Verlängerungsoption dem bilanziellen Vermögen des rechtlichen Eigentümers zuzurechnen.

Neben der Frage der Zurechnung des Vermögenswerts ist noch zu beachten, ob mit dem Vermögenswert verbundene Geschäftsvorfälle bilanziell zu berücksichtigen sind. So sind im Voraus gezahlte Nutzungsentgelte des zeitlich beschränkt nutzungsberechtigten Unternehmens für die Nutzungsüberlassung in den künftigen Berichtsperioden an den rechtlichen Eigentümer als ein Vermögenswert in der Bilanz des zeitlich beschränkt nutzungsberechtigten Unternehmens anzusetzen. Das ändert aber nichts an der Zurechnung des genutzten Vermögenswerts zum rechtlichen Eigentümer. Der Vermögenswert *„vorausgezahltes Nutzungsentgelt"* ist während des Nutzungsverhältnisses jeweils in Höhe der Nutzungsüberlassung durch das nutzungsberechtigte Unternehmen im Zeitablauf aufzulösen und als Aufwand für Nutzungsüberlassung in seiner Gewinn- und Verlustrechnung zu erfassen. Die im Voraus geleisteten Nutzungsengelte, die der rechtliche Eigentümer für die Nutzungsüberlassung in den künftigen Berichtsperioden erhält, sind die Gegenleistung für die Verpflichtung des rechtlichen Eigentümers, den Vermögenswert dem zeitlich beschränkt nutzungsberechtigten Unternehmen künftig zur Nutzung zu überlassen. Diese Verpflichtung ist als Schuld im Jahresabschluss des rechtlichen Eigentümers zu passivieren und während des Nutzungsverhältnisses jeweils in Höhe der Nutzungsüberlassung durch den rechtlichen Eigentümer im Zeitablauf aufzulösen und als Ertrag aus Nutzungsüberlassung in der Gewinn- und Verlustrechnung des rechtlichen Eigentümers zu erfassen.

332.333. Quantitativ beschränktes Nutzungsrecht

Das Rechtsverhältnis zwischen dem rechtlichen Eigentümer und einem **quantitativ beschränkt nutzungsberechtigten Unternehmen**, das der folgenden Untersuchung zu Grunde liegt, verdeutlicht die Übersicht 3-5:

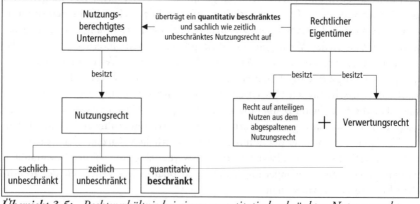

Übersicht 3-5: Rechtsverhältnis bei einem quantitativ beschränkten Nutzungsrecht

Ein Unternehmen, das ein quantitativ beschränktes Nutzungsrecht an einem Vermögenswert besitzt, ist verpflichtet, den erzielten wirtschaftlichen Nutzen aus der Nutzung des Vermögenswerts mit dem rechtlichen Eigentümer und/oder mit anderen Unternehmen zu teilen. Das quantitativ beschränkt nutzungsberechtigte Unternehmen ist zwar berechtigt, den Vermögenswert in jeder wirtschaftlich wesentlichen Nutzungsart sachlich und auch zeitlich unbeschränkt zu nutzen, aber mehrere nutzungsberechtigte Unternehmen üben entweder das sachlich und zeitlich unbeschränkte Nutzungsrecht gemeinsam aus und teilen den erwirtschafteten Nutzen anteilig untereinander auf, oder das nutzungsberechtigte Unternehmen ist nur quotal an dem Nutzen beteiligt, den das quantitativ beschränkt nutzungsberechtigte Unternehmen durch seine sachlich und zeitlich unbeschränkte Nutzung erwirtschaftet hat.[196]

Wie bei den bereits vorab diskutierten Ausprägungen eines Nutzungsrechts ist zu prüfen, ob das quantitativ beschränkte Nutzungsrecht die in Abschnitt 332.21 erarbeiteten Kriterien kumulativ erfüllt. Ein quantitativ beschränktes Nutzungsrecht erfüllt zwar das erste Kriterium des Kriterienkatalogs, nämlich die sachlich unbeschränkte Nutzung, aber bereits das zweite Kriterium des Kriterienkatalogs, nämlich die quantitativ unbeschränkte Nutzung, ist nicht erfüllt. Der Vermögenswert wird gemäß dem generellen Zurechnungskriterium nicht dem bilanziellen Vermögen des quantitativ beschränkt nutzungsberechtigten Unternehmens zugerechnet, weil es nicht die Verfügungsmacht über den im Wesentlichen gesamten künftigen wirtschaftlichen Nutzen des Vermögenswerts innehat. Die Verfügungsmacht verbleibt beim rechtlichen Eigentümer. Die Zurechnungsentscheidung kann anhand des rechtlichen Eigentums erfolgen, so dass der **Vermögenswert dem bilanziellen Vermögen des rechtlichen Eigentümers zuzurechnen** ist.

Neben der Frage der Zurechnung des Vermögenswerts ist noch zu beachten, ob mit dem Vermögenswert verbundene Geschäftsvorfälle bilanziell zu berücksichtigen sind. So sind im Voraus gezahlte Nutzungsentgelte des quantitativ beschränkt nutzungsberechtigten Unternehmens für die Nutzungsüberlassung in den künftigen Berichtsperioden an den rechtlichen Eigentümer als ein Vermögenswert in der Bilanz des quantitativ beschränkt nutzungsberechtigten Unternehmens anzusetzen. Das ändert aber nichts an der Zurechnung des genutzten Vermögenswerts zum rechtlichen Eigentümer. Der Vermögenswert *„vorausgezahltes Nutzungsentgelt"* ist während des Nutzungsverhältnisses jeweils in Höhe der Nutzungsüberlassung durch das nutzungsberechtigte Unternehmen im Zeitablauf aufzulösen und als Aufwand für Nutzungsüberlassung in seiner Gewinn- und Verlustrechnung zu erfassen. Die im Voraus geleisteten Nutzungsengelte, die der rechtliche Eigentümer für die Nutzungsüberlassung in den künftigen Berichtsperioden erhält, sind die Gegenleistung für die Verpflichtung

---

196 Vgl. Abschnitt 231.23.

des rechtlichen Eigentümers, den Vermögenswert dem quantitativ beschränkt nutzungsberechtigten Unternehmen künftig zur Nutzung zu überlassen. Diese Verpflichtung ist als Schuld im Jahresabschluss des rechtlichen Eigentümers zu passivieren und während des Nutzungsverhältnisses jeweils in Höhe der Nutzungsüberlassung im Zeitablauf aufzulösen und als Ertrag aus Nutzungsüberlassung in der Gewinn- und Verlustrechnung des rechtlichen Eigentümers zu erfassen.

332.334. Mehrfach beschränktes Nutzungsrecht

Wenn zwei oder mehrere Dimensionen des Nutzungsrechts beschränkt sind, dann liegt ein **mehrfach beschränktes Nutzungsrecht** vor. In vielen Fällen ist ein Unternehmen berechtigt, einen Vermögenswert sowohl sachlich als auch zeitlich beschränkt zu nutzen, wie bei der Miete eines Gebäudeteils als Bürofläche, die aber nicht für Produktions- oder Wohnzwecke genutzt werden darf, wobei die Anmietung für einen festen Zeitraum aber mit der Möglichkeit der vorzeitigen Kündigung unter Einhaltung gesetzlicher Kündigungsfristen vereinbart wird. Das Nutzungsrecht ist sachlich und quantitativ beschränkt, wenn der Gebäudeteil von mehreren Personen gemeinschaftlich zu gewerblichen Zwecken genutzt wird. Ein quantitativ und zeitlich beschränktes Nutzungsrecht ist bspw. ein Nießbrauchsverhältnis. Im Normalfall ist ein Nießbrauchsverhältnis zwar nur ein zeitlich beschränktes Nutzungsrecht.[197] Wenn es aber durch mehrere Personen in einer Bruchteilsgemeinschaft ausgeübt wird,[198] so ist das Nutzungsrecht zusätzlich für jede Person quantitativ beschränkt. Ein sachlich, zeitlich und quantitativ beschränktes Nutzungsrecht liegt bspw. vor, wenn das in einer Bruchteilsgemeinschaft ausgeübte Nießbrauchsverhältnis zusätzlich auf einzelne Nutzungsarten beschränkt wird (z. B. gemeinschaftliche Bewirtschaftung eines Grundstücks mit einer Obstplantage, wobei das Grundstück nicht als Fläche für eine Baumschule genutzt werden darf).

Die Prüfung, ob ein mehrfach beschränktes Nutzungsrecht die in Abschnitt 332.21 erarbeiteten Kriterien kumulativ erfüllt, wird stets zu dem Ergebnis führen, dass ein mehrfach beschränktes Nutzungsrecht diese Kriterien nie kumulativ erfüllen kann. Ein in mehreren Dimensionen beschränkt nutzungsberechtigtes Unternehmen kann in keinem Fall die Verfügungsmacht über den im Wesentlichen gesamten künftigen wirtschaftlichen Nutzen innehaben. Die Verfügungsmacht verbleibt stets beim rechtlichen Eigentümer. Der **Vermögenswert ist** in diesen Fällen **dem bilanziellen Vermögen des rechtlichen Eigentümers zuzurechnen**, weil er die Verfügungsmacht über den im Wesentlichen gesamten künftigen wirtschaftlichen Nutzen innehat.

---

197 Vgl. Abschnitt 262.
198 Vgl. SCHÖN, W., Nießbrauch, S. 310.

Ohne die Zurechnung des genutzten Vermögenswerts zum rechtlichen Eigentümer zu ändern, ist neben der Frage der Zurechnung des Vermögenswerts noch zu beachten, ob mit dem Vermögenswert verbundene Geschäftsvorfälle bilanziell zu berücksichtigen sind. So sind im Voraus gezahlte Nutzungsentgelte des mehrfach beschränkt nutzungsberechtigten Unternehmens für die Nutzungsüberlassung in den künftigen Berichtsperioden an den rechtlichen Eigentümer als ein Vermögenswert in der Bilanz des mehrfach beschränkt nutzungsberechtigten Unternehmens anzusetzen. Der Vermögenswert *„vorausgezahltes Nutzungsentgelt"* ist während des Nutzungsverhältnisses jeweils in Höhe der Nutzungsüberlassung durch das nutzungsberechtigte Unternehmen im Zeitablauf aufzulösen und als Aufwand für Nutzungsüberlassung in seiner Gewinn- und Verlustrechnung zu erfassen. Die im Voraus geleisteten Nutzungsentgelte, die der rechtliche Eigentümer für die Nutzungsüberlassung in den künftigen Berichtsperioden erhält, sind die Gegenleistung für die Verpflichtung des rechtlichen Eigentümers, den Vermögenswert dem mehrfach beschränkt nutzungsberechtigten Unternehmen künftig zur Nutzung zu überlassen. Diese Verpflichtung, die als Schuld im Jahresabschluss des rechtlichen Eigentümers zu passivieren ist, ist während des Nutzungsverhältnisses jeweils in Höhe der Nutzungsüberlassung im Zeitablauf aufzulösen und als Ertrag aus Nutzungsüberlassung in der Gewinn- und Verlustrechnung des rechtlichen Eigentümers zu erfassen.

333. Verwertungsrecht

333.1 Vorbemerkung

Im Regelfall besitzt diejenige Vertragspartei das Verwertungsrecht, die das wirtschaftliche Nutzenpotential vereinnahmen kann.[199] Das Verwertungsrecht wird gemäß der Systematisierung in Abschnitt 2 in ein unbedingtes Verwertungsrecht und ein bedingtes Verwertungsrecht unterschieden. Ein unbedingt verwertungsberechtigtes Unternehmen kann einen Vermögenswert jederzeit verwerten;[200] das bedingte Verwertungsrecht wird hingegen erst dann wirksam, wenn eine bestimmte Bedingung eintritt.[201] Das unbedingte Verwertungsrecht liegt im Normalfall beim rechtlichen Eigentümer, es sein denn, die Übertragung des formalrechtlichen Eigentums verzögert sich, obwohl der Vermögenswert bereits im Verfügungsbereich des empfangenden Unternehmens liegt.[202] Grundsätzlich hat der rechtliche Eigentümer auch das bedingte Verwertungsrecht an einem Vermögenswert inne. Das bedingte Verwertungsrecht kann auch beim Nicht-Eigentümer liegen, z. B. ein Pfandrecht an beweg-

---

199 Vgl. KNAPP, L., Vermögensgegenstände, S. 1124.
200 Vgl. Abschnitt 241.
201 Vgl. Abschnitt 242.
202 Vgl. KNAPP, L., Vermögensgegenstände, S. 1124 und S. 1126.

lichen Vermögenswerten oder Hypotheken an unbeweglichen Vermögenswerten.[203] Im Folgenden werden alle unbedingten und bedingten Verwertungsrechte gemäß der Systematisierung in Übersicht 2-1 behandelt. Zuerst wird untersucht, in welcher Ausprägung ein Verwertungsrecht die Verfügungsmacht über den im Wesentlichen gesamten künftigen wirtschaftlichen Nutzen eines Vermögenswerts begründen kann. Daran anschließend werden Zurechnungsregeln anhand des Umfangs des Verwertungsrechts entwickelt. Auf jene Ausnahmen, bei denen der Nicht-Eigentümer ein bedingtes Verwertungsrecht an dem Vermögenswert besitzt, wird gesondert eingegangen.

Die folgende Übersicht 3-6 verdeutlicht ein Rechtsverhältnis zwischen dem rechtlichen Eigentümer, der ausschließlich ein Verwertungsrecht zurückbehält, und dem anderen Unternehmen, das vom rechtlichen Eigentümer das Nutzungsrecht erhält. Diese Konstellation liegt der folgenden Untersuchung zu Grunde:

Übersicht 3-6: *Rechtsverhältnis bei einem dem rechtlichen Eigentümer verbleibenden Verwertungsrecht*

333.2 Begründung der Verfügungsmacht durch das Verwertungsrecht

Gemäß dem generellen Zurechnungskriterium verfügt ein Unternehmen über den künftigen wirtschaftlichen Nutzen eines Vermögenswerts, wenn es allein die Möglichkeit hat, das im Wesentlichen gesamte wirtschaftliche Nutzenpotential zu nutzen und/oder zu verwerten. Im Folgenden ist also die Frage zu beantworten, ob das Verwertungsrecht die Verfügungsmacht über den im Wesentlichen gesamten künftigen wirtschaftlichen Nutzen eines Vermögenswerts begründet bzw. begründen kann. Dies ist der Fall, wenn ein Unternehmen auf Grund seines Verwertungsrechts allein

---

203 Vgl. Abschnitt 242.2.

die Möglichkeit besitzt, im Wesentlichen das gesamte wirtschaftliche Nutzenpotential zu verwerten. Das in Abschnitt 24 systematisierte Verwertungsrecht ermöglicht dem nutzungsberechtigten Unternehmen, das wirtschaftliche Nutzenpotential eines Vermögenswerts zu verwerten. Weil das Verwertungsrecht indes verschiedene Ausprägungen annehmen kann, ist zu untersuchen, in welcher Ausprägung das Verwertungsrecht einem Unternehmen allein ermöglicht, im Wesentlichen das gesamte wirtschaftliche Nutzenpotential zu verwerten.

Verwerten bedeutet, den Vermögenswert zu verkaufen, in Zahlung zu geben sowie gegen andere Vermögenswerte einzutauschen. Verbrauchsgüter werden auch verwertet, wenn sie im Prozess der Leistungserstellung verarbeitet oder verbraucht werden. Das Verwertungsrecht kann an jedem Vermögenswert vergeben werden, so dass ein verwertungsberechtigtes Unternehmen für den Vermögenswert entweder direkt oder indirekt Zahlungsmittel erlangen kann.[204] Ein Vermögenswert kann auch mittels einer Zwangsvollstreckung verwertet werden.[205] Das wirtschaftliche Nutzenpotential des Vermögenswerts kann zum einen durch die Verwertung insgesamt in einem einmaligen Akt vereinnahmt werden,[206] und zwar unabhängig von der Art des wirtschaftlichen Nutzenpotentials. Zum anderen kann das wirtschaftliche Nutzenpotential auch sukzessiv verwertet werden, wenn der rechtliche Eigentümer den Vermögenswert einem anderen Unternehmen zur Nutzung überlässt und das wirtschaftliche Nutzenpotential durch die Nutzung des anderen Unternehmens sukzessiv verbraucht wird. Der rechtliche Eigentümer vereinnahmt durch die Nutzungsentgelte über die Dauer des Nutzungsverhältnisses einen wirtschaftlichen Nutzen, der ihm vom nutzungsberechtigten Unternehmen aus der sukzessiven Verwertung des Vermögenswerts zufließt.[207] Wenn sich der rechtliche Eigentümer entscheidet, den Vermögenswert einem anderen Unternehmen zur Nutzung bis zum Verbrauch des im Wesentlichen gesamten wirtschaftlichen Nutzenpotentials zu überlassen, hat er bei Vertragsabschluss eines solchen Nutzungsverhältnisses sein Verwertungsrecht ausgeübt und gibt damit seine Verfügungsmacht über den Vermögenswert in der Zukunft auf. Zugleich räumt der rechtliche Eigentümer dem nutzungsberechtigten Unternehmen das unbeschränkte Nutzungsrecht ein.

Der rechtliche Eigentümer, der ein Verwertungsrecht innehat, kann im Wesentlichen das gesamte wirtschaftliche Nutzenpotential durch Verwertung vereinnahmen, wenn er den Vermögenswert zu jedem beliebigen Zeitpunkt verwerten kann. Denn durch

---

204 Vgl. Abschnitt 241.
205 Vgl. Abschnitt 242.3.
206 Vgl. KNAPP, L., Leasing, S. 546.
207 Vgl. MEYER, D., Behandlung des Nießbrauchs und anderer Nutzungsüberlassungen, S. 150 f.; FABRI, S., Bilanzierung entgeltlicher Nutzungsverhältnisse, S. 62.

die jederzeitige Verwertung im Sinne eines Verkaufs oder einer Abtretung aller Verfügungsrechte wird im Wesentlichen das gesamte wirtschaftliche Nutzenpotential entweder in einem einmaligen Akt oder sukzessive im Form von Nutzungsentgelten durch den rechtlichen Eigentümer vereinnahmt. Der rechtliche Eigentümer ist zu einer jederzeitigen Verwertung berechtigt, wenn er ein unbedingtes Verwertungsrecht besitzt. Ein unbedingtes Verwertungsrecht setzt voraus, dass der rechtliche Eigentümer entweder den Vermögenswert unmittelbar besitzt oder einen rechtlichen Herausgabeanspruch an dem Vermögenswert gegenüber dem unmittelbaren Besitzer, d. h. dem nutzungsberechtigten Unternehmen, innehat.[208]

In einem Rechtsverhältnis, in welchem der rechtliche Eigentümer alle Rechte auf ein anderes Unternehmen überträgt und er ausschließlich ein unbedingtes Verwertungsrecht behält, steht dem anderen Unternehmen ein Nutzungsrecht an dem Vermögenswert zu.[209] Wie in Abschnitt 332.21 gezeigt wurde, kann ein Nutzungsrecht an einem abnutzbaren Gebrauchsgut bei einer bestimmten Ausprägung die Verfügungsmacht über den im Wesentlichen gesamten künftigen wirtschaftlichen Nutzen begründen. Wenn der rechtliche Eigentümer ausschließlich ein unbedingtes Verwertungsrecht am Vermögenswert besitzt, stellt sich die Frage, ob das Nutzungsrecht, das das andere Unternehmen an dem Vermögenswert innehat, einen solchen Umfang annehmen kann, dass das nutzungsberechtigte Unternehmen die Verfügungsmacht über den im Wesentlichen gesamten künftigen wirtschaftlichen Nutzen besitzt.

Gemäß dem in Abschnitt 332.21 erarbeiteten Kriterienkatalog kann ein Nutzungsrecht die Verfügungsmacht über den im Wesentlichen gesamten künftigen wirtschaftlichen Nutzen nur dann begründen, wenn alle vier der dort genannten Kriterien kumulativ erfüllt sind. Das nutzungsberechtigte Unternehmen wird durch das unbedingte Verwertungsrecht des rechtlichen Eigentümers nicht daran gehindert, den Vermögenswert sachlich und quantitativ unbeschränkt zu nutzen. Weil der rechtliche Eigentümer auf Grund seines unbedingten Verwertungsrechts einen jederzeitigen Herausgabeanspruch gegen das nutzungsberechtigte Unternehmen hat, ist das nutzungsberechtigte Unternehmen nicht davor geschützt, dass ihm der Vermögenswert vorzeitig ohne wichtigen Grund entzogen wird. Sofern das nutzungsberechtigte Unternehmen keinen Kündigungsschutz gegenüber dem rechtlichen Eigentümer besitzt, ist das Nutzungsrecht zeitlich beschränkt.[210] Eine solche Form des Nutzungsrechts erfüllt nicht alle von einem Nutzungsrecht zu erfüllende Bedingungen, um die Ver-

---

208 Vgl. Abschnitt 241. Beim Herausgabeanspruch sind eventuell gesetzlich vorgeschriebene Kündigungsfristen zu beachten, wie z. B. im Wohnraummietrecht (§§ 573c, 573d BGB).
209 Vgl. Übersicht 3-6.
210 Vgl. Abschnitt 231.22.

fügungsmacht über den im Wesentlichen gesamten künftigen wirtschaftlichen Nutzen zu begründen.

Im Ergebnis hat ein Unternehmen, das ein unbedingtes Verwertungsrecht an einem Vermögenswert besitzt, die alleinige Verfügungsmacht über den im Wesentlichen gesamten künftigen wirtschaftlichen Nutzen. Ein unbedingtes Verwertungsrecht schließt immer einen Herausgabeanspruch des unbedingt verwertungsberechtigten Unternehmens, das hier der rechtliche Eigentümer ist, gegenüber jedem anderen Unternehmen ein. Gemäß dem generellen Zurechnungskriterium, das in Abschnitt 32 aus der Vermögenswertdefinition des Framework entwickelt worden ist, ist dem unbedingt verwertungsberechtigten Unternehmen der Vermögenswert stets bilanziell zuzurechnen. Wenn der rechtliche Eigentümer ein unbedingtes Verwertungsrecht besitzt, so entspricht die formalrechtliche Gestaltung des Rechtsverhältnisses (form) den tatsächlichen Verfügungsmöglichkeiten des rechtlichen Eigentümers (substance).

Das unbedingte Verwertungsrecht ist das stärkste Teilrecht, das die Verfügungsmacht über den im Wesentlichen gesamten künftigen wirtschaftlichen Nutzen begründen kann, weil es ohne jede Einschränkung und für jede Art des Nutzenpotentials diese Verfügungsmacht begründet. Die Entscheidung über die Zurechnung basiert ausschließlich auf vertraglichen Gestaltungen, die zudem von einem Abschlussprüfer nachgeprüft werden können, so dass (anders als beim Nutzungsrecht) keine bilanziellen Ermessensspielräume bei den der Entscheidung über eine wirtschaftliche Zurechnung des Vermögenswerts zu Grunde liegenden Rechnungslegungsdaten bestehen.

333.3 Zurechnungsentscheidung über Vermögenswerte gemäß dem Umfang des Verwertungsrechts

333.31 Unbedingtes Verwertungsrecht

Im Folgenden wird ein Rechtsverhältnis zu Grunde gelegt, bei dem ausschließlich ein unbedingtes Verwertungsrecht beim rechtlichen Eigentümer verbleibt. Ein Nutzungsrecht, das nicht die Verfügungsmacht über den im Wesentlichen gesamten künftigen wirtschaftlichen Nutzen begründen kann, wird auf ein anderes Unternehmen übertragen. Die folgende Übersicht 3-7 verdeutlicht dieses Rechtsverhältnis:

Übersicht 3-7: *Rechtsverhältnis bei einem dem rechtlichen Eigentümer verbleibenden unbedingten Verwertungsrecht*

Die Beantwortung der Frage im vorhergehenden Abschnitt 333.2, ob und in welcher Ausprägung ein Verwertungsrecht die Verfügungsmacht über den im Wesentlichen gesamten künftigen wirtschaftlichen Nutzen begründen kann, hat zu dem Ergebnis geführt, dass ein unbedingtes Verwertungsrecht diese Verfügungsmacht stets begründet bzw. begründen kann. Der rechtliche Eigentümer, der ein unbedingtes Verwertungsrecht an einem Vermögenswert besitzt, ist berechtigt, diesen Vermögenswert jederzeit zu verwerten und dadurch im Wesentlichen das gesamte wirtschaftliche Nutzenpotential durch einen einmaligen Akt oder sukzessive im Sinne eines Verkaufs oder einer Abtretung aller Verfügungsrechte zu vereinnahmen. Die Möglichkeit zur jederzeitigen Verwertung besitzt der unbedingt verwertungsberechtigte rechtliche Eigentümer unabhängig von der Art des Nutzenpotentials. Der unbedingt verwertungsberechtigte rechtliche Eigentümer besitzt also stets die Verfügungsmacht über den künftigen wirtschaftlichen Nutzen eines Vermögenswerts. Gemäß dem generellen Zurechnungskriterium ist der **Vermögenswert dem unbedingt verwertungsberechtigten rechtlichen Eigentümer stets bilanziell zuzurechnen.**

333.32 Bedingtes Verwertungsrecht

Das bedingte Verwertungsrecht kann sowohl beim rechtlichen Eigentümer verbleiben als auch vom rechtlichen Eigentümer auf ein anderes Unternehmen übertragen werden. Die folgende Übersicht 3-8 verdeutlicht die Strukturen dieser Rechtsverhältnisse:

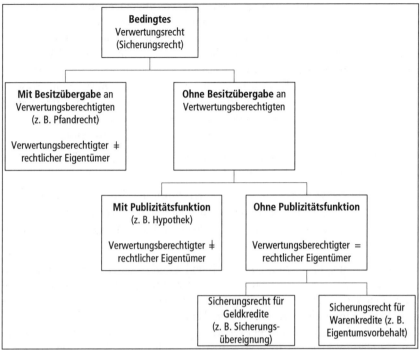

Übersicht 3-8: *Struktur der Rechtsverhältnisse beim bedingten Verwertungsrecht*

Die bedingten Verwertungsrechte werden in bedingte Verwertungsrechte mit Besitzübergabe an das bedingt verwertungsberechtigte Unternehmen (z. B. das Pfandrecht) und in bedingte Verwertungsrechte ohne Besitzübergabe an das bedingt verwertungsberechtigte Unternehmen (z. B. Sicherungsübereignung, Eigentumsvorbehalt, Hypothek) unterteilt. Bei den bedingten Verwertungsrechten ohne Besitzübergabe wird zusätzlich zwischen denjenigen mit Publizitätsfunktion (z. B. Hypothek) und denjenigen ohne Publizitätsfunktion (z. B. Sicherungsübereignung oder Eigentumsvorbehalt) unterschieden. Sowohl bei den bedingten Verwertungsrechten mit Besitzübergabe (z. B. Pfandrecht) als auch bei den bedingten Verwertungsrechten ohne Besitzübergabe, aber mit Publizitätsfunktion (z. B. Hypothek) spaltet der rechtliche Eigentümer das bedingte Verwertungsrecht vom Eigentum ab und überträgt es auf ein anderes Unternehmen. Bei den bedingten Verwertungsrechten ohne Besitzübergabe und ohne Publizitätsfunktion (z. B. Eigentumsvorbehalt und Sicherungsübereignung) sind das bedingt verwertungsberechtigte Unternehmen und der rechtliche Eigentümer identisch; der rechtliche Eigentümer behält sich am Vermögenswert ausschließlich das bedingte Verwertungsrecht vor.[211]

Unabhängig davon, ob das bedingt verwertungsberechtigte Unternehmen der rechtliche Eigentümer des Vermögenswerts ist, kann das bedingt verwertungsberechtigte Unternehmen sein Verwertungsrecht erst dann ausüben, wenn der Kreditnehmer die Forderungen nicht wie vertraglich vereinbart erfüllt.[212] In einem **ersten Schritt** ist zu untersuchen, ob das bedingte Verwertungsrecht bei einer vertragsmäßigen Erfüllung der Forderung durch den Kreditnehmer die Verfügungsmacht über den im Wesentlichen gesamten künftigen wirtschaftlichen Nutzen begründen kann. Im **zweiten Schritt** ist dann zu untersuchen, ob sich die Zurechnungsentscheidung über den Vermögenswert ändert, wenn das bedingte Verwertungsrecht wirksam wird.

Für die Zurechnungsentscheidung im Fall einer vertragsmäßigen Erfüllung der Forderung durch den Kreditnehmer wird danach unterschieden, ob

(1) das bedingt verwertungsberechtigte Unternehmen mit dem rechtlichen Eigentümer identisch ist (z. B. Eigentumsvorbehalt, Sicherungsübereignung) oder

(2) das bedingte Verwertungsrecht nicht beim rechtlichen Eigentümer verbleibt (z. B. Pfandrecht, Hypothek).

Die Untersuchung in Abschnitt 332.2, ob und wie ein Verwertungsrecht die Verfügungsmacht über den im Wesentlichen gesamten künftigen wirtschaftlichen Nutzen begründen kann, führte zu dem Ergebnis, dass ein unbedingtes Verwertungsrecht diese Verfügungsmacht begründet. Ein unbedingtes Verwertungsrecht zeichnet sich dadurch aus, dass es das unbedingt verwertungsberechtigte Unternehmen berechtigt, den Vermögenswert jederzeit zu verwerten. Das unbedingte Verwertungsrecht setzt voraus, dass der rechtliche Eigentümer entweder den Vermögenswert unmittelbar besitzt oder einen rechtlichen Herausgabeanspruch an dem Vermögenswert gegenüber dem unmittelbaren Besitzer, d. h. dem nutzungsberechtigten Unternehmen, hat.[213] Weil die bedingten Verwertungsrechte der Kreditsicherung dienen, kann ein bedingt verwertungsberechtigtes Unternehmen sein bedingtes Verwertungsrecht nicht jederzeit, sondern erst dann ausüben, wenn der Kreditnehmer die Forderungen nicht wie vertraglich vereinbart erfüllt.[214] Wenn der Kreditnehmer die Forderung wie vertraglich vereinbart erfüllt, dann kann ein bedingtes Verwertungsrecht die Verfügungsmacht über den künftigen wirtschaftlichen Nutzen nicht begründen, weil das bedingt verwertungsberechtigte Unternehmen nicht zur Verwertung berechtigt ist. Gemäß dem generellen Zurechnungskriterium, das aus der Vermögenswertdefinition des Framework entwickelt wurde, ergeben sich **im Fall einer vertragsmäßigen Erfüllung**

---

211 Vgl. Abschnitt 242.2.
212 Vgl. Abschnitt 242.1.
213 Vgl. Abschnitt 241.
214 Vgl. Abschnitt 242.1.

der Forderungen durch den Kreditnehmer für die jeweiligen Arten von Verwertungsrechten die folgenden Zurechnungsregeln:

Ad (1) Im Fall des Eigentumsvorbehalts oder der Sicherungsübereignung besitzt der rechtliche Eigentümer ausschließlich ein bedingtes Verwertungsrecht. Im Fall der vertragsmäßigen Erfüllung der Forderung durch den Vorbehaltskäufer bzw. durch den Sicherungsgeber hat der rechtliche Eigentümer nicht die Verfügungsmacht über den im Wesentlichen gesamten künftigen wirtschaftlichen Nutzen inne. Für den Kauf unter Eigentumsvorbehalt bedeutet diese Zurechnungsregel, dass dem Vorbehaltskäufer der Vermögenswert bilanziell zuzurechnen ist. Ein Unternehmen, das einen Vermögenswert zur Sicherung an den rechtlichen Eigentümer übereignet hat, bilanziert diesen Vermögenswert (weiterhin) in seinem Jahresabschluss.

Ad (2) Im Fall des Pfandrechts oder der Hypothek hat der rechtliche Eigentümer ausschließlich ein bedingtes Verwertungsrecht abgespalten und an ein anderes Unternehmen übertragen. Im Fall der vertragsmäßigen Erfüllung der Forderung durch den rechtlichen Eigentümer ist dieser Vermögenswert weiterhin dem bilanziellen Vermögen des rechtlichen Eigentümers zuzurechnen. Ein rechtlicher Eigentümer, der eine Hypothek auf seinen unbeweglichen Vermögenswert gezeichnet hat, aktiviert diesen Vermögenswert in seinem Jahresabschluss. Ebenso sind bewegliche Vermögenswerte, die als Pfand an das bedingt verwertungsberechtigte Unternehmen übertragen worden sind, im Jahresabschluss des rechtlichen Eigentümers zu aktivieren.

Weil das bedingte Verwertungsrecht erst rechtlich wirksam wird, wenn der Kreditnehmer seinen Zahlungsverpflichtungen nicht mehr wie vertraglich vereinbart nachkommt, ist im Insolvenzfall des Kreditnehmers über die wirtschaftliche Zurechnung des Vermögenswerts erneut zu entscheiden. Im Insolvenzfall des Kreditnehmers ist das verwertungsberechtigte Unternehmen nun berechtigt, den Vermögenswert jederzeit zu verwerten.[215] Wie in Abschnitt 333.2 bereits gezeigt wurde, kann ein verwertungsberechtiges Unternehmen den Vermögenswert erst dann jederzeit verwerten und somit über den im Wesentlichen gesamten künftigen wirtschaftlichen Nutzen verfügen, wenn es den Vermögenswert selber unmittelbar besitzt oder den unmittelbaren Besitz am Vermögenswert herausfordern kann. Im Folgenden ist daher zu prüfen, ob das bedingt verwertungsberechtigte Unternehmen im **Insolvenzfall des Kreditnehmers** bereits im Besitz des Vermögenswerts ist oder den Vermögenswert jederzeit vom Kreditnehmer herausfordern kann. Dazu werden die folgenden Fälle eines bedingten Verwertungsrechts entsprechend der Übersicht 3-8 unterteilt:

---

215 Vgl. Abschnitt 242.3.

(1) Das verwertungsberechtigte Unternehmen ist **im Besitz** des Vermögenswerts (z. B. Pfandrecht).

(2) Das verwertungsberechtigte Unternehmen ist **nicht im Besitz** des Vermögenswerts, aber sein bedingtes Verwertungsrecht ist in öffentlichen Registern **publik** gemacht worden (z. B. Hypothek).

(3) Das verwertungsberechtigte Unternehmen ist **nicht im Besitz** des Vermögenswerts und das bedingte Verwertungsrecht ist **nicht** in öffentlichen Registern **publik** gemacht worden (z. B. Eigentumsvorbehalt und Sicherungsübereignung).

Ad (1) Weil das im Insolvenzfall des Kreditnehmers unbedingt verwertungsberechtigte Unternehmen den Vermögenswert besitzt, ist der Vermögenswert dem bilanziellen Vermögen des bedingt verwertungsberechtigten Unternehmens zuzurechnen.

Ad (2) Wenn das im Insolvenzfall des Kreditnehmers unbedingt verwertungsberechtigte Unternehmen berechtigt ist, den Vermögenswert im Insolvenzfall vom Kreditnehmer herauszufordern, dann ist dem verwertungsberechtigten Unternehmen der Vermögenswert bilanziell zuzurechnen. In den meisten praxisrelevanten Fällen ist das verwertungsberechtigte Unternehmen berechtigt, das Sicherungsgut in Besitz zu nehmen und es selber zu verwerten[216] oder selber eine zwangsweise Verwertung zu betreiben,[217] so dass der Vermögenswert i. d. R. dem verwertungsberechtigen Unternehmen bilanziell zuzurechnen ist.

Ad (3) Wenn das im Insolvenzfall des Kreditnehmers unbedingt verwertungsberechtigte Unternehmen berechtigt ist, den Vermögenswert im Insolvenzfall vom Kreditnehmer herauszufordern, dann ist dem verwertungsberechtigten Unternehmen der Vermögenswert bilanziell zuzurechnen. Im Fall des Eigentumsvorbehalts ist der Vorbehaltsverkäufer bspw. nach deutschem Insolvenzrecht berechtigt, sein Vorbehaltseigentum im Insolvenzfall auszusondern, d. h. herauszufordern.[218] Der unter Eigentumsvorbehalt verkaufte Vermögenswert ist im Insolvenzfall dem Vorbehaltsverkäufer, d. h. dem rechtlichen Eigentümer, bilanziell zuzurechnen. Im Fall der Sicherungsübereignung ist der Kreditgeber bspw. nach deutschem Insolvenzrecht nicht dazu berechtigt, den Vermögenswert aus der Insolvenzmasse herauszufordern. In diesem Fall entscheidet der Insolvenzverwalter, auf welche Weise das Sicherungsgut verwendet wird, um die gesicherte Kreditforderung des insolventen Kreditnehmers wie vertraglich vereinbart zu erfüllen.[219] Der als Sicherung übereignete Vermögenswert wird

---

216 Vgl. HENRICH, D./HUBER, P., Englisches Privatrecht, S. 106.
217 Vgl. BAUR, F./STÜRNER, R., Sachenrecht, § 40, Rz. 56 und Rz. 60.
218 Vgl. HÄSEMEYER, L., Insolvenzrecht, Rz. 11.10.
219 Vgl. HÄSEMEYER, L., Insolvenzrecht, Rz. 11.09.

im Insolvenzfall nicht dem bilanziellen Vermögen des verwertungsberechtigten Unternehmens bilanziell zugerechnet, sondern der Vermögenswert verbleibt im Jahresabschluss des Sicherungsgebers.

Für den Insolvenzfall des Kreditnehmers ist im Ergebnis festzuhalten, dass nicht allgemein gültig für jedes bedingte Verwertungsrecht bejaht werden kann, dass es die Verfügungsmacht über den im Wesentlichen gesamten künftigen wirtschaftlichen Nutzen eines Vermögenswerts begründen kann. Bei einem bedingten Verwertungsrecht, das im Insolvenzfall des Kreditnehmers wirksam wird, ist stets **im Einzelfall** über die Zurechnung des Vermögenswerts zu entscheiden.

334. Keine Begründung der Verfügungsmacht durch das Erwerbsrecht

Im Normalfall spaltet der rechtliche Eigentümer das Erwerbsrecht ab und überträgt das Erwerbsrecht an ein anderes Unternehmen.[220] In der Übersicht 3-9 ist das im Folgenden bezüglich der bilanziellen Zurechnung eines Vermögenswerts zu untersuchende Rechtsverhältnis zwischen dem rechtlichen Eigentümer und dem erwerbsberechtigten Unternehmen dargestellt:

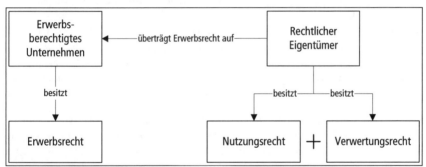

Übersicht 3-9: Rechtsverhältnis bei einem abgespaltenen Erwerbsrecht

Gemäß dem generellen Zurechnungskriterium verfügt ein Unternehmen über den künftigen wirtschaftlichen Nutzen eines Vermögenswerts, wenn es allein die Möglichkeit hat, im Wesentlichen das gesamte wirtschaftliche Nutzenpotential zu nutzen und/oder zu verwerten. Im Folgenden ist also die Frage zu beantworten, ob das Erwerbsrecht die Verfügungsmacht über den im Wesentlichen gesamten künftigen wirtschaftlichen Nutzen eines Vermögenswerts begründet bzw. begründen kann. Dies ist der Fall, wenn ein Unternehmen auf Grund seines Erwerbsrechts allein die Möglichkeit besitzt, im Wesentlichen das gesamte wirtschaftliche Nutzenpotential zu

---

220 Vgl. Abschnitt 265.

nutzen und/oder zu verwerten. Das in Abschnitt 25 systematisierte Erwerbsrecht sichert einem Unternehmen vertraglich zu, künftig das uneingeschränkte rechtliche Eigentum an dem Vermögenswert zu erwerben. Während der Laufzeit des Erwerbsrechts kann das erwerbsberechtigte Unternehmen entweder jederzeit oder am Ende der Laufzeit sein Erwerbsrecht ausüben. Mit der Ausübung erlischt das Erwerbsrecht und an seine Stelle tritt das vollumfängliche Recht des rechtlichen Eigentümers.[221]

Ein ausschließlich erwerbsberechtigtes Unternehmen kann allerdings während der Laufzeit des Erwerbsrechts das wirtschaftliche Nutzenpotential des Vermögenswerts weder nutzen noch verwerten. Solange das Erwerbsrecht besteht, ist noch kein Kaufvertrag zustande gekommen. Weder das erwerbsberechtigte Unternehmen noch der rechtliche Eigentümer haben eine Willenserklärung abgegeben oder eine Leistung oder eine Gegenleistung erbracht. Das unbedingte Erwerbsrecht hat noch nicht einmal die Rechtswirkung eines von beiden Vertragsparteien unerfüllten Kaufvertrags.[222] Unerfüllte Kaufverträge sind schwebende Geschäfte und werden unter der Annahme der ausgeglichenen Leistung und Gegenleistung gemäß dem Regelwerk des IASB nicht bilanziell erfasst. Das Erwerbsrecht für sich allein kann die Verfügungsmacht über den im Wesentlichen gesamten künftigen wirtschaftlichen Nutzen somit nicht begründen. Ein Unternehmen, das ausschließlich ein Erwerbsrecht an einem Vermögenswert besitzt, darf den Vermögenswert in keinem Fall in seinem Jahresabschluss bilanzieren, und zwar unabhängig davon, ob es unbedingt oder bedingt ist, denn es besteht mit dem Erwerbsrecht keinerlei Verfügungsmacht. Der **Vermögenswert ist dem rechtlichen Eigentümer zuzurechnen** und in dessen Jahresabschluss zu aktivieren.

Das erwerbsberechtigte Unternehmen hat die **Verfügungsmacht** über den wirtschaftlichen Nutzen allerdings **ab dem Zeitpunkt, zu dem es das Erwerbsrecht ausübt**, so dass es das vollständige rechtliche Eigentum am Vermögenswert erlangt und somit den Vermögenswert unbeschränkt nutzen und unbedingt verwerten darf. Erst zu diesem Zeitpunkt ist der Vermögenswert im Jahresabschluss des erwerbenden Unternehmens zu bilanzieren.

Wenn ein Unternehmen ein unbedingtes Erwerbsrecht bezüglich eines Vermögenswerts besitzt, so ist zu prüfen, ob dieses Erwerbsrecht selbst - anders als der mit dem Erwerbsrecht erwerbbare Vermögenswert - einen bilanzierungsfähigen Vermögenswert darstellt. Das unbedingte Erwerbsrecht selbst stellt ein immaterielles Gut dar, dessen Aktivierungsfähigkeit und -pflicht nach IAS 38 zu prüfen ist. Erste Voraussetzung für die Aktivierungsfähigkeit ist, dass das Erwerbsrecht identifizierbar ist. Da es

---

221 Vgl. Abschnitt 251.
222 Vgl. KNAPP, L., Leasing, S. 547.

von den anderen Vermögenswerten separiert werden kann, außerdem nicht monetär und ohne physische Substanz ist und das erwerbsberechtigte Unternehmen über das Erwerbsrecht selbst verfügt, sind die Definitionskriterien des IAS 38.7 erfüllt. Wenn das unbedingt erwerbsberechtigte Unternehmen das unbedingte Erwerbsrecht entgeltlich erworben hat, lassen sich die Anschaffungskosten zuverlässig bestimmen. Daher ist ein entgeltlich erworbenes Erwerbsrecht mit seinen Anschaffungskosten im Abschluss eines erwerbsberechtigten Unternehmens als immaterieller Vermögenswert zu aktivieren. Sofern das unbedingte Erwerbsrecht aber nicht entgeltlich erworben worden ist, kann es auch nicht als immaterieller Vermögenswert bilanziell angesetzt werden. Ist das Erwerbsrecht auf einen finanziellen Vermögenswert gerichtet, dann stellt das Erwerbsrecht ein derivatives Finanzinstrument dar,[223] das in Höhe des Entgelts für das Erwerbsrecht im Abschluss des erwerbsberechtigten Unternehmens zu aktivieren ist.[224] Sobald das Erwerbsrecht ausgeübt wird oder seine Laufzeit abgelaufen ist, ist das Erwerbsrecht aus dem Abschluss des erwerbsberechtigten Unternehmens auszubuchen und der erworbene Vermögenswert ist einzubuchen.

34 Begründung der Verfügungsmacht über das künftige Nutzenpotential durch Teilrechtsbündel

341. Aufbau der Untersuchung

Nachdem für die jeweiligen Teilrechte partiell untersucht wurde, ob sie jeweils einzeln die Verfügungsmacht über den im Wesentlichen gesamten künftigen wirtschaftlichen Nutzen eines Vermögenswerts begründen können, ist nun die Frage zu beantworten, ob und wie Kombinationen von Teilrechten diese Verfügungsmacht begründen können. Im Folgenden wird auf die in Abschnitt 265. genannten Teilrechtsbündel zurückgegriffen, die in der Realität anzutreffen sind. Wie bereits bei der Analyse der einzelnen Teilrechte werden für die einzelnen Teilrechtsbündel jene von einem Teilrechtsbündel zu erfüllenden Bedingungen analysiert, die eine Verfügungsmacht über den im Wesentlichen gesamten künftigen wirtschaftlichen Nutzen des Vermögenswerts begründen und somit zu einer Zurechnung zu dem betreffenden Unternehmen führen. Für jedes Teilrechtsbündel werden im Anschluss konkrete Regeln entwickelt, nach denen entschieden werden kann, ob dem Inhaber des Teilrechtsbündels der Vermögenswert bilanziell zuzurechnen ist.

---

223 Vgl. IAS 39.9 i. V. m. IAS 39.AG35(d); BELLAVITE-HÖVERMANN, Y./BARCKOW, A., IAS 39, Rz. 14; SCHARPF, P., Financial Instruments, S. 15.
224 Vgl. BELLAVITE-HÖVERMANN, Y./BARCKOW, A., Rz. 86 und Rz. 119.

342. Teilrechtsbündel aus Nutzungsrecht und Erwerbsrecht

342.1 Nutzungsrecht und unbedingtes Erwerbsrecht

In vielen Fällen ist das Nutzungsrecht so ausgestaltet, dass das nutzungsberechtigte Unternehmen das wirtschaftliche Nutzenpotential im Wesentlichen nicht insgesamt nutzen kann, weil das Nutzungsrecht zeitlich beschränkt ist.[225] Das nutzungsberechtigte Unternehmen kann oftmals zu Beginn des Nutzungsverhältnisses nicht abschätzen, ob es im Wesentlichen das gesamte wirtschaftliche Nutzenpotential nutzen wird. Aber i. d. R. will es sichergehen, einen im betrieblichen Leistungsprozess fest integrierten Vermögenswert auch nach Ablauf des zeitlich beschränkten Nutzungsverhältnisses weiterhin nutzen zu können. Neben der Möglichkeit, das Nutzungsrecht zeitlich zu verlängern,[226] kann sich das Unternehmen eine zeitlich unbeschränkte Nutzung sichern, indem es den Vermögenswert nach Ablauf des Nutzungsverhältnisses erwirbt. Um diese Möglichkeit abzusichern, kann sich das nutzungsberechtigte Unternehmen ein Erwerbsrecht am Vermögenswert einräumen lassen.[227] Im Fall eines unbeschränkten Nutzungsrechts an einem **nicht abnutzbaren Gebrauchsgut** kann sich das nutzungsberechtigte Unternehmen ein Erwerbsrecht an einem Vermögenswert einräumen lassen, um die Verfügungsmacht über das Gut zu erlangen, weil ein unbeschränktes Nutzungsrecht allein die Verfügungsmacht am wirtschaftlichen Nutzenpotential des nicht abnutzbaren Gebrauchsguts noch nicht begründen kann.[228]

Im Folgenden wird unterstellt, dass ein Nutzungsrecht, das die Verfügungsmacht über das im Wesentlichen gesamte wirtschaftliche Nutzenpotential nicht begründet, und ein **unbedingtes** Erwerbsrecht, das eine vertraglich gesicherte Aussicht auf unbeschränkte Nutzung und unbedingte Verwertung des wirtschaftlichen Nutzenpotentials gewährt, gebündelt an ein Unternehmen übertragen werden. Bei der Untersuchung wird davon ausgegangen, dass das Nutzungsverhältnis während der fest vereinbarten Zeit unkündbar ist, es sei denn aus wichtigem Grund und unter der Kautel der sofortigen Zahlung der noch ausstehenden Nutzungsentgelte. Nun ist die Frage zu beantworten, ob das Erwerbsrecht die noch fehlende Verfügungsmacht über den künftigen wirtschaftlichen Nutzen des nutzungsberechtigten Unternehmens bereits bei der Vergabe des Teilrechtsbündels aus Nutzungs- und Erwerbsrecht ergänzen kann. Wenn das Erwerbsrecht die noch fehlende Verfügungsmacht ergänzen kann,

---

225 Vgl. Abschnitt 332.332.
226 Vgl. Abschnitt 332.332.
227 Vgl. LEFFSON, U., Leasingverträge im Jahresabschluß, S. 639.
228 Vgl. Abschnitt 332.32.

dann ist der Vermögenswert dem betreffenden Unternehmen bereits bei der Vergabe des Teilrechtsbündels bilanziell zuzurechnen.

Das Rechtsverhältnis zwischen dem rechtlichen Eigentümer und einem Unternehmen, das sowohl ein Nutzungsrecht als auch ein unbedingtes Erwerbsrecht besitzt, verdeutlicht die folgende Übersicht 3-10:

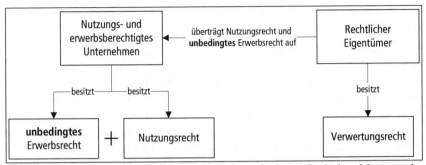

Übersicht 3-10: *Rechtsverhältnis bei einem abgespaltenen Teilrechtsbündel aus unbedingtem Erwerbsrecht und Nutzungsrecht*

Ein unbedingtes Erwerbsrecht berechtigt ein Unternehmen, entweder den Abschluss eines Kaufvertrags vom rechtlichen Eigentümer zu verlangen oder durch eine einseitige Erklärung einen Kaufvertrag über den Vermögenswert mit dem rechtlichen Eigentümer abzuschließen. Das Erwerbsrecht erlischt, wenn das erwerbsberechtigte Unternehmen das Angebot ablehnt oder die Annahmefrist abgelaufen ist. Die Annahmefrist bestimmt der rechtliche Eigentümer, indem er entweder einen festen Endtermin oder einen bestimmten Zeitraum festlegt.[229] Wenn ein nutzungs- und erwerbsberechtigtes Unternehmen sein unbedingtes Erwerbsrecht ausübt, dann hat es ab dem Erwerbszeitpunkt die Verfügungsmacht über den wirtschaftlichen Nutzen inne, weil es zu diesem Zeitpunkt das vollständige rechtliche Eigentum am Vermögenswert erlangt und somit den Vermögenswert unbeschränkt nutzen und unbedingt verwerten darf. Die bestehenden Verfügungsmöglichkeiten aus dem Nutzungsrecht, die für sich alleine die Verfügungsmacht über den im Wesentlichen gesamten künftigen wirtschaftlichen Nutzen nicht begründen können, werden durch das unbedingte Erwerbsrecht ergänzt, so dass das Unternehmen die alleinige Verfügungsmacht über den wirtschaftlichen Nutzen bei der Ausübung des unbedingten Erwerbsrechts innehat. Solange das unbedingte Erwerbsrecht indes nicht ausgeübt worden ist, besitzt der rechtliche Eigentümer das Verwertungsrecht an dem Vermögenswert und das Nutzungsrecht nach Beendigung des Nutzungsverhältnisses. Erst ab der Ausübung des

---

229 Vgl. Abschnitt 251.

Erwerbsrechts kann das Unternehmen im Wesentlichen das gesamte wirtschaftliche Nutzenpotential durch Nutzung und/oder Verwertung des Vermögenswerts vereinnahmen. Ein zeitlich beschränkt nutzungsberechtigtes Unternehmen kann ab dem Erwerbszeitpunkt den Vermögenswert während der gesamten wirtschaftlichen Nutzungsdauer nutzen; ein an einem nicht abnutzbaren Gebrauchsgut unbeschränkt nutzungsberechtigtes Unternehmen kann das wirtschaftliche Nutzenpotential ab dem Erwerbszeitpunkt durch eine Nutzung und/oder Verwertung des Gebrauchsguts vereinnahmen.

Ein Unternehmen, das auf Grund des ihm eingeräumten Nutzungsrechts den Vermögenswert nur in einem sachlich beschränkten und/oder in einem quantitativ beschränkten Umfang **vor der Ausübung des Erwerbsrechts** nutzen kann, hat - unabhängig von der Ausübung des Erwerbsrechts - **ab der Vergabe des Teilrechtsbündels** nicht die Verfügungsmacht über den künftigen wirtschaftlichen Nutzen inne, weil das Unternehmen vor der Ausübung des unbedingten Erwerbsrechts nicht im Wesentlichen den gesamten künftigen wirtschaftlichen Nutzen vereinnahmen kann.[230] Auch in diesem Fall ist der **Vermögenswert erst dann dem bilanziellen Vermögen des nutzungs- und erwerbsberechtigten Unternehmen zuzurechnen, wenn das Unternehmen das unbedingte Erwerbsrecht ausübt.**

Allerdings ist bereits bei Übertragung des Teilrechtsbündels aus Nutzungsrecht und unbedingtem Erwerbsrecht und nicht erst bei der Ausübung des Erwerbsrechts zu prüfen, ob das Teilrechtsbündel die Verfügungsmacht über den künftigen wirtschaftlichen Nutzen des Vermögenswerts begründen kann und der Vermögenswert somit dem nutzungs- und erwerbsberechtigten Unternehmen bilanziell zuzurechnen ist. Zwar ist bei der Übertragung des Teilrechtsbündels nicht sicher, ob das nutzungs- und erwerbsberechtigte Unternehmen sein unbedingtes Erwerbsrecht tatsächlich ausüben wird.[231] Aber für die Zurechnung des Vermögenswerts im Falle eines Teilrechtsbündels aus Nutzungsrecht und unbedingtem Erwerbsrecht wird eine Entscheidungsregel benötigt. Da das nutzungs- und erwerbsberechtigte Unternehmen bei vorteilhaften Bedingungen das unbedingte Erwerbsrecht bei rationalem Entscheidungsverhalten ausüben wird, sollte für die Zurechnungsentscheidung ebenfalls rationales Handeln des nutzungs- und erwerbsberechtigten Unternehmens unterstellt werden. Für die Zurechnungsentscheidung soll gelten, dass ein nutzungs- und erwerbsberechtigtes Unternehmen das unbedingte Erwerbsrecht ausüben wird, wenn die Bedingun-

---

230 Vgl. Abschnitt 332.331., Abschnitt 332.333. sowie Abschnitt 332.334. für die Zurechnungsregeln für sachlich, quantitativ und mehrfach beschränkte Nutzungsrechte.
231 Vgl. KNAPP, L., Problematischer Leasingerlaß, S. 688; LEFFSON, U., Leasingverträge im Jahresabschluß, S. 639.

gen des unbedingten Erwerbsrechts vorteilhaft für das erwerbsberechtigte Unternehmen sind.[232]

Die Bedingungen des unbedingten Erwerbsrechts sind für das nutzungs- und erwerbsberechtigte Unternehmen vorteilhaft, wenn der Kaufpreis für den Vermögenswert wesentlich geringer als der beizulegende Zeitwert des Vermögenswerts zum Erwerbszeitpunkt ist.[233] Unklar ist nun, wann der Kaufpreis, den das nutzungs- und erwerbsberechtigte Unternehmen zu zahlen hat, wesentlich geringer als der beizulegende Zeitwert zum Erwerbszeitpunkt ist. Eine mögliche Wesentlichkeitsgrenze wäre in diesem Fall, dass der Kaufpreis nicht mehr als 90 % des beizulegenden Zeitwerts zum Erwerbszeitpunkt betragen darf.

Zu Beginn des Nutzungsverhältnisses ist der beizulegende Zeitwert für das wirtschaftliche Nutzenpotential am Ende des Nutzungsverhältnisses nicht bekannt.[234] Weil die Entscheidung über die Zurechnung bereits bei der Übertragung des Teilrechtsbündels getroffen werden muss, ist zu diesem Zeitpunkt der beizulegende Zeitwert zum Erwerbszeitpunkt festzustellen oder zu schätzen. Der beizulegende Zeitwert von Grundstücken und Gebäuden ist i. d. R. der Marktwert, der durch Berechnung hauptamtlicher Gutachter ermittelt wird.[235] Für technische Anlagen und Betriebs- und Geschäftsausstattung entspricht der beizulegende Zeitwert i. d. R. dem durch Schätzungen ermittelten Marktwert.[236] Der künftige beizulegende Zeitwert kann zu Beginn des Nutzungsverhältnisses allerdings weder festgestellt noch zuverlässig geschätzt werden, weil die Marktwerte zum künftigen Erwerbszeitpunkt i. d. R. nicht bekannt sind. Daher ist es erforderlich, dass ein zuverlässiger Ersatzwert für den beizulegenden Zeitwert des wirtschaftlichen Nutzenpotentials zum Erwerbszeitpunkt verwendet wird.[237] Wenn das wirtschaftliche Nutzenpotential abnutzbar ist, so können die planmäßig fortgeführten Anschaffungskosten zum Erwerbszeitpunkt als Ersatzwert für den beizulegenden Zeitwert des wirtschaftlichen Nutzenpotentials verwendet werden.[238] Die planmäßig fortgeführten Anschaffungskosten repräsentieren das vorhandene wirtschaftliche Mindest-Nutzenpotential zum Erwerbszeitpunkt, das

---

232 Vgl. BFH-Urteil v. 26.1.1970, S. 273; BREMSER, H., Finanzierungs-Leasing, S. 531; DÖLLERER, G., Leasing, S. 536.

233 Vgl. BFH-Urteil v. 26.1.1970, S. 273; DÖLLERER, G., Leasing, S. 536; ausschließlich für nicht abnutzbare Gebrauchsgüter KNAPP, L., Problematischer Leasingerlaß, S. 689; FLUME, W., Bilanzielle Behandlung von Leasing-Verhältnissen, S. 1665; LEFFSON, U., Leasingverträge im Jahresabschluß, S. 639.

234 Vgl. BAETGE, J./BALLWIESER, W., Ansatz und Ausweis von Leasingobjekten, S. 10.

235 Vgl. IAS 16.32. Vgl. zu den Grundlagen einer Immobilienbewertung ZÜLCH, H., Bilanzierung von Investment Properties nach IAS 40, S. 128-164.

236 Vgl. IAS 16.32.

237 Vgl. KNAPP, L., Problematischer Leasingerlaß, S. 689.

238 Vgl. KNAPP, L., Problematischer Leasingerlaß, S. 689.

sich aus dem ursprünglichen Nutzenpotential zu Beginn des Nutzungsverhältnisses, bewertet zu Anschaffungskosten, abzüglich des bereits während des Nutzungsverhältnisses abgenutzten Nutzenpotentials, des planmäßigen Abschreibungsvolumens, ergibt. Für einen Vermögenswert mit einem abnutzbaren Nutzenpotential ist ein Kaufpreis, der zum Erwerbszeitpunkt vom Erwerber zu zahlen ist, für diesen vorteilhaft, wenn der Kaufpreis wesentlich geringer als die fortgeführten Anschaffungskosten ist.

Wenn das wirtschaftliche Nutzenpotential des Vermögenswerts nicht abnutzbar ist, dann kann kein zuverlässiger Ersatzwert für den künftigen beizulegenden Zeitwert des wirtschaftlichen Nutzenpotentials zum Erwerbszeitpunkt ermittelt werden. In diesem Fall kann keine Aussage darüber getroffen werden, ob der für den Inhaber des unbedingten Erwerbsrechts gültige Erwerbspreis wesentlich geringer als der künftige beizulegende Zeitwert zum Erwerbszeitpunkt ist. Als Konsequenz kann zu Beginn des Rechtsverhältnisses nicht die Frage beantwortet werden, ob die Bedingungen des unbedingten Erwerbsrechts für das nutzungs- und erwerbsberechtigte Unternehmen wirtschaftlich vorteilhaft sind. Weil diese Frage nicht beantwortet werden kann, führt die Prüfung, ob das unbedingte Erwerbsrecht die bereits bestehenden Verfügungsmöglichkeiten des Nutzungsrechts bis zur alleinigen Verfügungsmacht ergänzen kann, zu keinem zuverlässigen Ergebnis. Wenn der Umfang der Verfügungsrechte, die ein nutzungs- und erwerbsberechtigtes Unternehmen an einem Vermögenswert besitzt, nicht zuverlässig zu ermitteln ist, kann nicht geprüft werden, ob die tatsächlichen Verfügungsmöglichkeiten des nutzungs- und erwerbsberechtigten Unternehmens über den künftigen wirtschaftlichen Nutzen eines Vermögenswerts (substance) so bedeutend sind, dass die Entscheidung über die Zurechnung eines Vermögenswerts nicht mehr nach dem formalrechtlichen Eigentum (form) zu treffen ist, sondern nach dem Innehaben der Verfügungsmacht über den künftigen wirtschaftlichen Nutzen. Weil für die Zurechnungsentscheidung über Vermögenswerte eine zuverlässige Regel benötigt wird, ist in den Fällen, in denen der Umfang der tatsächlichen Verfügungsrechte nicht zuverlässig ermittelt werden kann, die Zurechnung gemäß dem formalrechtlichen Eigentum zu treffen. Im Ergebnis ist ein Vermögenswert, an dem ein Teilrechtsbündel aus einem Nutzungsrecht und einem unbedingten Erwerbsrecht besteht, dem rechtlichen Eigentümer bilanziell zuzurechnen, wenn der künftige beizulegende Zeitwert zum Erwerbszeitpunkt nicht zuverlässig geschätzt werden kann. Übt das nutzungs- und erwerbsberechtigte Unternehmen das unbedingte Erwerbsrecht tatsächlich aus, dann ist zum Erwerbszeitpunkt der Vermögenswert dem Vermögen des erwerbenden Unternehmens bilanziell zuzurechnen.

Während des Nutzungsverhältnisses kann sich erweisen, dass die tatsächliche wirtschaftliche Nutzungsdauer sowie der tatsächliche Nutzenverlauf erheblich von den früheren Schätzungen zu Beginn des Nutzungsverhältnisses abweichen. Die tatsächliche wirtschaftliche Nutzungsdauer kann länger oder kürzer als erwartet sein, oder die ursprünglich gewählte Abschreibungsmethode spiegelt nicht den tatsächlichen Nutzenverlauf wider. Wenn die Dauer des Nutzungsverhältnisses und die neu ermittelte wirtschaftliche Nutzungsdauer sowie der Nutzenverlauf nach der ursprünglichen Abschreibungsmethode mit dem tatsächlichen Nutzenverlauf bis zum Erwerbszeitpunkt jeweils miteinander verglichen werden, kann sich ergeben, dass das tatsächliche wirtschaftliche Nutzenpotential zum Erwerbszeitpunkt nicht mit den ursprünglich fortgeführten Anschaffungskosten des Vermögenswerts übereinstimmt. Auf Grund des veränderten tatsächlichen wirtschaftlichen Nutzenpotentials zum Erwerbszeitpunkt ist es möglich, dass die ursprünglich vorteilhaften Bedingungen des unbedingten Erwerbsrechts zum Erwerbszeitpunkt als nicht mehr vorteilhaft zu beurteilen sind, weil der Kaufpreis nicht mehr wesentlich geringer als der beizulegende Zeitwert des Vermögenswerts ist. Ebenso ist denkbar, dass eine ursprünglich unvorteilhafte Bedingung des unbedingten Erwerbsrechts nun vorteilhaft erscheint.

Fraglich ist, ob in diesem Fall die Zurechnungsentscheidung über den Vermögenswert neu zu treffen ist. Eine Entscheidung über die Zurechnung eines Vermögenswerts während eines bestehenden Nutzungsverhältnisses ist zu ändern, wenn sich der Umfang des vergebenen Teilrechtsbündels vergrößert oder verkleinert. Die Änderung der wirtschaftlichen Nutzungsdauer sowie der Abschreibungsmethode sind Änderungen von Schätzungen[239] und ändern nicht den Umfang des zu Beginn des Nutzungsverhältnisses übertragenen Teilrechtsbündels aus Nutzungsrecht und unbedingtem Erwerbsrecht. Über die Zurechnung des Vermögenswerts ist bei einer neu ermittelten wirtschaftlichen Nutzungsdauer oder einer neu gewählten Abschreibungsmethode nicht erneut zu entscheiden,[240] es sei denn, dass auf Grund des neu ermittelten tatsächlichen wirtschaftlichen Nutzenpotentials zum Erwerbszeitpunkt der Kaufpreis für den Vermögenswert neu festgelegt wird. Dies kann der Fall sein, wenn das neu ermittelte tatsächliche wirtschaftliche Nutzenpotential zum Erwerbszeitpunkt wesentlich von dem ursprünglich ermittelten Nutzenpotential abweicht. In diesem Fall ist erneut zu entscheiden, ob die Bedingungen des unbedingten Erwerbsrechts wirtschaftlich vorteilhaft sind, so dass eine Ausübung dieses Erwerbsrechts wahrscheinlich ist.

Im Ergebnis ist festzuhalten, dass ein Teilrechtsbündel aus einem Nutzungsrecht, das die Verfügungsmacht über den im Wesentlichen gesamten künftigen wirtschaftlichen Nutzen allein nicht begründen kann, und einem unbedingten Erwerbsrecht diese Verfügungsmacht zusammen begründet, wenn die folgenden Bedingungen kumulativ erfüllt sind:

---

239 Vgl. IAS 8.32, IAS 16.61.
240 Vgl. für die Klassifizierung von Leasingverhältnissen IAS 17.13. Demnach sind Änderungen von Schätzungen kein Anlass, ein Leasingverhältnis neu zu klassifizieren.

(1) Das Nutzungsrecht ist entweder nur zeitlich beschränkt oder ein unbeschränktes Nutzungsrecht besteht an einem nicht abnutzbaren Gebrauchsgut.

(2) Das Nutzungsrecht ist während dessen Laufzeit sowohl vom rechtlichen Eigentümer als auch vom nutzungs- und erwerbsberechtigten Unternehmen unkündbar, es sei denn durch den rechtlichen Eigentümer bei Vorliegen eines wichtigen Grundes und unter der Kautel der sofortigen Zahlung der noch ausstehenden Nutzungsentgelte durch das nutzungs- und erwerbsberechtigte Unternehmen.

(3) Die Ausübung des unbedingten Erwerbsrechts ist hinreichend wahrscheinlich. Dies ist der Fall, wenn die Bedingungen für das unbedingte Erwerbsrecht wirtschaftlich vorteilhaft für das nutzungs- und erwerbsberechtigte Unternehmen sind. Die Bedingungen sind wirtschaftlich vorteilhaft, wenn der Kaufpreis wesentlich geringer als der beizulegende Zeitwert zum Erwerbszeitpunkt ist.

(4) Bereits zu Beginn des Nutzungsverhältnisses kann ein zuverlässiger Ersatzwert für den beizulegenden Zeitwert des wirtschaftlichen Nutzenpotentials zum Erwerbszeitpunkt ermittelt werden.

Wenn ein Teilrechtsbündel aus einem Nutzungsrecht und einem unbedingten Erwerbsrecht die **vier genannten Voraussetzungen erfüllt**, dann besitzt das nutzungs- und erwerbsberechtigte Unternehmen die Verfügungsmacht über den künftigen wirtschaftlichen Nutzen des Vermögenswerts. Gemäß dem generellen Zurechnungskriterium ist der **Vermögenswert dem Vermögen des nutzungs- und erwerbsberechtigten Unternehmens bilanziell zuzurechnen**. Die Rechnungslegungsdaten, die dieser Zurechnungsentscheidung zu Grunde liegen, können im Fall der wirtschaftlichen Nutzungsdauer und des Nutzenverlaufs nur geschätzt werden. Hier eröffnen sich dem Bilanzersteller Ermessensspielräume bei der Bestimmung der Nutzungsdauer und der Abschreibungsmethode, die durch eine Normierung der Abschreibungsdauer und der Abschreibungsmethode eingeengt werden können.[241]

Wenn der Vermögenswert dem bilanziellen Vermögen des nutzungs- und erwerbsberechtigten Unternehmens zuzurechnen ist, stellt sich die Frage, wie die zu leistenden Nutzungsengelte und der zu leistende Kaufpreis im Jahresabschluss des nutzungs- und erwerbsberechtigten Unternehmens bilanziell abzubilden sind. Die Zahlungsverpflichtung stellt gemäß den Definitionskriterien des Framework eine Schuld dar,[242] weil sich das unbeschränkt nutzungsberechtigte Unternehmen während des unkündbaren Nutzungsverhältnisses den Zahlungsverpflichtungen aus der Nutzungsüberlassung nicht entziehen kann und der spätere Erwerb des Vermögenswerts hinreichend wahrscheinlich ist. Da die Höhe der noch ausstehenden Zahlungsverpflichtungen

---

241 Vgl. Abschnitt 332.22.
242 Vgl. F.49(b).

und der Zeitpunkt der Zahlungsverpflichtungen auf Grund der vertraglichen Vereinbarungen bekannt sind, hat das nutzungs- und erwerbsberechtigte Unternehmen gleichzeitig eine Verpflichtung in Höhe der abgezinsten noch zu zahlenden Nutzungsentgelte und des Kaufpreises während des unkündbaren Nutzungsverhältnisses in seinem Abschluss zu passivieren.

Wenn ein Teilrechtsbündel aus Nutzungsrecht und unbedingtem Erwerbsrecht die **vier Kriterien nicht erfüllt**, kann ein nutzungs- und erwerbsberechtigtes Unternehmen die Verfügungsmacht über den im Wesentlichen gesamten künftigen wirtschaftlichen Nutzen nicht vereinnahmen. In diesem Fall wird gemäß dem generellen Zurechnungskriterium der **Vermögenswert dem bilanziellen Vermögen des rechtlichen Eigentümers zugerechnet.** Im Fall der Zurechnung des Vermögenswerts zum bilanziellen Vermögen des rechtlichen Eigentümers ist zusätzlich zu prüfen, ob das unbedingte Erwerbsrecht selbst einen bilanzierungsfähigen Vermögenswert für das erwerbs- und nutzungsberechtigte Unternehmen darstellt. Das unbedingte Erwerbsrecht selbst, das auf einen nicht finanziellen Vermögenswert gerichtet ist, stellt ein immaterielles Gut dar. Wenn das unbedingte Erwerbsrecht entgeltlich erworben wurde, ist es im Abschluss des erwerbsberechtigten Unternehmens als immaterieller Vermögenswert zu aktivieren. Sofern das unbedingte Erwerbsrecht aber nicht entgeltlich erworben worden ist, kann es nach IAS 38 nicht als immaterieller Vermögenswert bilanziell angesetzt werden. Wenn das Erwerbsrecht auf einen finanziellen Vermögenswert gerichtet ist, dann stellt das Erwerbsrecht ein derivatives Finanzinstrument dar,[243] das in Höhe des Entgelts für das Erwerbsrecht im Abschluss des nutzungs- und erwerbsberechtigten Unternehmens zu aktivieren ist.[244] Sobald das Erwerbsrecht ausgeübt wird oder seine Laufzeit abgelaufen ist, ist das Erwerbsrecht aus dem Abschluss des nutzungs- und erwerbsberechtigten Unternehmens auszubuchen und der erworbene Vermögenswert ist einzubuchen.

Neben der Frage der Zurechnung des Vermögenswerts ist noch zu beachten, ob mit dem Vermögenswert verbundene Geschäftsvorfälle bilanziell zu berücksichtigen sind. So sind im Voraus gezahlte Nutzungsentgelte des nutzungs- und erwerbsberechtigten Unternehmens für die Nutzungsüberlassung in den künftigen Berichtsperioden an den rechtlichen Eigentümer als ein Vermögenswert in der Bilanz des nutzungs- und erwerbsberechtigten Unternehmens anzusetzen. Der Vermögenswert *„vorausgezahltes Nutzungsentgelt"* ist während des Nutzungsverhältnisses jeweils in Höhe der Nutzungsüberlassung durch das nutzungs- und erwerbsberechtigte Unternehmen im Zeitablauf aufzulösen und als Aufwand für Nutzungsüberlassung in seiner Gewinn-

---

243 Vgl. IAS 39.9 i. V. m. IAS 39.AG35(d); BELLAVITE-HÖVERMANN, Y./BARCKOW, A., IAS 39, Rz. 14; SCHARPF, P., Financial Instruments, S. 15.
244 Vgl. BELLAVITE-HÖVERMANN, Y./BARCKOW, A., Rz. 86 und Rz. 119.

und Verlustrechnung zu erfassen. Die im Voraus geleisteten Nutzungsengelte, die der rechtliche Eigentümer für die Nutzungsüberlassung in den künftigen Berichtsperioden erhält, sind die Gegenleistung für die Verpflichtung des rechtlichen Eigentümers, den Vermögenswert dem nutzungs- und erwerbsberechtigten Unternehmen künftig zur Nutzung zu überlassen. Diese Verpflichtung ist als Schuld im Jahresabschluss des rechtlichen Eigentümers zu passivieren und während des Nutzungsverhältnisses jeweils in Höhe der Nutzungsüberlassung im Zeitablauf aufzulösen und als Ertrag aus Nutzungsüberlassung in der Gewinn- und Verlustrechnung des rechtlichen Eigentümers zu erfassen.

342.2 Nutzungsrecht und bedingtes Erwerbsrecht

Das Rechtsverhältnis zwischen dem rechtlichen Eigentümer und einem Unternehmen, das sowohl ein Nutzungsrecht als auch ein bedingtes Erwerbsrecht besitzt, verdeutlicht die folgende Übersicht 3-11:

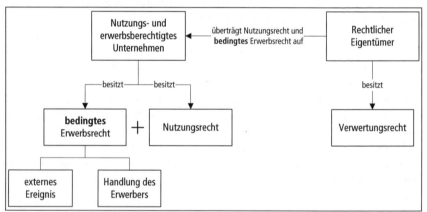

Übersicht 3-11: *Rechtsverhältnis bei einem abgespaltenen Teilrechtsbündel aus bedingtem Erwerbsrecht und Nutzungsrecht*

Beim **bedingten** Erwerbsrecht sind zwei Arten zu unterscheiden:

(a) Das bedingte Erwerbsrecht wird erst wirksam, wenn ein externes Ereignis eintritt, dessen Entstehen der Erwerbsberechtigte nicht beeinflussen kann. D. h., die Kauferklärung kann durch den Erwerber erst ausgesprochen werden, wenn ein bestimmtes, ungewisses externes Ereignis eintritt, z. B. wenn ein bestimmtes Preisniveau erreicht wird.[245]

---

245 Vgl. Abschnitt 252.1.

(b) Das Erwerbsrecht wird ausschließlich durch eine Handlung des Erwerbers aktiviert. Die Handlung besteht darin, dass das erwerbsberechtigte Unternehmen seine Kaufpreis- bzw. Darlehensverpflichtungen wie vertraglich vereinbart erfüllt.[246]

Ebenso wie das unbedingte Erwerbsrecht können beide Arten des bedingten Erwerbsrechts sowohl mit einem beschränkten als auch mit einem unbeschränkten Nutzungsrecht gebündelt und an ein Unternehmen übertragen werden.

Im Folgenden ist zu prüfen, ob ein bedingtes Erwerbsrecht die Verfügungsmöglichkeiten eines nutzungsberechtigten Unternehmens so ergänzen kann, dass dieses Unternehmen bereits bei der Übertragung des Teilrechtsbündels die Verfügungsmacht über den im Wesentlichen gesamten künftigen wirtschaftlichen Nutzen innehat, wobei zuerst ein durch ein externes Ereignis bedingtes Erwerbsrecht und im Anschluss daran ein durch Handlungen des Erwerbers bedingtes Erwerbsrecht untersucht werden.

Bei Erwerbsrechten, die **durch ein externes Ereignis bedingt** sind, kann das nutzungsberechtigte und bedingt erwerbsberechtigte Unternehmen nicht beeinflussen, ob es den Vermögenswert überhaupt erwerben kann, bspw. beim Vorkaufsrecht. Selbst wenn das Unternehmen sein Erwerbsrecht hinreichend wahrscheinlich ausüben will, kann das bedingte Erwerbsrecht die Verfügungsmöglichkeiten des Nutzungsrechts nicht zur alleinigen Verfügungsmacht über den künftigen wirtschaftlichen Nutzen ergänzen, weil die Ausübung des Erwerbsrechts nicht vom Willen des erwerbsberechtigten Unternehmens oder des rechtlichen Eigentümers, sondern vom Angebot externer Dritter oder von nicht zu beeinflussenden Faktoren, wie Preisniveauänderungen, abhängt. Im Fall eines abgespaltenen Teilrechtsbündels aus einem Nutzungsrecht und einem durch ein externes Ereignis bedingten Erwerbsrecht ist der **Vermögenswert dem bilanziellen Vermögen des rechtlichen Eigentümers zuzurechnen.**

Zusätzlich ist zu prüfen, ob das bedingte Erwerbsrecht selbst einen bilanzierungsfähigen Vermögenswert darstellt. Das bedingte Erwerbsrecht selbst, das auf einen nicht finanziellen Vermögenswert gerichtet ist, ist im Abschluss des erwerbsberechtigten Unternehmens als immaterieller Vermögenswert zu aktivieren, sofern das bedingte Erwerbsrecht entgeltlich erworben worden ist. Wenn das bedingte Erwerbsrecht dagegen auf einen finanziellen Vermögenswert gerichtet ist, dann stellt das Erwerbsrecht ein derivatives Finanzinstrument dar,[247] das in Höhe des Entgelts für das be-

---

246 Vgl. Abschnitt 252.2.
247 Vgl. IAS 39.9 i. V. m. IAS 39.AG35(d); BELLAVITE-HÖVERMANN, Y./BARCKOW, A., IAS 39, Rz. 14; SCHARPF, P., Financial Instruments, S. 15.

dingte Erwerbsrecht im Abschluss des nutzungs- und erwerbsberechtigten Unternehmens zu aktivieren ist.[248] Sobald das bedingte Erwerbsrecht ausgeübt wird oder seine Laufzeit abgelaufen ist oder eine externe Bedingung eingetreten ist, die das bedingte Erwerbsrecht ausschließt, ist das entgeltlich erworbene bedingte Erwerbsrecht aus dem Abschluss des nutzungs- und erwerbsberechtigten Unternehmens auszubuchen und der gegebenenfalls erworbene Vermögenswert ist einzubuchen.

Neben der Frage der Zurechnung des Vermögenswerts ist noch zu beachten, ob mit dem Vermögenswert verbundene Geschäftsvorfälle bilanziell zu berücksichtigen sind. So sind im Voraus gezahlte Nutzungsentgelte des nutzungs- und erwerbsberechtigten Unternehmens für die Nutzungsüberlassung in den künftigen Berichtsperioden an den rechtlichen Eigentümer als ein Vermögenswert in der Bilanz des nutzungs- und erwerbsberechtigten Unternehmens anzusetzen. Der Vermögenswert *„vorausgezahltes Nutzungsentgelt"* ist während des Nutzungsverhältnisses jeweils in Höhe der Nutzungsüberlassung durch das nutzungs- und erwerbsberechtigte Unternehmen im Zeitablauf aufzulösen und als Aufwand für Nutzungsüberlassung in seiner Gewinn- und Verlustrechnung zu erfassen. Die im Voraus geleisteten Nutzungsengelte, die der rechtliche Eigentümer für die Nutzungsüberlassung in den künftigen Berichtsperioden erhält, sind die Gegenleistung für die Verpflichtung des rechtlichen Eigentümers, den Vermögenswert dem nutzungs- und erwerbsberechtigten Unternehmen künftig zur Nutzung zu überlassen. Diese Verpflichtung ist als Schuld im Jahresabschluss des rechtlichen Eigentümers zu passivieren und während des Nutzungsverhältnisses jeweils in Höhe der Nutzungsüberlassung im Zeitablauf aufzulösen und als Ertrag aus Nutzungsüberlassung in der Gewinn- und Verlustrechnung des rechtlichen Eigentümers zu erfassen.

Bei einem Erwerbsrecht, das **durch eine bestimmte Handlung des Erwerbers aktiviert** wird, beabsichtigt das erwerbsberechtigte Unternehmen, den Vermögenswert auf jeden Fall zu erwerben, falls es dazu in der Lage ist, bspw. bei Lieferung des Vermögenswerts unter Eigentumsvorbehalt durch den rechtlichen Eigentümer oder bei der Sicherungsübereignung eines Vermögenswerts durch das erwerbsberechtigte Unternehmen.[249] Der Erwerb ist in diesen Fällen nur von der Zahlungsfähigkeit des Unternehmens abhängig. Für die Zurechnungsentscheidung ist - anders als beim unbedingten Erwerbsrecht - nicht zu prüfen, ob die Bedingungen des Erwerbsrechts für das nutzungs- und erwerbsberechtigte Unternehmen wirtschaftlich vorteilhaft sind, sondern es kann - wenn das erwerbsberechtigte Unternehmen liquide ist - mit hinreichender Wahrscheinlichkeit angenommen werden, dass das nutzungs- und erwerbsberechtigte Unternehmen das Erwerbsrecht tatsächlich ausübt. Ein Teilrechtsbündel

---

248 Vgl. BELLAVITE-HÖVERMANN, Y./BARCKOW, A., Rz. 86 und Rz. 119.
249 Vgl. Abschnitt 264.

aus einem Nutzungsrecht und aus einem durch die Handlung des Erwerbers bedingten Erwerbsrecht kann gemäß den Kriterien in Abschnitt 342.1 nur dann die Verfügungsmacht über den im Wesentlichen gesamten künftigen wirtschaftlichen Nutzen begründen, wenn das **Nutzungsrecht sowohl sachlich als auch quantitativ unbeschränkt** ist und das Nutzungsrecht während dessen Laufzeit unkündbar ist, es sei denn bei Vorliegen eines wichtigen Grundes und unter der Kautel der sofortigen Zahlung der noch ausstehenden Nutzungsentgelte. Im Fall des durch die **bestimmte Handlung des Erwerbers bedingten Erwerbsrechts** mit dem gleichzeitigen sachlich und quantitativ unbeschränkten Nutzungsrecht ist der **Vermögenswert dem bilanziellen Vermögen des nutzungs- und bedingt erwerbsberechtigten Unternehmens zuzurechnen.** Weil sich das nutzungs- und bedingt erwerbsberechtigte Unternehmen seinen Zahlungsverpflichtungen nicht entziehen kann, hat das Unternehmen die noch nicht gezahlten Zahlungsverpflichtungen sofort (eventuell abgezinst) in voller Höhe als vertragliche Verpflichtung aus dem Rechtsverhältnis als Schuld in seinem Jahresabschluss zu passivieren.[250]

Wenn das nutzungs- und erwerbsberechtigte Unternehmen im Insolvenzfall nicht in der Lage ist, seine vertraglich vereinbarten Zahlungsverpflichtungen zu erfüllen, dann ist es indes nicht mehr wahrscheinlich, dass das nutzungs- und bedingt erwerbsberechtigte Unternehmen den Vermögenswert vollständig erwerben wird. Droht die Insolvenz, ist erneut über die Zurechnung des Vermögenswerts zu entscheiden. Je nach vertraglicher Vereinbarung kann das Unternehmen verpflichtet sein, den Vermögenswert an den rechtlichen Eigentümer herauszugeben. Ein solcher Herausgabeanspruch besteht bspw. nach deutschem Insolvenzrecht für Vermögenswerte, die das nutzungsberechtigte und bedingt erwerbsberechtigte Unternehmen unter Eigentumsvorbehalt am Vermögenswert vom Lieferanten als rechtlichem Eigentümer erworben hat.[251] Wenn das nutzungs- und bedingt erwerbsberechtigte Unternehmen den Vermögenswert an den rechtlichen Eigentümer im Fall der Insolvenz zurückgeben muss, dann kann es nicht mehr im Wesentlichen den gesamten künftigen wirtschaftlichen Nutzen vereinnahmen. Vom Augenblick der drohenden Insolvenz an ist der Vermögenswert aus dem bilanziellen Vermögen des erwerbenden Unternehmens heraus- und in das bilanzielle Vermögen des rechtlichen Eigentümers hineinzurechnen. Besteht keine Herausgabepflicht des erwerbsberechtigten Unternehmens gegenüber dem rechtlichen Eigentümer, dann verbleibt im Insolvenzfall der Vermögenswert im bilanziellen Vermögen des nutzungs- und bedingt erwerbsberechtigten Unternehmens. Diese Zurechnungsentscheidungen entsprechen den Zurechnungsentscheidungen für das bedingte Verwertungsrecht ohne Besitzübergabe und ohne Publizitätsfunk-

---

250 Vgl. F.49(b).
251 Vgl. HÄSEMEYER, L., Insolvenzrecht, Rz. 11.10.

tion, das beim rechtlichen Eigentümer verbleibt, wie bei dem Eigentumsvorbehalt oder der Sicherungsübereignung.[252] Im Fall des Eigentumsvorbehalts ist dem bedingt verwertungsberechtigten rechtlichen Eigentümer der Vermögenswert bilanziell zuzurechnen, weil er im Insolvenzfall des nutzungs- und erwerbsberechtigten Unternehmens einen Herausgabeanspruch gegen dieses Unternehmen hat. Wenn der Vermögenswert als Sicherung übereignet wurde, hat der bedingt verwertungsberechtigte rechtliche Eigentümer im Insolvenzfall keinen Herausgabeanspruch gegen das nutzungs- und erwerbsberechtigte Unternehmen, so dass der Vermögenswert weiterhin im bilanziellen Vermögen des nutzungs- und erwerbsberechtigten Unternehmens verbleibt.[253]

343. Teilrechtsbündel aus Nutzungsrecht und unbedingtem Verwertungsrecht

In der Realität anzutreffen und theoretisch denkbar ist eine Kombination eines unbedingten Verwertungsrechts mit einem Nutzungsrecht, das sowohl unbeschränkt als auch in einer oder mehreren Dimensionen beschränkt sein kann. Wie bereits im Abschnitt 333.31 gezeigt wurde, besitzt ein unbedingt verwertungsberechtigtes Unternehmen stets die Verfügungsmacht über den künftigen wirtschaftlichen Nutzen eines Vermögenswerts. Gemäß den entwickelten Zurechnungsregeln wird ein Vermögenswert stets dem bilanziellen Vermögen des unbedingt verwertungsberechtigten Unternehmens zugerechnet. Wenn die bereits bestehende Verfügungsmacht des unbedingt verwertungsberechtigten Unternehmens um ein unbeschränktes oder beschränktes Nutzungsrecht erweitert wird, ändert sich die Entscheidung über die Zurechnung des Vermögenswerts nicht, d. h., der **Vermögenswert ist dem unbedingt verwertungsberechtigten und (unbeschränkt oder beschränkt) nutzungsberechtigten Unternehmen bilanziell zuzurechnen.** Das gilt sowohl für abnutzbare als auch für nicht abnutzbare Gebrauchsgüter.

35 Zwischenfazit

Das Ziel des Abschnitts 3 war es, Zurechnungsregeln für solche Sachverhalte zu entwickeln, in denen die tatsächlichen Verfügungsmöglichkeiten eines Unternehmens über den künftigen wirtschaftlichen Nutzen eines Vermögenswerts (substance) so bedeutend sind, dass die Entscheidung über die Zurechnung eines Vermögenswerts nicht mehr nach dem formalrechtlichen Eigentum (form) zu treffen ist, sondern nach dem Innehaben der Verfügungsmacht über den künftigen wirtschaftlichen Nutzen.

---

252 Vgl. Übersicht 3-8.
253 Vgl. Abschnitt 333.32.

Dieses Prinzip einer wirtschaftlichen Zurechnung von Vermögenswerten ergibt sich unmittelbar aus der Vermögenswertdefinition im Framework des IASB. Danach ist ein Vermögenswert demjenigen Unternehmen zuzurechnen, das die Verfügungsmacht über den künftigen wirtschaftlichen Nutzen innehat. Aus den Vorschriften des Framework zur Vermögenswertdefinition wurde das folgende generelle Zurechnungskriterium entwickelt, das der Untersuchung zu Grunde lag. Ein Unternehmen hat danach die Verfügungsmacht über den künftigen wirtschaftlichen Nutzen inne, wenn es allein die Möglichkeit hat, im Wesentlichen das gesamte wirtschaftliche Nutzenpotential des Vermögenswerts zu nutzen und/oder zu verwerten. Da im Framework indes keine weiteren Hinweise enthalten sind, über welche Befugnisse ein Unternehmen verfügen muss, um die Verfügungsmacht über den künftigen wirtschaftlichen Nutzen innezuhaben, wurde in Abschnitt 33 und in Abschnitt 34 untersucht, ob und wie die verschiedenen Teilrechte bzw. Kombinationen von Teilrechten, die vom rechtlichen Eigentum abgespalten und auf ein anderes Unternehmen übertragen werden können, die Verfügungsmacht über den künftigen wirtschaftlichen Nutzen begründen. Die Untersuchung, ob die einzelnen Teilrechte bzw. Teilrechtsbündel ein Unternehmen berechtigen, einen Vermögenswert zu nutzen und/oder zu verwerten, und in welcher Ausprägung diese Teilrechte bzw. Teilrechtsbündel die Verfügungsmacht über den künftigen wirtschaftlichen Nutzen begründen, lieferte die folgenden Ergebnisse:

■ Ein Nutzungsrecht kann die Verfügungsmacht über den künftigen wirtschaftlichen Nutzen begründen, wenn das Nutzungsrecht sachlich, quantitativ und zeitlich unbeschränkt ist. Durch die Nutzung des nutzungsberechtigten Unternehmens wird im Wesentlichen das gesamte wirtschaftliche Nutzenpotential dann verbraucht, wenn es sich um ein abnutzbares Gebrauchsgut handelt und das Nutzungsverhältnis nicht vorzeitig gekündigt werden darf, es sei denn, durch den rechtlichen Eigentümer bei Vorliegen eines wichtigen Grundes und unter der Kautel der sofortigen Zahlung der noch ausstehenden Nutzungsentgelte durch das nutzungsberechtigte Unternehmen. Nach Beendigung des Nutzungsverhältnisses kann der rechtliche Eigentümer nur ein unwesentliches restliches Nutzenpotential verwerten, wenn das wirtschaftliche Restnutzenpotential zum Ende des Nutzungsverhältnisses im Vergleich zum ursprünglichen wirtschaftlichen Nutzenpotential zu Beginn des Nutzungsverhältnisses unwesentlich ist. Die Rechnungslegungsdaten, die den Zurechnungsentscheidungen zu Grunde liegen, können indes in einigen Fällen nur geschätzt werden und unterliegen einer Wesentlichkeitsbeschränkung. Bei der Zurechnungsentscheidung in jenen Fällen, in denen ein Nutzungsrecht vom rechtlichen Eigentum abgespalten und an ein anderes Unternehmen übertragen wird, eröffnen sich den bilanzierenden Unternehmen bilanzielle Ermessensspielräume.

■ Das unbedingte Verwertungsrecht ist das stärkste Teilrecht, das die Verfügungs-macht über den künftigen wirtschaftlichen Nutzen begründen kann, weil es ohne jede Einschränkung und für jede Art des Nutzenpotentials diese Verfügungs-macht begründet. Die Entscheidung über die Zurechnung basiert ausschließlich auf objektiv nachprüfbaren vertraglichen Gestaltungen, so dass keine bilanziellen Ermessensspielräume bei der wirtschaftlichen Zurechnung des Vermögenswerts bestehen.

■ Ein bedingtes Verwertungsrecht kann, wenn die mit dem bedingten Verwer-tungsrecht gesicherte Forderung durch einen Kreditnehmer vertragsgemäß erfüllt wird, die Verfügungsmacht über den künftigen wirtschaftlichen Nutzen nicht be-gründen. Wenn die Insolvenz des Kreditnehmers droht, ist erneut über die Zu-rechnung des sichernden Vermögenswerts zu entscheiden. Nur wenn das bedingt verwertungsberechtigte Unternehmen im Besitz des Vermögenswerts ist oder ei-nen Herausgabeanspruch gegen den Kreditnehmer im Insolvenzfall hat, dann ist dem bedingt verwertungsberechtigten Unternehmen der Vermögenswert bilanzi-ell zuzurechnen. Wenn im Insolvenzfall der die Forderung sichernde Vermögens-wert im Besitz des Kreditnehmers verbleibt, ist der Vermögenswert dem Kredit-nehmer bilanziell zuzurechnen.

■ Ein Erwerbsrecht allein kann in keinem Fall die Verfügungsmacht über den künf-tigen wirtschaftlichen Nutzen eines Vermögenswerts begründen.

■ Wenn ein Erwerbsrecht mit einem Nutzungsrecht, das allein die Verfügungs-macht über den künftigen wirtschaftlichen Nutzen nicht begründen kann, gebün-delt wird, kann die gesicherte Aussicht auf den Erwerb des Vermögenswerts die noch fehlende Verfügungsmacht des Nutzungsrechts ergänzen. Ein Teilrechts-bündel aus einem Nutzungsrecht und einem Erwerbsrecht kann die Verfügungs-macht über den im Wesentlichen gesamten künftigen wirtschaftlichen Nutzen begründen, wenn das Nutzungsrecht entweder nur zeitlich beschränkt ist oder ein unbeschränktes Nutzungsrecht an einem nicht abnutzbaren Gebrauchsgut vor-liegt und wenn diese Nutzungsrechte während deren Laufzeit unkündbar sind, es sei denn durch den rechtlichen Eigentümer bei Vorliegen eines wichtigen Grun-des und unter der Kautel der sofortigen Zahlung der noch ausstehenden Nut-zungsentgelte durch das nutzungs- und erwerbsberechtigte Unternehmen. Das Erwerbsrecht ergänzt die Verfügungsmöglichkeiten des Nutzungsrechts, wenn die Ausübung des unbedingten Erwerbsrechts hinreichend wahrscheinlich ist. Dies ist der Fall, wenn die Bedingungen für das unbedingte Erwerbsrecht wirtschaft-lich vorteilhaft für das nutzungs- und erwerbsberechtigte Unternehmen sind. Diese Bedingungen sind wirtschaftlich vorteilhaft, wenn der Kaufpreis wesentlich geringer als der beizulegende Zeitwert zum Erwerbszeitpunkt ist. Allerdings ist bereits zu Beginn des Nutzungsverhältnisses ein zuverlässiger Ersatzwert für den beizulegenden Zeitwert des wirtschaftlichen Nutzenpotentials zum Erwerbszeitpunkt zu ermitteln. Die Rechnungslegungsdaten, die den Zurechnungsentscheidungen zu Grunde liegen, können indes in einigen Fällen nur geschätzt werden und unterliegen einer Wesentlichkeitsbeschränkung. Bei der Zurechnungsentscheidung in jenen Fällen, in denen ein Nutzungsrecht vom rechtlichen Eigentum abgespalten und an ein anderes Unternehmen übertragen wird, eröffnen sich den zur Bilanzierung des Vermögenswerts verpflichteten Unternehmen nicht unerhebliche Ermessensspielräume.

- Wenn ein Teilrechtsbündel aus einem durch ein externes Ereignis bedingten Erwerbsrecht und einem Nutzungsrecht besteht, ist der Vermögenswert dem bilanziellen Vermögen des rechtlichen Eigentümers zuzurechnen. Ein Teilrechtsbündel, das aus einem durch eine bestimmte Handlung des Erwerbers bedingten Erwerbsrecht und einem mindestens sachlich und quantitativ unbeschränkten Nutzungsrecht besteht, kann die Verfügungsmacht über den im Wesentlichen gesamten künftigen wirtschaftlichen Nutzen begründen. Wenn das bedingt erwerbsberechtigte Unternehmen zahlungsunfähig wird, ist erneut über die Zurechnung des Vermögenswerts zu entscheiden. Im Insolvenzfall des nutzungs- und erwerbsberechtigten Unternehmens ist der Vermögenswert dem bilanziellen Vermögen des rechtlichen Eigentümers zuzurechnen, wenn das erwerbsberechtigte Unternehmen eine Herausgabepflicht gegenüber dem rechtlichen Eigentümer hat. Besteht keine Herausgabepflicht, dann verbleibt der Vermögenswert im bilanziellen Vermögen des nutzungsberechtigten und bedingt erwerbsberechtigten Unternehmens.

- Wenn ein Unternehmen ein Teilrechtsbündel aus einem unbedingten Verwertungsrecht und einem (unbeschränkten oder beschränkten) Nutzungsrecht innehat, so ist diesem Unternehmen der Vermögenswert stets bilanziell zuzurechnen.

Die Zurechnungsregeln, die für jedes einzelne Teilrecht oder für alle Kombinationen von Teilrechten entwickelt worden sind, werden in der Übersicht 3-12 nochmals grafisch zusammengefasst. Die Übersicht 3-12 basiert auf der Übersicht 2-3, die bereits alle theoretisch denkbaren und auch jene in der Realität anzutreffenden Kombinationen von Teilrechten enthält. Die folgende Übersicht zeigt die jeweilige Zurechnungsregel für einen Vermögenswert zu demjenigen Unternehmen, das das jeweilige Teilrecht oder Teilrechtsbündel an dem Vermögenswert innehat. Die Kombinationen von Teilrechten in den grau ausgefüllten Feldern sind entweder nicht denkbar oder sie sind in der Realität nicht anzutreffen, so dass keine Zurechnungsregeln für diese Fälle entwickelt worden sind.

Teilrechtsbündel besteht aus → Teilrechtsbündel besteht aus ↓		Nutzungsrecht		Verwertungsrecht		Erwerbsrecht	
		unbeschränkt	beschränkt	unbedingt	bedingt	unbedingt	bedingt
Nutzungsrecht	unbeschränkt	Einzelfallbetrachtung		Zurechnung		Einzelfallbetrachtung	Einzelfallbetrachtung
	beschränkt		Keine Zurechnung	Zurechnung		Einzelfallbetrachtung	Einzelfallbetrachtung
Verwertungsrecht	unbedingt	Zurechnung	Zurechnung	Zurechnung			
	bedingt				Keine Zurechnung; Einzelfallbetrachtung im Insolvenzfall		
Erwerbsrecht	unbedingt	Einzelfallbetrachtung	Einzelfallbetrachtung			Keine Zurechnung	
	bedingt	Einzelfallbetrachtung	Einzelfallbetrachtung				Keine Zurechnung

Übersicht 3-12: Zurechnungsregeln für die Teilrechte und Kombinationen von Teilrechten

Die Übersicht 3-12 ist wie folgt zu lesen: Ein Teilrechtsbündel, das bspw. ausschließlich aus einem unbeschränkten Nutzungsrecht besteht, ist in der Matrix in dem erstem Feld von links in der ersten Zeile abgebildet. Bei einem unbeschränkten Nutzungsrecht kann nicht für jeden Fall allgemein eine Zurechnungsentscheidung für den Vermögenswert zu demjenigen Unternehmen, das das unbeschränkte Nutzungsrecht besitzt, getroffen werden, sondern in diesem Fall ist im Einzelfall über die Zurechnung des Vermögenswerts zu entscheiden. Das Teilrechtsbündel, das bspw. aus einem unbeschränkten Nutzungsrecht und einem unbedingten Verwertungsrecht besteht, ist in der Matrix sowohl in dem dritten Feld von links in der ersten Zeile als auch im ersten Feld von links in der dritten Zeile abgebildet, weil die Matrix in der Diagonalen gespiegelt werden kann. Bei einem Teilrechtsbündel, das aus einem unbeschränkten Nutzungsrecht und einem unbedingten Verwertungsrecht besteht, ist der Vermögenswert stets dem bilanziellen Vermögen des Teilrechtsbündelinhabers zuzurechnen. Für die anderen Teilrechte bzw. Kombinationen von Teilrechen ist die Übersicht 3-12 analog zu lesen.

Im folgenden Abschnitt 4 werden die hier entwickelten Zurechnungsregeln auf ausgewählte Zurechnungsprobleme im Regelwerk des IASB angewendet, und zwar auf Leasingverhältnisse, durch Wertpapierpensionsgeschäfte und durch so genannte Special Purpose Entities übertragene Vermögenswerte. Die hier entwickelten Zurechnungskriterien werden darauf untersucht, ob sie in den ausgewählten Zurechnungsproblemen zu einer eindeutigen Zurechnungsentscheidung und in identischen Sachverhalten zu einer einheitlichen Zurechnungsentscheidung und damit zu einer Vergleichbarkeit der Rechnungslegungsinformationen führen. Außerdem wird geprüft, ob die entwickelten Zurechnungsregeln vorhandene bilanzielle Ermessensspielräume, die bei den ausgewählten Zurechnungsproblemen nach den derzeit gültigen Zurechnungsregeln bestehen, verhindern oder zumindest verringern können.

4 Anwendung der Zurechnungsregeln auf ausgewählte Problemfälle

41 Vorbemerkung

In Abschnitt 3 sind Zurechnungsregeln für solche Sachverhalte entwickelt worden, in denen die tatsächlichen Verfügungsmöglichkeiten eines Unternehmens über den künftigen wirtschaftlichen Nutzen eines Vermögenswerts (substance) so bedeutend sind, dass die Entscheidung über die Zurechnung eines Vermögenswerts nicht mehr nach dem formalrechtlichen Eigentum (form) zu treffen ist, sondern nach dem Innehaben der Verfügungsmacht über den künftigen wirtschaftlichen Nutzen. Dieses Prinzip einer wirtschaftlichen Zurechnung von Vermögenswerten ergibt sich unmittelbar aus der Vermögenswertdefinition im Framework des IASB. Aus den Vorschriften des Framework zur Vermögenswertdefinition konnte das folgende generelle Zurechnungskriterium entwickelt werden, wonach ein Unternehmen die Verfügungsmacht über den künftigen wirtschaftlichen Nutzen innehat, wenn es allein berechtigt ist, im Wesentlichen das gesamte wirtschaftliche Nutzenpotential des Vermögenswerts zu nutzen und/oder zu verwerten. Weil im Framework keine Hinweise enthalten sind, über welche Befugnisse ein Unternehmen verfügen muss, um die Verfügungsmacht über den künftigen wirtschaftlichen Nutzen innezuhaben, wurden die verschiedenen Teilrechte bzw. Kombinationen von Teilrechten, die vom rechtlichen Eigentum abgespalten und auf ein anderes Unternehmen übertragen werden können, unter der Fragestellung untersucht, ob und in welcher Ausprägung sie die Verfügungsmacht über den künftigen wirtschaftlichen Nutzen begründen können. Aus den Untersuchungsergebnissen sind für alle in der Realität anzutreffenden und theoretisch denkbaren Teilrechte und Teilrechtsbündel Zurechnungsregeln für Vermögenswerte entwickelt worden.

Die in Abschnitt 3 entwickelten Zurechnungsregeln für Vermögenswerte zum bilanziellen Vermögen von Unternehmen werden im Folgenden auf ausgewählte Problemfälle einer wirtschaftlichen Zurechnung von Vermögenswerten in den IFRS angewendet. Mit dieser Untersuchung soll die Frage beantwortet werden, ob gemäß den entwickelten Zurechnungsregeln wesensgleiche Sachverhalte einheitlich dem bilanziellen Vermögen von Unternehmen zugerechnet werden und so die Vergleichbarkeit von Jahresabschlüssen im Zeit- und Betriebsvergleich sichergestellt werden kann. Die ausgewählten Anwendungsfälle einer wirtschaftlichen Zurechnung von Vermögenswerten sind:

(1) Vermögenswerte, die in einem Leasingverhältnis gehalten werden,

(2) Vermögenswerte, die Gegenstand von Wertpapierpensionsgeschäften sind und

(3) Vermögenswerte, die auf Special Purpose Entities ausgelagert worden sind.

Zuerst werden die derzeit gültigen Zurechnungsregeln für Vermögenswerte in den genannten Anwendungsfällen vorgestellt und darauf untersucht, ob sie zu einer einheitlichen Zurechnung von wesensgleichen Sachverhalten führen oder ob bzw. welche bilanziellen Ermessensspielräume diese bestehenden Zurechnungsregeln bei der Zurechnung von Vermögenswerten gewähren. Daran anschließend werden mittels der in Abschnitt 3 entwickelten Zurechnungsregeln spezielle Zurechnungskonzepte für den jeweiligen Sachverhalt erarbeitet. Diese Zurechnungskonzepte werden ebenfalls unter dem Aspekt analysiert, ob sie zu einer einheitlichen Zurechnung von wesensgleichen Sachverhalten führen und ob sie eventuell bestehende bilanzielle Ermessensspielräume der bisherigen Zurechnungsregeln verhindern oder zumindest eingrenzen können.

42   Leasingverhältnisse

421.   Grundlagen des Leasings

421.1   Begriffe, Merkmale und Arten

Der aus dem Englischen stammende Begriff *Leasing* bedeutet Vermietung oder Verpachtung. Im deutschen Sprachgebrauch ist keine eindeutige Begriffsdefinition für Leasing zu finden, weil der Begriff sowohl in der Praxis als auch in der Literatur unterschiedlich verwendet wird. Unter Leasing werden daher unterschiedliche Sachverhalte, von der Miete bis zum verdeckten Ratenkaufvertrag, verstanden.[1] Im deutschen Rechtssystem wird unter dem Leasing eine zeitlich begrenzte, entgeltliche Überlassung (Vermietung, Verpachtung) von Investitionsgütern zur Nutzung verstanden.

Grundgedanke des Leasings ist der entgeltliche Gebrauch eines Investitionsguts, ohne dass der Leasingnehmer das rechtliche Eigentum an dem Leasinggegenstand besitzt. Bei einem Leasingverhältnis überlässt der rechtliche Eigentümer (Leasinggeber) einem Unternehmen (Leasingnehmer) einen Leasinggegenstand zur entgeltlichen Nutzung. Der Leasinggeber ist verpflichtet, dem Leasingnehmer den Gebrauch am Leasinggegenstand zu verschaffen. Als Gegenleistung hat der Leasingnehmer ein periodisches oder einmaliges Entgelt für die Gebrauchsüberlassung zu entrichten. Weitere Rechte und Pflichten können je nach Art des Leasingverhältnisses individuell schuldrechtlich vereinbart werden.[2]

---

1   Vgl. BÜSCHGEN, H. E., Grundlagen des Leasing, Rz. 9.
2   Vgl. zu den unterschiedlichen Formen von Leasingverhältnissen SPITTLER, H.-J., Leasing, S. 21-28.

Nach der Verteilung des Investitionsrisikos werden grundsätzlich zwei Arten von Leasingverhältnissen unterschieden:[3]

(1) Operating Leasing,

(2) Finanzierungsleasing.

Ad (1) Beim Operating Leasing wird der Leasinggegenstand für eine unbestimmte Zeitdauer an den Leasingnehmer zum Gebrauch vermietet. Sowohl der Leasingnehmer als auch der Leasinggeber können das Leasingverhältnis jederzeit kündigen. Regelmäßig werden die Anschaffungskosten des Leasinggebers für den Leasinggegenstand durch die Entgelte eines einzigen Leasingnehmers nicht vollständig gedeckt. Der Leasinggeber kann seine Investition nur vollständig amortisieren, wenn er den Leasinggegenstand mehrmals vermietet. Die Investitionsrisiken verbleiben beim Leasinggeber. Ein Operating Leasing entspricht eher dem gesetzlichen Typus Miete oder Pacht.[4] Das Operating Leasing als Miete ist eine Investitionsalternative zum Kauf.[5]

Ad (2) Ein Finanzierungsleasing wird für eine feste Grundmietzeit abgeschlossen, in der das Leasingverhältnis von beiden Seiten nicht oder nur bei Einhaltung bestimmter Kautelen gekündigt werden kann. Die Auswahl des Investitionsobjekts wird meistens durch den Leasingnehmer getroffen. Der Leasingnehmer kann den Leasinggegenstand während des Leasingverhältnisses wie ein rechtlicher Eigentümer gebrauchen und trägt im Gegenzug die Risiken aus dem Leasinggegenstand, wie Diebstahl, Gefahr des zufälligen Untergangs, Beschädigung, vorzeitige Veralterung oder Verschleiß. Der Leasingnehmer trägt somit die Investitionsrisiken. Während der Grundmietzeit sind die Leasingraten so bemessen, dass dem Leasinggeber eine vollständige Amortisation der Anschaffungskosten für den Leasinggegenstand garantiert wird.[6] Der Leasinggeber trägt dann nur noch die Bonitätsrisiken. Finanzierungsleasing ist eine Finanzierungsalternative und stellt ein Kreditsubstitut für den fremdfinanzierten Kauf eines Investitionsguts dar.[7]

421.2 Betriebswirtschaftliche Aspekte

Leasing hat eine wachsende wirtschaftliche Bedeutung. Während 1971 der Anteil der Leasinginvestitionen noch bei 2,1 % der gesamtwirtschaftlichen Investitionen lag, erreichten die Leasinginvestitionen 2001 in Höhe von Mio. € 48.368 einen Anteil von

---

3 Vgl. BÜSCHGEN, H. E., Grundlagen des Leasing, Rz 14.
4 Vgl. BÜSCHGEN, H. E., Grundlagen des Leasing, Rz. 18; PERRIDON, L./STEINER, M., Finanzwirtschaft, S. 437; SPITTLER, H.-J., Leasing, S. 21 m. w. N.; TACKE, H., Leasing, S. 2.
5 Vgl. BÜSCHGEN, H. E., Grundlagen des Leasing, Rz. 43; TACKE, H., Leasing, S. 2.
6 Vgl. BÜSCHGEN, H. E., Grundlagen des Leasing, Rz. 19; PERRIDON, L./STEINER, M., Finanzwirtschaft, S. 437; SPITTLER, H.-J., Leasing, S. 21 f. m. w. N.; TACKE, H., Leasing, S. 2.

16,3 % der gesamtwirtschaftlichen Investitionen.[8] Dies kann u. a. auf die folgenden ausgewählten qualitativen und quantitativen Aspekte des Leasings zurückgeführt werden, die bei der Art der Finanzierung einer Investition berücksichtigt werden müssen.[9] Der Leasinggegenstand muss nicht im Voraus bezahlt werden, sondern die Leasingzahlungen können aus den unmittelbaren oder mittelbaren Erträgen aus der Nutzung des Leasinggegenstands geleistet werden (*pay-as-you-earn-Effekt*).[10] Wenn zur Finanzierung des Kaufs ein Annuitätendarlehen aufgenommen wird, kann dieser Effekt grundsätzlich ebenfalls erreicht werden, wenn auch meist weniger fristenkongruent.[11] Regelmäßig wird der Kauf eines Investitionsguts nicht 100%ig fremdfinanziert werden können, sondern das Unternehmen wird einen bestimmten Prozentsatz an Eigenkapitalmitteln beisteuern müssen. Daher ist Leasing liquiditätsschonender, weil zu Beginn des Nutzungsverhältnisses i. d. R. nur geringe eigene Zahlungsmittel abfließen.[12] Oftmals verlangen Fremdkapitalgeber auch Sicherheiten, deren Wert das zu sichernde Kreditvolumen übersteigt. Beim Leasing dient das Leasinggut als Sicherheit.[13] Leasing ist während der Nutzungsüberlassung ebenfalls liquiditätsschonender als die Fremdfinanzierung, weil die liquiden Mittel, die zur Finanzierung des Kaufs verwendet wurden und im Anlagevermögen gebunden sind, im Leasingfall für anderweitige Investitionen, z. B. für das Umlaufvermögen, verwendet werden können.[14] Ein Unternehmen kann das Überalterungsrisiko verringern, wenn die Leasingverhältnisse für eine kurze Laufzeit abgeschlossen werden, während die Investitionszyklen beim Kauf regelmäßig länger ausfallen.[15] Allerdings trägt der Leasingnehmer das Wertminderungsrisiko, weil die Investitionsobjekte in der Anfangsphase der Nutzung den größten Werteverlust erleiden.[16] Denn während einer eventuell vereinbarten kurzen Grundmietzeit ersetzt der Leasingnehmer dem Leasinggeber regelmäßig die vollen Anschaffungskosten sowie die Finanzierungs-, Verwaltungs- und sonstigen Kosten.[17] Oftmals wird als Vorteil des Leasings dessen größere Flexibilität gegenüber dem

---

7   Vgl. BÜSCHGEN, H. E., Grundlagen des Leasing, Rz. 40; MARTINEK, M., Moderne Vertragstypen, S. 38; PERRIDON, L./STEINER, M., Finanzwirtschaft, S. 432; TACKE, H., Leasing, S. 1.

8   Vgl. SPITTLER, H.-J., Leasing, S. 19.

9   Vgl. ausführlich zu den qualitativen und quantitativen Aspekten bei Leasingentscheidungen BAAR, S./STREIT, B., Vergleich zwischen Leasing und Kauf, S. 705-710; MARTINEK, M., Moderne Vertragstypen, S. 37-44; Spittler, H.-J., Leasing, S. 61-75; TACKE, H., Leasing, S. 8-11.

10 Vgl. MARTINEK, M., Moderne Vertragstypen, S. 44; SPITTLER, H.-J., Leasing, S. 71.

11 Vgl. BAAR, S./STREIT, B., Vergleich zwischen Leasing und Kauf, S. 709; TACKE, H., Leasing, S. 8.

12 Vgl. BAAR, S./STREIT, B., Vergleich zwischen Leasing und Kauf, S. 708; MARTINEK, M., Moderne Vertragstypen, S. 43; SPITTLER, H.-J., Leasing, S. 72.

13 Vgl. BAAR, S./STREIT, B., Vergleich zwischen Leasing und Kauf, S. 708; MARTINEK, M., Moderne Vertragstypen, S. 43; SPITTLER, H.-J., Leasing, S. 74.

14 Vgl. MARTINEK, M., Moderne Vertragstypen, S. 43; SPITTLER, H.-J., Leasing, S. 72.

15 Vgl. MARTINEK, M., Moderne Vertragstypen, S. 44; SPITTLER, H.-J., Leasing, S. 73.

16 Vgl. BAAR, S./STREIT, B., Vergleich zwischen Leasing und Kauf, S. 706.

17 Vgl. BÜSCHGEN, H. E., Leasing in der Unternehmensfinanzierung, S. 50.

Kauf angeführt, weil ein Unternehmen seine individuellen Bedürfnisse auf Grund der Art des Vertragsmodells, der Laufzeit und der Verwendung des Restwerts am Ende des Leasingverhältnisses berücksichtigten kann.[18] Allerdings kann i. d. R. ein Leasingnehmer während des Leasingverhältnisses das Leasinggut nicht an veränderte Nutzungsanforderungen anpassen, wozu ein Unternehmen beim Kauf berechtigt ist. Ein Unternehmen, das ein Investitionsgut gekauft hat, kann dieses Investitionsgut jederzeit verkaufen oder unter- bzw. weitervermieten, wenn es sich als Fehlinvestition herausstellt. Ein Leasingverhältnis kann i. d. R. nur bei sofortiger Zahlung der noch ausstehenden Leasingraten vorzeitig aufgelöst werden.[19]

Ob ein Finanzierungsleasing günstiger als ein Kreditkauf ist, kann nicht allgemein gültig beantwortet werden, sondern muss betriebsindividuell berechnet werden. Das Finanzierungsleasing wird dazu mit einem fristenkongruenten und 100%ig fremdfinanzierten Kauf mittels der Kapitalwertmethode verglichen. Die Ergebnisse sind dabei von den jeweiligen Prämissen des Bewertungsmodells abhängig. Je nach Einfluss der Prämissen, wie Art der Finanzierung, Art und Dauer der Abschreibung, Diskontierungsfaktor, Steuersätze, kann die Vorteilhaftigkeit des Kreditkaufs oder des Leasings anders ausfallen.[20]

421.3   Leasing als bilanzneutrales Finanzierungsinstrument

Eine bilanzneutrale Finanzierung (*Off-Balance-Sheet*-Finanzierung) zeichnet sich durch drei Merkmale aus:[21]

(1) Die eingesetzte Finanzierungsmaßnahme versorgt das Unternehmen mit verfügbarem Kapital.

(2) Die Kosten der eingesetzten Finanzierungsmaßnahme, die sicher oder bei Eintritt bestimmter Bedingungen eintreten, sind mit den Kosten einer klassischen Kreditfinanzierung vergleichbar.

(3) Die eingesetzte Finanzierungsmaßnahme beeinflusst gemäß den gültigen Bilanzierungsvorschriften nicht das Verhältnis von bilanziellem Fremdkapital zu Eigenkapital. Daher wird diese Finanzierungsmaßnahme als **bilanzneutral** bezeichnet.

Leasing kann als ein bilanzneutrales Finanzierungsinstrument dienen. Ein kreditfinanziert erworbenes Investitionsgut muss unzweifelhaft im Abschluss des Unternehmens als Vermögenswert aktiviert und das aufgenommene Fremdkapital als Verbind-

---

18 Vgl. SPITTLER, H.-J., Leasing, S. 75.

19 Vgl. BAAR, S./STREIT, B., Vergleich zwischen Leasing und Kauf, S. 705.

20 Vgl. die ausführlichen Beispiele bei BÜSCHGEN, H. E., Leasing in der Unternehmensfinanzierung, S. 51-54 und bei SPITTLER, H.-J., Leasing, S. 61-71.

21 Vgl. BRAKENSIEK, S., Bilanzneutrale Finanzierungsinstrumente, S. 7 f.

lichkeit passiviert werden. Der kreditfinanzierte Kauf hat somit einen bilanzverlängernden Effekt.[22] Bei einem Leasingsverhältnis nimmt das Unternehmen kein Kapital auf, um das Eigentum an dem Investitionsgut zu erwerben, sondern es zahlt einen einmaligen Betrag oder periodische Beträge für die Gebrauchsüberlassung an den rechtlichen Eigentümer (z. B. bei Mietverhältnissen). Diese Leasingsverhältnisse bleiben bilanzneutral.[23] Je nach vertraglicher Gestaltung ist das Leasingverhältnis ein Mietverhältnis (Operating Leasing) oder ein Substitut zum Kreditkauf (Finanzierungsleasing). Im letzteren Fall ist der Leasinggegenstand dem Leasinggeber wirtschaftlich zuzurechnen und entsprechend einem kreditfinanzierten Kauf in der Bilanz abzubilden.[24]

Ein Finanzierungsleasingverhältnis wird allerdings nur dann gemäß seinem wirtschaftlichen Gehalt, nämlich als kreditfinanzierter Kauf, in der Bilanz abgebildet, wenn es als solches klassifiziert wird. Im Folgenden wird untersucht, ob die Klassifizierungsregeln des IAS 17 geeignet sind, Finanzierungsleasingverhältnisse eindeutig zu identifizieren. Wird ein Finanzierungsleasing fälschlicherweise als Operating Leasing klassifiziert, liefert sowohl der Abschluss des Leasingnehmers als auch der des Leasinggebers kein den tatsächlichen Verhältnissen entsprechendes Bild der Vermögens-, Finanz- und Ertragslage und vermittelt somit keine entscheidungsnützlichen Informationen.

422. Eignung der gültigen Regelungen des IAS 17 für die Zurechnung von Leasingverhältnissen

422.1 Generelle Zurechnungsregel des IAS 17

Im Dezember 2003 wurde *IAS 17: Leases* in seiner endgültigen Fassung verabschiedet. IAS 17 (revised 1997) war Bestandteil des *Exposure Draft of Proposed Improvements to International Accounting Standards.* Der überarbeitete IAS 17, der IAS 17 (revised 1997) ersetzt, ist für Berichtsperioden gültig, die am oder nach dem 1. Januar 2005 beginnen. Eine frühere Anwendung wird empfohlen.[25] Die wesentlichen Änderungen im überarbeiteten IAS 17, die in dieser Untersuchung relevant sind, liegen zum einen darin, dass das Wahlrecht zur Bilanzierung von anfänglichen direkten Kosten abgeschafft wurde, d. h., diese Kosten sind nun über die Laufzeit des Leasingverhältnisses zu verteilen.[26] Gemäß dem abgeschafften Wahlrecht des IAS 17 (revised 1997) konnten die Unternehmen wählen, ob sie die anfänglichen direkten Kosten so-

---

22 Vgl. BRAKENSIEK, S., Bilanzneutrale Finanzierungsinstrumente, S. 11.

23 Vgl. ALEXANDER, D./ARCHER, S., IAS-Guide, S. 24.01.

24 Vgl. ALEXANDER, D./ARCHER, S., IAS-Guide, S. 24.02.

25 Vgl. IAS 17.69.

26 Vgl. IAS 17.20.

fort erfolgswirksam vereinnahmen oder über die Laufzeit des Leasingverhältnisses verteilen. Zum anderen ist ein Leasingverhältnis, das sich sowohl auf ein Grundstück als auch auf ein Gebäude bezieht, in zwei Leasingverhältnisse aufzuteilen. Das Leasing des Grundstücks ist grundsätzlich als ein Operating Leasing zu behandeln, das Leasing des Gebäudes ist je nach Vertragsgestaltung entweder als Operating Leasing oder als Finanzierungsleasing zu bilanzieren.[27]

Die Bilanzierung von Leasingverhältnissen ist zudem ein *Active Research Topic* des IASB. Im November 2003 wurde vom IASB vorgeschlagen, die Klassifizierung von Leasingverhältnissen anhand der vertraglichen Rechte und Pflichten, die für die jeweiligen Vertragsparteien entstehen, vorzunehmen. Gemäß diesem Vorschlag soll sich die Zurechnung von Vermögenswerten, die in einem Leasingverhältnis gehalten werden, primär nach der Übertragung der Rechte am künftigen wirtschaftlichen Nutzen des Vermögenswerts richten.[28]

Ein Leasingverhältnis ist eine Vereinbarung, bei der der Leasinggeber dem Leasingnehmer das Recht zur Nutzung eines Vermögenswerts für einen vereinbarten Zeitraum gegen eine Zahlung oder eine Reihe von Zahlungen überträgt.[29] IAS 17.4 unterscheidet zwischen Finanzierungsleasing und Operating Leasing. Ein Finanzierungsleasing liegt vor, wenn im Wesentlichen alle Eigentümerrisiken und -chancen eines Vermögenswerts auf den Leasingnehmer übertragen worden sind. Eigentümerrisiken eines Vermögenswerts können Verlustmöglichkeiten auf Grund von ungenutzten Kapazitäten oder technischer Überholung sowie Renditeabweichungen auf Grund geänderter wirtschaftlicher Rahmenbedingungen sein. Eigentümerchancen eines Vermögenswerts sind die Erwartungen einer Gewinn bringenden Nutzung im betrieblichen Leistungsprozess während der wirtschaftlichen Nutzungsdauer sowie eines Gewinns aus dem Wertzuwachs oder aus der Realisation eines Restwerts.[30] Letztendlich kann das rechtliche Eigentum auf den Leasingnehmer übergehen oder nicht. Handelt es sich bei einem Leasingverhältnis nicht um Finanzierungsleasing, liegt Operating Leasing vor.[31]

Prinzipiell wird ein Leasinggegenstand dem Leasingnehmer dann zugerechnet, wenn der Leasinggeber im Wesentlichen alle Eigentümerrisiken und -chancen, die mit dem Leasinggegenstand verbunden sind, auf den Leasingnehmer überträgt (*Risk-and-reward*-Ansatz).[32] Dies ist immer beim Finanzierungsleasing der Fall. Der Leasingnehmer hat beim Finanzierungsleasing den Leasinggegenstand zu seinem beizulegenden

---

27 Vgl. IAS 17.15.
28 Vgl. IASB (HRSG.), IASB Update November 2003, S. 7.
29 Vgl. IAS 17.4.
30 Vgl. IAS 17.7.
31 Vgl. IAS 17.4.
32 Vgl. IAS 17.20 i. V. m. IAS 17.4.

Zeitwert in seiner IFRS-Bilanz zu aktivieren und in gleicher Höhe eine Schuld gegenüber dem Leasinggeber zu passivieren.[33] Diese Abbildung entspricht der wirtschaftlichen Substanz und der finanzwirtschaftlichen Realität des Leasinggeschäfts.[34] Die Bilanz des Leasingnehmers würde ein verzerrtes Bild der Vermögens-, Finanz- und Ertragslage darstellen, wenn Finanzierungsleasingverhältnisse nicht in der Bilanz des Leasingnehmers erfasst würden.[35] Der Leasinggeber bilanziert den Leasinggegenstand aus einem Finanzierungsleasingverhältnis als eine Forderung gegen den Leasingnehmer, und zwar in Höhe der Nettoinvestition, d. h. der Summe aller diskontierten Mindestleasingzahlungen und eines nicht durch den Leasingnehmer garantierten Restwerts.[36] Ein Operating-Leasing-Verhältnis wird wie ein Mietverhältnis abgebildet, d. h., dass der Leasingnehmer und der Leasinggeber die Leasingzahlungen über die Dauer des Leasingverhältnisses erfolgswirksam als Aufwand bzw. als Ertrag in der Gewinn- und Verlustrechnung erfassen.[37] Der Leasinggegenstand verbleibt in der Bilanz des Leasinggebers.[38]

Ob ein Leasingverhältnis als ein Finanzierungsleasing klassifiziert wird oder nicht, hat grundlegende Bedeutung dafür, wie das Leasingverhältnis im Jahresabschluss abgebildet und die Vermögens-, Finanz- und Ertragslage des Leasingnehmers und des Leasinggebers beeinflusst wird. Weil die Klassifizierungsregeln des IAS 17 auf dem Umfang basieren, in dem die Eigentümerrisiken und -chancen beim Leasinggeber oder Leasingnehmer liegen,[39] müssen diese Regeln so formuliert sein, dass eindeutig beurteilt werden kann, ob die Eigentümerrisiken und -chancen auf den Leasingnehmer übergegangen sind.

422.2 Spezielle Zurechnungskriterien des IAS 17

Die generelle Zurechnungsregel für Leasinggegenstände wird im neu überarbeiteten IAS 17.10 und IAS 17.11 konkretisiert. IAS 17.10 enthält fünf beispielhafte Situationen, die normalerweise zu einem Finanzierungsleasing führen.[40] Die Aufzählung in IAS 17.10 ist nicht abschließend.[41] IAS 17.11 beschreibt Indikatoren für Situationen, die allein oder kombiniert mit anderen Indikatoren zu einem Finanzierungsleasing führen könnten.[42] Die Indikatoren des IAS 17.10-11 führen nicht automatisch

---

33 Vgl. IAS 17.20.
34 Vgl. IAS 17.21.
35 Vgl. IAS 17.22.
36 Vgl. IAS 17.36 i. V. m. IAS 17.4.
37 Vgl. IAS 17.33 und IAS 17.50.
38 Vgl. IAS 17.49.
39 Vgl. IAS 17.7.
40 Vgl. EPSTEIN, B. J./MIRZA, A. A., IAS 2003, S. 524.
41 Vgl. KIRSCH, H.-J., IAS 17, Rz. 24.
42 Vgl. EPSTEIN, B. J./MIRZA, A. A., IAS 2003, S. 524.

dazu, dass ein Leasingverhältnis als ein Finanzierungsleasing zu klassifizieren ist.[43] Auch wenn die Indikatoren auf ein Finanzierungsleasing schließen lassen, kann dieses Leasingverhältnis nach IAS 17 als ein Operating Leasing bilanziert werden, wenn sich dies begründen lässt. Umgekehrt kann aber nach IAS 17 auch ein Finanzierungsleasing vorliegen, wenn die Zurechnungskriterien nicht erfüllt sind.[44] Den Indikatoren kommt allerdings eine Indizfunktion zu. Daher sind sie in der Rechnungslegungspraxis relevant.[45] Die widerlegbaren Indikatoren eröffnen dem bilanzierenden Unternehmen einen erheblichen Ermessensspielraum, weil die Klassifizierung der Leasingverhältnisse und damit verbunden die Zurechnung von Vermögenswerten nicht nach einem einheitlichen und eindeutigen Konzept erfolgt. Nach IAS 17 ist es möglich, dass gleichartige Leasingverhältnisse nicht einheitlich entweder als Finanzierungsleasing oder Operating Leasing klassifiziert werden.

Zwar liegt gemäß IAS 17.10 und IAS 17.11 in folgenden Fällen bereits bei der Erfüllung eines einzelnen Indikators ein Finanzierungsleasing vor:

(1) Am Ende der Laufzeit des Leasingverhältnisses überträgt der Leasinggeber dem Leasingnehmer das rechtliche Eigentum an dem Vermögenswert (IAS 17.10(a)).

(2) Der Leasingnehmer hat die Option, den Vermögenswert zu einem Preis zu erwerben, der genügend unter dem beizulegenden Zeitwert zum Ausübungszeitpunkt liegen wird, so dass bereits zu Beginn des Leasingverhältnisses hinreichend sicher ist, dass die Kaufoption ausgeübt wird (IAS 17.10(b)).

(3) Die Laufzeit des Leasingverhältnisses umfasst den überwiegenden Teil der wirtschaftlichen Nutzungsdauer des Vermögenswerts, auch wenn das rechtliche Eigentum nicht übertragen wird (IAS 17.10(c)).

(4) Zu Beginn des Leasingverhältnisses entspricht der Barwert der Mindestleasingzahlungen im Wesentlichen mindestens dem beizulegenden Zeitwert des Vermögenswerts (IAS 17.10(d)).

(5) Der Leasinggegenstand ist von einer solchen speziellen Beschaffenheit, dass nur der Leasingnehmer den Leasinggegenstand ohne wesentliche Veränderungen nutzen kann (IAS 17.10(e)).

(6) Wenn der Leasingnehmer das Leasingverhältnis auflösen kann, muss der Leasingnehmer die Verluste des Leasinggebers aus der Auflösung des Leasingverhältnisses tragen (IAS 17.11(a)).

---

43   Vgl. FUCHS, M., Leasingverhältnisse nach IAS, S. 1833. Vgl. auch KIRSCH, H.-J., IAS 17, Rz. 24, der bei Erfüllung bereits eines Beispiels-Indikators ein Finanzierungsleasing unterstellt.
44   Vgl. ALVAREZ, M./WOTSCHOFSKY, S./MIETHIG, M., Leasingverhältnisse nach IAS 17, S. 936.
45   Vgl. KÜTING, K./HELLEN, H.-H./BRAKENSIEK, S., Leasing in der nationalen und internationalen Bilanzierung, S. 1468.

(7) Gewinne oder Verluste aus Schwankungen des beizulegenden Restzeitwerts fallen dem Leasingnehmer zu (IAS 17.11(b)).

(8) Der Leasingnehmer hat die Möglichkeit, das Leasingverhältnis für eine zweite Mietperiode zu verlängern zu einer Miete, die wesentlich niedriger als die marktübliche Miete ist (IAS 17.11(c)).

Doch werden diese Fälle nicht nach einem einheitlichen und eindeutigen Konzept klassifiziert, so dass gleichartige Leasingverhältnisse nicht einheitlich entweder als Finanzierungsleasing oder Operating Leasing identifiziert werden. Im Folgenden werden die einzelnen Indikatoren näher erläutert.

Ad (1) Vereinbarter Eigentumsübergang (IAS 17.10(a))

Überträgt der Leasinggeber nach Beendigung des Leasingverhältnisses das rechtliche Eigentum am Leasinggegenstand an den Leasingnehmer, wird der Leasingnehmer bereits während des Leasingverhältnissses in eine eigentümerähnliche Stellung versetzt.[46] Alle Eigentümerrisiken und -chancen liegen beim Leasingnehmer, weil er sich auf Grund der vertraglichen Vereinbarung dem Eigentumsübergang nicht mehr entziehen kann.[47] Unter dieses Kriterium fallen nur Vereinbarungen mit automatischem Eigentumsübergang, weil die Kaufoption in IAS 17.10(b) behandelt wird. Verträge mit einem automatischen Eigentumsübergang sind ihrem wirtschaftlichen Gehalt nach keine Leasingverträge, sondern Kaufverträge, bei denen die Leasingraten als Kaufpreisraten zu interpretieren sind.[48] Dieses Zurechnungskriterium ist geeignet, ein Finanzierungsleasing zu identifizieren.[49] Da es auf vertraglichen Vereinbarungen beruht, ist es nicht widerlegbar.

Ad (2) Vereinbarung einer günstigen Kaufoption (IAS 17.10(b))

Wenn der Leasingnehmer die günstige Kaufoption ausübt, liegen alle Eigentümerrisiken und -chancen beim Leasingnehmer, weil der Leasinggeber von den Wertänderungsrisiken und -chancen sowie vom Verwertungserlös und den Erträgen aus der Nutzung des Leasinggegenstands ausgeschlossen ist. Bei Optionsausübung handelt es sich zweifelsfrei um ein Finanzierungsleasing.[50] Allerdings erweist es sich als schwierig, die Vorteilhaftigkeit der Kaufoption bereits zum Zeitpunkt des Abschlusses des Leasinggeschäfts zu beurteilen, weil der künftige beizulegende Zeitwert in den seltensten Fällen objektiv bestimmt werden kann.[51] Daher liegt es regelmäßig im Er-

---

46 Vgl. MELLWIG, W./WEINSTOCK, M., Zurechnung von mobilen Leasingobjekten, S. 2352.

47 Vgl. FINDEISEN, K.-D., Bilanzierung von Leasingverträgen, S. 841; MELLWIG, W., Bilanzielle Darstellung von Leasingverträgen, S. 4.

48 Vgl. MELLWIG, W., Bilanzielle Darstellung von Leasingverträgen, S. 4.

49 Vgl. MELLWIG, W., Bilanzielle Darstellung von Leasingverträgen, S. 4; ALEXANDER, D./ARCHER, S., IAS-Guide, S. 24.08.

50 Vgl. MELLWIG, W., Bilanzielle Darstellung von Leasingverträgen, S. 4; ALEXANDER, D./ARCHER, S., IAS-Guide, S. 24.08.

messen des Bilanzierenden, die Vorteilhaftigkeit der Kaufoption zu beurteilen[52] und somit die Bilanzierungsweise festzulegen. Aus Gründen der Zuverlässigkeit sollte der Kaufpreis mit dem Buchwert des Leasinggegenstands zum Ausübungszeitpunkt für die Option verglichen werden.[53] Dieser Vergleichswert birgt den Nachteil, dass der unter Verwendung einer angemessenen Abschreibungsmethode ermittelte Buchwert dem beizulegenden Zeitwert zum Ausübungszeitpunkt nicht entsprechen kann. Dieser Schätzungsfehler muss allerdings zu Gunsten einer zuverlässigen Informationsvermittlung in Kauf genommen werden.[54] Zusätzlich geht aus dem Zurechnungskriterium nicht hervor, ab welcher Höhe der künftige beizulegende Zeitwert genügend unterschritten wird. Daher wird gefordert, dass ein typischer Grenzwert quantifiziert wird.[55] Quantitative Grenzen können indes durch vertragliche Vereinbarungen leicht umgangen werden, so dass ein Leasinggegenstand als ein Operating Leasing klassifiziert werden muss, obwohl der wirtschaftliche Gehalt des Leasingverhältnisses einem Finanzierungsleasing entspricht.[56]

Ad (3) Mietzeittest (IAS 17.10(c))

Dieses Kriterium unterstellt, dass durch eine Nutzung während des überwiegenden Teils der wirtschaftlichen Nutzungsdauer, die in Jahren gemessen wird, die Eigentümerrisiken und -chancen, die in Geld gemessen werden, im Wesentlichen auf den Leasingnehmer übergehen.[57] Tatsächlich trägt der Leasingnehmer die Risiken des Verlusts auf Grund von ungenutzten Kapazitäten oder technischer Überholung sowie die Risiken aus Renditeabweichungen auf Grund geänderter wirtschaftlicher Rahmenbedingungen, aber auch die Chancen aus einer Gewinn bringenden Nutzung im betrieblichen Leistungsprozess. Durch das Kriterium wird nun das Ausmaß festgelegt, in dem die Eigentümerrisiken und -chancen übergehen.[58] Wenn das Leasingverhältnis genauso lange währt wie die gesamte wirtschaftliche Nutzungsdauer des Leasinggegenstands, dann gehen alle Eigentümerrisiken und -chancen vollständig auf den Leasingnehmer über. Diese Aussage gilt nur unter der Voraussetzung, dass der Verwertungserlös des Leasinggegenstands am Ende des Leasingverhältnisses durch den Leasinggeber unwesentlich ist. Regelmäßig wird der wesentliche Anteil der Erträge aus der Nutzung des Leasinggegenstands in den ersten Jahren des Leasingver-

---

51 Vgl. FINDEISEN, K.-D., Bilanzierung von Leasingverträgen, S. 841; MELLWIG, W./WEINSTOCK, M., Zurechnung von mobilen Leasingobjekten, S. 2352.

52 Vgl. KÜTING, K./HELLEN, H.-H./BRAKENSIEK, S., Leasing in der nationalen und internationalen Bilanzierung, S. 1469.

53 Vgl. FINDEISEN, K.-D., Bilanzierung von Leasingverträgen, S. 841; MELLWIG, W./WEINSTOCK, M., Zurechnung von mobilen Leasingobjekten, S. 2352.

54 Vgl. MELLWIG, W./WEINSTOCK, M., Zurechnung von mobilen Leasingobjekten, S. 2352.

55 Vgl. MELLWIG, W., Bilanzielle Darstellung von Leasingverträgen, S. 5.

56 Vgl. ZIESEMER, S., Rechnungslegungspolitik in IAS-Abschlüssen, S. 26.

57 Vgl. ALEXANDER, D./ARCHER, S., IAS-Guide, S. 24.08.

58 Vgl. MELLWIG, W., Bilanzielle Darstellung von Leasingverträgen, S. 5.

hältnisses erwirtschaftet und die Erträge aus der Nutzung nach dem Leasingverhältnis fallen gering aus.[59] In diesen Fällen muss das Leasingverhältnis nicht der wirtschaftlichen Nutzungsdauer des Leasinggegenstands entsprechen, sondern es reicht aus, wenn das Leasingverhältnis den Zeitraum, in dem die wesentlichen Erträge erwirtschaftet wurden, umfasst.[60] Dies ist indes für jeden Einzelfall zu entscheiden. Wohl auch aus diesem Grund ist in IAS 17 eine qualitative Grenze für ein Verhältnis von Grundmietzeit zur Nutzungsdauer festgelegt worden, ab welcher das Ausmaß der Eigentümerrisiken und Eigentümerchancen so groß geworden ist, dass es im Wesentlichen alle Eigentümerrisiken und -chancen umfasst.[61] Diese qualitative Grenze erschwert indes die praktische Anwendung dieses Zurechnungskriteriums, weil Uneinigkeit darüber herrscht, wie der überwiegende Teil *(major part)* der wirtschaftlichen Nutzungsdauer zu quantifizieren ist.[62] Oftmals wird die 75 %-Grenze aus dem US-amerikanischen SFAS No. 13, *Accounting for Leases*, als angemessen betrachtet[63] oder auf die 90 %-Grenze der deutschen steuerrechtlichen Leasingerlasse verwiesen.[64] Aus den Vorschriften des SIC-12, *Konsolidierung - Zweckgesellschaften*, könnte aus der Formulierung *majority* geschlossen werden, dass der überwiegende Teil der Nutzungsdauer bereits bei einer Grenze von 50 % + 1 erreicht sei. Diese Grenze würde dazu führen, dass die gültigen Zurechnungskriterien neu ausgelegt werden müssten.[65] Allerdings bestehen berechtigte Zweifel, dass SIC-12 für die Zurechnung von Leasinggegenständen gültig ist.[66] Auf eine quantitative Grenze ist wohl auch deshalb verzichtet worden, weil sie durch vertragliche Vereinbarungen leicht umgangen werden kann und somit einen weiteren Spielraum für Sachverhaltsgestaltungen schafft.[67] Der Mietzeittest eröffnet einen großen bilanzpolitischen Spielraum für die bilanzierenden Unternehmen.[68] Zum einen liegt es im Ermessen des bilanzierenden Unternehmens, wie es die Grenze für den überwiegenden Teil der Nutzungsdauer zieht.[69] Zum ande-

---

59 Vgl. MELLWIG, W., Bilanzielle Darstellung von Leasingverträgen, S. 5.
60 Vgl. MCGREGOR, W., Accounting For Leases, S. 10.
61 Vgl. MELLWIG, W., Bilanzielle Darstellung von Leasingverträgen, S. 5.
62 Vgl. EPSTEIN, B. J./MIRZA, A. A., IAS 2003, S. 524.
63 Vgl. EPSTEIN, B. J./MIRZA, A. A., IAS 2003, S. 524; KIRSCH, H.-J., IAS 17, Rz. 27; VATER, H., Bilanzierung von Leasingverhältnissen nach IAS 17, S. 2096.
64 Vgl. FINDEISEN, K.-D., Bilanzierung von Leasingverträgen, S. 841; KÜTING, K./HELLEN, H.-H./ BRAKENSIEK, S., Leasing in der nationalen und internationalen Bilanzierung, S. 1496; ALVAREZ, M./ WOTSCHOFSKY, S./MIETHIG, M., Leasingverhältnisse nach IAS 17, S. 938.
65 Vgl. ausführlich HELMSCHROTT, H., Wirtschaftliches Eigentum bei Leasingvermögen nach IAS 17, S. 427 f.
66 Vgl. KIRSCH, H.-J., IAS 17, Rz. 27; VATER, H., Bilanzierung von Leasingverhältnissen nach IAS 17, S. 2096.
67 Vgl. KIRSCH, H.-J., IAS 17, Rz. 27; KÜTING, K./HELLEN, H.-H./BRAKENSIEK, S., Leasing in der nationalen und internationalen Bilanzierung, S. 1496; KÜTING, K./HELLEN, H.-H./BRAKENSIEK, S., Bilanzierung von Leasinggeschäften nach IAS und US-GAAP, S. 42; MELLWIG, W., Bilanzielle Darstellung von Leasingverträgen, S. 5. Vgl. zum Begriff der Sachverhaltsgestaltungen ZIESEMER, S., Rechnungslegungspolitik in IAS-Abschlüssen, S. 23 f.

ren eröffnet die Bestimmung der wirtschaftlichen Nutzungsdauer einen erheblichen Ermessensspielraum.[70] Daher ist es notwendig, dass der IASB eine Methode vorgibt, wie der überwiegende Teil der Nutzungsdauer im Einzelfall zu ermitteln ist.

Ad (4) Barwerttest (IAS 17.10(d))

Beim Barwerttest ermittelt der Leasinggeber zunächst den beizulegenden Zeitwert zum Anschaffungszeitpunkt des Leasinggegenstands, der regelmäßig den Anschaffungskosten des Leasinggegenstands entspricht.[71] Danach bestimmt der Leasinggeber die Mindestleasingzahlungen, die er während des Leasingverhältnisses erhalten wird. Für den Leasinggeber setzen sich die Mindestleasingzahlungen zusammen aus den Zahlungen, die der Leasingnehmer während der Laufzeit des Leasingverhältnisses zu zahlen hat, ausgenommen die bedingten Mietzahlungen[72] und den Aufwand für Dienstleistungen und Steuern, sowie jegliche Restwerte, die dem Leasinggeber vom Leasingnehmer, einer verbundenen Partei des Leasingnehmers oder einer unabhängigen dritten Partei[73] garantiert wurden. Zu den Einzahlungsströmen gehört auch der Kaufpreis einer Kaufoption, die hinreichend sicher ausgeübt wird.[74] Der neu überarbeitete IAS 17 sieht vor, dass die sonstigen direkten Anschaffungskosten *(initial direct costs)* ebenfalls berücksichtigt werden müssen.[75] Mittels eines Investitionskalküls errechnet der Leasinggeber den internen Zinsfuß des Leasinggeschäfts.[76] Mit dem internen Zinsfuß diskontiert der Leasinggeber die Mindestleasingzahlungen und den ihm garantierten Restwert.[77] Dieser Barwert entspricht dem Betrag, den der Leasinggeber sicher mit dem Leasinggeschäft erwirtschaftet und der somit nicht mehr mit einem Eigentümerrisiko behaftet ist, sondern nur noch mit einem Bonitätsrisiko.[78] Je mehr sich der Barwert der Mindestleasingzahlungen und des garantierten Restwerts an den beizulegenden Zeitwert zum Zeitpunkt des Abschlusses des Leasingvertrags annähert, umso eher kann von einem Kaufgeschäft als von einem Leasinggeschäft gesprochen werden.[79] Somit weist der Barwerttest darauf hin, in welchem Ausmaß die

---

68 Vgl. zu Begriff und Arten von Spielräumen in der Rechnungslegung ZIESEMER, S., Rechnungslegungspolitik in IAS-Abschlüssen, S. 20-23.

69 Vgl. MELLWIG, W., Bilanzielle Darstellung von Leasingverträgen, S. 5.

70 Vgl. MELLWIG, W./WEINSTOCK, M., Zurechnung von mobilen Leasingobjekten, S. 2352.

71 Vgl. MELLWIG, W., Bilanzielle Darstellung von Leasingverträgen, S. 6.

72 Bedingte Mietzahlungen hängen von anderen Faktoren als dem Zeitabauf ab, wie Verkaufsquoten, Nutzungsintensität, Preisindizes, Marktzinssätze. Vgl. IAS 17.4.

73 Der Restwert, der weder vom Leasingnehmer noch von einer ihm verbundenen Partei garantiert wurde, wird als nicht garantierter Restwert bezeichnet. Vgl. IAS 17.4.

74 Vgl. IAS 17.4.

75 Vgl. IAS 17.4. Die sonstigen direkten Anschaffungskosten sind bspw. Provisionsgebühren, Rechtskosten und interne Kosten, die direkt den Vertragsverhandlungen zugerechnet werden können.

76 Vgl. MELLWIG, W., Bilanzielle Darstellung von Leasingverträgen, S. 6.

77 Vgl. IAS 17.4.

78 Vgl. MELLWIG, W./WEINSTOCK, M., Zurechnung von mobilen Leasingobjekten, S. 2352; die Autoren sprechen von dem Investitionsrisiko, das hier dem Eigentümerrisiko gleichgestellt wird.

Eigentümerrisiken übergegangen sind. Inhaltlich unterstellt dieses Kriterium, dass ein Leasingnehmer nur dann bereit ist, die Eigentümerrisiken im Wesentlichen zu tragen, wenn er im gleichen Ausmaß das Nutzenpotential des Leasinggegenstands nutzen kann.[80] Der Leasingnehmer ist dann in der wirtschaftlichen Position, als ob er den Leasinggegenstand mittels eines Kredits erworben hätte. Wirtschaftlich betrachtet ist der Leasinggegenstand dann dem Leasingnehmer zuzurechnen.[81]

Der Barwerttest enthält allerdings methodische Schwächen, da sowohl der Leasinggeber als auch der Leasingnehmer jeweils isoliert Barwerte errechnen, die voneinander abweichen können. Somit könnte es zu einer unterschiedlichen Klassifizierung des Leasingverhältnisses bei den Vertragsparteien kommen und der Leasinggegenstand wird u. U. entweder gleichzeitig bei beiden Vertragsparteien oder bei keiner Vertragspartei aktiviert.[82] Der Leasingnehmer bezieht in seinen Barwertkalkül nur einen Restwert ein, den er selber oder eine ihm verbundene Partei garantiert.[83] Regelmäßig ist dem Leasingnehmer der interne Zinsfuß des Leasinggebers nicht bekannt.[84] Deshalb muss der Leasingnehmer seinen Grenzfremdkapitalzinssatz verwenden.[85] Gemäß IAS 17.4 ist der Grenzfremdkapitalzinssatz des Leasingnehmers derjenige Zinssatz, den der Leasingnehmer bei einem vergleichbaren Leasingverhältnis zahlen müsste, oder, wenn dieser nicht ermittelt werden kann, derjenige Zinssatz, den der Leasingnehmer zu Beginn des Leasingverhältnisses vereinbaren müsste, wenn er für den Kauf des Vermögenswerts Fremdkapital für die gleiche Dauer und mit der gleichen Sicherheit aufnehmen würde.[86] Wenn der Zinssatz des Leasinggebers nicht mit dem Zinssatz des Leasingnehmers übereinstimmt, kann auf Grund des Barwertkalküls des Leasinggebers eine andere Klassifizierung des Leasingverhältnisses getroffen werden als auf Grund des Barwertkalküls des Leasingnehmers.

Der Barwerttest eröffnet zudem bilanzielle Spielräume bei der Ermittlung der Diskontierungsfaktoren und der künftigen Zahlungsströme. Die bedingten Mietzahlungen bleiben bspw. beim Barwerttest unberücksichtigt, weil sie nicht zu den Mindestleasingzahlungen gehören. Nehmen die bedingten Mietzahlungen ein großes Gewicht ein, kann in Extremfällen der Barwerttest zu unplausiblen Ergebnissen führen.[87] Wie bereits beim Zeitwerttest ist zusätzlich anzumerken, dass keine

---

79 Vgl. MELLWIG, W., Bilanzielle Darstellung von Leasingverträgen, S. 6.
80 Vgl. MELLWIG, W./WEINSTOCK, M., Zurechnung von mobilen Leasingobjekten, S. 2352.
81 Vgl. MELLWIG, W., Bilanzielle Darstellung von Leasingverträgen, S. 6.
82 Vgl. FINDEISEN, K.-D., Bilanzierung von Leasingverträgen, S. 842. Dies scheint der IASB wohl in Kauf zu nehmen. Vgl. IAS 17.9.
83 Vgl. IAS 17.4
84 Vgl. FINDEISEN, K.-D., Bilanzierung von Leasingverträgen, S. 842.
85 Vgl. IAS 17.4.
86 Vgl. IAS 17.4.
87 Vgl. MCGREGOR, W., Accounting For Leases, S. 23.

quantitative Grenze für das Barwert/Zeitwert-Verhältnis festgelegt wurde. In der Literatur werden Grenzen in Anlehnung an SFAS 13.7(d) zwischen 95 % und 99 % gefordert.[88] Der IASB scheint sich indes aus den gleichen Gründen wie beim Zeitwerttest für eine qualitative Wesentlichkeitsgrenze entschieden zu haben.[89]

Ad (5) Spezialleasing (IAS 17.10(e))

Beim Spezialleasing wurde der Leasinggegenstand in dem Maße auf die Bedürfnisse des Leasingnehmers zugeschnitten, dass der Leasinggeber den Leasinggegenstand nicht mehr anderweitig oder nur mit erheblichem Aufwand verwenden kann. Dieses Kriterium unterstellt, dass der Leasingnehmer während des Leasingverhältnisses Leasingzahlungen zu leisten hat, die im Wesentlichen die Anschaffungskosten des Leasinggegenstands amortisieren. Diesem Kritierium wird allerdings nur eine klarstellende Bedeutung eingeräumt.[90]

Ad (6) Übernahme des Verlusts bei kündbaren Leasingverträgen (IAS 17.11(a))

Die Laufzeit eines Leasingverhältnisses wird in IAS 17.4 als die unkündbare Zeitperiode definiert, für die sich der Leasingnehmer vertraglich verpflichtet hat, den Vermögenswert zu mieten. Während dieser Zeit sichern die Leasingzahlungen dem Leasinggeber, dass die Anschaffungskosten des Leasinggegenstands amortisiert werden und er eine Rendite für sein eingesetztes Kapital erhält. Der Leasingnehmer garantiert dem Leasinggeber eben diese Zahlungsströme bei vorzeitiger Kündigung des Leasingverhältnisses.[91] Diese Zahlungen sind beim Barwerttest zu berücksichtigten, wenn der Leasingnehmer nach einer festen Grundmietzeit kündigen darf.[92]

Ad (7) Gewinne und Verluste bei Marktpreisschwankungen (IAS 17.11(b))

Gemäß IAS 17.11(b) führt die Teilnahme des Leasingnehmers an den Gewinnen und Verlusten aus Marktpreisschwankungen zu einem Finanzierungsleasingverhältnis, weil der Leasingnehmer nicht nur die Eigentümerrisiken und -chancen aus der Nutzung des Leasinggegenstands, sondern auch alle Gewinne und Verluste aus Wertänderungen trägt. Die Eigentümerrisiken und -chancen sind damit im Wesentlichen auf den Leasingnehmer übergegangen.[93] Insofern ist dieses Kritierium zweckentsprechend. Dem Leasinggeber wird garantiert, dass er den Verlust aus Marktpreisschwankungen nicht tragen muss, allerdings partizipiert er nicht an den Gewinnen. Die ga-

88 Vgl. EPSTEIN, B. J./MIRZA, A. A., IAS 2003, S. 524; FINDEISEN, K.-D., Bilanzierung von Leasingverträgen, S. 842.

89 Vgl. KIRSCH, H.-J., IAS 17, Rz. 27.

90 Vgl. MELLWIG, W., Bilanzielle Darstellung von Leasingverträgen, S. 7; FINDEISEN, K.-D., Bilanzierung von Leasingverträgen, S. 843.

91 Vgl. MELLWIG, W., Bilanzielle Darstellung von Leasingverträgen, S. 7.

92 Vgl. FINDEISEN, K.-D., Bilanzierung von Leasingverträgen, S. 843.

93 Vgl. FINDEISEN, K.-D., Bilanzierung von Leasingverträgen, S. 843; MELLWIG, W., Bilanzielle Darstellung von Leasingverträgen, S. 7.

rantierte Verlustübernahme wird ebenfalls bei der Ermittlung des Barwerts berücksichtigt.[94]

Ad (8) Verlängerungsoption zu marktunüblichen niedrigen Leasingraten (IAS 17.11(c))

Gemäß IAS 17.11(c) kann die Möglichkeit des Leasingnehmers, das Leasingverhältnis für eine zweite Mietperiode zu einer wesentlich geringeren als der marktüblichen Miete zu verlängern, zu einem Finanzierungsleasingverhältnis führen. Die Laufzeit eines Leasingvertrags umfasst die unkündbare Grundmietzeit sowie weitere Zeiträume, für die der Leasingnehmer mit oder ohne weitere Zahlungen eine Option ausüben kann, wenn zu Beginn des Leasingverhältnisses hinreichend sicher ist, dass der Leasingnehmer die Option in Anspruch nehmen wird.[95] Für die Klassifizierung eines Leasingverhältnisses ist also nicht die vertraglich vereinbarte Zeitdauer, sondern die wirtschaftlich wahrscheinliche Zeitdauer entscheidend.[96] Dieses Kriterium wird also schon durch die Definition der Laufzeit eines Leasingvertrags erfasst.[97] Zusätzlich ist dieses Kriterium nicht zweckentsprechend, weil nämlich mittels des Mietzeittests festgestellt werden muss, ob ein Finanzierungsleasing vorliegt. IAS 17.11(c) unterstellt damit, dass bei einer Verlängerungsoption der Mietzeittest immer zur Klassifizierung eines Finanzierungsleasings führt.[98]

422.3 Beurteilung der Zurechnungsregeln des IAS 17

Die Zurechnung von Leasinggegenständen gemäß IAS 17 basiert auf der Generalklausel, dass ein Leasinggegenstand demjenigen zuzurechnen ist, bei dem im Wesentlichen alle mit dem Leasinggegenstand verbundenen Eigentümerrisiken und -chancen liegen.[99] Mittels einer Generalklausel können kasuistische Regeln vermieden und rechnungslegungspolitisch motivierte Sachverhaltsgestaltungen neutralisiert werden. Kasuistische Regeln erleichtern den bilanzierenden Unternehmen, Tatbestände, die zu einer bestimmten Abbildungsfolge führen, durch gezielte Sachverhaltsgestaltungen zu umgehen.[100] Generalklauseln sind allerdings weniger eindeutig als kasuistische Regeln, weil sie abstrakt gehalten werden, um eine große Zahl von Einzelfällen zu erfassen. Dadurch ergeben sich Ermessensspielräume für das bilanzierende Unternehmen,

---

94 Vgl. FINDEISEN, K.-D., Bilanzierung von Leasingverträgen, S. 843; MELLWIG, W., Bilanzielle Darstellung von Leasingverträgen, S. 7.

95 Vgl. IAS 17.4.

96 Vgl. KIRSCH, H.-J., IAS 17, Rz. 9.

97 Vgl. FINDEISEN, K.-D., Bilanzierung von Leasingverträgen, S. 843.

98 Vgl. FINDEISEN, K.-D., Bilanzierung von Leasingverträgen, S. 843; MELLWIG, W., Bilanzielle Darstellung von Leasingverträgen, S. 7.

99 Vgl. IAS 17.20 i. V. m. IAS 17.4. Vgl. MELLWIG, W., Bilanzielle Darstellung von Leasingverträgen, S. 8.

100 Vgl. ZIESEMER, S., Rechnungslegungspolitik in IAS-Abschlüssen, S. 47.

weil es die Möglichkeit hat, Sachverhalte zu interpretieren und zu beurteilen und diese bestimmten Tatbeständen zuzuordnen.[101]

Die Indikatoren in IAS 17.10-11 sollen die Generalklausel für Leasinggegenstände konkretisieren, um einen verbindlich anzuwendenden Beurteilungsmaßstab vorzugeben, ab wann die Eigentümerrisiken und -chancen auf den Leasingnehmer übergegangen sind.[102] Durch die speziellen Zurechnungsregeln ergeben sich indes wiederum typische Leasingverhältnisse, d. h. kasuistische Regeln, die als Finanzierungsleasing abzubilden sind. Ob ein Leasingverhältnis mit den typischen Finanzierungsleasingverhältnissen übereinstimmt, muss für jeden Einzelfall in einer wirtschaftlichen Gesamtwürdigung entschieden werden. Denn ein Leasingverhältnis, das die Merkmale der Finanzierungsleasingtypen nach den oben diskutierten Indikatoren nicht 100%ig erfüllt, kann dennoch ein Finanzierungsleasing darstellen.[103] Die Indikatoren sind keine ausschließlichen und verbindlichen Zurechnungskriterien, sondern haben den Charakter von Vermutungen.[104] Diese Zurechnungskriterien eröffnen dem bilanzierenden Unternehmen die bereits gezeigten Ermessensspielräume. Teilweise wird gefordert, dass in IAS 17 verbindliche quantitative Zurechnungskriterien nach dem Vorbild der deutschen steuerrechtlichen Leasingerlasse oder des US-amerikanischen SFAS No. 13, *Accounting for Leases*, aufgenommen werden sollen. Die Möglichkeiten zu rechnungslegungspolitisch motivierten Sachverhaltsgestaltungen sollen dabei bewusst in Kauf genommen werden.[105] Allerdings besteht dann die Gefahr, dass die Leasinggeschäfte nur danach klassifiziert werden, ob sie bestimmte quantitative Grenzen einhalten oder nicht (*form over substance*)[106], und das würde den Grundsatz *substance over form* auf den Kopf stellen.

Im Folgenden wird versucht, mit Hilfe der in Abschnitt 33 und in Abschnitt 34 entwickelten Zurechnungsregeln die Zurechnung von Leasinggegenständen so zu konkretisieren, dass Ermessensspielräume bei der Klassifizierung von Leasinggeschäften und somit bei der wirtschaftlichen Zurechnung von Leasinggegenständen verhindert oder zumindest im Vergleich zu den gültigen Regeln des IAS 17 reduziert werden. Die Zurechnungsregeln sollen zu eindeutigen Entscheidungen führen und über Vermögenswerte, die in einem identischen Leasingverhältnis gehalten werden, soll sowohl beim Leasinggeber als auch beim Leasingnehmer eine einheitliche Zurechnungsentscheidung getroffen werden.

---

101 Vgl. ZIESEMER, S., Rechnungslegungspolitik in IAS-Abschlüssen, S. 47.

102 Vgl. ZIESEMER, S., Rechnungslegungspolitik in IAS-Abschlüssen, S. 48; MELLWIG, W., Bilanzielle Darstellung von Leasingverträgen, S. 8.

103 Vgl. MELLWIG, W., Bilanzielle Darstellung von Leasingverträgen, S. 8.

104 Vgl. FINDEISEN, K.-D., Bilanzierung von Leasingverträgen, S. 847; MELLWIG, W., Bilanzielle Darstellung von Leasingverträgen, S. 8.

105 Vgl. MELLWIG, W., Bilanzielle Darstellung von Leasingverträgen, S. 16.

106 Vgl. FINDEISEN, K.-D., Bilanzierung von Leasingverträgen, S. 847.

423. Zurechnung von Leasinggegenständen nach den entwickelten Zurechnungsregeln

423.1 Zurechnungsentscheidung anhand der in Leasingverhältnissen vergebenen Teilrechte oder Kombinationen von Teilrechten

In Abschnitt 323. wurde ein generelles Zurechnungskriterium für Vermögenswerte aus der Vermögenswertdefinition des Framework entwickelt. Demnach ist ein Vermögenswert demjenigen Unternehmen zuzurechnen, das die Verfügungsmacht über den künftigen wirtschaftlichen Nutzen des Vermögenswerts innehat. Dies ist der Fall, wenn das Unternehmen allein die Möglichkeit hat, im Wesentlichen das gesamte wirtschaftliche Nutzenpotential des Vermögenswerts zu nutzen und/oder zu verwerten. Nach der Definition in IAS 17.4 liegt einem Leasingverhältnis stets ein aktivierungsfähiger und -pflichtiger Vermögenswert zu Grunde.[107] Daher kann das generelle Zurechnungskriterium auf Ressourcen angewendet werden, die in einem Leasingverhältnis gehalten werden. Entsprechend dem generellen Zurechnungskriterium für Vermögenswerte ist ein Leasinggegenstand derjenigen Vertragspartei wirtschaftlich zuzurechnen, die die Verfügungsmacht über den im Wesentlichen gesamten künftigen wirtschaftlichen Nutzen des Leasinggegenstands innehat. So ist der Leasinggegenstand dem Leasingnehmer zuzurechnen, wenn er allein die Möglichkeit hat, im Wesentlichen das gesamte wirtschaftliche Nutzenpotential des Leasinggegenstands zu nutzen und/oder zu verwerten. In diesem Fall liegt ein Finanzierungsleasingverhältnis vor. Ein Leasingverhältnis ist dagegen ein Operating Leasing, wenn der Leasingnehmer nicht die Verfügungsmacht über den im Wesentlichen gesamten künftigen wirtschaftlichen Nutzen innehat. In diesem Fall wird der Leasinggegenstand dem Leasinggeber zugerechnet. Der Unterschied zwischen Finanzierungsleasing und Operating Leasing ist, ob das Teilrecht bzw. Teilrechtsbündel, das der Leasingnehmer am Leasinggegenstand innehat, die Verfügungsmacht über den künftigen wirtschaftlichen Nutzen begründen kann. Im Folgenden wird untersucht, ob bei den jeweiligen Ausprägungen der Teilrechte bzw. Teilrechtsbündel ein Finanzierungsleasingverhältnis vorliegt. Wenn ein Teilrecht bzw. Teilrechtsbündel diese Anforderungen nicht erfüllt, dann liegt ein Operating Leasing vor.

Auf Grund der schuldrechtlichen Vertragsfreiheit ist eine Vielzahl von Leasingverträgen möglich. Ein Leasingverhältnis ist eine temporäre entgeltliche Nutzungsüberlassung von Gütern.[108] Der Leasinggeber wird daher von seinem rechtlichen Eigentum stets ein Nutzungsrecht abspalten und an den Leasingnehmer übertragen. Dieses Nutzungsrecht kann entweder

---

107 Vgl. IAS 17.4. „*A lease is an agreement whereby the lessor conveys to the lessee in return for a payment or series of payments the right to use an asset for an agreed period of time.*"

108 Vgl. BÜSCHGEN, H. E., Grundlagen des Leasing, Rz. 3.

(1) ein unbeschränktes Nutzungsrecht oder

(2) ein in einer Dimension beschränktes Nutzungsrecht, d. h. ein entweder sachlich oder zeitlich oder quantitativ beschränktes Nutzungsrecht oder

(3) ein mehrfach beschränktes Nutzungsrecht sein.

Je nach Ausgestaltung des Nutzungsrechts liegt entweder ein Finanzierungsleasing oder ein Operating Leasing vor. Somit ist der Leasinggegenstand entweder dem Leasingnehmer oder dem Leasinggeber wirtschaftlich zuzurechnen. Für die Zurechnungsentscheidung des Leasinggegenstands werden die in Abschnitt 33 entwickelten Zurechnungsregeln herangezogen.

Ad (1) Unbeschränktes Nutzungsrecht

Ein unbeschränkt nutzungsberechtigter Leasingnehmer ist berechtigt, den Leasinggegenstand sowohl **sachlich, zeitlich als auch quantitativ unbeschränkt** zu **nutzen**. Der Leasingnehmer ist berechtigt, das wirtschaftliche Nutzenpotential auf jede mögliche Nutzungsart zu nutzen. Weil das Nutzungsrecht zeitlich unbeschränkt ist, kann der Leasingnehmer einen nicht abnutzbaren Leasinggegenstand (z. B. Grundstück) so lange nutzen, bis sich die Rechtsposition des Leasinggebers ändert oder das Nutzungsrecht auf Grund externer Ereignisse, die weder der Leasinggeber noch der Leasingnehmer beeinflussen kann, nicht mehr ausgeübt werden kann. Bei einem abnutzbaren Leasinggegenstand ist das unbeschränkt nutzungsberechtigte Unternehmen berechtigt, diesen bis zum Ende der wirtschaftlichen Nutzungsdauer zu nutzen. Außerdem kann das Leasingverhältnis vom Leasinggeber nur aus wichtigem Grunde und vom Leasingnehmer nur unter der Kautel der sofortigen Zahlung aller noch ausstehenden Leasingraten gekündigt werden. Beim unbeschränkten Nutzungsrecht ist der Leasingnehmer auch nicht verpflichtet, den erwirtschafteten Nutzen mit dem Leasinggeber zu teilen. Wie in Abschnitt 332.32 gezeigt wurde, reicht ein unbeschränktes Nutzungsrecht indes nicht aus, um im Wesentlichen das gesamte wirtschaftliche Nutzenpotential zu nutzen und/oder zu verwerten. Entsprechend den entwickelten Kriterien für die Ausprägung eines unbeschränkten Nutzungsrechts hat der Leasingnehmer die Verfügungsmacht über den künftigen wirtschaftlichen Nutzen inne, wenn der Leasinggegenstand abnutzbar ist. **Nur bei abnutzbaren Leasinggegenständen** kann der Leasingnehmer das wirtschaftliche Nutzenpotential in dem Maße abnutzen, dass nach Beendigung des Leasingverhältnisses der Leasinggeber keinen wesentlichen wirtschaftlichen Nutzen aus einer weiteren Nutzung des Leasinggegenstands ziehen kann. Weil der Leasingnehmer den Leasinggegenstand nach Beendigung des Leasingverhältnisses an den Leasinggeber herausgeben muss, kann der Leasingnehmer im Wesentlichen den gesamten wirtschaftlichen Nutzen nur dann vereinnahmen, wenn der **Restwert** des Leasinggegenstands nach Beendigung des Leasingverhältnisses **im Vergleich zu den Anschaffungskosten unwesentlich** ist. Im anderen Fall kann der Leasinggeber nach Beendigung des Leasingverhältnisses einen wesentlichen wirtschaftlichen Nutzen aus der Verwertung des Leasinggegenstands ziehen. In diesem Fall liegt ein Operating-Leasing-Verhältnis vor, und der Leasinggegenstand ist dem bilanziellen Vermögen des Leasinggebers zuzurechnen.

Die Ermittlung der Rechnungslegungsdaten, auf denen die Zurechnungsentscheidung über den Leasinggegenstand basiert, eröffnet den Vertragsparteien bilanzielle Ermessensspielräume. Analog zum Mietzeittest nach IAS 17.10(c) müssen die wirtschaftliche Nutzungsdauer des Leasinggegenstands sowie der voraussichtliche Restwert nach Beendigung des Leasingverhältnisses geschätzt werden. In Abschnitt 332.22 wurden bereits Anforderungen an die Zuverlässigkeit der den Zurechnungsentscheidungen zu Grunde liegenden Rechnungslegungsdaten formuliert. Eine Möglichkeit, die wirtschaftliche Nutzungsdauer und den Restwert zuverlässig zu ermitteln, ist die Nutzungsdauer des Leasinggegenstands bzw. den Restwert zu normieren. Erfahrungswerte des Leasinggebers mit vergleichbaren, bereits abgelaufenen Leasingverhältnissen können geeignete normierte Nutzungsdauern und Restwerte für den Leasinggegenstand liefern. Wenn es sich aber - wie in einigen Fällen - um Spezialmaschinen handelt, die speziell für diesen Leasinggegenstand beschafft werden, dann ist eine Normung auf der Basis von Erfahrungen kaum möglich.

Das Verhältnis der Dauer des Leasingverhältnisses zur wirtschaftlichen Nutzungsdauer unterliegt wie der Mietzeittest in IAS 17.10(c) einer Wesentlichkeitsgrenze. Zusätzlich ist beim Vergleich des Restwerts mit den Anschaffungskosten die Wesentlichkeit zu beachten. In Anlehnung an die in Abschnitt 322.12 genannten Wesentlichkeitsgrenzen wird an dieser Stelle vorgeschlagen, dass die Dauer des Leasingverhältnisses der wirtschaftlichen Nutzungsdauer des Leasinggegenstands im Wesentlichen entspricht, wenn sie mindestens 90 % bis 95 % der wirtschaftlichen Nutzungsdauer beträgt. Der Restwert wäre dann unwesentlich, wenn er unter 5 % bis 10 % der Anschaffungskosten liegt.

Wenn die oben **genannten Kriterien kumulativ erfüllt** sind, liegt ein **Finanzierungsleasingverhältnis** vor. Der Leasinggegenstand ist gemäß IAS 17.20-24 dem bilanziellen Vermögen des Leasingnehmers zuzurechnen.

Ad (2) Eindimensional beschränktes Nutzungsrecht

Grundsätzlich kann ein sachlich oder zeitlich oder quantitativ beschränktes Nutzungsrecht nicht die Verfügungsmacht über den im Wesentlichen gesamten künftigen wirtschaftlichen Nutzen begründen.[109] Daher liegt bei einem Leasingverhältnis, bei dem der Leasingnehmer ein **eindimensional beschränktes Nutzungsrecht** am Leasinggegenstand besitzt, immer ein **Operating Leasing** vor. Der Leasinggegenstand

---

109 Vgl. Abschnitt 332.33.

ist somit gemäß IAS 17.49-57 im bilanziellen Vermögen des Leasinggebers zu bilanzieren.

Oftmals wird dem Leasingnehmer die Option eingeräumt, ein zeitlich beschränktes Leasingverhältnis zu verlängern. Ein verlängertes Leasingverhältnis kann bei einer bestimmten Ausprägung des Nutzungsrechts dazu führen, dass der Leasingnehmer durch die Ausübung der Verlängerungsoption die Möglichkeit erlangt, im Wesentlichen das gesamte wirtschaftliche Nutzenpotential zu nutzen. Räumt der Leasinggeber dem Leasingnehmer, der den Leasinggegenstand ursprünglich für einen beschränkten Zeitraum nutzen kann, eine Verlängerungsoption ein, dann kann der Leasingnehmer im Wesentlichen den gesamten künftigen wirtschaftlichen Nutzen aus dem Leasinggegenstand vereinnahmen. Dies ist der Fall, wenn[110]

- sowohl die fest vereinbarte Zeit als auch die Verlängerungszeit des Leasingsverhältnisses durch den Leasinggeber unkündbar und für den Leasingnehmer nur kündbar unter der Kautel der sofortigen Zahlung der noch ausstehenden Leasingraten sind;

- die gesamte Dauer des Leasingverhältnisses, d. h. die Summe des ursprünglich zeitlich beschränkten Leasingverhältnisses und der Verlängerungszeit, im Wesentlichen der wirtschaftlichen Nutzungsdauer des Leasinggegenstands entspricht;

- nach Beendigung des Leasingverhältnisses dem Leasinggeber ein wirtschaftlich unwesentliches Nutzenpotential verbleibt, das er im Anschluss verwerten kann; und

- die Ausübung der Verlängerungsoption hinreichend wahrscheinlich ist. Dies ist der Fall, wenn die Bedingungen für die Verlängerungsoption wirtschaftlich vorteilhaft für den Leasingnehmer sind. Die Bedingungen sind wirtschaftlich vorteilhaft, wenn die Leasingraten in der Verlängerungszeit wesentlich geringer als marktübliche Leasingraten sind.

Wenn diese **vier Bedingungen kumulativ erfüllt** sind, liegt ein **Finanzierungsleasingverhältnis** vor und der Leasinggegenstand ist gemäß IAS 17.20-24 dem bilanziellen Vermögen des Leasingnehmers zuzurechnen.

Die Rechnungslegungsdaten, die dieser Entscheidung zu Grunde liegen, können neben der Nutzungsdauer und dem Restwert nur geschätzt werden. Hier eröffnen sich beiden Vertragsparteien bilanzielle Ermessensspielräume bei der Bestimmung der Nutzungsdauer und des Restwerts, die nur durch eine Normierung der Nutzungsdauer und des Restwerts eingeengt werden können. Außerdem unterliegt der Vergleich der tatsächlichen Leasingraten in der Verlängerungszeit mit den marktüblichen Leasingraten einer Wesentlichkeitsbeschränkung. In Anlehnung an die Wesentlich-

---

110 Vgl. Abschnitt 332.332.

keitsgrenzen aus Abschnitt 322.12 sind die Leasingraten während der Verlängerung wesentlich geringer als eine marktübliche Leasingrate, wenn die Leasingraten während der Verlängerung weniger als 90 % einer marktüblichen Leasingrate betragen.

Zum Zeitpunkt und im Fall einer berechtigten Kündigung aus wichtigem Grunde wäre erneut zu prüfen, ob der Leasingnehmer auf Grund dieser Kündigung im Wesentlichen das gesamte wirtschaftliche Nutzenpotential des Leasinggegenstands noch nutzen kann. Sofern der Leasingnehmer auf Grund der Kündigung nicht im Wesentlichen das gesamte wirtschaftliche Nutzenpotential des Leasinggegenstands vereinnahmen kann, ist das Leasingverhältnis erneut zu klassifizieren, und zwar als Operating-Leasing-Verhältnis. Der Leasinggegenstand ist dann gemäß IAS 17.49-57 dem bilanziellen Vermögen des Leasinggebers zuzurechnen.

Wenn der Leasinggegenstand, an dem der Leasingnehmer ein ursprünglich zeitlich beschränktes Nutzungsrecht, aber mit einer Verlängerungsoption besitzt, nach den derzeit gültigen Regeln des IAS 17 zuzurechnen ist, weisen zwei der Indikatoren des IAS 17 darauf hin, dass der Leasinggegenstand dem Leasingnehmer wirtschaftlich zuzurechnen ist, und zwar der Mietzeittest des IAS 17.10(c) sowie das Kriterium der erheblich niedrigeren Leasingraten in der Verlängerungsperiode (IAS 17.11(c)). Während die Indikatoren des IAS 17 widerlegbar sind, führen die hier entwickelten Zurechnungsregeln zu einer einheitlichen Zurechnungsentscheidung, weil die vertraglichen Gestaltungen des Nutzungsrechts intersubjektiv durch bspw. einen Abschlussprüfer nachgeprüft werden können. Allerdings können die hier entwickelten und auf Leasingverhältnisse angewendeten Zurechnungsregeln für Leasinggegenstände die Ermessensspielräume, die in IAS 17 bei der Klassifizierung von Leasingverhältnissen und somit für die Zurechnung von Leasinggegenständen bestehen, nicht verringern.

Ad (3) Mehrfach beschränktes Nutzungsrecht

Ein Leasingnehmer, der ein **mehrfach beschränktes Nutzungsrecht** an einem Leasinggegenstand innehat, kann sich in keinem Fall die Verfügungsmacht über den künftigen wirtschaftlichen Nutzen des Leasinggegenstands sichern. Daher liegt in diesem Fall immer ein **Operating Leasing** vor. Der Leasingegenstand ist gemäß IAS 17.49-57 im Jahresabschluss des Leasinggebers anzusetzen.

Wie in Abschnitt 342.1 bereits gezeigt wurde, wird ein Leasingnehmer versuchen, seine Rechtsposition um ein Erwerbsrecht zu erweitern, wenn sein Nutzungsrecht am Leasinggegenstand allein die wirtschaftliche Verfügungsmacht über den künftigen wirtschaftlichen Nutzen nicht begründen kann. Das Erwerbsrecht gewährt dem Leasingnehmer nämlich die Möglichkeit, das rechtliche Eigentum am Leasinggegenstand zu erwerben und somit das gesamte wirtschaftliche Nutzenpotential zu nutzen und/

oder zu verwerten. Der Leasingnehmer kann daher Teilrechtsbündel an einem Leasinggegenstand innehaben, die entweder aus

(1) Nutzungsrecht und unbedingtem Erwerbsrecht oder

(2) Nutzungsrecht und bedingtem Erwerbsrecht bestehen.

Ad (1) Nutzungsrecht und unbedingtes Erwerbsrecht

Ein Leasingnehmer, der ein Teilrechtsbündel aus einem unbedingten Erwerbsrecht und einem Nutzungsrecht innehat, kann im Wesentlichen das gesamte wirtschaftliche Nutzenpotential nutzen und/oder verwerten, wenn bereits bei der Übertragung des Teilrechtsbündels die **folgenden Kriterien kumulativ erfüllt** sind.[111] In diesem Fall liegt ein **Finanzierungsleasingverhältnis** vor und der Leasinggegenstand ist gemäß IAS 17.20-24 dem bilanziellen Vermögen des Leasingnehmers zuzurechnen.

▪ Das Leasingverhältnis ist entweder nur zeitlich beschränkt oder ein unbeschränktes Nutzungsrecht besteht an einem nicht abnutzbaren Gebrauchsgut.

▪ Das Leasingsverhältnis ist durch den Leasinggeber nur bei Vorliegen eines wichtigen Grundes kündbar und für den Leasingnehmer nur kündbar unter der Kautel der sofortigen Zahlung der noch ausstehenden Leasingraten.

▪ Die Ausübung des unbedingten Erwerbsrechts ist hinreichend wahrscheinlich. Dies ist der Fall, wenn die Bedingungen für das unbedingte Erwerbsrecht wirtschaftlich vorteilhaft für den Leasingnehmer sind. Die Bedingungen sind wirtschaftlich vorteilhaft, wenn der Kaufpreis wesentlich geringer als der beizulegende Zeitwert zum Erwerbszeitpunkt ist.

▪ Bereits zu Beginn des Leasingverhältnisses kann ein zuverlässiger Ersatzwert für den beizulegenden Zeitwert des wirtschaftlichen Nutzenpotentials zum Erwerbszeitpunkt ermittelt werden.

Weil der beizulegende Zeitwert zu Beginn des Leasingverhältnisses nicht zuverlässig prognostiziert werden kann, sind als Ersatzwert die planmäßig fortgeführten Anschaffungskosten des Leasinggegenstands zum Erwerbszeitpunkt heranzuziehen. Daher kann dieser Vergleich nur bei abnutzbaren Leasinggegenständen angestellt werden, weil für nicht abnutzbare Leasinggegenstände kein zuverlässiger Ersatzwert für den beizulegenden Zeitwert ermittelt werden kann.[112] Bei nicht abnutzbaren Leasinggegenständen, z. B. bei Grundstücken, kann keine zuverlässige Aussage darüber getroffen werden, ob das Erwerbsrecht tatsächlich ausgeübt wird. Aus Gründen der Zuverlässigkeit wird diese vertragliche Vereinbarung eines Leasingverhältnisses als Operating Leasing klassifiziert und der Leasinggegenstand dem Leasinggeber zugerechnet. Diese Lösung stimmt mit IAS 17.15 überein, weil in diesen Regelungen ein Leasing-

---

111 Vgl. Abschnitt 342.1

112 Vgl. Abschnitt 342.1.

verhältnis an einem Grundstück i. d. R. als Operating Leasing zu klassifizieren ist, es sei denn, dass das Eigentum an dem Grundstück nach Beendigung des Leasingverhältnisses voraussichtlich auf den Leasingnehmer übergeht.

Wenn das Grundstück bebaut ist, dann ist die Zurechnungsentscheidung für das Grundstück und für das Gebäude getrennt zu treffen.[113] Während das Grundstück i. d. R. dem Leasinggeber bilanziell zugerechnet wird, kann das Leasingverhältnis über das Gebäude u. U. als ein Finanzierungsleasingverhältnis klassifiziert werden und das Gebäude ist dann dem bilanziellen Vermögen des Leasingnehmers zuzurechnen. Dem Leasingnehmer ist das Gebäude dann zuzurechnen, wenn der Leasingnehmer ein unbeschränktes Nutzungsrecht an dem Gebäude besitzt und nach Beendigung des Leasingverhältnisses nur ein unwesentliches Restnutzenpotential verbleibt, das der Leasinggeber verwerten kann. Oder dem Leasingnehmer wird ein Erwerbsrecht an dem Gebäude durch den Leasinggeber eingeräumt, das der Leasingnehmer hinreichend wahrscheinlich ausüben wird.

Zum Zeitpunkt und im Fall einer berechtigten Kündigung aus wichtigem Grunde wäre erneut zu prüfen, ob der Leasingnehmer auf Grund dieser Kündigung im Wesentlichen das gesamte wirtschaftliche Nutzenpotential des Leasinggegenstands noch nutzen kann. Sofern der Leasingnehmer auf Grund der Kündigung nicht im Wesentlichen das gesamte wirtschaftliche Nutzenpotential des Leasinggegenstands vereinnahmen kann, ist das Leasingverhältnis erneut zu klassifizieren, und zwar als Operating-Leasing-Verhältnis. Der Leasinggegenstand ist dann gemäß IAS 17.49-57 bilanziellen Vermögen des Lesinggebers zuzurechnen.

Die Rechnungslegungsdaten, die dieser Entscheidung zu Grunde liegen, können bei den planmäßig fortgeführten Anschaffungskosten nur geschätzt werden. Hier eröffnen sich beiden Vertragsparteien bilanzielle Ermessensspielräume bei der Bestimmung der Nutzungsdauer und der Abschreibungsmethode, die durch eine Normierung der Nutzungsdauer und der Abschreibungsmethode eingeengt werden können. Außerdem ist beim Vergleich des Kaufpreises mit dem beizulegenden Zeitwert eine Wesentlichkeitsbeschränkung zu berücksichtigen. Eine mögliche Wesentlichkeitsgrenze wäre in diesem Fall, dass der Kaufpreis 90 % unter dem beizulegenden Zeitwert liegen muss. Dann kann der Kaufpreis als wesentlich geringer als der beizulegende Zeitwert bezeichnet zu werden.

Wenn eine Zurechnungsentscheidung bei einem Leasingverhältnis, in dem der Leasingnehmer ein Nutzungsrecht und ein unbedingtes Erwerbsrecht besitzt, auf Grund der Indikatoren des IAS 17 zu treffen ist, dann weisen zwei der Indikatoren auf ein Finanzierungsleasingverhältnis hin und der Leasinggegenstand ist dem Leasingnehmer bilanziell zuzurechnen. Die entsprechenden Indikatoren sind das Kriterium eines

---

113 Vgl. IAS 17.15.

erheblich niedrigeren Kaufpreises als der beizulegende Zeitwert zum Erwerbszeitpunkt, der am Ende der Vertragslaufzeit liegt (IAS 17.10(b)), und/oder der Mietzeittest des IAS 17.10(c). Während die Indikatoren des IAS 17 widerlegbar sind, führen die hier entwickelten Zurechnungsregeln zu einer einheitlichen Zurechnungsentscheidung, weil bspw. ein Abschlussprüfer die vertraglichen Gestaltungen des Nutzungsrechts und des Erwerbsrechts intersubjektiv nachprüfen kann. Allerdings können die hier entwickelten und auf Leasingverhältnisse angewendeten Zurechnungsregeln für Leasinggegenstände die Ermessensspielräume, die in IAS 17 bei der Klassifizierung von Leasingverhältnissen und somit für die Zurechnung von Leasinggegenständen bestehen, nicht verringern.

Ad (2) Nutzungsrecht und bedingtes Erwerbsrecht

Entsprechend den in Abschnitt 342.2 entwickelten allgemeinen Zurechnungsregeln für Vermögenswerte werden Leasinggegenstände, an denen der Leasingnehmer ein Nutzungsrecht und ein bedingtes Erwerbsrecht innehat, wie folgt zugerechnet:

(1) Bei einem Erwerbsrecht, das **durch die vollständige Erfüllung des Kaufpreises** für den Leasinggegenstand durch den Leasingnehmer **bedingt** ist, beabsichtigt der Leasingnehmer, den Leasinggegenstand auf jeden Fall zu erwerben. Bei diesem Leasingverhältnis behält sich der Leasinggeber zu Sicherungszwecken das rechtliche Eigentum so lange vor, bis der Leasingnehmer die letzte Kaufpreis- bzw. Tilgungsrate gezahlt hat. Zu diesem Zeitpunkt ist das Leasingverhältnis beendet. Bei dieser Kombination von Teilrechten liegt ein **Finanzierungsleasing** vor, so dass dem Leasingnehmer der Leasinggegenstand zuzurechnen ist. Dieses Kriterium entspricht dem Beispiel des automatischen Eigentumsübergangs in IAS 17.10(a). Der Leasinggegenstand ist gemäß IAS 17.20-24 dem bilanziellen Vermögen des Leasingnehmers zuzurechnen.

(2) Bei einem Erwerbsrecht, das **durch ein externes Ereignis bedingt** ist, kann der Leasingnehmer nicht beeinflussen, ob er den Leasinggegenstand überhaupt erwerben kann. Hier besteht ein **Operating Leasing**, so dass gemäß IAS 17.49-57 der Leasinggegenstand dem Leasinggeber bilanziell zugerechnet wird.

423.2   Beurteilung der entwickelten Zurechnungsregeln

Im Ergebnis kann festgehalten werden, dass die entwickelten Zurechnungsregeln für Vermögenswerte, die in einem Leasingverhältnis gehalten werden, die bestehenden Ermessensspielräume der Indikatoren in IAS 17.10-11 weder verhindern noch einengen können. Diese Ermessensspielräume können erst dann verhindert oder zumindest eingeengt werden, wenn sowohl für die Nutzungsdauer, die Abschreibungsmethoden und Restwerte normierte Werte als auch feste Wesentlichkeitsgrenzen vorgegeben werden.

Allerdings bieten die hier entwickelten Zurechnungsregeln für Leasinggegenstände folgende Vorteile gegenüber den Indikatoren, die die Generalklausel des IAS 17 konkretisieren:

(1) Die generelle Zurechnungsregel für Leasinggegenstände basiert auf der aus der Vermögenswertdefinition des Framework entwickelten generellen Zurechnungsregel für Vermögenswerte.

(2) Die Zurechnungsentscheidung richtet sich danach, ob die tatsächlichen Verfügungsmöglichkeiten des Leasingnehmers über den künftigen wirtschaftlichen Nutzen des Leasinggegenstands (substance) so bedeutend sind, dass die Entscheidung über die Zurechnung des Leasinggegenstands nicht mehr nach dem formalrechtlichen Eigentum (form) zu treffen ist, sondern nach dem Innehaben der Verfügungsmacht über den künftigen wirtschaftlichen Nutzen.

(3) Die Entscheidung über die Zurechnung eines Leasinggegenstands basiert auf den objektiv nachprüfbaren vertraglichen Vereinbarungen eines Leasingverhältnisses, die von einem Abschlussprüfer nachgeprüft werden können. Vermögenwerte, die in gleichartigen Leasingverhältnissen gehalten werden, werden einheitlich bilanziell zugerechnet.

(4) Die hier entwickelten Zurechnungsregeln entsprechen dem neuen Vorschlag des IASB, die Zurechnung von Vermögenswerten, die in einem Leasingverhältnis gehalten werden, primär nach der Übertragung der Rechte am künftigen wirtschaftlichen Nutzen des Vermögenswerts auszurichten.[114]

(5) Weil sich die Zurechnungsregeln für Leasinggegenstände nach den an den Leasingnehmer vergebenen Teilrechten bzw. Kombinationen von Teilrechten richten, die theoretisch denkbar und in der Realität anzutreffen sind, kann jede vertragliche Ausgestaltung eines Leasingverhältnisses durch diese Zurechnungsregeln erfasst werden.

---

114 Vgl. IASB (Hrsg.), IASB Update November 2003, S. 7.

43 Wertpapierpensionsgeschäfte

431. Grundlagen der Wertpapierpensionsgeschäfte

431.1 Begriffe, Merkmale und Arten

Wertpapierpensionsgeschäfte sind neben der Wertpapierleihe und den Buy/Sell-Transaktionen ein Segment des Marktes für Repurchase Agreements (Repo-Geschäfte).[115] Bei Wertpapierpensionsgeschäften werden Wertpapierbestände übertragen und mit gegenläufigen Geldgeschäften gekoppelt.[116] Wertpapierpensionsgeschäfte bestehen aus zwei Transaktionen.[117] Die Grundstruktur eines Wertpapierpensionsgeschäfts skizziert die Übersicht 4-1:

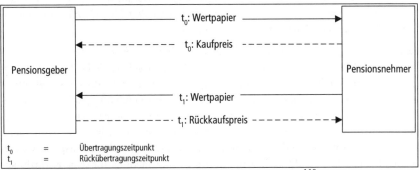

Übersicht 4-1: Grundstruktur des Wertpapierpensionsgeschäfts[118]

Zum einen verkauft der Pensionsgeber den Pensionsgegenstand gegen Entgelt an einen Pensionsnehmer und verliert damit das rechtliche Eigentum am Pensionsgegenstand. Der Pensionsnehmer ist verpflichtet, den vereinbarten Kaufpreis an den Pensionsgeber zu zahlen.[119] Zum anderen wird ein Pensionsgeschäft unter der Maßgabe geschlossen, dass der Pensionsgegenstand nach einem bestimmten oder unbestimmten Zeitraum zu einem vorab vereinbarten Rückkaufspreis vom Pensionsgeber zurückgekauft werden muss, oder dem Pensionsgeber wird das Recht (Option) eingeräumt, dass er den Pensionsgegenstand zurückkaufen kann.[120] Die Rückübertragungsvereinbarung ist also ein schwebender Kaufvertrag unter einer aufschiebenden

---

115 Einen Überblick über die Wertpapierpensionsgeschäfte geben PRAHL, R./ NAUMANN, T. K., Wertpapierpensionsgeschäfte, Sp. 2268-2276. Über die Wertpapierleihe informiert grundlegend HÄUSELMANN, H., Wertpapierleihe und Repo-Geschäft. Sp. 2258-2267.

116 Vgl. PRAHL, R./ NAUMANN, T. K., Wertpapierpensionsgeschäfte, Sp. 2268.

117 Vgl. GESELL, H., Wertpapierleihe und Repurchase Agreement, S. 135.

118 In Anlehnung an PRAHL, R./ NAUMANN, T. K., Wertpapierpensionsgeschäfte, Sp. 2269.

119 Vgl. JAHN, O., Pensionsgeschäfte, S. 15.

120 Vgl. OLDENBURGER, I., Bilanzierung von Pensionsgeschäften, S. 105.

Bedingung. Die aufschiebende Bedingung tritt entweder zu einem bestimmten Zeitpunkt ein oder weil ein Rückübertragungsrecht ausgeübt wird.[121] Die Rückübertragungsvereinbarung kann, muss aber nicht gleichzeitig mit der Übertragung des Pensionsgegenstands abgeschlossen werden. Im Folgenden werden nur solche Geschäftstypen als Pensionsgeschäfte betrachtet, bei denen der Kaufvertrag und die Rückübertragungsvereinbarung gleichzeitig abgeschlossen werden.[122] Wenn die Rückübertragungsvereinbarung (Option) nicht bereits bei der Übertragung des Pensionsgegenstands an den Pensionsnehmer abgeschlossen wurde, kann sie i. d. R. nicht mehr nachträglich erzwungen werden. Als Pensionsgegenstände werden im Folgenden nur Wertpapiere behandelt. Grundsätzlich können aber alle Vermögenswerte als Pensionsgegenstand verwendet werden. I. d. R. handelt es sich bei den Pensionsgegenständen aber um Wechsel, Forderungen und Wertpapiere.[123] Für die Bilanzierung der hier betrachteten Pensionsgegenstände ist daher IAS 39, *Financial Instruments: Recognition and Measurement*, anzuwenden.

Mittels eines Wertpapierpensionsgeschäfts (im Folgenden kurz: Pensionsgeschäft) kann sich ein Pensionsgeber liquide Mittel beschaffen, die kurzfristige Liquiditätsengpässe überbrücken können, ohne die Verfügungsmacht über die Pensionsgegenstände endgültig zu verlieren, sofern die Rückübertragungsvereinbarung sofort mit abgeschlossen wird.[124] Dem Pensionsnehmer können die Pensionsgegenstände als Sicherung dienen, dass der Pensionsgeber den Rückkaufspreis künftig zahlen wird, wenn eine Rückkaufspflicht für den Pensionsgeber besteht.[125] Der Rückkaufspreis wird regelmäßig über dem Kaufpreis liegen, um den Pensionsnehmer für seine Kapitalüberlassung zu vergüten. Der Pensionsgeber kann auch einen explizit vereinbarten Zinssatz an den Pensionsgeber zahlen.[126] Ein Pensionsgeschäft ist seinem wirtschaftlichen Gehalt nach ein Kreditgeschäft, das mit dem Pensionsgegenstand gesichert wird.[127]

Pensionsgeschäfte werden aber auch abgeschlossen, um negative Wertänderungen von Vermögenswerten, z. B. Kursverfall bei Wertpapieren, nicht im Jahresabschluss des Pensionsgebers als Aufwand zu erfassen. Wenn der beizulegende Zeitwert von Vermögenswerten gefallen ist, dann wird der Vermögenswert zu einem erheblich über dem beizulegenden Zeitwert liegenden Kaufpreis vom Pensionsgeber an einen Pensionsnehmer verkauft. Gleichzeitig wird eine Rückkaufsvereinbarung zu einem über dem Kaufpreis liegenden Rückkaufspreis abgeschlossen. Neben der Frage, wem

---

121 Vgl. JAHN, O., Pensionsgeschäfte, S. 15.
122 Vgl. JAHN, O., Pensionsgeschäfte, S. 19.
123 Vgl. JAHN, O., Pensionsgeschäfte, S. 23-25.
124 Vgl. GESELL, H., Wertpapierleihe und Repurchase Agreement, S. 153.
125 Vgl. GESELL, H., Wertpapierleihe und Repurchase Agreement, S. 154.
126 Vgl. GESELL, H., Wertpapierleihe und Repurchase Agreement, S. 136.
127 Vgl. GESELL, H., Wertpapierleihe und Repurchase Agreement, S. 146.

der Pensionsgegenstand bilanziell zuzurechnen ist, tritt ein wichtiges Bewertungsproblem bei den Pensionsgeschäften hinzu.[128]

Pensionsgeschäfte können u. a. folgende Merkmale aufweisen:[129]

- Der Kaufpreis des Pensionsgegenstands liegt einen bestimmten Prozentsatz unter dem beizulegenden Zeitwert zum Kaufzeitpunkt, um den Pensionsnehmer gegen einen eventuellen Kursverfall des Pensionsgegenstands, der ihm als Sicherheit für die Zahlung des Rückkaufspreises dient, zu schützen (Sicherheitsabschlag oder *margin, haircut*).
- Die unmittelbaren Erträge eines Pensionsgegenstands, z. B. Zinsen, Dividenden, die während der Laufzeit des Pensionsgeschäft anfallen, werden an den Pensionsgeber weitergeleitet.
- Der Pensionsnehmer kann den Pensionsgegenstand während der Laufzeit des Pensionsgeschäfts veräußern und dem Pensionsgeber einen anderen Pensionsgegenstand zurückgeben, der dem beizulegenden Zeitwert des ursprünglichen Pensionsgegenstands entspricht (*right of substitution*). Der rückübertragene Pensionsgegenstand muss nicht nur wertgleich, sondern zusätzlich funktionsgleich sein, d. h., den gleichen Zweck wie der ursprüngliche Pensionsgegenstand erfüllen.[130]

Wird der Pensionsgegenstand vom Pensionsgeber an den Pensionsnehmer verkauft, so kann der Pensionsgegenstand in den unmittelbaren Besitz des Pensionsnehmers übergehen. Der Pensionsnehmer kann das unbeschränkte Nutzungsrecht an dem Pensionsgegenstand erhalten und berechtigt sein, den Pensionsgegenstand an eine dritte Person zu veräußern. Allerdings übernimmt die dritte Person die Rechte und Pflichten aus der Rückübertragungsvereinbarung.[131] Der zwischenzeitliche Verkauf des Pensionsgegenstands vom ursprünglichen Pensionsnehmer an eine dritte Person beeinflusst nicht die Eigenschaft eines Pensionsgeschäfts, weil das Pensionsgeschäft zum Zeitpunkt des Vertragsabschlusses zu beurteilen ist. Für den Pensionsgeber ist es zudem wirtschaftlich irrelevant, von wem er den Pensionsgegenstand zurückerhält.[132] Der Pensionsgeber kann den Pensionsgegenstand aber auch in seinem unmittelbaren Besitz behalten und den Pensionsnehmer schriftlich über den Eigentumsübergang informieren (*hold-in-custody repos*).[133] Der Pensionsnehmer muss nicht zwingend den

---

128 Auf dieses Bewertungsproblem wird bei der folgenden Analyse der jeweiligen vertraglichen Gestaltungen von Pensionsgeschäften hingewiesen.
129 Vgl. GESELL, H., Wertpapierleihe und Repurchase Agreement, S. 142-144 m. w. N.
130 Vgl. JAHN, O., Pensionsgeschäfte, S. 30.
131 Vgl. JAHN, O., Pensionsgeschäfte, S. 17.
132 Vgl. GESELL, H., Wertpapierleihe und Repurchase Agreement, S. 145; JAHN, O., Pensionsgeschäfte, S. 17.
133 Vgl. GESELL, H., Wertpapierleihe und Repurchase Agreement, S. 145. Entspricht der Eigentumsübergabe mittels Besitzkonstitut i. S. d. §§ 929, 930 BGB.

unmittelbaren Besitz am Pensionsgegenstand erhalten, um die Erträge aus der Nutzung des Pensionsgegenstands zu ziehen. Bei den hier betrachteten Pensionsgegenständen handelt es sich ausschließlich um finanzielle Vermögenswerte, bei denen Zinsen oder Dividenden dem Pensionsnehmer zufließen können, ohne dass er unmittelbarer Besitzer des finanziellen Vermögenswerts ist. Oftmals übernimmt es eine Bank, den Pensionsgegenstand und den Kaufpreis bzw. den Rückkaufspreis zu übertragen (*tri-party repo*).[134]

In der Rückübertragungsvereinbarung können die Rechte und Pflichten des Pensionsgebers und des Pensionsnehmers unterschiedlich gestaltet werden. Vier Grundtypen sind denkbar:[135]

(1) Der Pensionsnehmer ist verpflichtet, den Pensionsgegenstand an den Pensionsgeber zurückzugeben. Gleichzeitig ist der Pensionsgeber verpflichtet, den Pensionsgegenstand für einen vereinbarten Rückkaufspreis zurückzunehmen (Typ I, echtes Pensionsgeschäft).

(2) Der Pensionsgeber ist berechtigt, den Pensionsgegenstand für einen vereinbarten Rückkaufspreis zurückzufordern. Der Pensionsnehmer ist gleichzeitig verpflichtet, den Pensionsgegenstand zurückzugeben (Typ II, einseitiges Rücknahmerecht des Pensionsgebers).

(3) Der Pensionsnehmer ist berechtigt, den Pensionsgegenstand an den Pensionsgeber zurückzugeben. Gleichzeitig ist der Pensionsgeber verpflichtet, den Pensionsgegenstand für einen vereinbarten Rückkaufspreis zurückzunehmen (Typ III, unechtes Pensionsgeschäft).

(4) Sowohl der Pensionsgeber als auch der Pensionsnehmer sind beide berechtigt bzw. verpflichtet, den Pensionsgegenstand zurückzufordern bzw. zurückzugeben. Entweder ist der Pensionsnehmer verpflichtet, den Pensionsgegenstand herauszugeben, oder der Pensionsgeber ist verpflichtet, den Pensionsgegenstand anzunehmen und den vereinbarten Rückkaufspreis zu zahlen (Typ IV, offenes Pensionsgeschäft).

431.2 Wertpapierpensionsgeschäfte als bilanzneutrales Finanzierungsinstrument

Ebenso wie das Leasing können Pensionsgeschäfte als ein bilanzneutrales Finanzierungsinstrument eingesetzt werden.[136] Mittels eines Pensionsgeschäfts wird ein Unternehmen mit liquiden Mitteln versorgt. Das Unternehmen kann verpflichtet oder

---

134 Vgl. GESELL, H., Wertpapierleihe und Repurchase Agreement, S. 145 f.
135 Vgl. JAHN, O., Pensionsgeschäfte, S. 20 f. sowie S. 49 f.
136 Vgl. Abschnitt 421.3; BRAKENSIEK, S., Bilanzneutrale Finanzierungsinstrumente, S. 13-15.

berechtigt sein, den Pensionsgegenstand zurückzukaufen. Daraus entstehen dem Unternehmen künftige finanzielle Belastungen, die mit der Aufnahme eines Kredits und dessen Tilgung vergleichbar sind. Wenn der Verkauf und der vereinbarte Rückkauf des Pensionsgegenstands als zwei getrennte Verträge betrachtet werden, so ändert sich beim Verkauf das Verhältnis zwischen dem bilanziellen Eigen- und Fremdkapital nicht, weil nur eine Vermögensumschichtung auf der Aktivseite (Aktivtausch) stattfindet. Hätte das Unternehmen einen besicherten Kredit aufgenommen, so hätte dieser Geschäftsvorfall einen bilanzverlängernden Effekt in Höhe des aufgenommenen Kredits und der zugeflossenen liquiden Mittel.[137]

Wenn ein Unternehmen das rechtliche Eigentum an dem Pensionsgegenstand auf ein anderes Unternehmen überträgt, muss festgestellt werden, ob es sich tatsächlich um einen Verkauf eines finanziellen Vermögenswerts oder um eine mit dem übertragenen finanziellen Vermögenswert besicherte Kreditaufnahme handelt. Unter Beachtung des Grundsatzes *substance over form* liegt ein Verkauf erst dann tatsächlich vor, wenn nicht nur das rechtliche Eigentum, sondern auch die tatsächliche Verfügungsmacht über den künftigen wirtschaftlichen Nutzen des finanziellen Vermögenswerts auf den Käufer übergegangen ist.[138] Die Zurechnungsregeln für den Pensionsgegenstand müssen daher so ausgestaltet sein, dass erst bei Verlust der Verfügungsmacht über den künftigen wirtschaftlichen Nutzen ein Vermögenswert aus der Bilanz des Pensionsgebers ausgebucht werden darf. Geht die Verfügungsmacht über den künftigen wirtschaftlichen Nutzen nicht auf den Pensionsnehmer über, so muss der Pensionsgegenstand weiterhin in der Bilanz des Pensionsgebers verbleiben und zusätzlich müssen die besicherte Kreditaufnahme und die liquiden Mittel in der Bilanz des Pensionsgebers passiviert bzw. aktiviert werden.

Neben dem Einsatz als bilanzneutrales Finanzierungsinstrument können Pensionsgeschäfte eingesetzt werden, um negative Wertänderungen von finanziellen Vermögenswerten nicht im Jahresabschluss des Pensionsgebers als Aufwand zu erfassen. Bei solchen Pensionsgeschäften wird der finanzielle Vermögenswert zu einem erheblich über dem beizulegenden Zeitwert liegenden Kaufpreis vom Pensionsgeber an einen Pensionsnehmer verkauft, wenn der beizulegende Zeitwert von Vermögenswerten gefallen ist. Gleichzeitig wird eine Rückkaufsvereinbarung zu einem über dem Kaufpreis liegenden Rückkaufspreis abgeschlossen. Neben der Frage, wem der Pensionsgegenstand bilanziell zuzurechnen ist, tritt ein wichtiges Bewertungsproblem bei den Pensionsgeschäften hinzu, auf das bei der folgenden Analyse der jeweiligen vertraglichen Gestaltungen von Pensionsgeschäften hingewiesen wird.

---

137 Vgl. BRAKENSIEK, S., Bilanzneutrale Finanzierungsinstrumente, S. 14.
138 Vgl. F.35.

432. Eignung der gültigen Regeln des IAS 39 für die Zurechnung von in Wertpapierpensionsgeschäften übertragenen Pensionsgegenständen

432.1 Zurechnungsregeln des IAS 39 (revised 2003)

432.11 Überblick über die Zurechnungsregeln des IAS 39

Im Dezember 2003 hat der IASB den überarbeiteten *IAS 39 (revised 2003), Financial Instruments: Recognition and Measurement*, in seiner endgültigen Fassung veröffentlicht. IAS 39 (revised 2003) tritt für Geschäftsjahre, die am oder nach dem 1.1.2005 beginnen, in Kraft. Eine frühere Anwendung des IAS 39 (revised 2003) wird empfohlen. Im IAS 39 (revised 2003) sind u. a. die Regelungen zur Ausbuchung von finanziellen Vermögenswerten überarbeitet worden. Diese Regelungen zur Ausbuchung von finanziellen Vermögenswerten sind zur Beantwortung der Frage relevant, ob es sich bei der Übertragung des rechtlichen Eigentums an einem finanziellen Vermögenswert um einen Verkauf oder um eine besicherte Kreditaufnahme handelt. Im überholten IAS 39 (2000) basierten die Zurechnungsregeln grundsätzlich auf dem Control-Prinzip, wurden aber mit Kriterien des Risk-and-reward-Ansatzes vermischt.[139] Im IAS 39 (revised 2003) werden die beiden Konzepte, nämlich das Control-Prinzip und der Risk-and-reward-Ansatz, zwar beibehalten. IAS 39 (revised 2003) stellt aber klar, dass bei der Frage, ob die Übertragung des rechtlichen Eigentums an einem finanziellen Vermögenswert tatsächlich zu einer Ausbuchung aus der Bilanz des übertragenen Unternehmens führt, eine Entscheidung nach dem Risk-and-reward-Ansatz einer Entscheidung nach dem Control-Prinzip vorangeht.[140]

Im Folgenden werden nur Pensionsgegenstände betrachtet, die Finanzinstrumente sind. Finanzinstrumente sind vertragliche Rechte oder Verpflichtungen, Zahlungsmittel oder andere Finanzinstrumente zu erhalten oder zu zahlen. Somit stellen Finanzinstrumente letztendlich darauf ab, Zahlungsmittel auszutauschen.[141] Die Zurechnungsregeln des IAS 39[142] knüpfen grundsätzlich an die vertraglichen Bedingungen und an die Zahlungsströme an.[143] Ein Unternehmen hat einen finanziellen Vermögenswert in seiner Bilanz erstmals anzusetzen, wenn das Unternehmen Vertragspartei zu den vertraglichen Vereinbarungen des Finanzinstruments wird.[144] Ein Unternehmen hat bspw. eine unbedingte Forderung aus Lieferung und Leistung

---

139 Vgl. ED IAS 39 (June 2002), C32.

140 Vgl. IAS 39 (revised 2003), IN9.

141 Vgl. IASC (HRSG.), Financial Assets and Financial Liabilities, S. 38.

142 Im Folgenden wird mit IAS 39 der Standard in seiner aktuellsten Version (Stand: Dezember 2003) bezeichnet. Überholte Versionen werden im Folgenden gesondert bezeichnet.

143 Vgl. KROPP, M./KLOTZBACH, D., Exposure Draft zu IAS 39, S. 1013.

144 Vgl. IAS 39.14.

erstmals in seinem Abschluss zu aktivieren, wenn das Unternehmen das Recht auf Empfang zur Zahlung von flüssigen Mitteln hat.[145]

Nach den für den Ansatz und die Ausbuchung von Pensionsgegenständen relevanten Vorschriften des IAS 39 ist ein finanzieller Vermögenswert auszubuchen, wenn

(a) die vertraglichen Rechte an den Zahlungsmittelzuflüssen aus dem finanziellen Vermögenswert verfallen (IAS 39.17 (a)) oder

(b) der finanzielle Vermögenswert nach den Vorschriften des IAS 39.18 und IAS 39.19 übertragen wird und die Übertragung zu einer Ausbuchung gemäß IAS 39.20 berechtigt (IAS 39.17(b)).

Ein Unternehmen überträgt einen finanziellen Vermögenswert, wenn es entweder

(a) die vertraglichen Rechte an den Zahlungsmittelzuflüssen aus dem finanziellen Vermögenswert überträgt (IAS 39.18(a)) oder

(b) wenn es die vertraglichen Rechte an den Zahlungsmittelzuflüssen aus dem finanziellen Vermögenswert behält, aber sich verpflichtet, die Zahlungsmittelzuflüsse aus dem finanziellen Vermögenswert an einen oder mehrere Empfänger gemäß einer Vereinbarung nach den Bedingungen des IAS 39.19 zu zahlen (IAS 39.18(b)).

Nach IAS 39.20 ist bei einer Übertragung des rechtlichen Eigentums an einem finanziellen Vermögenswert zu beurteilen, in welchem Ausmaß die Eigentümerrisiken und -chancen des finanziellen Vermögenswerts beim übertragenden Unternehmen verbleiben. IAS 39.20 gibt das folgende Zurechnungsschema vor. Zuerst ist zu prüfen, ob das übertragende Unternehmen im Wesentlichen alle Eigentümerrisien und -chancen des finanziellen Vermögenswerts übertragen hat. Bei Übertragung im Wesentlichen aller Eigentümerrisiken und -chancen hat das übertragende Unternehmen den finanziellen Vermögenswert auszubuchen. Sonstige Rechte und Pflichten, die das übertragende Unternehmen aus der Übertragung zurückhält oder die neu entstehen, sind als Vermögenswerte oder Schulden separat zu aktivieren bzw. passivieren.[146] Wenn das übertragende Unternehmen im Wesentlichen alle Eigentümerrisiken und -chancen behält, so hat das übertragende Unternehmen den finanziellen Vermögenswert weiterhin in seiner Bilanz anzusetzen.[147] Ob ein Unternehmen die Eigentümerrisiken und -chancen übertragen hat, ist danach zu beurteilen, in welchem Ausmaß das Unternehmen vor und nach der Übertragung des rechtlichen Eigentums Schwankungen in den Beträgen und zu den Zeitpunkten der Netto-Zahlungsmittelzu- und -abflüsse des übertragenen finanziellen Vermögenswerts ausgesetzt ist.[148]

---

145 Vgl. IAS 39.AG35(a).
146 Vgl. IAS 39.20(a).
147 Vgl. IAS 39.20(b).

Für den Fall, dass das übertragende Unternehmen im Wesentlichen alle Eigentümerrisiken und -chancen weder übertragen noch zurückbehalten hat, hat das übertragende Unternehmen zu prüfen, ob es die Verfügungsmacht über den finanziellen Vermögenswert behalten hat. Bei Verlust der Verfügungsmacht hat das Unternehmen den finanziellen Vermögenswert auszubuchen und sonstige Rechte und Pflichten, die das übertragende Unternehmen aus der Übertragung zurückhält oder die neu entstehen, als Vermögenswerte oder Schulden separat zu aktivieren bzw. passivieren.[149] Behält das übertragende Unternehmen die Verfügungsmacht, so hat das Unternehmen den finanziellen Vermögenswert in dem Ausmaß seiner noch andauernden Beteiligung *(„continuing involvement")* weiterhin in seiner Bilanz anzusetzen.[150] Mit dem Ausmaß einer noch andauernden Beteiligung ist dasjenige Ausmaß gemeint, in dem das Unternehmen an Wertänderungen des finanziellen Vermögenswerts beteiligt ist.[151] Ob ein Unternehmen die Verfügungsmacht über den finanziellen Vermögenswert behalten hat, hängt von der Fähigkeit des empfangenden Unternehmens ab, den finanziellen Vermögenswert zu veräußern. Das empfangende Unternehmen ist praktisch fähig, einen finanziellen Vermögenswert als Ganzes an einen Dritten zu veräußern, wenn es diese Fähigkeit einseitig und ohne zusätzliche Beschränkungen aus der Übertragung ausüben kann.[152] Dabei ist entscheidend, wozu das empfangende Unternehmen praktisch in der Lage ist, und nicht, wozu es auf Grund vertraglicher Rechte oder Beschränkungen berechtigt ist.[153]

Wenn ein Unternehmen einen finanziellen Vermögenswert weiterhin in seiner Bilanz aktiviert, dann hat das Unternehmen eine entsprechende Verbindlichkeit zu passivieren. Die Höhe der Verbindlichkeit hat die Rechte und Pflichten, die aus dem finanziellen Vermögenswert resultieren, widerzuspiegeln.[154] Der finanzielle Vermögenswert und die entsprechende Verbindlichkeit dürfen nicht miteinander saldiert werden.[155]

Im Folgenden werden die vorab vorgestellten Regeln des IAS 39 (revised 2003) auf die vier Typen von Pensionsgeschäften, die in Abschnitt 431. definiert wurden, angewendet und es wird analysiert, wem der Pensionsgegenstand in der jeweiligen vertraglichen Gestaltung eines Pensionsgeschäfts bilanziell zuzurechnen ist.

---

148 Vgl. IAS 39.21.
149 Vgl. IAS 39.20(c)(i).
150 Vgl. IAS 39.20(c)(ii).
151 Vgl. IAS 39.30.
152 Vgl. IAS 39.23.
153 Vgl. IAS 39.AG43. Die Abkürzung „AG" steht für *application guidance* und ist integraler Bestandteil des IAS 39.
154 Vgl. IAS 39.31.
155 Vgl. IAS 39.36.

432.12 Zurechnungsregeln für echte Wertpapierpensionsgeschäfte (Typ I) nach IAS 39

Die Struktur eines echten Pensionsgeschäfts verdeutlicht die folgende Übersicht 4-2:

Übersicht 4-2: *Struktur eines echten Pensionsgeschäfts*

Bei einem echten Pensionsgeschäft verkauft der Pensionsgeber den Pensionsgegenstand an den Pensionsnehmer und verliert das rechtliche Eigentum am Pensionsgegenstand. Der Pensionsnehmer ist verpflichtet, den Kaufpreis an den Pensionsgeber zu zahlen. Bereits zum Übertragungszeitpunkt (t_0) wird bei einem echten Pensionsgeschäft vereinbart, dass der Pensionsnehmer verpflichtet ist, den Pensionsgegenstand an den Pensionsgeber zurückzugeben. Gleichzeitig ist der Pensionsgeber verpflichtet, den Pensionsgegenstand für einen vereinbarten Rückkaufpreis zum Rückübertragungszeitpunkt (t_1) zurückzunehmen.

Nach der Zurechnungssystematik des IAS 39 ist zu prüfen, ob der Pensionsgeber bei einem echten Pensionsgeschäft im Wesentlichen alle Eigentümerrisiken und -chancen des Pensionsgegenstands zurückbehalten oder übertragen hat. Wenn der Pensionsgeber den Pensionsgegenstand zu einem fest vereinbarten Rückkaufpreis oder einem Rückkaufpreis zuzüglich einer einem Kreditgeber entsprechenden Vergütung zurückkaufen muss, behält der Pensionsgeber im Wesentlichen alle Eigentümerrisiken und -chancen des Pensionsgegenstands zurück.[156] Dies trifft bei einem echten Pensionsgeschäft (Typ I) in jedem Fall zu, so dass der Pensionsgegenstand gemäß IAS 39.20(b) weiterhin dem Pensionsgeber bilanziell zuzurechnen ist.

---

156 Vgl. IAS 39.21 sowie IAS 39.AG40(a).

Der Pensionsgegenstand verbleibt auch dann weiterhin in der Bilanz des Pensionsgebers, wenn der Pensionsgeber einen im Wesentlichen gleichen Pensionsgegenstand zurückkauft[157] oder wenn der Pensionsnehmer berechtigt ist, den ursprünglichen Pensionsgegenstand durch einen ähnlichen Pensionsgegenstand mit dem gleichen beizulegenden Zeitwert zum Rückübertragungszeitpunkt zu ersetzen.[158] Ist der Pensionsnehmer berechtigt, den Pensionsgegenstand zu veräußern oder zu verpfänden, dann bucht der Pensionsgeber den Pensionsgegenstand nicht aus, sondern der Pensionsgegenstand wird in der Bilanz umklassifiziert, z. B. als beliehener Vermögenswert oder als Rückkaufsforderung.[159]

432.13 Zurechnungsregeln für ein einseitiges Rücknahmerecht des Pensionsgebers (Typ II) nach IAS 39

Bei einem Pensionsgeschäft mit einem einseitigen Rücknahmerecht des Pensionsgebers verkauft der Pensionsgeber den Pensionsgegenstand an den Pensionsnehmer und verliert das rechtliche Eigentum am Pensionsgegenstand. Der Pensionsnehmer ist verpflichtet, den Kaufpreis an den Pensionsgeber zu zahlen. Zum Übertragungszeitpunkt (t_0) wird bei einem Pensionsgeschäft mit einseitigem Rücknahmerecht des Pensionsgebers vereinbart, dass der Pensionsgeber das Recht hat, den Pensionsgegenstand vom Pensionsnehmer zu einem vereinbarten Rückkaufspreis zum Rückübertragungszeitpunkt (t_1) zurückzufordern. Der Pensionsnehmer ist gleichzeitig verpflichtet, den Pensionsgegenstand zurückzugeben. Die Struktur eines echten Pensionsgeschäfts verdeutlicht die folgende Übersicht 4-3:

---

157 Vgl. IAS 39.AG51(b).
158 Vgl. IAS 39.AG51(c).
159 Vgl. IAS 39.AG51(a).

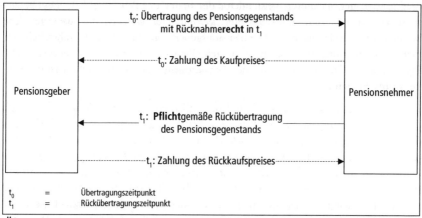

Übersicht 4-3: *Struktur eines Pensionsgeschäfts mit einseitigem Rücknahmerecht des Pensionsgebers (Typ II)*

In einem ersten Schritt ist zu prüfen, ob der Pensionsgeber im Wesentlichen alle Eigentümerrisiken und -chancen des Pensionsgegenstands behalten hat. Im Fall des Pensionsgeschäfts mit einseitigem Rücknahmerecht (Typ II) ist zu unterscheiden, ob der Rückkaufspreis dem beizulegenden Zeitwert zum Rückübertragungszeitpunkt entspricht oder ein fester Rückkaufspreis vereinbart wurde. Wenn der Pensionsgeber den Pensionsgegenstand zum beizulegenden Zeitwert des Pensionsgegenstands zum Rückübertragungszeitpunkt zurückkaufen kann, dann hat sich der Pensionsgeber im Wesentlichen aller Eigentümerrisiken und -chancen des Pensionsgegenstands entledigt.[160] Der Pensionsgegenstand ist aus der Bilanz des Pensionsgebers auszubuchen.[161]

Wenn der Rückkaufspreis fest vereinbart wurde, dann ist zum Zeitpunkt der Übertragung des Pensionsgegenstands zu prüfen, ob der Rückkaufspreis *deep in the money* ist, d. h. weit unter dem beizulegenden Zeitwert des Pensionsgegenstands liegt. In diesem Fall unterstellt IAS 39, dass der Pensionsgeber den Pensionsgegenstand hinreichend wahrscheinlich zurückkaufen wird. Der Pensionsgeber behält im Wesentlichen alle Eigentümerrisiken und -chancen des Pensionsgegenstands,[162] so dass der Pensionsgegenstand weiterhin in der Bilanz des Pensionsgebers verbleibt.[163] IAS 39 konkretisiert aber nicht, wann der Rückkaufspreis *deep in the money* ist. Hier entsteht ein Ermessensspielraum für die bilanzierenden Unternehmen.

---

160 Vgl. IAS 39.AG39(b) sowie IAS 39.AG51(d).
161 Vgl. IAS 39.20(a).
162 Vgl. IAS 39.AG51(f).
163 Vgl. IAS 39.20(b).

Analog wird der Pensionsgegenstand aus der Bilanz des Pensionsgebers ausgebucht, wenn der fest vereinbarte Rückkaufspreis *deep out of the money* ist, d. h. weit über dem beizulegenden Zeitwert liegt. Der Pensionsgeber wird hinreichend wahrscheinlich nicht von seinem Rückkaufsrecht Gebrauch machen, so dass er im Wesentlichen alle Eigentümerrisiken und -chancen des Pensionsgegenstands zum Übertragungszeitpunkt übertragen hat.[164]

Für den Fall, dass der fest vereinbarte Rückkaufspreis weder *deep in the money* noch *deep out of the money* ist, hat der Pensionsgeber die Eigentümerrisiken und -chancen des Pensionsgegenstands weder zurückbehalten noch übertragen.[165] Gemäß der Zurechnungssystematik des IAS 39.20 ist zu prüfen, ob der Pensionsgeber die Verfügungsmacht über den Pensionsgegenstand verloren hat. Dies ist der Fall, wenn der Pensionsgegenstand jederzeit am Markt verfügbar ist. Dann ist der Pensionsnehmer in der Lage, den Pensionsgegenstand zu verkaufen. Seine Rückübertragungspflicht kann der Pensionsnehmer dann durch einen neu erworbenen gleichartigen Pensionsgegenstand erfüllen. Da die Verfügungsmacht gemäß IAS 39.22 mit der Fähigkeit gleichgesetzt wird, den Pensionsgegenstand veräußern zu können, liegt die Verfügungsmacht nun beim Pensionsnehmer. Der Pensionsgeber hat den Pensionsgegenstand aus seiner Bilanz auszubuchen.[166]

Wenn der Pensionsgegenstand nicht jederzeit am Markt verfügbar ist, dann ist die Verfügungsmacht nicht auf den Pensionsnehmer übergegangen, weil er den Pensionsgegenstand nicht veräußern kann.[167] Der Pensionsgeber hat den Pensionsgegenstand weiterhin in dem Ausmaß in seiner Bilanz zu aktivieren, in dem er weiterhin an den Wertschwankungen des Pensionsgegenstands beteiligt ist.[168] Im Fall eines einseitigen Rückkaufsrechts ist dieses Ausmaß der Betrag des Pensionsgegenstands, den der Pensionsgeber eventuell zurückkaufen wird.[169] Diesem Betrag ist eine entsprechende Verbindlichkeit gegenüberzustellen, die die Rechte und Pflichten des Pensionsgegenstands widerspiegelt.[170] Wenn der Pensionsgegenstand gemäß den Bewertungsvorschriften für finanzielle Vermögenswerte mit den fortgeführten Anschaffungskosten bewertet wird, so wird eine Verbindlichkeit in Höhe des Rückkaufspreises passiviert, die um die Differenz zwischen dem Rückkaufspreis und den fortgeführten Anschaffungskosten zum Rückübertragungszeitpunkt erfolgswirksam korrigiert wird.[171] Wird der Pensionsgegenstand zum beizulegenden Zeitwert bilanziert, dann wird der

---

164 Vgl. IAS 39.20(b) i.V.m. IAS 39.AG51(g).
165 Vgl. IAS 39.AG51(h).
166 Vgl. IAS 39.AG51(h).
167 Vgl. IAS 39.20(c) i.V.m. IAS 39.23.
168 Vgl. IAS 39.20(c)(ii) i.V.m. IAS 39.30.
169 Vgl. IAS 39.30(b).
170 Vgl. IAS 39.31.
171 Vgl. IAS 39.AG48(b).

Pensionsgegenstand mit diesem beizulegenden Zeitwert angesetzt. Die entsprechende Verbindlichkeit wird entweder zum Rückkaufspreis abzüglich des Zeitwerts des Rückkaufsrechts bewertet, wenn das Rückkaufsrecht *in the money* oder *at the money* ist, oder zum beizulegenden Zeitwert des Pensionsgegenstands abzüglich des Zeitwerts des Rückkaufsrechts, wenn das Rückkaufrecht *out of the money* ist. Durch diese Bewertung der Verbindlichtkeit entspricht die Nettoposition des Pensionsgebers dem beizulegenden Zeitwert des Rückkaufsrechts.[172]

432.14 Zurechnungsregeln für unechte Wertpapierpensionsgeschäfte (Typ III) nach IAS 39

Bei einem unechten Pensionsgeschäft verkauft der Pensionsgeber den Pensionsgegenstand an den Pensionsnehmer und verliert das rechtliche Eigentum am Pensionsgegenstand. Der Pensionsnehmer ist verpflichtet, den Kaufpreis an den Pensionsgeber zu zahlen. Bereits zum Übertragungszeitpunkt (t_0) wird bei einem unechten Pensionsgeschäft vereinbart, dass der Pensionsnehmer das Recht hat, den Pensionsgegenstand für einen vereinbarten Rückkaufspreis an den Pensionsgeber zurückzugeben. Gleichzeitig ist der Pensionsgeber verpflichtet, den Pensionsgegenstand für einen vereinbarten Rückkaufspreis zum Rückübertragungszeitpunkt (t_1) zurückzunehmen. Die Struktur eines unechten Pensionsgeschäfts verdeutlicht die folgende Übersicht 4-4:

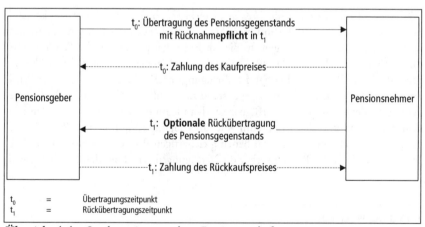

Übersicht 4-4: *Struktur eines unechten Pensionsgeschäfts*

Zuerst ist zu prüfen, ob der Pensionsgeber im Wesentlichen alle Eigentümerrisiken und -chancen des Pensionsgegenstands übertragen hat. Beim unechten Pensionsge-

---

172 Vgl. IAS 39AG48(c).

schäft (Typ III) ist in einem ersten Schritt zu unterscheiden, ob der Rückkaufspreis fest vereinbart wurde oder dem beizulegenden Zeitwert zum Rückübertragungszeitpunkt entspricht. Wenn der Rückübertragungspreis dem beizulegenden Zeitwert des Pensionsgegenstands zum Rückübertragungszeitpunkt entspricht, dann hat der Pensionsgeber im Wesentlichen alle Eigentümerrisiken und -chancen des Pensionsgegenstands übertragen.[173] Der Pensionsgegenstand ist aus der Bilanz des Pensionsgebers auszubuchen.[174]

Wenn der Rückkaufspreis fest vereinbart worden und *deep out of the money* ist, d. h. der Rückkaufspreis weit unter dem beizuliegenden Zeitwert liegt, dann hat der Pensionsnehmer im Wesentlichen alle Eigentümerrisiken und -chancen des Pensionsgegenstands übertragen.[175] IAS 39 unterstellt in diesem Fall, dass der Pensionsnehmer hinreichend wahrscheinlich sein Rückübertragungsrecht nicht ausüben wird. Der Pensionsgegenstand ist aus der Bilanz des Pensionsgebers auszubuchen.[176]

Ist der Rückkaufspreis *deep in the money*, d. h. liegt der Rückkaufspreis weit über dem beizulegenden Zeitwert, hat der Pensionsgeber die Eigentümerrisiken und -chancen des Pensionsgegenstands nicht übertragen, weil er damit rechnen muss, dass der Pensionsnehmer von seinem Rückübertragungsrecht hinreichend wahrscheinlich Gebrauch machen wird.[177] Der Pensionsgeber muss den Pensionsgegenstand zum vereinbarten Rückkaufspreis zurückkaufen. Der Pensionsgegenstand verbleibt in der Bilanz des Pensionsgebers.[178]

Wenn der Rückkaufspreis weder *deep in the money* noch *deep out of the money* ist, dann hat der Pensionsgeber die Eigentümerrisiken und -chancen des Pensionsgegenstands weder behalten noch übertragen. In diesem Fall ist zu prüfen, ob der Pensionsgeber die Verfügungsmacht über den Pensionsgegenstand an den Pensionsnehmer übertragen hat.[179] Der Pensionsgeber hat die Verfügungsmacht übertragen, wenn der Pensionsnehmer fähig ist, den Pensionsgegenstand zu veräußern.[180] Wenn der Pensionsgegenstand jederzeit am Markt verfügbar ist, dann kann der Pensionsnehmer den Pensionsgegenstand veräußern und zum Rückübertragungszeitpunkt sein Rückübertragungsrecht durch einen neu erworbenen gleichartigen Pensionsgegenstand ausüben. In diesem Fall hat der Pensionsgeber die Verfügungsmacht über den Pensionsgegen-

---

173 Vgl. IAS 39.AG51(j).
174 Vgl. IAS 39.20(a).
175 Vgl. IAS 39.AG39(c) sowie IAS 39.AG51(g).
176 Vgl. IAS 39.20(a).
177 Vgl. IAS 39.AG40(d) sowie IAS 39.AG51(f).
178 Vgl. IAS 39.20(b).
179 Vgl. IAS 39.20(c).
180 Vgl. IAS 39.23.

stand auf den Pensionsnehmer übertragen. Der Pensionsgegenstand ist aus der Bilanz des Pensionsgebers auszubuchen.[181]

Bei der Beurteilung, ob der Pensionsnehmer zur Veräußerung fähig ist, ist entscheidend, wozu der Pensionsnehmer praktisch in der Lage ist. Die vertraglichen Rechte und Beschränkungen sind bei dieser Frage unerheblich.[182] Wenn der Pensionsgegenstand nicht jederzeit am Markt verfügbar ist, dann hat der Pensionsgeber die Verfügungsmacht über den Pensionsgegenstand nicht übertragen, wenn das Rückübertragungsrecht des Pensionsnehmers einen solchen Wert für den Pensionsnehmer hat, so dass er von einem Verkauf an einen unabhängigen Dritten absehen wird.[183] IAS 39 konkretisiert indes nicht, wann ein Rückübertragungsrecht einen solchen Wert für den Pensionsnehmer annimmt. Hier werden den bilanzierenden Unternehmen Ermessenspielräume eröffnet.

Wenn der Pensionsgeber die Verfügungsmacht über den Pensionsgegenstand nicht übertragen hat, hat er den Pensionsgegenstand im Ausmaß seiner noch andauernden Beteiligung an den Wertschwankungen des Pensionsgegenstands in seiner Bilanz zu aktivieren.[184] Bei einer Rücknahmeverpflichtung für einen Pensionsgegenstand, der zum beizulegenden Zeitwert zu bewerten ist, beträgt das Ausmaß der andauernden Beteiligung den niedrigeren Wert aus dem beizulegenden Zeitwert des Pensionsgegenstands und dem fest vereinbarten Rückkaufspreis.[185] Die entsprechende Verbindlichkeit wird mit dem Rückkaufspreis zuzüglich des Zeitwerts der Rücknahmeverpflichtung bewertet. Die Nettoposition aus dem unechten Pensionsgeschäft entspricht dann dem beizulegenden Zeitwert der Rücknahmeverpflichtung.[186] Wenn der Pensionsgegenstand gemäß den Bewertungsvorschriften für finanzielle Vermögenswerte mit den fortgeführten Anschaffungskosten bewertet wird, so wird eine Verbindlichkeit in Höhe des Rückkaufspreises passiviert, die um die Differenz zwischen dem Rückkaufspreis und den fortgeführten Anschaffungskosten des Pensionsgegenstands zum Rückübertragungszeitpunkt erfolgswirksam korrigiert wird.[187]

Bei einem unechten Pensionsgeschäft ist denkbar, dass der Pensionsgeber die wesentlichen Eigentümerrisiken und -chancen am Pensionsgegenstand bspw. durch einen *Total Return Swap* zurückbehält.[188] Die Rechte und Pflichten bei einem Total Return

---

181 Vgl. IAS 39.20(c)(i).
182 Vgl. IAS 39.AG43.
183 Vgl. IAS 39.AG51(i) i.V.m. IAS 39.AG44.
184 Vgl. IAS 39.20(c)(ii) i.V.m. IAS 39.30.
185 Vgl. IAS 39.30(b).
186 Vgl. IAS 39.AG48(d).
187 Vgl. IAS 39.AG48(b).
188 Vgl. IAS 39.38(c).

Swap innerhalb eines unechten Pensionsgeschäfts verdeutlicht die folgende Übersicht 4-5:

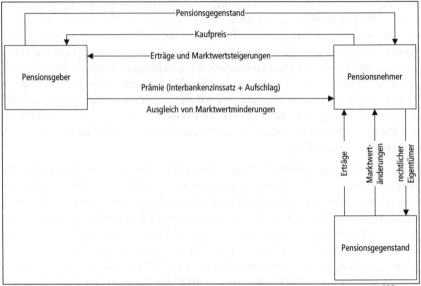

Übersicht 4-5:   *Total Return Swap innerhalb eines Wertpapierpensionsgeschäfts[189]*

Der Pensionsgeber hat ursprünglich den Pensionsgegenstand an den Pensionsnehmer übertragen und den Kaufpreis erhalten. Den wirtschaftlichen Nutzen aus der Nutzung des Vermögenswerts, wie Zinsen, Dividenden, Stimmrechte, erhält weiterhin der Pensionsgeber. Er vereinnahmt die Wertsteigerung des Pensionsgegenstands, weil ihm alle Zahlungsströme aus Kurssteigerungen zufließen. Als Gegenleistung zahlt er dem Pensionsnehmer einen Zinssatz, der einem Interbankenzinssatz (z. B. Euribor, Libor) zuzüglich eines Aufschlags entspricht. Zusätzlich gleicht er alle Wertminderungen, d. h. Kurssenkungen des Pensionsgegenstands, aus. Bei einem unechten Pensionsgeschäft ist der Pensionsnehmer somit berechtigt, den Pensionsgegenstand zum gleichen Preis zurückzuverkaufen, zu dem er den Pensionsgegenstand ursprünglich erworben hat, weil die Zahlungen für die Kurssteigerungen als nachträgliche Kaufpreiszahlungen anzusehen sind. Seine Kapitalüberlassung wird vom Pensionsgeber mit einer Prämie vergütet.

Wenn der Pensionsgeber einen Pensionsgegenstand überträgt und gleichzeitig mit dem Pensionsnehmer einen Total Return Swap abschließt, dann behält der Pensions-

---

189 In Anlehnung an BELLAVITE-HÖVERMANN, Y./BARCKOW, A., IAS 39, Rz. 102.

geber im Wesentlichen alle Eigentümerrisiken und -chancen.[190] Der Pensionsgegenstand verbleibt bei einem Total Return Swap in der Bilanz des Pensionsgebers.[191]

432.15 Zurechnungsregeln für offene Wertpapierpensionsgeschäfte (Typ IV) nach IAS 39

Bei einem offenen Pensionsgeschäft verkauft der Pensionsgeber den Pensionsgegenstand an den Pensionsnehmer und verliert das rechtliche Eigentum am Pensionsgegenstand. Der Pensionsnehmer ist verpflichtet, den Kaufpreis an den Pensionsgeber zu zahlen. Bereits zum Übertragungszeitpunkt (t_0) wird bei einem offenen Pensionsgeschäft vereinbart, dass sowohl der Pensionsgeber als auch der Pensionsnehmer das Recht haben, den Pensionsgegenstand für einen vereinbarten Rückkaufpreis zurückzufordern bzw. zurückzugeben. Entweder ist der Pensionsnehmer verpflichtet, den Pensionsgegenstand herauszugeben, oder der Pensionsgeber ist verpflichtet, den Pensionsgegenstand anzunehmen und den vereinbarten Rückkaufpreis zu zahlen. Die Struktur eines offenen Pensionsgeschäfts verdeutlicht die folgende Übersicht 4-6:

Übersicht 4-6: *Struktur eines offenen Pensionsgeschäfts*

In einem ersten Schritt ist zu untersuchen, ob der Pensionsgeber in einem offenen Pensionsgeschäft (Typ IV) im Wesentlichen alle Eigentümerrisiken und -chancen des Pensionsgegenstands übertragen hat. Dabei sind die Fälle zu unterscheiden, in denen der Rückkaufpreis dem beizulegenden Zeitwert des Pensionsgegenstands zum Rückübertragungszeitpunkt entspricht oder der Rückkaufpreis fest vereinbart worden ist. Im ersten Fall ist der Pensionsgegenstand aus der Bilanz des Pensionsgebers auszubu-

---

190 Vgl. IAS 39.AG39(c) sowie IAS 39.AG51(o).
191 Vgl. IAS 39.20(b).

chen,[192] weil der Pensionsgeber im Wesentlichen alle Eigentümerrisiken und -chancen des Pensionsgegenstands übertragen hat.[193]

Wenn im zweiten Fall der Rückkaufspreis weit über dem beizulegenden Zeitwert des Pensionsgegenstands liegt, dann ist die Kaufoption des Pensionsgebers *deep out of the money* und das Rückübertragungsrecht des Pensionsnehmers *deep in the money*. Der Pensionsgeber wird in keinem Fall von seiner Kaufoption Gebrauch machen; der Pensionsnehmer indes wird hinreichend wahrscheinlich den Pensionsgegenstand an den Pensionsgeber rückübertragen. Der Pensionsgeber trägt also weiterhin im Wesentlichen alle mit dem rechtlichen Eigentum verbundenen Chancen und Risiken des Pensionsgegenstands.[194] Der Pensionsgegenstand ist in der Bilanz des Pensionsgebers weiterhin zu aktivieren.[195]

Liegt der Rückkaufspreis weit unter dem beizulegenden Zeitwert des Pensionsgegenstands, so wird der Pensionsgeber seine Kaufoption hinreichend sicher ausüben, denn die Kaufoption ist *deep in the money*. Der Pensionsnehmer wird auf keinen Fall von seinem Rückübertragungsrecht Gebrauch machen, weil das Rückübertragungsrecht *deep out of the money* ist. In diesem Fall behält der Pensionsgeber ebenfalls im Wesentlichen alle Eigentümerrisiken und -chancen.[196] Der Pensionsgeber darf den Pensionsgegenstand nicht aus seiner Bilanz ausbuchen.[197]

Wenn sowohl die Kaufoption als auch das Rückübertragungsrecht weder *deep in the money* noch *deep out of the money* sind, dann hat der Pensionsgeber die Eigentümerrisiken und -chancen weder übertragen noch behalten.[198] Nach der Zurechnungssystematik des IAS 39 ist zu prüfen, ob der Pensionsgeber die Verfügungsmacht über den Pensionsgegenstand übertragen hat.[199] Dies ist der Fall, wenn der Pensionsnehmer den Pensionsgegenstand veräußern kann.[200] Der Pensionsgeber hat die Verfügungsmacht über den Pensionsgegenstand auf den Pensionsnehmer übertragen, wenn der Pensionsgegenstand jederzeit am Markt verfügbar ist. Sollte der Pensionsgeber tatsächlich von seiner Kaufoption Gebrauch machen bzw. der Pensionsnehmer sein Rückübertragungsrecht ausüben, dann ist der Pensionsnehmer in der Lage, das offene Pensionsgeschäft mit einem neu erworbenen gleichartigen Pensionsgegenstand zu er-

---

192 Vgl. IAS 39.20(a).
193 Vgl. IAS 39.AG51(j).
194 Vgl. IAS 39.AG39(c) sowie IAS 39.AG40(d).
195 Vgl. IAS 39.20(b).
196 Vgl. IAS 39.AG39(c) sowie IAS 39.AG40(d).
197 Vgl. IAS 39.20(b).
198 Vgl. IAS 39.AG51(h) sowie IAS 39.AG51(i).
199 Vgl. IAS 39.20(c).
200 Vgl. IAS 39.23.

füllen. Der Pensionsgegenstand ist daher aus der Bilanz des Pensionsgebers auszubuchen.[201]

Ist der Pensionsgegenstand nicht jederzeit am Markt verfügbar, dann hat der Pensionsnehmer nicht die Verfügungsmacht über den Pensionsgegenstand errungen. Der Pensionsgeber hat den Pensionsgegenstand im Ausmaß seiner noch andauernden Beteiligung an den Wertschwankungen des Pensionsgegenstands in seiner Bilanz zu aktivieren.[202] Wenn der Pensionsgegenstand zum beizulegenden Zeitwert bewertet wird, beträgt das Ausmaß der andauernden Beteiligung den niedrigeren Wert aus dem beizulegenden Zeitwert des Pensionsgegenstands und dem fest vereinbarten Rückkaufspreis.[203] Die entsprechende Verbindlichkeit wird mit dem Rückkaufspreis zuzüglich des Zeitwerts der Rücknahmeverpflichtung bewertet. Die Nettoposition aus dem offenen Pensionsgeschäft entspricht dann dem beizulegenden Zeitwert der Rücknahmeverpflichtung.[204] Wenn der Pensionsgegenstand gemäß den Bewertungsvorschriften für finanzielle Vermögenswerte mit den fortgeführten Anschaffungskosten bewertet wird, so wird eine Verbindlichkeit in Höhe des Rückkaufspreises passiviert, die um die Differenz zwischen dem Rückkaufspreis und den fortgeführten Anschaffungskosten des Pensionsgegenstands zum Rückübertragungszeitpunkt erfolgswirksam korrigiert wird.[205]

432.2 Beurteilung der Zurechnungsregeln des IAS 39

Durch den neu überarbeiteten IAS 39 (revised 2003) sind die teilweise widersprüchlichen und uneinheitlichen Zurechnungsregeln des überholten IAS 39 (2000) beseitigt worden. Denn im überholten IAS 39 (2000) basierten die Zurechnungsregeln grundsätzlich zwar auf dem Control-Prinzip, wurden aber mit Kriterien des Risk-and-reward-Ansatzes vermischt.[206] Weil die Eigentümerrisiken und -chancen nicht eindeutig definiert waren, führten die Zurechnungsregeln, die auf dem Risk-and-reward-Ansatz beruhten, nicht immer zu einer einheitlichen Zurechnungsentscheidung. In der Basis for Conclusion des ED IAS 39 (June 2002) wurde außerdem kritisiert, dass ein Risk-and-reward-Test nicht objektiv und einheitlich durchgeführt werden kann, weil der Test zahlreiche Fragen aufwirft, u. a. wie die Risiken identifiziert, gemessen und aggregiert werden sollen.[207]

---

201 Vgl. IAS 39.20(c)(i).
202 Vgl. IAS 39.20(c)(ii) i.V.m. IAS 39.30.
203 Vgl. IAS 39.30(b).
204 Vgl. IAS 39.AG48(d).
205 Vgl. IAS 39.AG48(b).
206 Vgl. ED IAS 39 (June 2002), C32.
207 Vgl. ED IAS 39 (June 2002), C35.

Bereits das Diskussionspapier des IASC, das 1997 veröffentlicht wurde, hat auf die Ermessensspielräume bei der Anwendung des Risk and reward-Ansatzes auf Fragen des Ansatzes und der Ausbuchung von finanziellen Vermögenswerten hingewiesen[208] und das Control-Prinzip für Fragen des Ansatzes und der Ausbuchung von finanziellen Vermögenswerten bevorzugt.[209] Die einzelnen Zurechnungsregeln des überholten IAS 39 (2000), die auf dem Control-Prinzip basierten, führten in einigen Fällen ebenfalls nicht zu einer einheitlichen Zurechnung von finanziellen Vermögenswerten.[210]

Mit dem neu überarbeiteten IAS 39 (revised 2003) sind die Widersprüchlichkeiten des IAS 39 (2000) behoben worden. Die einheitliche Zurechnungssystematik, die eine Zurechnungsentscheidung nach dem Risk-and-reward-Ansatz einer Zurechnungsentscheidung nach dem Control-Prinzip vorzieht, ist in IAS 39 (revised 2003) konsequent umgesetzt worden. Die Zurechnung von finanziellen Vermögenswerten, die Gegenstand eines Wertpapierpensionsgeschäfts sind, wird durch umfangreiche Beispiele in der Application Guidance, die nun integraler Bestandteil des IAS 39 ist, konkretisiert und trägt somit zu einer eindeutigen Zurechnungsentscheidung bei.

Indes sind auch im neu überarbeiteten IAS 39 (revised 2003) Ermessensspielräume enthalten. Zum einen konkretisiert IAS 39 nicht, wann eine Kaufoption bzw. ein Rückgaberecht als *deep in the money, at the money, in the money* oder *deep out of the money* anzusehen ist. Diese Klassifizierung entscheidet indes bei den Pensionsgeschäften des Typs II, des Typs III und des Typs IV über die Zurechnung des Pensionsgegenstands. Ein weiterer Ermessensspielraum besteht für die Unternehmen bei der Beurteilung, ob der Pensionsnehmer praktisch in der Lage ist, den Pensionsgegenstand zu veräußern. Auch diese Entscheidung ist maßgeblich für die Zurechnung des Pensionsgegenstands, und zwar in allen Fällen, in denen die Zurechnung des Pensionsgegenstands nach dem Übergang der Verfügungsmacht gemäß IAS 39.20(c) zu treffen ist. Da sich die praktische Fähigkeit des Pensionsnehmers zur Veräußerung des Pensionsgegenstands nicht nach den Rechten und Beschränkungen aus dem Pensionsgeschäft richten darf, fehlen objektivierte Kriterien, wann ein Pensionsnehmer praktisch zur Veräußerung fähig ist.

Im Folgenden werden die in Abschnitt 33 und Abschnitt 34 entwickelten Zurechnungsregeln auf die vier Typen von Wertpapierpensionsgeschäften angewandt. Je nach vertraglicher Ausgestaltung der Teilrechte bzw. Kombinationen von Teilrechten des Pensionsgebers und des Pensionsnehmers werden die allgemein entwickelten Zurechnungsregeln auf den Spezialfall der Pensionsgeschäfte angewendet. Dabei wird

---

208 Vgl. IASC (HRSG.), Financial Assets and Financial Liabilities, S. 56, Rz. 5.7(d).
209 Vgl. IASC (HRSG.), Financial Assets and Financial Liabilities, S. 51, Rz. 4.1.
210 Vgl. ED IAS 39 (June 2002), C37-40.

untersucht, ob die entwickelten Zurechnungskriterien die gezeigten Ermessensspielräume der derzeit gültigen Zurechnungsregeln des IAS 39 verhindern oder zumindest einengen können.

433. Zurechnung von in Wertpapierpensionsgeschäften übertragenen Pensionsgegenständen nach den entwickelten Zurechnungsregeln

433.1 Vorüberlegungen

Gemäß der Zurechnungsregel in IAS 39.14 hat ein Unternehmen einen finanziellen Vermögenswert zu aktivieren, wenn es Vertragspartner zu den vertraglichen Regelungen des finanziellen Vermögenswerts wird. Das Unternehmen hat nach IAS 39.20 einen finanziellen Vermögenswert auszubuchen, wenn es entweder im Wesentlichen alle Eigentümerrisiken und -chancen übertragen hat oder, sofern das Ausmaß der übertragenen Eigentümerrisiken und -chancen nicht bestimmbar ist, die Verfügungsmacht über die vertraglichen Rechte, die der finanzielle Vermögenswert enthält, verliert und sich das Unternehmen somit nicht mehr den künftigen wirtschaftlichen Nutzen des finanziellen Vermögenswerts sichern kann.[211]

Sowohl die Übertragung der Eigentümerrisiken und -chancen als auch der Verlust der Verfügungsmacht sind unbestimmte Rechtsbegriffe. Diese unbestimmten Rechtsbegriffe können konkretisiert werden, wenn Fallgruppen gebildet oder Fallgruppen verglichen werden.[212] Als Fallgruppen können die vier Typen von Pensionsgeschäften, die in Abschnitt 431.1 definiert wurden, als

(1) echtes Pensionsgeschäft,

(2) Pensionsgeschäft mit einseitigem Rücknahmerecht des Pensionsgebers,

(3) unechtes Pensionsgeschäft und

(4) offenes Pensionsgeschäft,

verwendet werden. Diese vier Typen umfassen alle denkbaren Rechtspositionen und Kombinationen von Rechtspositionen, die die einzelnen Vertragspartner in einem Pensionsgeschäft einnehmen können.[213] Die in Abschnitt 3 entwickelten Zurechnungsregeln basieren auf dem aus dem Framework entwickelten allgemeinen Zurechnungskriterium. Für jede vertragliche Ausgestaltung einer Rechtsposition, die an einem Vermögenswert bestehen kann, wird im Folgenden analysiert, ob und wie ein Teilrecht oder eine Kombination von Teilrechten einem Unternehmen die Verfügungsmacht über den im Wesentlichen gesamten künftigen wirtschaftlichen Nutzen

---

211 Vgl. IAS 39.20.
212 Vgl. TIPKE, K., Auslegung unbestimmter Rechtsbegriffe, S. 3 f.
213 Vgl. JAHN, O., Pensionsgeschäfte, S. 49.

an einem Pensionsgegenstand, der in dieser Untersuchung ein finanzieller Vermögenswert ist, begründen kann.

Die Analyse der Bedingungen in Abschnitt 332.21, in welcher Ausprägung ein Nutzungsrecht die Verfügungsmacht über den im Wesentlichen gesamten künftigen wirtschaftlichen Nutzen eines Vermögenswerts begründet, führte zu dem Ergebnis, dass ein unbeschränktes Nutzungsrecht nur dann diese Verfügungsmacht begründen kann, wenn der Vermögenswert ein abnutzbares Gebrauchsgut ist. Die Nutzenzuflüsse aus der Nutzung des Pensionsgegenstands sind je nach Art des Pensionsgegenstands Dividenden, Zinsen und/oder Stimmrechte. Durch die Nutzung des Pensionsgegenstands wird aber nicht das wirtschaftliche Nutzenpotential des finanziellen Vermögenswerts, das bspw. im Nennbetrag einer Aktie oder im Rückzahlungsbetrag einer Anleihe steckt, verbraucht. Dieses wirtschaftliche Nutzenpotential des Pensionsgegenstands kann durch eine jederzeitige Verwertung des Pensionsgegenstands als Zahlungsmittel in einem einmaligen Akt oder sukzessive zufließen. Ein finanzieller Vermögenswert wird verwertet, wenn er entweder in Zahlungsmittel oder gegen einen anderen finanziellen Vermögenswert getauscht oder im Rahmen der Zwangsvollstreckung zu Geld gemacht wird. Der Erwerber eines Pensionsgegenstands wird oftmals nicht nur den Betrag in Höhe der Zahlungsmittel, die ein finanzieller Vermögenswert garantiert, z. B. Nennwert einer Aktie oder Rückzahlungsbetrag einer Anleihe, bezahlen. Zusätzlich wird er die erwarteten künftigen wirtschaftlichen Zahlungsströme aus der künftigen Nutzung mit dem Kaufpreis vergüten. Im Kurs einer Aktie spiegeln sich u. a. die erwarteten künftigen Dividenden aus einem Eigenkapitaltitel wider. Je nach der Höhe des erwarteten künftigen wirtschaftlichen Nutzens, der als Zahlungsmittel zufließt, verändert sich der Betrag, den ein Erwerber zu zahlen bereit ist. Das künftige wirtschaftliche Nutzenpotential unterliegt also im Zeitablauf Wertänderungen. An diesen Wertänderungen kann das Unternehmen aber nur dann partizipieren, wenn es den Pensionsgegenstand jederzeit verwerten kann. In dem Verwertungserlös sind neben dem wirtschaftlichen Nutzenpotential, das zum Veräußerungszeitpunkt besteht, auch künftige wirtschaftliche Nutzenpotentiale aus der Nutzung enthalten. Ein Unternehmen besitzt also allein die Möglichkeit, im Wesentlichen das gesamte wirtschaftliche Nutzenpotential eines Pensionsgegenstands zu vereinnahmen, wenn es vollständig an dessen Wertänderungen teilnimmt. Dies ist der Fall, wenn das Unternehmen ein unbedingtes Verwertungsrecht am wirtschaftlichen Nutzen des Pensionsgegenstands besitzt.

433.2 Zurechnungsregeln für echte Wertpapierpensionsgeschäfte (Typ I)

Die Struktur eines echten Pensionsgeschäfts verdeutlicht die Übersicht 4-2 in Abschnitt 432.12. Bei echten Pensionsgeschäften ist der Pensionsgeber verpflichtet, den Pensionsgegenstand zu einem bestimmten Zeitpunkt oder innerhalb einer bestimmten Zeitspanne zu einem vereinbarten Rückkaufspreis vom Pensionsnehmer zurückzukaufen. Der Pensionsnehmer ist gleichzeitig verpflichtet, das rechtliche Eigentum am Pensionsgegenstand rückzuübertragen und gegebenenfalls den unmittelbaren Besitz am Pensionsgegenstand herauszugeben. Der Rückkaufspreis kann entweder auf einen bestimmten Betrag, z. B. ursprünglicher Kaufpreis zuzüglich eines festen Aufgelds, oder dessen Bestimmungsgrößen, z. B. beizulegender Zeitwert zum Rückkaufszeitpunkt, festgelegt werden. Das echte Pensionsgeschäft entspricht einem festen Termingeschäft.[214]

Zu Beginn des Pensionsgeschäfts übergibt der Pensionsgeber das rechtliche Eigentum und in vielen Fällen damit verbunden ein für die Dauer des Pensionsgeschäfts zeitlich beschränktes Nutzungsrecht am Pensionsgegenstand an den Pensionsnehmer. Zusätzlich ist der Pensionsnehmer berechtigt, den Pensionsgegenstand zu verwerten, indem er diesen an den Pensionsgeber zurückveräußert. Allerdings besitzt der Pensionsnehmer nicht die Möglichkeit, den Pensionsgegenstand jederzeit zu verwerten, weil er nur während der Dauer des Pensionsgeschäfts berechtigt ist, den Pensionsgegenstand an den Pensionsgeber zurückzuveräußern. Das Verwertungsrecht des Pensionsnehmers kann die Verfügungsmacht über den künftigen wirtschaftlichen Nutzen nicht begründen, weil die Anforderungen an die Ausprägungen eines unbedingten Verwertungsrechts, nämlich die Möglichkeit einer jederzeitigen Verwertung, nicht erfüllt sind.[215]

Der Pensionsgeber hingegen hat kein Erwerbsrecht, sondern eine Erwerbspflicht, der er sich nicht entziehen kann, und der Pensionsnehmer muss seinerseits alles tun, um den Erwerb zu ermöglichen. Mit der Beendigung des Pensionsgeschäfts erhält der Pensionsgeber automatisch das unbeschränkte Nutzungsrecht und das unbedingte Verwertungsrecht zurück. Das unbedingte Verwertungsrecht am Pensionsgegenstand verbleibt über die gesamte Laufzeit des Pensionsgeschäfts beim Pensionsgeber, weil er einen Herausgabeanspruch gegen den Pensionsnehmer besitzt und nach Beendigung des Pensionsgeschäfts den Pensionsgegenstand jederzeit verwerten kann. Nur der Pensionsgeber kann den Pensionsgegenstand nach seinem Belieben verwerten. **Bei einem echten Pensionsgeschäft ist der Pensionsgegenstand dem Pensionsgeber bilanziell zuzurechnen.**

Entspricht der Rückkaufspreis dem ursprünglichen Kaufpreis zuzüglich eines Aufpreises, so kann der Pensionsnehmer während der Pensionsdauer das wirtschaftliche Nutzenpotential des Pensionsgegenstands nicht vereinnahmen, weil er nicht an den Wertsteigerungen oder den Wertminderungen des Pensionsgegenstands während des

---

214 Vgl. PRAHL, R./ NAUMANN, T. K., Wertpapierpensionsgeschäfte, Sp. 2269.
215 Vgl. Abschnitt 333.2.

Pensionsgeschäfts teilnimmt. In diesem Fall eines echten Pensionsgeschäfts wird die Zurechnungsentscheidung nicht anders getroffen als nach der Zurechnungsystematik des IAS 39. Nach IAS 39.20(b) behält der Pensionsgeber in einem echten Pensionsgeschäft stets im Wesentlichen alle Eigentümerrisiken und -chancen zurück und darf den Pensionsgegenstand nicht aus seinem bilanziellen Vermögen ausbuchen. Denn der Pensionsgeber nimmt an den Schwankungen der Beträge und der Zeitpunkte der Nettozahlungsmittelzu- und -abflüsse teil, weil er sowohl berechtigt als auch verpflichtet ist, den Pensionsgegenstand zurückzukaufen und den Pensionsnehmer entsprechend einem Kreditgeber zu vergüten. Diese Voraussetzungen treffen beim echten Pensionsgeschäft stets zu.[216]

Muss der Pensionsgeber den **Pensionsgegenstand zum beizulegenden Zeitwert zum Rückkaufszeitpunkt zurückkaufen,** so kauft der Pensionsgeber eventuell den Pensionsgegenstand zu einem geringeren bzw. höheren Rückkaufspreis zurück, als er ihn an den Pensionsnehmer verkauft hat. Der Pensionsgeber vereinnahmt in diesem Fall die Wertänderung des wirtschaftlichen Nutzenpotentials des Pensionsgegenstands. Bei einem nominell festgelegten Rückkaufspreis für den Pensionsgeber, der über dem Kaufpreis für den Pensionsnehmer liegt, ist die Differenz zwischen dem Rückkaufspreis und dem Kaufpreis eine der Höhe nach feste Vergütung für die Kapitalüberlassung des Pensionsnehmers. Analog kann die Differenz zwischen dem beizulegenden Zeitwert zum Zeitpunkt des ursprünglichen Verkaufs und dem beizulegenden Zeitwert zum Rückkaufszeitpunkt als eine der Höhe nach variable Vergütung für die Kapitalüberlassung des Pensionsnehmers interpretiert werden. Die Möglichkeit, das wirtschaftliche Nutzenpotential des Pensionsgegenstands zu vereinnahmen, verbleibt bei einem echten Pensionsgeschäft stets beim Pensionsgeber und ist unabhängig von der Höhe und Bestimmung des Rückkaufspreises. Im Fall eines echten Pensionsgeschäfts **bucht der Pensionsgeber den Pensionsgegenstand nicht aus seinem bilanziellen Vermögen aus.** Die Zahlungsverpflichtung für den Rückkaufspreis wird als Schuld in der Bilanz des Pensionsnehmers bilanziert.

Der Pensionsnehmer kann auch berechtigt sein, den ursprünglichen Pensionsgegenstand zu verwerten und einen gleichartigen Pensionsgegenstand an den Pensionsgeber zurückzugeben. Dies setzt voraus, dass ein gleichartiger Pensionsgegenstand jederzeit am Markt erhältlich ist. Pensionsgegenstände sind gleichartig, wenn sie im Wesentlichen wertgleich und funktionsgleich sind (z. B. Stammaktien eines börsennotierten Unternehmens).[217] Wenn der Pensionsnehmer den Pensionsgegenstand tatsächlich während des Pensionsgeschäfts veräußert, hat der Pensionsgeber kein unbedingtes Verwertungsrecht am ursprünglichen Pensionsgegenstand nach Ablauf des Pensionsgeschäfts und somit nicht mehr die Verfügungsmacht über den künftigen wirtschaft-

---

216 Vgl. Abschnitt 432.12.
217 Vgl. JAHN, O., Pensionsgeschäfte, S. 30.

lichen Nutzen des ursprünglichen Pensionsgegenstands. Als Ersatz erhält der Pensionsgeber aber die Verfügungsmacht über den künftigen wirtschaftlichen Nutzen eines gleichartigen Pensionsgegenstands. Nur in dem Fall, in dem der Pensionsnehmer den ursprünglichen Pensionsgegenstand veräußert und durch einen gleichartigen Pensionsgegenstand ersetzt, hat der Pensionsgeber den ursprünglichen Pensionsgegenstand auszubuchen und den gleichartigen Pensionsgegenstand anzusetzen. Da der Pensionsgeber i. d. R. erst zum Rückkaufszeitpunkt erfährt, ob der ursprüngliche Pensionsgegenstand durch einen gleichartigen Pensionsgegenstand ersetzt wurde, ist es zulässig, dass der ursprüngliche Pensionsgegenstand erst zum Rückkaufszeitpunkt ausgebucht und der gleichartige Pensionsgegenstand eingebucht wird. Dabei ist es unerheblich, ob der Pensionsgegenstand zu einem festgelegten Rückkaufspreis oder zum beizulegenden Zeitwert zum Rückkaufszeitpunkt vom Pensionsgeber erworben werden muss. Diese Zurechnungsentscheidung entspricht grundsätzlich der Zurechnungsentscheidung im Beispiel 51(c) in der Application Guidance in IAS 39. In dem Beispiel 51(c) darf ein Pensionsgeber in einem echten Pensionsgeschäft den Pensionsgegenstand nicht aus seinem bilanziellen Vermögen ausbuchen, wenn der Pensionsnehmer den ursprünglichen Pensionsgegenstand gegen einen gleichartigen Pensionsgegenstand, der dem beizulegenden Zeitwert des ursprünglichen Pensionsgegenstands zum Rückübertragungszeitpunkt entspricht, austauschen darf.

433.3 Zurechnungsregeln für ein einseitiges Rücknahmerecht des Pensionsgebers (Typ II)

Bei einem einseitigen Rücknahmerecht ist der Pensionsgeber berechtigt, den Pensionsgegenstand zu einem bestimmten Zeitpunkt oder innerhalb eines bestimmten Zeitraums zurückzukaufen. Der Pensionsnehmer ist dann verpflichtet, das rechtliche Eigentum am Pensionsgegenstand rückzuübertragen und gegebenenfalls den unmittelbaren Besitz am Pensionsgegenstand herauszugeben. Die Struktur eines Pensionsgeschäfts mit einem einseitigen Rücknahmerecht des Pensionsgebers verdeutlicht die Übersicht 4-3 in Abschnitt 432.13. Der Rückkaufspreis kann entweder auf einen bestimmten Betrag, z. B. den ursprünglichen Kaufpreis zuzüglich eines festen Aufgelds, oder durch dessen Bestimmungsgrößen, z. B. den beizulegenden Zeitwert zum Rückkaufszeitpunkt, festgelegt werden. Im Unterschied zum echten Pensionsgeschäft[218] ist nicht sicher, dass der Pensionsgeber den Pensionsgegenstand zurückkaufen wird. Während des Pensionsgeschäfts mit einseitigem Rücknahmerecht besitzt der Pensionsgeber ein unbedingtes Erwerbsrecht. Wie bereits in Abschnitt 334. gezeigt wurde, führt ein alleiniges unbedingtes Erwerbsrecht nicht dazu, dass dem Teilrechtsinhaber ein finanzieller Vermögenswert wirtschaftlich zugerechnet wird. Der **Pensionsgegenstand** ist also **aus der Bilanz des Pensionsgebers auszubuchen**, wenn der Pensionsge-

---

218 Vgl. Abschnitt 433.2

ber **ausschließlich ein unbedingtes Erwerbsrecht** besitzt. Das unbedingte Erwerbsrecht selbst ist ein derivatives Finanzinstrument, das gemäß IAS 39.14 i. V. m. IAS 39.AG35(c) in der Bilanz des Pensionsgebers anzusetzen ist. Das derivative Finanzinstrument ist dann mit seinem beizulegenden Zeitwert zu bewerten.[219]

Denkbar ist, dass der Pensionsgeber weiterhin den künftigen wirtschaftlichen Nutzen aus der Nutzung des Pensionsgegenstands behält, z. B. Zinserträge, Dividenden oder das Stimmrecht. Ein unbeschränktes Nutzungsrecht an einem Pensionsgegenstand kann aber nicht die Verfügungsmacht über den künftigen wirtschaftlichen Nutzen des Pensionsgegenstands begründen.[220] Wie in Abschnitt 342.1 gezeigt wurde, kann das unbedingte Erwerbsrecht die bisherigen Verfügungsmöglichkeiten des nutzungsberechtigten Pensionsgebers in einem solchen Maße ergänzen, dass der Pensionsgeber weiterhin die Verfügungsmacht über den künftigen wirtschaftlichen Nutzen aus dem Pensionsgegenstand besitzt. Der Pensionsgegenstand ist in diesem Fall in der Bilanz des Pensionsgebers zu bilanzieren. Dies ist der Fall, wenn der Pensionsgeber sein unbedingtes Erwerbsrecht mit hinreichender Wahrscheinlichkeit tatsächlich ausüben wird. Der Pensionsgeber wird sein unbedingtes Erwerbsrecht mit hinreichender Sicherheit ausüben, wenn die Bedingungen des Erwerbsrechts wirtschaftlich vorteilhaft für den Pensionsgeber sind, d. h. der vereinbarte Rückkaufspreis wesentlich geringer als der beizulegende Zeitwert des Pensionsgegenstands zum Rückkaufszeitpunkt ist.[221]

Für die Zurechnungsentscheidung muss bereits zu Beginn des Pensionsgeschäfts entschieden werden, ob der Pensionsgeber das Erwerbsrecht hinreichend sicher ausüben wird. Dazu muss der beizulegende Zeitwert zum Rückkaufszeitpunkt bereits im Voraus ermittelt werden. In der Finanzwirtschaft werden die Fundamentalanalyse und die technische Analyse unterschieden, um Aktienkurse zu prognostizieren.[222] Beide Analysen führen indes nicht zu zuverlässigen Prognosewerten. Als Konsequenz kann keine Aussage darüber getroffen werden, ob der Pensionsgeber sein Erwerbsrecht ausübt und somit die Verfügungsmöglichkeiten aus dem Nutzungsrecht zur alleinigen Verfügungsmacht ergänzt. Weil für die Zurechnungsentscheidung über einen Pensionsgegenstand eine zuverlässige Regel benötigt wird, ist im Fall des einseitigen Rücknahmerechts die Zurechnung über den Pensionsgegenstand gemäß dem formalrechtlichen Eigentum zu treffen. Demnach ist der **Pensionsgegenstand dem Pensionsnehmer**, d. h. dem rechtlichen Eigentümer, **zuzurechnen**. Der Pensionsgeber bucht den Pensionsgegenstand aus seinem bilanziellen Vermögen aus. Das unbedingte Erwerbs-

---

219 Vgl. IAS 39.46.
220 Vgl. Abschnitt 332.21.
221 Vgl. Abschnitt 342.1.
222 Vgl. ausführlich zu den Prognosemethoden PERRIDON, L./STEINER, M., Finanzwirtschaft, S. 210-251.

recht selbst ist als derivatives Finanzinstrument im bilanziellen Vermögen des Pensionsgebers zu aktivieren,[223] das mit dem beizulegenden Zeitwert zu bewerten ist.[224]

Wenn der Pensionsnehmer damit rechnen muss, dass der Pensionsgeber sein Rückkaufsrecht ausübt, weil der beizulegende Zeitwert des Pensionsgegenstands wesentlich über dem vereinbarten Rückkaufspreis liegt, dann hat der Pensionsnehmer zwingend eine Rückstellung für drohende Verluste aus schwebenden Geschäften gemäß IAS 37.14 zu passivieren, und zwar in Höhe der Differenz zwischen dem höheren beizulegenden Zeitwert des Pensionsgegenstands und dem niedrigeren vereinbarten Rückkaufspreis.

433.4 Zurechnungsregeln für unechte Wertpapierpensionsgeschäfte (Typ III)

Die Struktur eines unechten Pensionsgeschäfts verdeutlicht die Übersicht 4-4 im Abschnitt 432.14. Bei einem unechten Pensionsgeschäft ist der Pensionsnehmer berechtigt, den Pensionsgegenstand an den Pensionsgeber zu einem bestimmten Zeitpunkt oder innerhalb eines bestimmten Zeitraums gegen einen vereinbarten Rückkaufspreis rückzuübertragen (Andienungsrecht). Der Pensionsgeber ist verpflichtet, den Pensionsgegenstand zurückzukaufen. Der Rückkaufspreis kann bei dieser Art des Pensionsgeschäfts entweder auf einen bestimmten Betrag, z. B. den ursprünglichen Kaufpreis zuzüglich eines festen Aufgelds, oder anhand von bestimmten Bestimmungsgrößen, z. B. dem beizulegenden Zeitwert zum Rückkaufszeitpunkt, festgelegt werden. Der Pensionsgeber erhält den Pensionsgegenstand nur in den Fällen zurück, in denen der Pensionsnehmer sich zur Rückübertragung entschließt. Weil der Pensionsnehmer in diesem Fall das Gestaltungsrecht hat,[225] kann der Pensionsgeber nicht mehr über die Rückübertragung entscheiden. Bei einem unechten Pensionsgeschäft besitzt der Pensionsnehmer das unbedingte Verwertungsrecht, weil er allein entscheiden kann, wie und wann er den finanziellen Vermögenswert verwertet. Eine Möglichkeit der Verwertung stellt auch die Rückübertragung an den Pensionsgeber dar. Der **Pensionsgegenstand** ist beim unechten Pensionsgeschäft dem **bilanziellen Vermögen des Pensionsnehmers zuzurechnen**. Der Pensionsgeber hat den Pensionsgegenstand auszubuchen. Bei der Rücknahmepflicht des Pensionsgebers handelt es sich um eine Eventualverbindlichkeit gemäß IAS 37.10, die im Anhang des Pensionsgebers anzugeben ist.[226] Wenn der Pensionsgeber damit rechnen muss, dass der Pensionsnehmer sein Rückübertragungsrecht ausübt, weil der beizulegende Zeitwert des Pensionsgegenstands wesentlich unter dem vereinbarten Rückkaufspreis liegt, dann hat der Pen-

---

223 Vgl. IAS 39.14 i. V. m. IAS 39.35(d).
224 Vgl. IAS 39.46.
225 Vgl. zum Gestaltungsrecht Abschnitt 251.
226 Vgl. IAS 37.86.

sionsgeber zwingend eine Rückstellung für drohende Verluste aus schwebenden Geschäften gemäß IAS 37.14 zu passivieren, und zwar in Höhe der Differenz zwischen dem Rückkaufspreis und dem beizulegenden Zeitwert des Pensionsgegenstands.

Beim unechten Pensionsgeschäft ist denkbar, dass der Pensionsgeber weiterhin Rechte und Pflichten am Pensionsgegenstand besitzt, z. B. beim Total Return Swap wie in der Übersicht 4-5 in Abschnitt 432.14. Bei einem Total Return Swap hat der Pensionsgeber den Pensionsgegenstand an den Pensionsnehmer übertragen und den Kaufpreis erhalten. Den wirtschaftlichen Nutzen aus der Nutzung des Vermögenswerts, wie Zinsen, Dividenden, Stimmrechte, erhält weiterhin der Pensionsgeber. Er vereinnahmt auch die Wertsteigerung des Pensionsgegenstands, weil ihm alle Zahlungsströme aus Kurssteigerungen zufließen. Als Gegenleistung zahlt er dem Pensionsnehmer einen Zinssatz, der einem Interbankenzinssatz (z. B. Euribor, Libor) zuzüglich eines Aufschlags entspricht. Zusätzlich gleicht er alle Wertminderungen, d. h. Kurssenkungen des Pensionsgegenstands, aus. Der Pensionsnehmer ist somit berechtigt, den Pensionsgegenstand zum gleichen Preis zurückzuverkaufen, zu dem er den Pensionsgegenstand erworben hat, weil die Zahlungen für die Kurssteigerungen als nachträgliche Kaufpreiszahlungen anzusehen sind. Die Kapitalüberlassung wird ihm vom Pensionsgeber mit einer Prämie vergütet.

Der Pensionsgeber besitzt in diesem Fall während der Dauer des Pensionsgeschäfts ein unbeschränktes Nutzungsrecht am Pensionsgegenstand. Entscheidend für die wirtschaftliche Zurechnung von Pensionsgegenständen ist indes, welche Vertragspartei das unbedingte Verwertungsrecht am Pensionsgegenstand innehat.[227] Im Fall des Total Return Swap vereinnahmt der Pensionsgeber sowohl die Wertsteigerungen als auch die Wertminderungen des Pensionsgegenstands. Weil der **Pensiongeber** an allen Wertänderungen wie ein unbedingt verwertungsberechtigtes Unternehmen teilnimmt, ist ihm der **Pensionsgegenstand** auch weiterhin bilanziell **zuzurechnen**. Der ursprüngliche Kaufpreis für den Pensionsgegenstand, den der Pensionsnehmer an den Pensionsgeber gezahlt hat, ist als eine Schuld in der Bilanz des Pensionsgebers zu passivieren, weil dieser Kaufpreis einer Kreditüberlassung durch den Pensionsnehmer an den Pensionsgeber entspricht. Insofern unterscheidet sich die hier entwickelte Zurechnungsentscheidung für unechte Pensionsgeschäfte nicht vom Beispielfall 51(o) in der Application Guidance des IAS 39. Nach IAS 39.AG51(o) hat der Pensionsgeber durch einen Total Return Swap im Wesentlichen alle mit dem rechtlichen Eigentum verbundenen Chancen und Risiken des Pensionsgegenstands nicht übertragen. Der Pensionsgegenstand verbleibt in der Bilanz des Pensionsgebers.[228]

---

227 Vgl. Abschnitt 433.1.
228 Vgl. Abschnitt 432.14.

433.5 Zurechnungsregeln für offene Wertpapierpensionsgeschäfte (Typ IV)

Bei offenen Pensionsgeschäften ist der Pensionsgeber berechtigt, den Pensionsgegenstand zu einem bestimmten Zeitpunkt oder innerhalb eines bestimmten Zeitraums zurückzukaufen. Der Pensionsnehmer ist dann verpflichtet, den Pensionsgegenstand an den Pensionsgeber rückzuübertragen. Gleichzeitig ist der Pensionsnehmer berechtigt, den Pensionsgegenstand zu einem bestimmten Zeitpunkt oder innerhalb eines bestimmten Zeitraums an den Pensionsgeber rückzuübertragen. Der Pensionsgeber ist verpflichtet, den Pensionsgegenstand zurückzukaufen. Die Struktur eines offenen Pensionsgeschäfts verdeutlicht die Übersicht 4-6 in Abschnitt 432.15. Der Rückkaufspreis kann entweder auf einen bestimmten Betrag, z. B. den ursprünglichen Kaufpreis zuzüglich eines festen Aufgelds, oder anhand von dessen Bestimmungsgrößen, z. B. dem beizulegenden Zeitwert zum Rückkaufszeitpunkt, festgelegt werden. Wenn der Pensionsgeber sein unbedingtes Erwerbsrecht ausgeübt hat, erlischt das Recht des Pensionsnehmers auf Rückübertragung, bzw. wenn der Pensionsnehmer sein Rückübertragungsrecht ausübt, erlischt das Erwerbsrecht des Pensionsgebers.

Ist der Rückkaufspreis nominell festgelegt, wird der Pensionsgeber das unbedingte Erwerbsrecht hinreichend sicher ausüben, wenn der nominell vereinbarte Rückkaufspreis wesentlich geringer als der beizulegenden Zeitwert zum Rückkaufszeitpunkt ist. Der Pensionsnehmer hingegen wird seine Verkaufsoption hinreichend sicher ausüben, wenn der beizulegende Zeitwert zum Ausübungszeitpunkt niedriger als der Rückkaufspreis ist. Bei steigenden Marktpreisen wird der Pensionsgeber, bei sinkenden Marktpreisen der Pensionsnehmer vom Rückkaufsrecht bzw. Rückübertragungsrecht Gebrauch machen. Bei steigenden Marktpreisen erhält der Pensionsgeber die Zahlungsströme aus der Wertsteigerung des Pensionsgegenstands. Bei sinkenden Marktpreisen muss der Pensionsgeber die Wertminderungen des Pensionsgegenstands tragen. Der Pensionsgeber nimmt also in jedem Fall vollständig an allen Wertänderungen des wirtschaftlichen Nutzenpotentials des Pensionsgegenstands teil. Bei einem offenen Pensionsgeschäft **mit nominell festgelegtem Rückkaufspreis** ist der **Pensionsgegenstand** stets dem **Pensionsgeber zuzurechnen** und daher auch nicht aus der Bilanz des Pensionsgebers auszubuchen. Der Pensionsgegenstand in einem offenen Pensionsgeschäft wird nach den hier entwickelten Zurechnungsregeln genauso zugerechnet wie in den Beispielfällen 39(c) und 40(d) der Application Guidance des IAS 39. Nach IAS 39.AG39(c) und IAS 39.AG40(d) hat der Pensionsgeber im Wesentlichen alle Eigentümerrisiken und -chancen zurückbehalten, wenn der Rückkaufspreis sowohl weit über als auch weit unter dem beizulegenden Zeitwert des Pensionsgegenstands liegt. Der Pensionsgeber darf den Pensionsgegenstand nicht ausbuchen.[229]

Wenn der Rückkaufspreis dem beizulegenden Zeitwert zum Ausübungszeitpunkt entspricht, dann kann keine zuverlässige Aussage darüber getroffen werden, ob die Bedingungen des Erwerbsrechts des Pensionsgebers oder die Bedingungen des Rückverkaufsrechts des Pensionsnehmers wirtschaftlich vorteilhaft sind. Weder mit der Ausübung des Erwerbsrechts durch den Pensionsgeber noch mit dem Rückübertragungsrecht des Pensionsnehmers kann hinreichend wahrscheinlich gerechnet werden. Weil für die Zurechnungsentscheidung über einen Pensionsgegenstand eine zuverlässige Regel benötigt wird, ist im Fall des offenen Pensionsgeschäfts, in dem der **Rückkaufspreis dem beizulegenden Zeitwert entspricht**, die Zurechnung über den Pensionsgegenstand gemäß dem formalrechtlichen Eigentum zu treffen. Demnach ist der **Pensionsgegenstand dem Pensionsnehmer**, d. h. dem rechtlichen Eigentümer, **zuzurechnen**. Der Pensionsgeber bucht den Pensionsgegenstand aus seinem bilanziellen Vermögen aus. Diese Zurechnungsregeln stimmen auch mit der Zurechnungsystematik des IAS 39 überein. Wenn der Rückkaufspreis dem beizulegenden Zeitwert entspricht, dann ist gemäß IAS 39.20(a) der Pensionsgegenstand aus der Bilanz des Pensionsgebers auszubuchen, weil der Pensionsgeber nach IAS 39.AG51(j) im Wesentlichen alle Eigentümerrisiken und -chancen des Pensionsgegenstands übertragen hat.

Bei der Rücknahmepflicht des Pensionsgebers handelt es sich um eine Eventualverbindlichkeit gemäß IAS 37.10, die im Anhang des Pensionsgebers anzugeben ist.[230] Wenn der Pensionsgeber damit rechnen muss, dass der Pensionsnehmer sein Rückübertragungsrecht ausübt, weil der beizulegende Zeitwert des Pensionsgegenstands wesentlich unter dem vereinbarten Rückkaufspreis liegt, dann hat der Pensionsgeber zwingend eine Rückstellung für drohende Verluste aus schwebenden Geschäften gemäß IAS 37.14 zu passivieren, und zwar in Höhe der Differenz zwischen dem Rückkaufspreis und dem beizulegenden Zeitwert des Pensionsgegenstands.

433.6 Beurteilung der entwickelten Zurechnungsregeln

Im Ergebnis kann festgehalten werden, dass sowohl die entwickelten Zurechnungsregeln als auch die Zurechnungsbeispiele des IAS 39 die hier behandelten Pensionsgeschäfte grundsätzlich gleich behandeln.[231] Der neu überarbeitete IAS 39 (revised 2003) behebt durch seine klare Rangfolge zwischen dem Risk-and-reward-Ansatz und dem Control-Prinzip Widersprüchlichkeiten in den Zurechnungsregeln, die im überholten IAS 39 (2000) enthalten waren, weil zum einen die Risiken und Chancen nicht eindeutig definiert worden waren und die Zurechnungsregeln, die auf dem Control-Prinzip basierten, ebenfalls nicht zu einem eindeutigen Zurechnungsergeb-

---

229 Vgl. Abschnitt 432.15.

230 Vgl. IAS 37.86.

231 Vgl. zu den unterschiedlichen Zurechnungen Abschnitt 432.1 und Abschnitt 433.3.

nis geführt haben.[232] Diese Widersprüchlichkeiten sind im IAS 39 (revised 2003) in der umfangreichen Application Guidance behoben worden.

Im Vergleich zu den Zurechnungsregeln des IAS 39 (revised 2003) ist festzuhalten, dass die entwickelten Zurechnungsregeln den Ermessensspielraum bei der Beurteilung, wie weit der Rückkaufspreis unter bzw. über dem beizulegenden Zeitwert liegen muss, damit mit einer Ausübung der Kaufoption bzw. der Nichtausübung des Rückgaberechts hinreichend sicher gerechnet werden kann, ebenfalls nicht beseitigen.

Die hier angewendeten Zurechnungsregeln weisen indes folgende Vorteile gegenüber der Zurechnungssystematik des neu überarbeiteten IAS 39 (revised 2003) auf:

(1) Die Zurechnungsentscheidung richtet sich danach, ob die tatsächlichen Verfügungsmöglichkeiten des Pensionsgebers über den künftigen wirtschaftlichen Nutzen des Pensionsgegenstands (substance) nach Übertragung des rechtlichen Eigentums am Pensionsgegenstand immer noch so bedeutend sind, dass die Entscheidung über die Zurechnung des Pensionsgegenstands nicht nach dem formalrechtlichen Eigentum (form) zu treffen ist, sondern nach dem Innehaben der Verfügungsmacht über den künftigen wirtschaftlichen Nutzen.

(2) Die Entscheidung über die Zurechnung eines Pensionsgegenstands basiert auf den objektiv nachprüfbaren vertraglichen Vereinbarungen des Pensionsgeschäfts, die von einem Abschlussprüfer nachgeprüft werden können. Pensionsgegenstände, die Gegenstand gleichartiger Pensionsgeschäfte sind, werden einheitlich bilanziell zugerechnet.

(3) Mittels einer Systematisierung der objektivierten Rechte und Pflichten können komplexe Sachverhalte, wie ein Total Return Swap, strukturiert und der wirtschaftliche Gehalt und die wirtschaftliche Realität des Sachverhalts erkannt werden.

---

232 Vgl. zu den widersprüchlichen Zurechnungsregeln des IAS 39 (2000) ED IAS 39 (June 2002), C32-C40.

44 Auf Special Purpose Entities übertragene Vermögenswerte

441. Grundlagen einer Special Purpose Entity

441.1 Begriffe, Merkmale und Arten

Als *Special Purpose Entities* (SPE) werden Unternehmen bezeichnet, die für einen konkret definierten und eng abgegrenzten Zweck gegründet werden.[233] Das als SPE bezeichnete Unternehmen kann verschiedene Rechtsformen annehmen, wobei die Rechtsform unbedeutend für die Einordnung eines Unternehmens als SPE ist.[234] Eine SPE weist grundsätzlich folgende Struktur auf:

- Das Unternehmen (Initiator), das die SPE gründet und den primären wirtschaftlichen Nutzen aus der SPE zieht, hat keinen oder nur einen geringen Eigenkapitalanteil an der SPE. Der Investor (z. B. ein Finanzdienstleistungsunternehmen) hat den wesentlichen Eigenkapitalanteil und hält die Stimmrechtsmehrheit und das Recht zur Geschäftsführung der SPE.[235]

- Die SPE ist nur mit einem geringen Eigenkapital ausgestattet. Die SPE finanziert ihre Geschäftstätigkeit durch Fremdkapital, das von Unternehmen erbracht wird, die nicht mit dem Initiator der SPE gesellschaftsrechtlich verbunden sind, aber im Interesse des Initiators handeln (z. B. Finanzdienstleistungsinstitute). Die Investoren werden häufig nur dann Fremdkapitalmittel zur Verfügung stellen, wenn sie von den geschäftstypischen Risiken der SPE befreit sind. Daher wird der Initiator Zahlungsverpflichtungen der SPE an deren Investoren vertraglich garantieren.[236]

- Der Zweck der SPE, nämlich die Geschäftstätigkeiten des Initiators zu unterstützen, wird vertraglich festgelegt und abgesichert. Alle während der laufenden Ge-

---

233 Vgl. BRAKENSIEK, S., Bilanzneutrale Finanzierungsinstrumente, S. 303; HARTGRAVES, A. L./BENSTON, G. J., Special Purpose Entities and Consolidations, S. 246.

234 Vgl. SCHULTZ, F., Special Purpose Vehicle, S. 705; HARTGRAVES, A. L./BENSTON, G. J., Special Purpose Entities and Consolidations, S. 246; BRAKENSIEK, S., Bilanzneutrale Finanzierungsinstrumente, S. 303.

235 Vgl. FAHRHOLZ, B., Neue Formen der Unternehmensfinanzierung, S. 146. SCHRUFF/ROTHENBURGER gehen von zwei Grundmodellen einer SPE aus. Im ersten Modell hat der Initiator den wesentlichen Eigenkapitalanteil, im zweiten Modell nur einen unwesentlichen Eigenkapitalanteil. Die Stimmrechtsmehrheit und die Geschäftsführung hält in beiden Modellen der Investor. Vgl. SCHRUFF, W./ROTHENBURGER, M., Konsolidierung von Special Purpose Entities, S. 756. Weil nach IAS 27.12 ein Mutterunternehmen ein Unternehmen zu konsolidieren hat, an dem es mehr als die Hälfte der Stimmrechte hält, wird die Typisierung von SCHRUFF/ROTHENBURGER im Folgenden nicht weiter berücksichtigt.

236 Vgl. BRAKENSIEK, S., Bilanzneutrale Finanzierungsinstrumente, S. 303 f.; SCHULTZ, F., Special Purpose Vehicle, S. 706.

schäftstätigkeit zu treffenden Entscheidungen sind vorherbestimmt, d. h. die Geschäftsführung der SPE ist in ihrer Entscheidungsfreiheit erheblich und dauerhaft eingeschränkt. Die Geschäftstätigkeit wird durch detaillierte vertragliche Vereinbarungen automatisch gesteuert („Autopilot"). Laufende Geschäftsaktivitäten fallen kaum an und werden durch den Initiator bestimmt, von dem die SPE regelmäßig wirtschaftlich abhängig ist.[237]

■ Der Initiator überträgt das rechtliche Eigentum eines Vermögenswerts oder seine rechtlichen Verpflichtungen auf die SPE und ist berechtigt, die Vermögenswerte der SPE zu nutzen. Gleichzeitig erhält der Initiator das Recht, Leistungen von der SPE zu empfangen.[238]

■ Die SPE wird nur für eine begrenzte Zeit und oftmals im Ausland gegründet.[239]

Sachverhalte, die mittels einer SPE konstruiert werden, finden sich häufig bei Leasingobjektgesellschaften mit langfristigen Leasingverhältnissen, bei Finanzierungsmodellen, bei denen Asset-Backed-Securities-Transaktionen angewendet werden, bei Spezialfonds, bei der Auslagerung von Forschungs- und Entwicklungtätigkeiten sowie bei Projektfinanzierungen.[240] Ob die in eine SPE übertragenen Vermögenswerte in den Einzel- oder Konzernabschluss des berichtspflichtigen Unternehmens einbezogen werden, ist grundsätzlich unabhängig von der Zwecksetzung der SPE zu entscheiden, vielmehr ist die Einbeziehung davon abhängig, ob der übertragene Vermögenswert weiterhin in der Verfügungsmacht des übertragenden Unternehmens steht. Um die folgende Untersuchung zu veranschaulichen, wird im Folgenden von einer SPE ausgegangen, die eine Leasingobjektgesellschaft mit einem langfristigen Leasingverhältnis ist. Auf die Ausführungen und Ergebnisse zu den Leasingverhältnissen in Abschnitt 42 wird zurückgegriffen. Die Übersicht 4-7 verdeutlicht eine mögliche Struktur eines Leasingverhältnisses mit einer Leasingobjektgesellschaft:

---

237 Vgl. SCHRUFF, W./ROTHENBURGER, M., Konsolidierung von Special Purpose Entities, S. 756; SCHULTZ, F., Special Purpose Vehicle, S. 706.

238 Vgl. SCHRUFF, W./ROTHENBURGER, M., Konsolidierung von Special Purpose Entities, S. 756.

239 Vgl. SCHULTZ, F., Special Purpose Vehicle, S. 707; HARTGRAVES, A. L./BENSTON, G. J., Special Purpose Entities and Consolidations, S. 246.

240 Vgl. FAHRHOLZ, B., Neue Formen der Unternehmensfinanzierung, S. 1; HARTGRAVES, A. L./BENSTON, G. J., Special Purpose Entities and Consolidations, S. 246 f.; SCHRUFF, W./ROTHENBURGER, M., Konsolidierung von Special Purpose Entities, S. 756; SCHULTZ, F., Special Purpose Vehicle, S. 705.

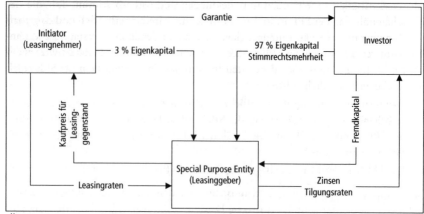

Übersicht 4-7: *Mögliche Struktur eines Leasingverhältnisses mit einer Leasingobjektgesellschaft*

SPE werden bei Leasingverhältnissen eingesetzt, bei denen der Leasinggegenstand eine Immobilie (z. B. ein multifunktionales Verwaltungsgebäude) oder eine Großanlage (z. B. ein Flugzeug) ist.[241] Der Zweck der SPE ist, alle für ein Leasingverhältnis erforderlichen Maßnahmen zu tätigen, wie den Erwerb des Leasinggegenstands sowie seine Finanzierung, seine Vermietung und die Abwicklung des Leasinggeschäfts.[242] Die SPE ist der Leasinggeber und erwirbt den Leasinggegenstand entweder vom Initiator oder von einem dritten Unternehmen. Das Unternehmen, das die SPE gründet und den primären wirtschaftlichen Nutzen aus der SPE zieht (Initiator), ist der Leasingnehmer. Das Leasingverhältnis ist so konstruiert, dass es nach den gültigen Klassifizierungsregeln als ein Operating Leasing eingeordnet wird.[243] Die SPE ist mit geringem Eigenkapital ausgestattet, an dem der Initiator unwesentlich oder gar nicht beteiligt ist. Der Erwerb des Leasinggegenstands wird durch Fremdkapitalgeber (Finanzinstitute, Leasinggesellschaften) finanziert. Wegen der geringen Haftungsmasse muss die SPE ausreichende Zahlungsströme erwirtschaften, um das Fremdkapital zurückzahlen zu können.[244] Die Zahlungsströme der SPE sind nur von einem einzigen Leasingobjekt abhängig. Bei der Bonitätsprüfung der SPE sind daher nur die Zahlungsströme aus den Leasingraten, die der Initiator an die SPE zahlt, und ein eventu-

241 Vgl. KÜTING, K./BRAKENSIEK, S., Einbeziehung von Leasingobjektgesellschaften, S. 1359; FAHR-HOLZ, B., Neue Formen der Unternehmensfinanzierung, S. 6. Diese Leasingverhältnisse werden auch als *Big-Ticket-Leasing* bezeichnet. Vgl. zum Begriff des *Big-Ticket-Leasing* ENGEL, J., Small-Ticket- und Big-Ticket-Leasing, S. 28-30.

242 Vgl. GELHAUSEN, W./GELHAUSEN, H. F., Bilanzierung von Leasingverträgen, Rz. 129.

243 Vgl. SCHRUFF, W./ROTHENBURGER, M., Konsolidierung von Special Purpose Entities, S. 756.

244 Vgl. BRAKENSIEK, S., Bilanzneutrale Finanzierungsinstrumente, S. 304.

eller Verkaufserlös aus dem Restwert des Leasinggegenstands relevant.[245] Weil das Fremdkapital, das zwar unmittelbar die SPE zur Finanzierung des Leasinggegenstands aufgenommen hat, mittelbar durch die Leasingraten des Leasingnehmers getilgt wird, ist die Bonität der SPE tatsächlich von der Bonität des Leasingnehmers abhängig.[246] Daher lassen sich die Investoren oftmals die Verbindlichkeiten der SPE durch den Initiator, z. B. mittels Garantien, absichern.[247] Die SPE kann sich gegen die Bonitätsrisiken des Initiators vollständig absichern, wenn der Initiator den Leasinggegenstand an die SPE veräußert, den Leasinggegenstand aber weiterhin nutzt (*sale and lease back*-Maßnahme). Den Kaufpreis finanziert die SPE mittels eines Darlehens von einem Finanzdienstleistungsinstitut. Der Initiator und gleichzeitige Leasingnehmer zahlt den Barwert der Mindestleasingraten an das Finanzdienstleistungsinstitut aus seinem Veräußerungserlös des an die SPE veräußerten Leasinggegenstands und überträgt somit seine Verpflichtungen aus dem Leasingverhältnis an das Finanzdienstleistungsinstitut. Das Finanzdienstleistungsinstitut verpflichtet sich dann, die Leasingraten an die SPE zu zahlen. Die SPE trägt nur noch das verminderte Bonitätsrisiko des Finanzinstituts. Bei diesem Geschäft liegt eine *in substance defeasance*-Struktur vor.[248]

SPE werden - neben steuerlichen Gründen - aufgrund optimierter Finanzierungskosten und begrenzter Haftung sowie als bilanzneutrales Finanzierungsinstrument eingesetzt.[249]

441.2 Special Purpose Entities als bilanzneutrales Finanzierungsinstrument

Während Leasinggeschäfte und Wertpapierpensionsgeschäfte auf der Ebene des Einzelabschlusses als bilanzneutrale Finanzierungsinstrumente eingesetzt werden,[250] kann eine SPE als eine Art der *off balance sheet*-Finanzierung sowohl auf der Ebene des Einzel- als auch des Konzernabschlusses verwendet werden.[251] Ein Unternehmen wird mittelbar mit disponiblem Kapital versorgt, weil die SPE für Zwecke des Initiators Fremdkapitalmittel beschafft. Der Initiator trägt mit einer Kreditfinanzierung

---

245 Vgl. FAHRHOLZ, B., Neue Formen der Unternehmensfinanzierung, S. 7.

246 Vgl. BRAKENSIEK, S., Bilanzneutrale Finanzierungsinstrumente, S. 304.

247 Vgl. THEISEN, M. R., Konzerneigene Finanzierungsgesellschaften, S. 720 und S. 725, Fn. 20.

248 Vgl. FAHRHOLZ, B., Neue Formen der Unternehmensfinanzierung, S. 8. Vgl. ausführlich zur Funktionsweise des in substance defeasance und der Behandlung nach IAS BAETGE, J./SCHLÖSSER, J., In-substance-defeasance, Rz. 1-9 und Rz. 28-35. Solche Transaktionen werden als US-Leasingtransaktionen bezeichnet, wenn der Vermögenswert auf eine amerikanische Treuhandgesellschaft übertragen werden. Vgl. VÖLKER, A., US-Leasingtransaktionen, S. 669-671.

249 Vgl. FAHRHOLZ, B., Neue Formen der Unternehmensfinanzierung, S. 1.

250 Vgl. Abschnitte 421.3 und 431.2.

251 Vgl. BRAKENSIEK, S., Bilanzneutrale Finanzierungsinstrumente, S. 15.

vergleichbare Belastungen, weil die Ansprüche der Fremdkapitalgeber gegen die SPE mittelbar durch die Zahlungsverpflichtungen des Initiators gesichert sind. Das mit der SPE abgeschlossene Geschäft ist bilanzneutral, weil der Initiator die SPE mangels Stimmrechtsmehrheit oder auf Grund der geringen oder nicht vorhandenen Kapitalbeteiligung nicht in seinen Konsolidierungskreis einbeziehen muss. Die Vermögenswerte und Schulden der SPE sind nicht im Konzernabschluss des Initiators enthalten. Auf der Ebene des Einzel- und des Konzernabschlusses bleibt die Finanzierung, bspw. eines Leasinggegenstands, bilanzneutral. Im Einzel- und Konzernabschluss ist lediglich eine vorhandene Beteiligung an der SPE als finanzieller Vermögenswert anzusetzen.

Mit der rechtlichen Struktur der SPE wird das Ziel verfolgt, Fremdkapital durch eine rechtlich selbständige Einheit zu beschaffen und zu verwenden, ohne dass die rechtlich selbständige Einheit in den Konsolidierungskreis der wirtschaftlichen Einheit Konzern des Initiators einbezogen wird.[252] Daher ist der Initiator gar nicht oder nur gering am Eigenkapital der SPE beteiligt und besitzt keine Stimmrechtsmehrheit. Gleichzeitig muss sichergestellt werden, dass die SPE ihre Geschäftstätigkeit im Interesse des Initiators ausführt.[253] Wie der Fall Enron gezeigt hat, ist aber vor allem wichtig, ob das initiierende Unternehmen Risiken aus der Tätigkeit der SPE tragen muss. Wenn dies der Fall ist, muss der Jahresabschlussadressat darüber auf jeden Fall informiert werden. Wenn die SPE in den Konsolidierungskreis einbezogen wird und somit die Vermögenswerte und Schulden in der Konzernbilanz des Initiators erscheinen, wird die Bilanz um die vom Initiator genutzten Vermögenswerte und um den von der SPE aufgenommenen Kredit verlängert. Unterbleibt eine Konsolidierung, liefert der Konzernabschluss des Initiators kein den tatsächlichen Verhältnissen entsprechendes Bild der Vermögens-, Finanz- und Ertragslage und vermittelt somit keine entscheidungsnützlichen Informationen, weil sowohl die Ressourcen, die in der Verfügungsmacht des Unternehmens stehen, und die zugehörigen Risiken nicht im Konzernabschluss abgebildet werden. Daher werden die Konsolidierungsvorschriften für die SPE im Regelwerk des IASB daraufhin untersucht, ob rechtlich selbständige Unternehmen eindeutig als SPE, die nur zum Zweck der Finanzierung einer Geschäftstätigkeit des Initiators bestehen, identifiziert werden können. Als Folge sind die SPE in den Konsolidierungskreis des Initiators einzubeziehen und deren Vermögenswerte und Schulden in der Konzernbilanz des Initiators zu bilanzieren.

---

252 Vgl. BUCHAN, M. G./PEASNELL, K. V./YAANSAH, R. A., Netting Off Assets and Liabilities, S. 207.
253 Vgl. THEISEN, M. R., Konzerneigene Finanzierungsgesellschaften, S. 722 f.

442. Eignung der gültigen Regelungen des IAS 27 und des SIC-12 für die Zurechnung von Special Purpose Entities zum Konsolidierungskreis

442.1 Generelle Zurechnungsregel zum Konsolidierungskreis nach IAS 27

Der IASB arbeitet derzeit an einem aktuellen Projekt über die Konsolidierung von Unternehmen, einschließlich der Bilanzierung von SPE. IFRS 3 ist am 31.3.2004 veröffentlicht worden und hat IAS 27 in einigen Aspekten geändert. Das grundsätzliche Control-Konzept, das dem IAS 27 zu Grunde liegt, wird auch im neuen Standard beibehalten.[254]

Gemäß IAS 27.9 ist ein Mutterunternehmen verpflichtet, einen Konzernabschluss zu veröffentlichen. Ein Mutterunternehmen ist ein Unternehmen, das ein oder mehrere Tochterunternehmen besitzt (IAS 27.4). Ein Tochterunternehmen ist ein Unternehmen, das von einem anderen Unternehmen (Mutterunternehmen) beherrscht wird (IAS 27.4). Ein Mutterunternehmen beherrscht *(control)* ein Tochterunternehmen, wenn es die Möglichkeit hat, die Finanz- und Geschäftspolitik *(financing and operating policies)* des Tochterunternehmens zu bestimmen, um aus dessen Tätigkeit Nutzen zu ziehen *(Control*-Prinzip).[255] Diese Control-Definition in IAS 27 weicht von der ursprünglichen Definition des durch IAS 27 ersetzten IAS 3 ab. Die Control-Definition des IAS 27 sollte an die Regelungen der 7. EG-Richtlinie und an die Control-Definitionen in den USA durch SEC und FASB angenähert werden.[256] Die Änderung der Control-Definition in IAS 27 ist auch durch die Definitionen für Vermögenswerte und Schulden im Framework des IASB beeinflusst worden, die dem Control-Prinzip entsprechen.[257]

Das Mutterunternehmen muss alle inländischen und ausländischen Tochterunternehmen in seinen Konzernabschluss einbeziehen.[258] Die Pflicht, einen Konzernabschluss zu erstellen oder in einen Konzernabschluss einbezogen zu werden, ist unabhängig von der Rechtsform des Mutterunternehmens bzw. des Tochterunternehmens.[259] Ein Tochterunternehmen wird gemäß IAS 27.4 grundsätzlich nach dem Control-Prinzip zum Konsolidierungskreis des Mutterunternehmens zugerechnet.[260]

---

254 Vgl. IASB (HRSG.), Consolidation, Projektstatus v. 7.10.2003.

255 Vgl. IAS 27.6. *„Control (for the purpose of this Standard) is the power to govern the financial and operating policies of an enterprise so as to obtain benefits from its activities."*

256 Vgl. CAIRNS, D., Applying IAS, S. 240.

257 Vgl. CAIRNS, D., Applying IAS, S. 240. Vgl. ausführlich zum Control-Prinzip im Framework des IASB Abschnitt 321. sowie Abschnitt 322.

258 Vgl. IAS 27.11.

259 Vgl. BAETGE, J./SCHULZE, D., IAS 27, Rz. 13; ALEXANDER, D./ARCHER, S., IAS-Guide, S. 8.05.

260 Vgl. stellvertretend für viele ALEXANDER, D./ARCHER, S., IAS-Guide, S. 8.02.

Die Beherrschung wird in IAS 27 anhand von zwei wesentlichen Merkmalen definiert, nämlich

■ der Befugnis, die Finanz- und Geschäftspolitik des Tochterunternehmens zu bestimmen und

■ der Möglichkeit, Nutzen aus der Tätigkeit des Tochterunternehmens zu ziehen.

IAS 27.4 klärt nicht, was unter einer Nutzenerzielung zu verstehen ist. Nutzen wird in diesem Zusammenhang neben einem Zahlungsmittelzufluss auch als eingeschränkter Wettbewerb oder reduzierte Kosten verstanden.[261]

IAS 27.13 versucht, das abstrakte Merkmal der Beherrschung anhand einiger Beispiele zu konkretisieren. Dabei werden zwei Fallgruppen unterschieden.[262] Zum einen wird - **widerlegbar** - vermutet, dass ein Mutterunternehmen ein Unternehmen beherrscht, wenn es direkt oder indirekt mehr als die Hälfte der Stimmrechte des Unternehmens besitzt. Diese Annahme kann widerlegt werden, wenn es sich in außergewöhnlichen Umständen eindeutig nachweisen lässt, dass die Stimmrechtsmehrheit die Möglichkeit zur Beherrschung nicht begründet.[263] Zum anderen liegt eine Beherrschung **unwiderlegbar** vor, wenn ein Mutterunternehmen, das zwar höchstens die Hälfte der Stimmrechte eines Unternehmens hält, aber die Möglichkeit hat,

(a) über mehr als die Hälfte der Stimmrechte kraft einer mit anderen Anteilseignern abgeschlossenen Vereinbarung zu verfügen (materielle Stimmrechtsmehrheit auf Grund von Vereinbarungen, IAS 27.13(a)),

(b) die Finanz- und Geschäftspolitik eines Unternehmens gemäß einer Satzung oder einer Vereinbarung zu bestimmen (vertragliche Beherrschungsmöglichkeit, IAS 27.13(b)),

(c) die Mehrheit der Mitglieder des Geschäftsführungs- und/oder Aufsichtsorgans oder eines gleichwertigen Leitungsgremiums zu ernennen oder zu ersetzen (faktische Organbestimmungsmehrheit, IAS 27.13(c)) oder

(d) die Mehrheit der Stimmen bei Sitzungen des Geschäftsführungs- und/oder Aufsichtsorgans oder eines gleichwertigen Leitungsgremiums zu bestimmen (faktische Stimmrechtsmehrheit, IAS 27.13(d)).

IAS 27 setzt aber nicht zwingend voraus, dass ein Mutterunternehmen Stimmrechte an einem Unternehmen direkt oder indirekt halten muss, um das Unternehmen in seinen Konzernabschluss einzubeziehen.[264] Wenn die in den obigen Beispielen beschriebenen Merkmale nicht erfüllt sind, muss dennoch geprüft werden, ob das Mut-

---

261 Vgl. PRICEWATERHOUSECOOPERS (HRSG.), Understanding IAS, S. 27-04.
262 Vgl. BAETGE, J./SCHULZE, D., IAS 27, Rz. 25.
263 Vgl. IAS 27.13.
264 Vgl. CAIRNS, D., Applying IAS, S. 241.

terunternehmen ein Unternehmen nicht auf Grund von Stimmrechtsmehrheiten, sondern dem wirtschaftlichen Gehalt nach beherrscht.[265]

Bei einer SPE sind sowohl die widerlegbaren als auch die unwiderlegbaren Merkmale des IAS 27.13, ob die SPE vom Initiator beherrscht werden, nicht erfüllt, da der Initiator keine Stimmrechte an der SPE besitzt und die Geschäftsführung bei den Investoren liegt. Gemäß IAS 27.13 ist eine SPE nicht dem Konsolidierungskreis zuzurechnen.[266] In diesem Fall muss also geprüft werden, ob der Initiator die SPE dem wirtschaftlichen Gehalt nach beherrscht. Weil IAS 27 keine expliziten Konsolidierungsrichtlinien für die SPE enthält,[267] konkretisiert SIC-12 das abstrakte Zurechnungskriterium der Beherrschung aus IAS 27.4 speziell für Geschäftsvorfälle, in die die SPE involviert sind. Die konkretisierenden Vorschriften des SIC-12 werden im folgenden Abschnitt 442.2 ausführlich erläutert.

442.2 Spezielle Zurechnungsregeln zum Konsolidierungkreis des SIC-12 für Special Purpose Entities

SIC-12.1 definiert eine SPE als ein Unternehmen, das für ein enges und genau definiertes Ziel gegründet wurde, z. B. um Leasinggeschäfte, Forschungs- und Entwicklungsaktivitäten oder eine Verbriefung von Finanzinstrumenten durchzuführen. Die SPE kann jede mögliche Rechtsform annehmen. Eine SPE wird oftmals mit rechtlichen Vereinbarungen gegründet, die die Entscheidungsmacht der Geschäftsführungs- und/oder Aufsichtsorgane strikt und manchmal dauerhaft einschränken. Häufig können die Bestimmungen, die die laufende Geschäftstätigkeit der SPE determinieren, nur durch den Gründer oder Initiator der SPE geändert werden. Diese Definition einer SPE entspricht somit der allgemein beschriebenen Grundstruktur einer SPE.[268]

Eine SPE ist zu konsolidieren, wenn der wirtschaftliche Gehalt der Beziehung zwischen einem Unternehmen und der SPE zeigt, dass die SPE durch das Unternehmen beherrscht wird.[269] Dieses Zurechnungskriterium wiederholt die grundlegende Zurechnungsregel des IAS 27.4 und ist ebenfalls abstrakt formuliert. SIC-12.10 ergänzt die Beispiele des IAS 27.13 um Situationen, die auf eine Beziehung hinweisen, in denen ein Unternehmen die SPE beherrscht und somit zu konsolidieren hat. Die Beispielsituationen des SIC-12.10 haben ausschließlich eine Indizfunktion und müssen

---

265 Vgl. BAETGE, J./SCHULZE, D., IAS 27, Rz. 52.
266 Vgl. SCHRUFF, W./ROTHENBURGER, M., Konsolidierung von Special Purpose Entities, S. 761.
267 Vgl. SIC-12.4.
268 Vgl. Abschnitt 441.1.
269 Vgl. SIC-12.8.

nicht kumulativ erfüllt sein.[270] Folgende Umstände weisen nach SIC-12.10 auf ein Beherrschungsverhältnis hin:

(1) Die Geschäftstätigkeit der SPE wird zu Gunsten des Unternehmens entsprechend seinen besonderen Geschäftsbedürfnissen geführt, so dass das Unternehmen Nutzen aus der Geschäftstätigkeit der SPE zieht (SIC-12.10(a)).

(2) Das Unternehmen hat die Entscheidungsmacht, die Mehrheit des Nutzens aus der Geschäftstätigkeit zu ziehen, oder hat durch die Errichtung eines Autopiloten den Mechanismus der Entscheidungsmacht delegiert (SIC-12.10(b)).

(3) Das Unternehmen ist berechtigt, die Mehrheit des Nutzens aus der SPE zu ziehen und muss unter Umständen Risiken tragen, die mit der Geschäftstätigkeit der SPE verbunden sind (SIC-12.10(c)).

(4) Das Unternehmen behält die Mehrheit der mit der SPE verbundenen Residual- oder Eigentümerrisiken oder Vermögenswerte, um Nutzen aus der Geschäftstätigkeit der SPE zu ziehen (SIC-12.10(d)).

Die vier Situationen, die durch Anwendungsleitlinien im Anhang des SIC-12 weiter konkretisiert werden, werden im Folgenden erläutert und auf den Fall einer SPE als Leasingobjektgesellschaft[271] angewendet.

Ad (1) Geschäftstätigkeit zu Gunsten des Unternehmens (SIC-12.10(a))

Die Geschäftstätigkeit der SPE wird bspw. dann zu Gunsten des Bericht erstattenden Unternehmens geführt, das direkt oder indirekt die SPE entsprechend seinen Geschäftsbedürfnissen gegründet hat, wenn die SPE[272]

■ hauptsächlich damit beschäftigt ist, einem Unternehmen eine langfristige Kapitalquelle oder Finanzmittel bereitzustellen, die die laufenden bedeutenden oder zentralen Tätigkeiten eines Unternehmens unterstützen, oder

■ das Unternehmen mit Gütern und Dienstleistungen für die laufenden bedeutenden oder zentralen Tätigkeiten eines Unternehmens versorgt, die das Unternehmen ohne eine bestehende SPE selbst bereitstellen müsste.[273]

Eine wirtschaftliche Abhängigkeit, wie bei einer Beziehung zwischen einem Lieferanten und einem bedeutenden Hauptabnehmer, führt für sich genommen nicht zu einer Beherrschung.[274] Die Beispiele im Anhang (a) konkretisieren die grundlegende Zurechnungsregel des SIC-12 nicht ausreichend, denn die SPE wird sowohl zu Gunsten des Initiators als auch zu Gunsten der Investoren geführt.[275] Bei einer SPE als

---

270 Vgl. SIC-12, Appendix.
271 Vgl. Übersicht 4-7.
272 Vgl. SIC-12, Appendix (a).
273 Vgl. SIC-12, Appendix (a).
274 Vgl. SIC-12, Appendix (a).

Leasingobjektgesellschaft kann der Leasingnehmer zwar Nutzen aus der Nutzung des Leasinggegenstands ziehen, aber die Investoren lassen sich die Finanzierung des Leasinggegenstands durch Zinsen vergüten bzw. die Leasinggesellschaften erhalten Nutzen aus den Provisionserträgen. In diesem Fall kann nicht eindeutig bestimmt werden, ob die SPE auf die Bedürfnisse eines bestimmten Unternehmens ausgerichtet ist.[276] Dieses Kriterium kann den Tatbestand einer konsolidierungspflichtigen SPE nicht eindeutig konkretisieren.[277]

Ad (2) Entscheidungsmacht (SIC-12.10(b))

Die Entscheidungsmacht über die Mehrheit des Nutzens einschließlich einer gewissen Entscheidungsmacht, die nach der Gründung der SPE entsteht, kann sich bspw. durch die Möglichkeiten äußern,[278]

- die SPE eigenständig aufzulösen,

- die Gründungsurkunde und Statuten zu ändern oder

- Änderungen der Gründungsurkunde oder der Statuten zu verhindern.

Die Entscheidungsmacht kann delegiert worden sein, indem ein Autopilot-Mechanismus eingerichtet worden ist. Indes ist diese Entscheidungsmacht allein nicht ausreichend, um die Beherrschung der SPE zu begründen, sondern sie muss mit dem Ziel ausgeübt werden, Nutzen aus der Geschäftstätigkeit der SPE zu ziehen.[279] Wenn ein Autopilot eingerichtet ist, lässt sich nur schwierig feststellen, welche Vertragspartei (Initiator oder Investoren) die Entscheidungsmacht über die SPE innehat, weil alle Rechte, Pflichten und Geschäftstätigkeiten vertraglich festgelegt sind. Ein Autopilot kann aber als ein Nachweis angesehen werden, dass diejenige Vertragspartei, die bei der Gründung die Geschäftstätigkeit der SPE zu ihrem Nutzen festgelegt hat, also den Autopiloten programmiert hat, die SPE beherrscht.[280] Je mehr der Spielraum für laufende unternehmerische Entscheidungen durch die in Appendix (a) aufgeführten Schutz- und Kontrollrechte eingeschränkt wird, umso intensiver ist zu würdigen, zu wessen Nutzen die unternehmerischen Entscheidungen getroffen werden.[281]

Wie beim Kriterium der Geschäftstätigkeit zu Gunsten eines Unternehmens können auch durch den Autopiloten grundsätzlich die unterschiedlichen Interessen des Initiators und der Investoren gleichzeitig gewahrt werden. Dieses Kriterium führt eben-

---

275 Vgl. Baetge, J./Schulze, D., IAS 27, Rz. 82; IDW (Hrsg.), RS HFA 2, Rz. 162.
276 Vgl. IDW (Hrsg.), RS HFA 2, Rz. 162.
277 Vgl. Schruff, W./Rothenburger, M., Konsolidierung von Special Purpose Entities, S. 762.
278 Vgl. SIC-12, Appendix (b).
279 Vgl. SIC-12.13.
280 Vgl. SIC-12.14.
281 Vgl. IDW (Hrsg.), RS HFA 2, Rz. 150.

falls nicht immer zu einer eindeutigen Lösung, weil die Geschäftstätigkeit zum Nutzen aller Vertragsparteien vorherbestimmt sein kann.[282]

Ad (3) Mehrheit des Nutzens (SIC-12.10 (c))

Das Recht, die Mehrheit des Nutzens aus der Geschäftstätigkeit des Unternehmens zu ziehen, kann durch die Satzung, einen Vertrag, eine Übereinkunft, eine Treuhandvereinbarung oder sonstige Konzepte oder Vereinbarungen begründet sein. Solche Rechte weisen auf eine Beherrschung der SPE hin, wenn das Unternehmen Geschäftsbeziehungen zur SPE unterhält und den Nutzen aus der Geschäftstätigkeit der SPE mit Sicherheit zieht.[283] Beispiele sind:[284]

- Rechte auf die Mehrheit des wirtschaftlichen Nutzens, der in Form von künftigen Netto-Zahlungsmittelzuflüssen, Periodenüberschüssen, Reinvermögen oder anderem wirtschaftlichen Nutzen an das Unternehmen verteilt wird, oder

- Rechte auf die Mehrheit des Residualanspruchs bei geplanter Restverteilung oder Liquidation der SPE.

Dieses Kriterium unterstellt, dass rational handelnde und voneinander unabhängige Vertragsparteien den Nutzen und die Risiken aus der Geschäftstätigkeit der SPE symmetrisch verteilen. Sollten die Vertragsparteien asymmetrisch am Nutzen und an den Risiken der unmittelbaren Geschäftstätigkeit der SPE beteiligt sein, muss geprüft werden, ob auf Grund weiterer Vereinbarungen zusätzlicher Nutzen und zusätzliche Risiken aus der Geschäftstätigkeit der SPE entstehen könnten.[285]

Einige Autoren sehen das Kriterium des SIC-12.10(c) erfüllt, nämlich eine mehrheitliche Beteiligung am Nutzen, aber auch an den Risiken, wenn das Unternehmen, das einen Vermögenswert auf eine SPE überträgt, mehr als 50 % der (stimmrechtslosen) Eigenkapitalanteile der SPE besitzt.[286] Dann fließt dem übertragenden Unternehmen die Mehrheit der Periodenergebnisse und des Liquidationserlöses zu. In dem in Abschnitt 441.1 dargestellten Beispielfall einer SPE als Leasingobjektgesellschaft hat das den Vermögenswert übertragende Unternehmen indes nur einen sehr geringen Eigenkapitalanteil an der SPE,[287] so dass das Kriterium des SIC-12.10(c) auf Grund einer Eigenkapitalbeteiligung nicht erfüllt ist. Allerdings kann dem übertragenden Unternehmen die Mehrheit des Nutzens aus der Leasingobjektgesellschaft zufließen, wenn dem übertragenden Unternehmen eine günstige Kaufoption am Leasinggegen-

---

282 Vgl. IDW (HRSG.), RS HFA 2, Rz. 162; SCHRUFF, W./ROTHENBURGER, M., Konsolidierung von Special Purpose Entities, S. 762.

283 Vgl. SIC-12, Appendix (c).

284 Vgl. SIC-12, Appendix (c).

285 Vgl. IDW (HRSG.), RS HFA 2, Rz. 165.

286 Vgl. SCHRUFF, W./ROTHENBURGER, M., Konsolidierung von Special Purposes, S. 762; HELM-SCHROTT, H., Einbeziehung einer Leasingobjektgesellschaft, S. 1870.

287 Vgl. Übersicht 4-7.

stand eingeräumt wird. Ob die Kaufoption für das übertragende Unternehmen günstig ist, ist immer zusammen mit der Eigenkapitalbeteiligung des übertragenden Unternehmens zu berücksichtigen. Denn wenn das übertragende Unternehmen die Mehrheit des Liquidationserlöses erhält, dann kann eine Kaufoption vorteilhaft für das übertragende Unternehmen sein, weil es schließlich an den Verwertungserlösen des Leasinggegenstands partizipiert.[288]

Das Kriterium der Mehrheit des Nutzens kann nicht losgelöst von dem Kriterium der Mehrheit der Risiken gesehen werden. Weil je nach Einzelfallgestaltung Nutzen und Risiken aus der Geschäftstätigkeit der SPE unterschiedlich eindeutig festgestellt werden können, sind beide Kriterien als eigenständige Indikatoren in SIC-12.10 aufgeführt.[289] Bei diesem Kriterium wird den bilanzierenden Unternehmen indes ein Ermessensspielraum gewährt, weil die Mehrheit des Nutzens nicht eindeutig quantifiziert worden ist.[290]

Ad (4) Mehrheit der Risiken (SIC-12.10(d))

Die Risikoverteilung zwischen den Vertragsparteien, die an den Geschäftsbeziehungen mit der SPE beteiligt sind, kann auf eine Beherrschung der SPE hinweisen. Häufig garantiert das Bericht erstattende Unternehmen den Investoren, die im Wesentlichen sämtliches Kapital der SPE zur Verfügung stellen, direkt oder indirekt einen Rendite- und/oder einen Delkredereschutz. Auf Grund dieser Garantie behält das Unternehmen die Residual- oder Eigentümerrisiken zurück. Die Investoren sind dem wirtschaftlichen Gehalt nach nur Kreditgeber, weil ihre Risiken und Chancen aus dem Engagement begrenzt sind.[291] Beispiele hierfür sind Kapitalgeber, die[292]

- keinen wesentlichen Anteil am Reinvermögen der SPE haben,
- keine Rechte an dem künftigen wirschaftlichen Nutzen der SPE haben,
- keinen inhärenten Risiken ausgesetzt sind, die mit dem Reinvermögen oder der Geschäftstätigkeit der SPE verbunden sind, oder
- hauptsächlich Gegenleistungen in Form von Eigen- oder Fremdkapitalzinsen erhalten, die bei wirtschaftlicher Betrachtung der Vergütung eines Kreditgebers entsprechen.

Im Beispielfall in Abschnitt 441.1 hat das den Vermögenswert übertragende Unternehmen den Investoren der SPE garantiert, bspw. ausstehende Darlehensforderungen

---

288 Vgl. SCHRUFF, W./ROTHENBURGER, M., Konsolidierung von Special Purposes, S. 762.
289 Vgl. IDW (HRSG.), RS HFA 2, Rz. 165.
290 Vgl. HELMSCHROTT, H., Wirtschaftliches Eigentum bei Leasingvermögen nach IAS 17, S. 426. HELMSCHROTT sieht Indizien für eine Grenze von 50% + 1, bei der ein überwiegender Anteil angenommen werden kann.
291 Vgl. SIC-12, Appendix (d).
292 Vgl. SIC-12, Appendix (d).

der SPE zu begleichen oder einen bestimmten Restwert für den Leasinggegenstand zu garantieren. Eine solche Garantie führt nach SIC-12.10(d) dazu, dass die SPE in den Konsolidierungskreis des übertragenden Unternehmens einzubeziehen ist.

Ein Unternehmen muss die absolute Mehrheit des Nutzens und der Risiken tragen, d. h., wenn ein Unternehmen lediglich mehr Nutzen und Risiken als die anderen mit der SPE in Beziehung stehenden Unternehmen, aber nicht die Mehrheit des Nutzens und der Risiken trägt, hat es die SPE nicht zu konsolidieren.[293] Bei diesem Kriterium wird die Mehrheit der Risiken ebenfalls nicht quantifiziert. In der praktischen Anwendung ist vor allem problematisch, dass keine eindeutige Grenze einer Nutzen-/Risikoverteilung zwischen den verschiedenen Vertragsparteien festgelegt worden ist.[294] Damit trägt SIC-12 zwar den in der Praxis vorkommenden vielfältigen Gestaltungsmöglichkeiten der Struktur einer SPE Rechnung.[295] Dies schafft indes einen großen Ermessensspielraum bezüglich der Einbeziehung der SPE in den Konzernabschluss. Außerdem bleiben indirekte Nutzen und Risiken nach SIC-12 unerfasst, wie günstigere Finanzierungskonditionen für den Initiator, die sich auf Grund des bilanzneutralen Finanzierungsinstruments ergeben.[296]

442.3 Beurteilung der gültigen Zurechnungsregeln zum Konsolidierungskreis

SIC-12 soll die abstrakte Zurechnungsregel zum Konsolidierungskreis in IAS 27.6 konkretisieren. Allerdings bleiben die Vorschriften des SIC-12 sehr vage und unbestimmt. Daher müssen die Zurechnungsregeln des SIC-12 für jeden Einzelfall ausgelegt und beurteilt werden, ob eine SPE dem Konsolidierungskreis eines Bericht erstattenden Unternehmens zuzurechnen ist.[297] Grundsätzlich ist eine SPE gemäß SIC-12.8 nach dem in IAS 27.4 festgelegten Control-Prinzip dem Konsolidierungskreis zuzurechnen. Die konkretisierenden Zurechnungskriterien des SIC-12.10 basieren indes zum Teil auf dem Risk-and-reward-Ansatz.[298] Während SIC-12.10(a) und (b) eher dem Control-Prinzip zuzuordnen sind, stellen SIC-12.10(c) und (d) auf einen Risk-and-reward-Ansatz ab. Gemäß dem Risk-and-reward-Ansatz liegt ein Indiz für die Beherrschung der SPE durch das Bericht erstattende Unternehmen vor, wenn dieses Unternehmen das Recht hat, die Mehrheit des Nutzens aus der SPE zu ziehen, und die Pflicht besitzt, die Mehrheit der Risiken aus der Tätigkeit der SPE zu tragen.

293 Vgl. IDW (Hrsg.), RS HFA 2, Rz. 164.
294 Vgl. Findeisen, K.-D./Roß, N., Asset-Backed Securities-Transaktionen, S. 2226.
295 Vgl. Baetge, J./Schulze, D., IAS 27, Rz. 86.
296 Vgl. IDW (Hrsg.), RS HFA 2, Rz. 163.
297 Vgl. Baetge, J./Schulze, D., IAS 27, Rz. 86; IDW (Hrsg.), RS HFA 2, Rz. 162; Schmidbauer, R., Konsolidierung von Special Purpose Entities, S. 1014; Schruff, W./Rothenburger, M., Konsolidierung von Special Purpose Entities, S. 763.
298 Vgl. Schruff, W./Rothenburger, M., Konsolidierung von Special Purpose Entities, S. 763.

Durch die Vermischung beider Ansätze führen die Zurechnungsregeln des SIC-12.10 nicht in jedem Fall zu einer eindeutigen Zurechnungsentscheidung, weil eine SPE u. U. nach den Kriterien des Control-Prinzips anders zugerechnet werden kann als nach den Kriterien des Risk-and-reward-Ansatzes. Nach SIC-12.10(b), das auf dem Control-Prinzip basiert, ist eine SPE bspw. nicht dem Konsolidierungskreis zuzurechnen, weil kein Autopilot eingerichtet worden ist, mit dem das Bericht erstattende Unternehmen die Entscheidungsmacht ausüben kann. Wenn durch vertragliche Gestaltungen die Risiken aus der Tätigkeit der SPE auf das übertragende Unternehmen übertragen worden sind, weist das Kriterium des SIC-12.10(d), das auf dem Risk-and-reward-Ansatz basiert, auf eine Beherrschung der SPE hin, so dass nach SIC-12.10(d) die SPE in den Konsolidierungskreis des übertragenden Unternehmens einzubeziehen wäre.[299] SIC-12 klärt aber nicht das Verhältnis der verschiedenen Zurechnungskriterien zueinander, die zum einen auf dem Control-Prinzip und zum anderen auf dem Risk-and-reward-Ansatz basieren.[300] Wenn die einzelnen Kriterien des SIC-12.10 zu einer unterschiedlichen Zurechnungsentscheidung der SPE zum Konsolidierungskreis des übertragenden Unternehmens führen, gibt SIC-12 keinen Hinweis, nach welchem Kriterium die Zurechnungsentscheidung zu treffen ist. Zwar müssen die Kriterien nicht allesamt erfüllt sein, damit die Konsolidierung einer SPE notwendig ist.[301] Aber die Kriterien des SIC-12.10 haben lediglich eine Indizfunktion.[302] Hier eröffnet sich dem Bericht erstattenden Unternehmen ein bilanzieller Ermessensspielraum. Durch eine gezielte Interpretation der Zurechnungsregel kann eine Einbeziehung der SPE in den Konsolidierungskreis gesteuert werden. Bspw. kann eine enge und wortgetreue Auslegung der Kriterien in SIC-12.10 in nahezu allen Fällen zu einer Zurechnung der SPE zum Konsolidierungskreis des Bericht erstattenden Unternehmens führen.[303]

Zusätzlich stellt sich die Frage, wie die Vorschriften des SIC-12 im Verhältnis zu den Zurechnungsvorschriften in anderen IAS, z. B. IAS 17 oder IAS 39, stehen. Bei einem Leasinggegenstand, der von einer SPE an den Initiator verleast wird, muss zuerst geprüft werden, ob der Leasinggegenstand gemäß IAS 17 dem Unternehmen im Einzelabschluss wirtschaftlich zuzurechnen ist. Ist der Leasinggeber eine Leasingobjektgesellschaft, ist der Leasinggegenstand im Konzernabschluss des Bericht erstattenden Unternehmens zu aktivieren, wenn die Zurechnungskriterien des SIC-12 erfüllt sind. Grundsätzlich ist die Zurechnung des Leasinggegenstands zum Einzelabschluss des Initiators unabhängig davon zu prüfen, ob die SPE durch den Initiator zu konsolidieren ist. Die wirtschaftliche Zurechnung eines Vermögenswerts zum bilanziellen Ver-

---

299 Vgl. Schruff, W./Rothenburger, M., Konsolidierung von Special Purpose Entities, S. 762.
300 Vgl. Baetge, J./Schulze, D., IAS 27, Rz. 86.
301 Vgl. SIC-12 Appendix.
302 Vgl. SIC-12.10; Baetge, J./Schulze, D., IAS 27, Rz. 86.
303 Vgl. Baetge, J./Schulze, D., IAS 27, Rz. 86.

mögen im Einzelabschluss und die Zurechnung eines Unternehmens zum Konsolidierungskreis sind unabhängig voneinander zu prüfen.[304] Allerdings sind Fälle denkbar, in denen die vertraglichen Abreden zwischen dem Initiator und der Leasinggesellschaft dazu führen, dass ein Leasinggegenstand dem Initiator bereits im Einzelabschluss bilanziell zuzurechnen ist, obwohl die Vertragsvereinbarungen sich auf den Gesamterfolg der Leasinggesellschaft beziehen. Bei einem Barwerttest gemäß IAS 17.10(d) ist bspw. der Residualerfolg bei der Liquidation einer Leasinggesellschaft, deren Geschäftätigkeit ausschließlich im Halten einer verleasten Großanlage besteht, mit einzubeziehen, um das Leasingverhältnis für den Einzelabschluss zu klassifizieren.[305]

Im Folgenden wird untersucht, ob die in Abschnitt 33 und Abschnitt 34 entwickelten Zurechnungsregeln geeignet sind, die Entscheidung über die Zurechnung von Vermögenswerten, die auf eine SPE übetragen wurden, einheitlich zutreffen. Zusätzlich stellt sich die Frage, ob das generelle Zurechnungskriterium für Vermögenswerte zum bilanziellen Vermögen eines Unternehmens gleichermaßen für den Einzel- und den Konzernabschluss anwendbar ist.

443. Zurechnung von auf Special Purpose Entities übertragenen Vermögenswerten nach den entwickelten Zurechnungsregeln

443.1 Vorüberlegungen

Mit der Auslagerung eines Vermögenswerts auf eine SPE wird das bilanzpolitische Ziel verfolgt, den Vermögenswert weder im Einzelabschluss des übertragenden Unternehmens zu bilanzieren noch die SPE in den Konsolidierungskreis des übertragenden Unternehmens einzubeziehen. Eine Bilanzverlängerung im Einzel- und Konzernabschluss soll vermieden werden. Der Zweck eines Einzel- bzw. eines Konzernabschlusses ist es, über die Vermögens-, Finanz- und Ertragslage sowie über die Veränderung der Vermögens- und Finanzlage des Unternehmens bzw. des Konzerns zu informieren.[306] Die Vermögens- und Finanzlage wird von den in der Verfügungsmacht des Unternehmens bzw. des Konzerns stehenden Ressourcen bestimmt.[307] Wurde das rechtliche Eigentum am übertragenen Vermögenswert zwar auf die SPE übertragen, aber das übertragende Unternehmen verfügt weiterhin über den künftigen wirtschaftlichen Nutzen des übertragenen Vermögenswerts, so ist der Vermögenswert im Einzelabschluss und/oder Konzernabschluss des übertragenden Unternehmens abzubilden.

---

304 Vgl. IDW (Hrsg.), RS HFA 2, Rz. 166.
305 Vgl. IDW (Hrsg.), RS HFA 2, Rz. 167.
306 Vgl. IAS 1.3
307 Vgl. F.16.

Wenn ein Vermögenswert auf eine SPE ausgelagert wird, kann das übertragende Unternehmen durch zwei vertragliche Gestaltungen die Möglichkeit besitzen, künftigen wirtschaftlichen Nutzen aus der Nutzung und/oder Verwertung des übertragenen Vermögenswerts zu vereinnahmen. Zum einen kann das übertragende Unternehmen berechtigt sein, künftigen wirtschaftlichen Nutzen aus dem übertragenen Vermögenswert zu vereinnahmen, indem es bspw. den übertragenen Vermögenswert auf Grund eines Leasingvertrags nutzen darf. Zum anderen kann dem Unternehmen künftiger wirtschaftlicher Nutzen auf Grund von Vereinbarungen im Gesellschaftervertrag oder in den Statuten der SPE zufließen, z. B. aus der Teilnahme am Liquidationserlös einer SPE, die ausschließlich den übertragenen Vermögenswert gehalten hat. Bei der wirtschaftlichen Zurechnung des auf die SPE übertragenen Vermögenswerts zum Einzelabschluss des übertragenden Unternehmens sind beide Möglichkeiten des Unternehmens, das wirtschaftliche Nutzenpotential zu vereinnahmen, zu berücksichtigen.

Die Informationen über die Vermögens-, Finanz- und Ertragslage sollen im Konzernabschluss so dargestellt werden, als ob es sich beim Konzern wirtschaftlich um ein einziges Unternehmen handelt; die rechtliche Eigenständigkeit der einzelnen Unternehmen bleibt dabei unberücksichtigt.[308] Sämtliche Vermögenswerte und Schulden der Konzernunternehmen werden als zur wirtschaftlichen Einheit Konzern gehörig betrachtet.[309] In Anlehnung an das generelle Zurechnungskriterium für Vermögenswerte aus dem Framework ist ein Vermögenswert zum bilanziellen Vermögen eines Konzerns zuzurechnen, wenn die Konzernleitung die Verfügungsmacht über den künftigen wirtschaftlichen Nutzen des Vermögenswerts innehat. Die Konzernleitung kann die Verfügungsmacht über den künftigen wirtschaftlichen Nutzen des auf die SPE übertragenen Vermögenswerts ausüben, wenn die SPE unmittelbar vom Mutterunternehmen oder mittelbar über Tochterunternehmen beherrscht wird. Die SPE wird vom Mutterunternehmen beherrscht, wenn das Mutterunternehmen allein die Möglichkeit besitzt, die Finanz- und Geschäftspolitik der SPE zu bestimmen, um aus der Tätigkeit der SPE Nutzen zu ziehen.[310] Der Nutzen aus der Tätigkeit einer SPE, auf die das Mutterunternehmen einen Vermögenswert übertragen hat, liegt darin, im Wesentlichen das gesamte wirtschaftliche Nutzenpotential des übertragenen Vermögenswerts zu nutzen und/oder zu verwerten. Daher ist zu untersuchen, ob und wie das übertragende Unternehmen die Finanz- und Geschäftspolitik der SPE bestimmen

---

308 Diese Definition eines Konzernabschlusses, die früher in IAS 27.9 enthalten war, wird auch als Einheitsgrundsatz der Konzernrechnungslegung gemäß IAS 27 bezeichnet. Der Einheitsgrundsatz ist sowohl mit der Einheitstheorie als auch mit der Interessentheorie mit Vollkonsolidierung vereinbar. Vgl. BAETGE, J./SCHULZE, D., IAS 27, Rz. 20; ausführlich zur Einheitstheorie und zur Interessentheorie mit Vollkonsolidierung BAETGE, J./KIRSCH, H.-J./THIELE, S., Konzernbilanzen, S. 9-14.

309 Vgl. CAIRNS, D., Applying IAS, S. 238.

310 Vgl. IAS 27.4.

kann, so dass im Wesentlichen der gesamte künftige wirtschaftliche Nutzen des auf die SPE übertragenen Vermögenswerts weiterhin dem übertragenden Unternehmen zufließt. Wenn die gesellschaftsrechtlichen Vereinbarungen in der Gründungsurkunde und in den Statuten der SPE so ausgestaltet sind, dass die Finanz- und Geschäftspolitik nur darauf ausgerichtet ist, der Konzernleitung die Verfügungsmacht über den künftigen wirtschaftlichen Nutzen des übertragenen Vermögenswerts zu sichern, sind der Vermögenswert und die zugehörigen Schulden der SPE mittels der Vollkonsolidierung in den Konzernabschluss einzubeziehen. Die Vollkonsolidierung ist ein technischer Schritt, um alle Vermögenswerte, die in der Verfügungsmacht des Konzerns stehen, in den Konzernabschluss einzubeziehen.

443.2 Zurechnung der übertragenen Vermögenswerte zum Einzelabschluss

Bei Geschäftsvorfällen, bei denen ein Vermögenswert auf eine SPE übertragen, aber mittels eines Leasingverhältnisses von dem übertragenden Unternehmen weiterhin in einem Leasingverhältnis genutzt wird, sind grundsätzlich die in Abschnitt 423. für Vermögenswerte in Leasingverhältnissen entwickelten Zurechnungsregeln zu berücksichtigen. Diese Zurechnungsregeln richten sich danach, ob das Teilrecht bzw. Teilrechtsbündel, das der Leasingnehmer am Leasinggegenstand innehat, die Verfügungsmacht über den künftigen wirtschaftlichen Nutzen begründen kann. Wenn ein Vermögenswert, der auf eine SPE übertragen worden ist, auf Grund seiner Rechte und Pflichten in einem Operating-Leasing-Verhältnis gehalten wird, dann ist zusätzlich zu prüfen, ob neben dem Leasingverhältnis weitere vertragliche Vereinbarungen auf gesellschaftsrechtlicher Grundlage zwischen dem übertragenden Unternehmen und der SPE bestehen, die die auf Grund des Leasingvertrags bestehenden Verfügungsmöglichkeiten des übertragenden Unternehmens über den Vermögenswert erweitern, so dass das übertragende Unternehmen die alleinige Verfügungsmacht über den im Wesentlichen gesamten künftigen wirtschaftlichen Nutzen des ausgelagerten Vermögenswerts innehat.[311] Im Folgenden ist die Frage zu beanworten, ob und auf Grund welcher gesellschaftsrechtlichen Vereinbarungen zwischen dem übertragenden Unternehmen und der SPE das übertragende Unternehmen die Verfügungsmacht über den künftigen wirtschaftlichen Nutzen des Leasinggegenstands besitzt bzw. besitzen kann, obwohl der Leasinggegenstand eigentlich in einem Operating-Leasing-Verhältnis gehalten wird, d. h. auf Grund der in Abschnitt 423.1 entwickelten Zurechnungsregeln für Leasinggegenstände dem bilanziellen Vermögen des Leasinggebers zuzurechnen ist.

---

311 Vgl. IDW RS HFA 2, Rz. 167.

Gemäß den in Abschnitt 423.1 entwickelten Zurechnungsregeln für in Leasingverhältnissen gehaltene Vermögenswerte können in den folgenden Fällen die an den Leasingnehmer vergebenen Teilrechte bzw. Teilrechtsbündel die Verfügungsmacht über den künftigen wirtschaftlichen Nutzen des Leasinggegenstands nicht begründen, so dass ein Operating Leasing vorliegt:

(1) Der Leasingnehmer hat zwar ein unbeschränktes Nutzungsrecht am Leasinggegenstand. Der Leasinggegenstand ist aber nicht abnutzbar, so dass nach Beendigung des Leasingverhältnisses der Leasinggegenstand noch einen wesentlichen Restwert besitzt, den der Leasinggeber verwerten kann.

(2) Der Leasingnehmer hat ein eindimensional beschränktes Nutzungsrecht am Leasinggegenstand. Bei einem zeitlich beschränkten Nutzungsrecht ist entweder dem Leasingnehmer keine Verlängerungsoption am Leasinggegenstand eingeräumt worden oder die Höhe der Leasingraten für ein verlängertes Leasingverhältnis entspricht den üblichen Leasingraten, so dass nicht hinreichend wahrscheinlich mit einer Ausübung der Verlängerungsoption gerechnet werden kann.

(3) Der Leasingnehmer hat ein mehrfach beschränktes Nutzungsrecht am Leasinggegenstand.

(4) Der Leasingnehmer hat neben seinem Nutzungsrecht entweder kein unbedingtes Erwerbsrecht inne oder die Höhe des Kaufpreises bei der Ausübung des Erwerbsrechts ist nur unwesentlich geringer als der voraussichtliche beizulegende Zeitwert des Leasinggegenstands zum Erwerbszeitpunkt oder entspricht sogar diesem beizulegenden Zeitwert, so dass nicht hinreichend wahrscheinlich mit einer Ausübung des unbedingten Erwerbsrechts gerechnet werden kann.

(5) Der Leasingnehmer besitzt neben seinem Nutzungsrecht, das die Verfügungsmacht über den künftigen wirtschaftlichen Nutzen nicht begründen kann, kein durch die Handlung des Leasingnehmers bedingtes Erwerbsrecht.

Ein Operating-Leasing-Verhältnis gewährt dem Unternehmen nicht die Möglichkeit, im Wesentlichen das gesamte wirtschaftliche Nutzenpotential des Leasinggegenstands zu nutzen. Die im Leasingvertrag vereinbarten Verfügungsmöglichkeiten des Leasingnehmers können aber durch gesellschaftsrechtliche Vereinbarungen zur alleinigen Verfügungsmacht über den im Wesentlichen gesamten künftigen wirtschaftlichen Nutzen erweitert werden, ohne die ursprüngliche Qualifikation des Leasingverhältnisses als Operating Leasing zu ändern. Dies ist der Fall, wenn der Leasingnehmer zum einen während des Leasingverhältnisses das wirtschaftliche Nutzenpotential aus der Nutzung eines abnutzbaren Leasinggegenstands allein vereinnahmen kann, d. h., wenn sein Nutzungsrecht zwar sachlich und quantitativ unbeschränkt, aber zeitlich beschränkt ist und ohne Verlängerungsoption vergeben wurde, oder der Leasingnehmer ein unbeschränktes Nutzungsrecht an einem nicht abnutzbaren Leasinggegenstand besitzt.

Den im Wesentlichen gesamten künftigen wirtschaftlichen Nutzen vereinnahmt der Leasingnehmer nur dann, wenn ihm zum anderen das wirtschaftliche Nutzenpotential aus einer Verwertung des Leasinggegenstands direkt im Anschluss an das Leasingverhältnis im Wesentlichen zufließt. Dies ist der Fall, wenn nach Beendigung des Nutzungsverhältnisses der Vermögenswert im Anschluss sofort veräußert wird und das übertragende Unternehmen auf Grund seines Anteils an den Periodenüberschüssen der SPE im Wesentlichen den gesamten Verwertungserlös abzüglich noch zu tilgender Darlehensforderungen gegenüber den Investoren der SPE erhält. Außerdem ist denkbar, dass der Leasingnehmer neben seinen Befugnissen aus dem Leasingverhältnis berechtigt ist, im Wesentlichen den gesamten Liquidationserlös der SPE zu vereinnahmen. Wenn die Tätigkeit der SPE ausschließlich darin besteht, den Leasinggegenstand für den Leasingnehmer zu verwalten und zu finanzieren, wird nach Beendigung des Leasingverhältnisses mit dem übertragenden Unternehmen der Leasinggegenstand veräußert und anschließend die SPE aufgelöst. Der Liquidationserlös der SPE besteht somit im Wesentlichen aus dem Verwertungserlös des Leasinggegenstands abzüglich eventuell noch zu tilgender Darlehensforderungen gegenüber den Investoren oder abzüglich gewährter Restwertgarantien.

Entsprechend den in Abschnitt 322.12 entwickelten Wesentlichkeitsgrenzen vereinnahmt das übertragende Unternehmen im Wesentlichen den gesamten Verwertungserlös des übertragenen Vermögenswerts bzw. den Liquidationserlös der SPE, wenn es mit 90 % bis 95 % am Verwertungserlös des übertragenen Vermögenswerts bzw. am Liquidationserlös der SPE beteiligt ist.[312] In diesem Fall fließen dem Leasingnehmer sowohl ein wirtschaftlicher Nutzen aus der Nutzung des Leasinggegenstands als auch aus der Verwertung des Leasinggegenstands nach Beendigung des Leasingverhältnisses zu.[313] **Das übertragende Unternehmen vereinnahmt auf Grund seines Nutzungsrechts aus dem Leasingvertrag und seines Anteils am Periodenüberschuss oder am Liquidationserlös der SPE im Wesentlichen den gesamten künftigen wirtschaftlichen Nutzen des Leasinggegenstands.** Gemäß dem generellen Zurechnungskriterium hat das **übertragende Unternehmen den auf die SPE übertragenen Vermögenswert in seinem Einzelabschluss zu bilanzieren.** Die noch ausstehenden Leasingraten sind als eine Verpflichtung des übertragenden Unternehmens in dessen Einzelabschluss zu passivieren.

---

312 Vgl. Abschnitt 322.12.

313 Vgl. im Ergebnis IDW RS HFA 2, Rz. 167. Das IDW fordert, dass die Verteilung des Gewinns und Verlusts der SPE bei der Zurechnung des Vermögenswerts zu berücksichtigen ist, wenn die Verteilung dazu führt, dass einer Vertragspartei der Gewinn und Verlust aus einzelnen Vermögenswerten oder Gruppen gleichartiger Vermögenswerte zugeordnet werden kann.

443.3 Zurechnung der übertragenen Vermögenswerte zum Konzernabschluss

Die Vorschriften im Regelwerk des IASB sind grundsätzlich allgemein gültig, d. h., dass nicht zwischen einem Einzel- oder Konzernabschluss zu differenzieren ist.[314] Das generelle Zurechnungskriterium für Vermögenswerte, das sich aus der Vermögenswertdefinition des Framework ergibt, ist sowohl für den Einzel- als auch für den Konzernabschluss gültig. Im Folgenden wird untersucht, wie dieses generelle Zurechnungskriterium für Vermögenswerte auch auf die Zurechnung von Vermögenswerten zu einem Konzernabschluss angewendet werden kann.

Mutterunternehmen und Tochterunternehmen sind in einem Konzernabschluss so darzustellen, als ob es sich bei dem Konzern um ein einziges Unternehmen handelt. Wird das generelle Zurechnungskriterium für Vermögenswerte auf den Konzern übertragen, so gehören dem Konzern alle Vermögenswerte, über deren künftigen wirtschaftlichen Nutzen die Konzernleitung im Wesentlichen verfügen kann. Das Mutterunternehmen besitzt die Verfügungsmacht über den künftigen wirtschaftlichen Nutzen des Vermögenswerts der SPE, wenn das Mutterunternehmen die SPE beherrscht. Ein Mutterunternehmen beherrscht die SPE, wenn es die Möglichkeit hat, deren Finanz- und Geschäftspolitik zu bestimmen, um aus dessen Tätigkeit einen Nutzen zu ziehen.[315] Die Beherrschungsmöglichkeit muss mit der Zielsetzung, einen Nutzen aus der Tätigkeit der SPE zu ziehen, verbunden sein.[316] Die Tätigkeit einer SPE, auf die ein Vermögenswert übertragen wurde, liegt darin, den Vermögenswert zu erwerben, zu finanzieren, zu verwalten und dem Unternehmen, das den Vermögenswert auf die SPE übertragen hat, zur Nutzung zu überlassen. Das Mutterunternehmen zieht also den Nutzen aus der Tätigkeit der SPE, wenn ihm allein im Wesentlichen das gesamte wirtschaftliche Nutzenpotential aus der Nutzung und/oder Verwertung des auf die SPE übertragenen Vermögenswerts zufließt. Im Folgenden wird die Frage beantwortet, ob und wie ein Unternehmen die Finanz- und Geschäftspolitik der SPE bestimmen kann, so dass ein solcher wirtschaftlicher Nutzen dem übertragenden Unternehmen zufließt.

Ein charakteristisches Merkmal einer SPE ist, dass das Unternehmen, bei dem die Beherrschungsmöglichkeit und die wesentliche Nutzenziehung verbunden sind, keinen oder nur einen geringen Stimmrechtsanteil an der SPE hält. Das Mutterunternehmen muss also die faktische Möglichkeit besitzen, die Finanz- und Geschäftspolitik zu bestimmen. Für die faktische Beherrschung ist erforderlich, dass diese auf gesellschaftsrechtlichen Grundlagen basiert.[317] Die gesellschaftsrechtlichen Grundlagen werden

---

314 Vgl. IAS 1.3; WOLLMERT, P./ACHLEITNER, A.-K., Konzeption, Rz. 17.

315 Vgl. IAS 27.4.

316 Vgl. BAETGE, J./SCHULZE, D., IAS 27, Rz. 77.

indes nicht nur in der Gründungsurkunde und den Statuten festgelegt, sondern können auch in schuldrechtlichen Verträgen, wie Managementverträgen, geregelt sein.[318] Durch die Verträge werden der Geschäftszweck, die Geschäftätigkeit, die Geschäftsverbindungen und -konditionen oder eine Beschränkung der Geschäftsführung der SPE verbindlich darauf fixiert, dass nur das den Vermögenswert übertragende Unternehmen (Initiator) einen Nutzen aus der Tätigkeit der SPE vereinnahmen kann. Für eine faktische Beherrschung ist es nicht ausreichend, wenn nur schuldrechtliche Verträge, wie Kreditverträge oder Leasingverträge, zwischen der SPE und dem berichtspflichtigen Unternehmen bestehen.[319] Im Folgenden stellt sich die Frage, ob und wie gesellschaftsrechtliche Vereinbarungen dem Mutterunternehmen die Verfügungsmacht über den künftigen wirtschaftlichen Nutzen des Vermögenswerts der SPE sichern können. Zur Beantwortung dieser Frage wird auf die allgemeinen Zurechnungsregeln für Vermögenswerte aus Abschnitt 33 und Abschnitt 34 zurückgegriffen.

Ein Mutterunternehmen hat zum einen die Verfügungsmacht über den künftigen wirtschaftlichen Nutzen des Vermögenswerts der SPE inne, wenn es berechtigt ist, im Wesentlichen den gesamten künftigen wirtschaftlichen Nutzen aus einer Nutzung des Vermögenswerts zu vereinnahmen. Ob diese Nutzung die Verfügungsmacht tatsächlich begründen kann, ist anhand der in Abschnitt 332.21 entwickelten Kriterien für Nutzungsrechte zu prüfen. Gemäß diesen Kriterien hat das übertragende Unternehmen die Verfügungsmacht inne, wenn es aus einer sachlich, zeitlich und quantitativ unbeschränkten Nutzung eines abnutzbaren Vermögenswerts das wirtschaftliche Nutzenpotential vereinnahmen kann und nach Beendigung des Nutzungsverhältnisses das wirtschaftliche Nutzenpotential des Vermögenswerts im Wesentlichen so abgenutzt ist, dass der SPE nur ein unwesentlicher wirtschaftlicher Nutzen aus der Verwertung des übertragenen Vermögenswerts zufließt. Das wirtschaftliche Nutzenpotential aus der Verwertung ist unwesentlich, wenn es weniger als 5 % bis 10 % der ursprünglichen Anschaffungskosten des übertragenen Vermögenswerts beträgt. Auch SIC-12.10(c) geht von einer Beherrschung des Mutterunternehmens aus, wenn es die Mehrheit des Nutzens aus der Tätigkeit der SPE zieht. Im Gegensatz zu SIC-12.10 fordern wir mit den hier entwickelten Zurechnungsregeln aber, dass das Mutterunternehmen im Wesentlichen den gesamten Nutzen vereinnahmt. Durch die definierte Wesentlichkeitsgrenze werden die Ermessensspielräume des SIC-12.10(c), die bei der Bestimmung der Mehrheit des Nutzens bestehen,[320] indes eingeschränkt.

---

317 Vgl. BAETGE, J./KIRSCH, H.-J./THIELE, S., Konzernbilanzen, S. 85.
318 Vgl. BAETGE, J./SCHULZE, D., IAS 27, Rz. 53; Abschnitt 441.1.
319 Vgl. SCHULTZ, F., Special Purpose Vehicle, S. 710.
320 Vgl. Abschnitt 442.3.

Der Nutzenzufluss aus der Tätigkeit der SPE ist dem Mutterunternehmen durch gesellschaftsrechtliche Vereinbarungen (z. B. Gründungsurkunde, Statuten) zu gewährleisten. Diese gesellschaftsrechtlichen Vereinbarungen dürfen weder vom Mutterunternehmen noch von der SPE ohne wichtigen Grund gekündigt werden. Im Gegensatz zu einem Leasingvertrag, der ein Finanzierungsleasingverhältnis begründet, ist dieses Nutzungsrecht nicht durch eine schuldrechtliche Nutzungsüberlassung, sondern ausschließlich mit gesellschaftsrechtlichen Vereinbarungen begründet. Dies kann bspw. bereits bei der Gründung der SPE durch Einrichtung eines Autopiloten gesichert werden, der alle Tätigkeiten der SPE im Voraus festlegt. Wenn durch den Autopiloten festgelegt worden ist, dass die SPE den übertragenen Vermögenswert ausschließlich dem übertragenden Unternehmen zur unbeschränkten Nutzung überlassen darf, dann ist die Geschäftspolitik der SPE so bestimmt, dass das übertragende Unternehmen im Wesentlichen den gesamten Nutzen aus der Tätigkeit der SPE zieht. Dieses unbeschränkte Nutzungsrecht des übertragenden Unternehmens ist nur dann auf Dauer gesichert, wenn die Tätigkeit der SPE, nämlich die Nutzungsüberlassung, nur durch Änderung des Gesellschaftervertrags oder der Statuten gesichert ist und das übertragende Unternehmen ein Vetorecht gegen diese Änderungen besitzt. Wenn Gesellschaftervertag und Statuten gegen den Willen des übertragenden Unternehmens geändert werden, besteht das Recht zur Kündigung aus wichtigem Grunde. Ob der Nutzenzufluss dem Mutterunternehmen durch gesellschaftsrechtliche Vereinbarungen gesichert ist, ist also nach den gleichen Kriterien zu prüfen, wie sie der Indikator des SIC-12.10(b) vorsieht. Gemäß den Kriterien des SIC-12.10(b) ist zu prüfen, ob das Mutterunternehmen auch die Entscheidungsmacht besitzt, die Mehrheit des Nutzens aus der Tätigkeit der SPE zu ziehen, oder diese Entscheidungsmacht mittels eines Autopiloten delegiert hat.

Erlangt das Mutterunternehmen auf Grund solcher gesellschaftsrechtlichen Vereinbarungen die Verfügungsmacht über im Wesentlichen den gesamten künftigen wirtschaftlichen Nutzen des Vermögenswerts der SPE, dann ist dieser **Vermögenswert** gemäß dem generellen Zurechnungskriterium des Framework **dem bilanziellen Vermögen des Konzerns zuzurechnen.** Die Zurechnung des Vermögenswerts geschieht durch einen technischen Zwischenschritt, indem die SPE in den Konsolidierungskreis des Mutterunternehmens aufgenommen wird. Durch die Vollkonsolidierung werden dann der Vermögenswert und die zugehörige Schuld der SPE aus der Finanzierung des Vermögenswerts in den Konzernabschluss einbezogen.

Denkbar ist, dass der wirtschaftliche Nutzen aus der Verwertung des übertragenen Vermögenswerts im Anschluss an die Nutzung des Vermögenswerts nicht unwesentlich ist, weil entweder der übertragene Vermögenswert nicht abnutzbar oder die Nutzung des übertragenen Vermögenswerts auf Grund gesellschaftsrechtlicher Vereinbarungen zeitlich beschränkt ist. In diesem Fall kann das übertragende Unternehmen nicht im Wesentlichen den gesamten Nutzen aus der Nutzung des auf die SPE ausgelagerten Vermögenswerts vereinnahmen. Das nicht durch die Nutzung verbrauchte wirtschaftliche Nutzenpotential kann das übertragende Unternehmen nur dann vereinnahmen, wenn ihm der wirtschaftliche Nutzen aus der Verwertung des übertragenen Vermögenswerts im Wesentlichen insgesamt zufließt. Dies ist der Fall, wenn nach Beendigung des Nutzungsverhältnisses der Vermögenswert im Anschluss sofort veräußert wird und das übertragende Unternehmen auf Grund eines Anteils am Periodenüberschuss im Wesentlichen den gesamten Verwertungserlös abzüglich noch zu tilgender Darlehensforderungen gegenüber den Investoren der SPE erhält. Denkbar ist auch, dass nach Beendigung der Nutzung des Vermögenswerts durch das übertragende Unternehmen die Tätigkeit der SPE beendet ist und auf Grund gesellschaftsrechtlicher Vereinbarungen die SPE liquidiert wird. Das übertragende Unternehmen vereinnahmt im Wesentlichen das wirtschaftliche Nutzenpotential aus der Verwertung des übertragenen Vermögenswerts, wenn es im Wesentlichen am Liquidationserlös der SPE beteiligt ist. Wie bereits bei der Zurechnung des übertragenen Vermögenswerts zum Einzelabschluss des übertragenden Unternehmens in Abschnitt 443.2 gezeigt wurde, besteht der Liquidationserlös der SPE im Wesentlichen aus dem Verwertungserlös des Vermögenswerts abzüglich eventuell noch zu tilgender Darlehensforderungen oder gewährter Restwertgarantien gegenüber den Investoren, die vom übertragenden Unternehmen zu leisten sind.

In Anlehnung an die in Abschnitt 322.12 definierte Wesentlichkeitsgrenze vereinnahmt ein Unternehmen im Wesentlichen das wirtschaftliche Nutzenpotential aus der Verwertung, wenn es mit mehr als 90 % bis 95 % am Verwertungserlös beteiligt ist. Ebenso ist ein Unternehmen im Wesentlichen am Liquidationserlös der SPE beteiligt, wenn es 90 % bis 95 % des Liquidationserlöses vereinnahmt. Der Verwertungs- bzw. der Liquidationserlös kann auch ein Verlust für das übertragende Unternehmen sein, wenn die noch zu leistenden Darlehensforderungen der Investoren, die den Kauf des übertragenen Vermögenswerts durch die SPE finanziert haben, oder die gewährten Restwertgarantien größer sind als der Verwertungs- bzw. Liquidationserlös.

Wenn das Unternehmen nach der Nutzung des auf die SPE übertragenen Vermögenswerts das wesentliche Restnutzenpotential aus der Verwertung des Vermögenswerts sichern kann, weil das Unternehmen **im Wesentlichen am Verwertungs- bzw. Liquidationserlös beteiligt** ist, dann ist dieser **Vermögenswert** gemäß dem generellen Zurechnungskriterium des Framework **dem bilanziellen Vermögen des Konzerns zuzurechnen**. Die Zurechnung des Vermögenswerts geschieht durch einen technischen Zwischenschritt, indem die SPE in den Konsolidierungskreis des Mutterunternehmens aufgenommen wird. Durch die Vollkonsolidierung werden dann der Vermögenswert und die zugehörige Schuld der SPE aus der Finanzierung des Vermögenswerts in den Konzernabschluss einbezogen.

Die gerade genannten Voraussetzungen, bei denen das Mutterunternehmen die Verfügungsmacht über den übertragenen Vermögenswert besitzt, stimmen mit den Beispielen im Anhang zu den Indikatoren des SIC-12.10(c), nämlich Mehrheit des Nutzens, und SIC-12.10(d), nämlich Mehrheit der Risiken, überein, die auf die Beherrschung der SPE durch das Mutterunternehmen hinweisen. Gemäß SIC-12.10(c) hat ein Unternehmen die SPE zu konsolidieren, wenn ihm auf Grund von gesellschaftsrechtlichen Vereinbarungen die Mehrheit des Nutzens in Form von Netto-Zahlungsmittelzuflüssen, Periodenüberschüssen, Reinvermögen oder die Mehrheit des Erlöses aus der Liquidation der SPE zufließen. SIC-12.10(d) sieht u. a. ein Indiz für die Beherrschung durch ein Unternehmen, wenn das Unternehmen den Investoren Garantien für ausstehende Schulden der SPE oder Restwertgarantien für Vermögenswerte gegeben hat, damit diese ihr investiertes Kapital bei der Verwertung des übertragenen Vermögenswerts oder bei der Liquidation der SPE vollständig zurückerhalten.

Bei den hier entwickelten Zurechnungskriterien ist im Gegensatz zu den Kriterien in SIC-12.10 eine alleinige Übernahme der Risiken aus der Tätigkeit der SPE kein hinreichendes Kriterium dafür, dass die SPE vom übertragenden Unternehmen beherrscht wird und somit in den Konsolidierungskreis des übertragenden Unternehmens einzubeziehen ist,[321] sondern sowohl der Nutzen als auch die Risiken müssen im Wesentlichen insgesamt vom übertragenden Unternehmen vereinnahmt werden. Die hier entwickelte Zurechnungsregel, die auf dem Control-Prinzip basiert, stimmt mit den Zurechungsregeln des SIC-12.10(c) und (d), die auf dem Risk-and-reward-Ansatz basieren, überein, sofern die Indikatoren des SIC-12.10(c) und (d) kumulativ erfüllt sind. Dieses Ergebnis ist insofern nicht überraschend, weil die Chancen und Risiken, die mit einem Vermögenswert verbunden sind, als Substitution für die Nutzenzuflüsse bzw. Nutzenabflüsse angesehen werden können.[322]

Die hier entwickelte Zurechnungsregel widerspricht erst dann der Zurechnungsregel des SIC-12, wenn ein Unternehmen ausschließlich die Risiken an dem auf die SPE übertragenen Vermögenswert trägt, aber nicht im Wesentlichen den gesamten künftigen wirtschaftlichen Nutzen aus der Nutzung und/oder Verwertung aus dem übertragenen Vermögenswert vereinnahmen kann. Diese SPE wäre nach SIC-12.10(d) in den Konzernabschluss des übertragenden Unternehmens einzubeziehen und somit der übertragene Vermögenswert dem bilanziellen Konzernvermögen des übertragenden Unternehmens zuzurechnen. In diesem Fall sind im Konzernabschluss des übertragenden Unternehmens Vermögenswerte enthalten, über deren künftigen wirt-

---

321 Vgl. SIC-12.10(d).
322 Vgl. Abschnitt 321.

schaftlichen Nutzen der Konzern keine Verfügungsmacht mehr besitzt. Der Konzernabschluss gibt dann kein den tatsächlichen Verhältnissen entsprechendes Bild der Vermögens-, Finanz- und Ertraglage wider.

Wenn nach den hier entwickelten Zurechnungsregeln das Unternehmen, das den Vermögenswert auf die SPE übertragen hat, die Verfügungsmacht über den im Wesentlichen gesamten künftigen wirtschaftlichen Nutzen des übertragenen Vermögenswerts durch die Transaktion verloren hat, ist zusätzlich zu beachten, ob das übertragende Unternehmen noch mit dem auf die SPE übertragenen Vermögenswert verbundene Risiken, wie Restwertgarantien, trägt oder Garantien für die Bonität der SPE gegenüber den Investoren abgegeben hat. Diese Risiken sind mögliche künftige Nutzenabflüsse aus dem übertragenden Unternehmen, die gemäß der Definition des F.49(b) eine Verpflichtung für das übertragende Unternehmen darstellen.[323] Ob diese Verpflichtung als eine Verbindlichkeit, Rückstellung oder Eventualverbindlichkeit im Jahresabschluss des übertragenden Unternehmens abzubilden ist, hängt vom Grad der Wahrscheinlichkeit ab, dass mit der Erfüllung der Verpflichtung der künftige wirtschaftliche Nutzen tatsächlich aus dem Unternehmen abfließen wird.[324] Wenn zwar eine mögliche Verpflichtung vorliegt, aber für einen Nutzenabfluss nur eine geringe Wahrscheinlichkeit besteht, dann ist diese Verpflichtung als eine Eventualverbindlichkeit im Anhang des Unternehmens anzugeben.[325] Wenn auf Grund der Verpflichtung ein Nutzenabfluss wahrscheinlich ist, dann ist die Verpflichtung als eine Rückstellung im Jahresabschluss des Unternehmens zu passivieren.[326] Der Nutzenabfluss ist wahrscheinlich, wenn unter der Berücksichtigung aller verfügbaren Hinweise die Eintrittswahrscheinlichkeit größer als 50 % (*more likely than not*) ist.[327] Besteht keine Unsicherheit hinsichtlich des Zeitpunkts und der Höhe des künftigen Nutzenabflusses, so ist die Verpflichtung als eine Schuld im Jahresabschluss des übertragenden Unternehmens zu passivieren.[328]

In diesem Abschnitt wurde das generelle Zurechnungskriterium des Framework für Vermögenswerte angewendet, um eine Zurechnungsentscheidung über Vermögenswerte zum bilanziellen Vermögen eines Konzerns zu treffen. Analog zu einer Zurechnungsentscheidung über einen Vermögenswert zum Einzelabschluss eines Unternehmens ist bei der Zurechnung eines Vermögenswerts zum bilanziellen Konzernvermögen zu prüfen, ob das Mutterunternehmen berechtigt ist, im Wesentlichen das gesamte künftige wirtschaftliche Nutzenpotential durch die Nutzung und/oder

---

323 Vgl. F.49(b).
324 Vgl. F.86.
325 Vgl. IAS 37.86.
326 Vgl. IAS 37.14.
327 Vgl. IAS 37.15; Vgl. BAETGE, J./KIRSCH, H.-J./THIELE, S., Bilanzen, S. 405.
328 Vgl. IAS 37.11.

Verwertung des auf die SPE übertragenen Vermögenswerts zu vereinnahmen. Im Unterschied zum Einzelabschluss beruht dieses Recht des Mutterunternehmens nicht auf schuldrechtlichen Vereinbarungen, sondern ist durch gesellschaftsrechtliche Vereinbarungen, wie Gesellschaftsverträge, Statuten, gesichert. Die Kriterien, wann ein Mutterunternehmen die Verfügungsmacht über den im Wesentlichen gesamten künftigen wirtschaftlichen Nutzen durch Nutzung und/oder Verwertung des auf die SPE übertragenen Vermögenswerts begründen kann, entsprechen vielfach den Indikatoren des SIC-12.10(b)-(d), wobei die hier entwickelten Zurechnungskriterien durch definierte Wesentlichkeitsgrenzen die Ermessensspielräume des SIC-12.10 einengen. Wenn ein Mutterunternehmen auf Grund seiner Möglichkeit zur Nutzung und/oder Verwertung des auf die SPE übertragenen Vermögenswerts die Verfügungsmacht über das im Wesentlichen gesamte wirtschaftliche Nutzenpotential besitzt, dann ist der auf die SPE übertragene Vermögenswert dem bilanziellen Vermögen des Konzerns zuzurechnen. Insofern kann das generelle Zurechnungskriterium des Framework auch für die Zurechnung von Vermögenswerten zum bilanziellen Vermögen eines Konzerns angewendet werden. Die Konsolidierung ist lediglich ein technischer Zwischenschritt, um den Vermögenswert und die damit verbundenen Schulden im Konzernabschluss abzubilden.

443.4 Beurteilung der entwickelten Zurechnungsregeln

Wenn ein Vermögenswert auf eine SPE übertragen wird, so ist in zwei Schritten zu prüfen, ob das übertragende Unternehmen weiterhin den künftigen wirtschaftlichen Nutzen aus dem Vermögenswert in einem solchen Ausmaß vereinnahmt, dass der Vermögenswert weiterhin dem bilanziellen Vermögen des übertragenden Unternehmens zuzurechnen ist. Am Beispiel einer Leasingobjektgesellschaft, auf die das Unternehmen einen Vermögenswert übertragen hat, wurde gezeigt, dass zuerst zu prüfen ist, ob der Vermögenswert auf Grund des Leasingverhältnisses weiterhin dem bilanziellen Vermögen **im Einzelabschluss** des übertragenden Unternehmens zuzurechnen ist. Bei dieser Prüfung sind neben dem Leasingvertrag auch gesellschaftsrechtliche Vereinbarungen, wie Anteil am Periodenüberschuss oder Beteiligung am Liquidationserlös, in der Zurechnungsentscheidung zu berücksichtigten. Die Zurechnungsentscheidung richtet sich danach, ob die tatsächlichen Verfügungsmöglichkeiten des übertragenden Unternehmens über den künftigen wirtschaftlichen Nutzen des übertragenen Vermögenswerts (substance) nach Übertragung des rechtlichen Eigentums am Vermögenswert auf die SPE immer noch so bedeutend sind, dass die Entscheidung über die Zurechnung dieses Vermögenswerts nicht nach dem formalrechtlichen Eigentum (form) zu treffen ist, sondern nach dem Innehaben der Verfügungsmacht über den künftigen wirtschaftlichen Nutzen. Weil die Entscheidung über die Zurechnung des Vermögenswerts auf vertraglichen Vereinbarungen beruht, können diese intersubjektiv von einem Abschlussprüfer nachgeprüft werden. Die Zurechnungsentscheidung wird in gleichartigen Sachverhalten einheitlich getroffen.

Wenn keine schuldrechtlichen Vereinbarungen (z. B. Leasingverträge) bestehen, dann ist zu untersuchen, ob das Unternehmen auf Grund gesellschaftsrechtlicher Vereinbarungen die Finanz- und Geschäftspolitik der SPE in dem Maße bestimmen kann, dass aus der Tätigkeit der SPE im Wesentlichen nur dem übertragenden Unternehmen ein wirtschaftlicher Nutzen zufließt. In diesem Fall ist die SPE in den Konsolidierungskreis des übertragenden Unternehmens einzubeziehen, so dass der Vermögenswert dem bilanziellen Vermögen **im Konzernabschluss** zugerechnet wird. Die Zurechnungsentscheidung richtet sich danach, ob die tatsächlichen Beherrschungsmöglichkeiten des übertragenden Unternehmens über die SPE (substance) nach Übertragung des rechtlichen Eigentums am Vermögenswert auf die SPE so bedeutend sind, dass die Entscheidung über die Zurechnung der SPE zum Konsolidierungskreis nicht nach den formalrechtlichen Stimmrechtsanteilen (form) zu treffen ist, sondern nach der tatsächlichen Beherrschungsmöglichkeit über die SPE. Die Beherrschungsmöglichkeit äußert sich dadurch, dass dem übertragenden Unternehmen im Wesentlichen der gesamte wirtschaftliche Nutzen aus der Nutzung und/oder Verwertung des auf die SPE übertragenen Vermögenswerts zufließt. Anzumerken ist, dass, wenn die Indikatoren des SIC-12.10(c) und (d) kumulativ erfüllt sind, die Zurechnungsentscheidung nach SIC-12 und die Zurechnungsentscheidung nach den hier entwickelten Zurechnungsregeln identisch getroffen werden.

Allerdings ist zusätzlich zu beachten, ob das übertragende Unternehmen, das nach den hier entwickelten Zurechnungsregeln die Verfügungsmacht über den im Wesentlichen gesamten künftigen wirtschaftlichen Nutzen des übertragenen Vermögenswerts durch die Transaktion verloren hat, noch die mit dem auf die SPE übertragenen Vermögenswert verbundenen Risiken, wie Restwertgarantien, trägt oder Garantien für die Bonität der SPE gegenüber den Investoren abgegeben hat. Diese Risiken sind mögliche künftige Nutzenabflüsse aus dem übertragenden Unternehmen, die gemäß der Definition des F.49(b) eine Verpflichtung für das übertragende Unternehmen darstellen. Ob diese Verpflichtung als eine Verbindlichkeit, Rückstellung oder Eventualverbindlichkeit im Jahresabschluss des übertragenden Unternehmens abzubilden ist, hängt vom Grad der Wahrscheinlichkeit ab, dass mit der Erfüllung der Verpflichtung der künftige wirtschaftliche Nutzen tatsächlich aus dem Unternehmen abfließen wird.[329]

---

329 Vgl. F.86. Vgl. Abschnitt 443.3.

5 Zusammenfassung

Ziel der vorliegenden Arbeit war es, das im Framework enthaltene Prinzip der wirtschaftlichen Zurechnung von Vermögenswerten zum bilanziellen Vermögen von Unternehmen zu konkretisieren und operationale und objektive Zurechnungsregeln zu entwickeln. Nach dem Prinzip der wirtschaftlichen Zurechnung sind Vermögenswerte demjenigen Unternehmen bilanziell zuzurechnen, das die Verfügungsmacht über den künftigen wirtschaftlichen Nutzen eines Vermögenswerts innehat. Obwohl das rechtliche Eigentum an einem Vermögenswert häufig die Verfügungsmacht über diesen Vermögenswert begründet, ist das rechtliche Eigentum lediglich ein Indiz dafür, dass ein Unternehmen die Verfügungsmacht über das künftige Nutzenpotential eines Vermögenswerts innehat. Die Entscheidung über die Zurechnung eines Vermögenswerts darf dann nicht anhand des rechtlichen Eigentums erfolgen, wenn der rechtliche Eigentümer keine oder nur eine eingeschränkte Verfügungsmacht über den künftigen wirtschaftlichen Nutzen eines Vermögenswerts innehat. Bei der wirtschaftlichen Zurechnung von Vermögenswerten zum bilanziellen Vermögen von Unternehmen ist die zentrale Frage zu beantworten, wann der rechtliche Eigentümer auf Grund von vertraglichen Vereinbarungen die Verfügungsmacht über den künftigen wirtschaftlichen Nutzen eines Vermögenswerts auf ein anderes Unternehmen übertragen hat und dieser Vermögenswert somit diesem Unternehmen und nicht mehr dem rechtlichen Eigentümer bilanziell zuzurechnen ist. Die in dieser Arbeit im Hinblick auf die genannte Fragestellung gewonnenen Ergebnisse können wie folgt zusammengefasst werden:

Zu den Grundlagen

- Der Eigentümer kann von seinem Eigentum einzelne Teilrechte oder Bündel von Teilrechten abspalten und an Dritte übertragen. Die Teilrechte sind Bestandteil des Eigentumsrechts, das sämtliche möglichen Herrschaftshandlungen umfasst. Entsprechend der Struktur des Eigentums nach der Property-Rights-Theorie wurde in dieser Arbeit zwischen drei Teilrechten des Eigentums unterschieden, nämlich dem Nutzungsrecht, dem Verwertungsrecht und dem Erwerbsrecht.

- Unter dem **Nutzungsrecht** werden das Recht zur Nutzung eines Gutes und das Recht zur Aneignung der Erträge aus einem Gut subsumiert. Das Recht zur Nutzung erlaubt dem nutzungsberechtigten Unternehmen, grundsätzlich sämtliche Nutzungsarten an einem Gut auszuüben. Nutzungsarten sind der unmittelbare oder mittelbare Gebrauch eines Guts. Der Umfang des Rechts zur Nutzung kann indes auf einzelne Nutzungsarten beschränkt, für eine beschränkte Nutzungsdauer vereinbart oder das Nutzungsrecht kann durch mehrere Nutzungsberechtigte gemeinsam ausgeübt werden. Das Nutzungsrecht berechtigt nicht, die Substanz eines Guts zu verwerten.

■ Das **Verwertungsrecht** entspricht dem Recht zur Veränderung der äußeren Form und der Substanz eines Guts sowie zur Veräußerung aller oder einiger Rechte an dem Gut. Vergibt der Eigentümer das Verwertungsrecht, räumt er dem verwertungsberechtigten Unternehmen die Befugnis ein, die Substanz des Guts zu verwerten. Das Verwertungsrecht ist unbedingt, wenn das verwertungsberechtigte Unternehmen das Gut jederzeit verwerten kann. Das verwertungsberechtigte Unternehmen hat ein bedingtes Verwertungsrecht inne, wenn es das Recht erst zu einem Zeitpunkt ausüben kann, zu dem bestimmte Bedingungen eingetreten sind, bspw. wenn bestimmte Leistungen nicht erbracht worden sind.

■ Das **Erwerbsrecht** wird in der Struktur des Eigentums nach der Property-Rights-Theorie nicht explizit genannt. Das Recht, ein Erwerbsrecht zu vergeben, erhält der rechtliche Eigentümer aus seinem Verwertungsrecht. Hat das erwerbsberechtigte Unternehmen ein Erwerbsrecht inne, ist es berechtigt, das umfassende Eigentum oder ein anderes Recht an einem Gut künftig zu erwerben. Das erwerbsberechtigte Unternehmen kann das Recht zum Erwerb unabhängig von einem bestimmten Ereignis ausüben (unbedingtes Erwerbsrecht). Das Erwerbsrecht ist ein bedingtes Recht, wenn es erst bei Eintritt bestimmter Voraussetzungen ausgeübt werden kann. Im Umfang des vergebenen Erwerbsrechts ist der rechtliche Eigentümer somit davon ausgeschlossen, das Gut zu veräußern.

■ Die einzelnen Teilrechte können auch gebündelt vom rechtlichen Eigentum abgespalten und an ein anderes Unternehmen übertragen werden. **Zum generellen Zurechnungskriterium**

■ Aus der Vermögenswertdefinition des Framework und den zugehörigen Vorschriften im Framework können Merkmale entnommen werden, mittels deren ein **generelles Zurechnungskriterium** für Vermögenswerte zum bilanziellen Vermögen eines Unternehmens entwickelt werden kann. Demnach hat ein Unternehmen die Verfügungsmacht über den künftigen wirtschaftlichen Nutzen eines Vermögenswerts inne, wenn es allein berechtigt ist, im Wesentlichen das gesamte wirtschaftliche Nutzenpotential des Vermögenswerts zu nutzen und/oder zu verwerten.

■ Die Vermögenswertdefinition als einzige übergeordnete Vorschrift im Framework ist für die Beantwortung der Frage, wem ein Vermögenswert bilanziell zuzurechnen ist, wenig operational, weil das Framework nicht eindeutig konkretisiert, was unter der Verfügungsmacht über den künftigen wirtschaftlichen Nutzen zu verstehen ist. Daher wurde in dieser Arbeit untersucht, ob und wie die einzelnen Teilrechte und Teilrechtsbündel die Verfügungsmacht über den künftigen wirtschaftlichen Nutzen begründen können.

Zur Begründung der Verfügungsmacht über das wirtschaftliche Nutzenpotential durch die einzelnen Teilrechte und Teilrechtsbündel

■ Ein **Nutzungsrecht kann die Verfügungsmacht** über den künftigen wirtschaftlichen Nutzen **begründen, wenn** das Nutzungsrecht **sachlich, quantitativ und zeitlich unbeschränkt** ist. Durch die Nutzung des nutzungsberechtigten Unternehmens wird im Wesentlichen das gesamte wirtschaftliche Nutzenpotential verbraucht, wenn es sich um ein **abnutzbares Gebrauchsgut** handelt und wenn das Nutzungsverhältnis nicht vorzeitig gekündigt werden darf, es sei denn, durch den rechtlichen Eigentümer bei Vorliegen eines wichtigen Grundes und unter der Kautel der sofortigen Zahlung der noch ausstehenden Nutzungsentgelte durch das nutzungsberechtigte Unternehmen. Nach Beendigung des Nutzungsverhältnisses kann der rechtliche Eigentümer nur ein unwesentliches restliches Nutzenpotential verwerten, wenn das wirtschaftliche **Restnutzenpotential zum Ende des Nutzungsverhältnisses** im Vergleich zum ursprünglichen wirtschaftlichen Nutzenpotential zu Beginn des Nutzungsverhältnisses **unwesentlich** ist. Die Rechnungslegungsdaten, die den Zurechnungsentscheidungen zu Grunde liegen, können indes in einigen Fällen nur geschätzt werden und unterliegen einer Wesentlichkeitsbeschränkung. Bei der Zurechnungsentscheidung in jenen Fällen, in denen ein Nutzungsrecht vom rechtlichen Eigentum abgespalten und an ein anderes Unternehmen übertragen wird, eröffnen sich den bilanzierenden Unternehmen bilanzielle Ermessensspielräume. Diese Ermessensspielräume können nur verhindert werden, wenn der IASB normierte Werte für die Nutzungsdauern, die Abschreibungsmethoden und die Restwerte als auch feste Wesentlichkeitsgrenzen vorgibt.

■ Das unbedingte **Verwertungsrecht ist das stärkste Teilrecht**, das die Verfügungsmacht über den künftigen wirtschaftlichen Nutzen begründen kann, weil es **ohne jede Einschränkung und für jede Art des Nutzenpotentials diese Verfügungsmacht begründet**. Die Entscheidung über die Zurechnung basiert ausschließlich auf objektiv nachprüfbaren vertraglichen Gestaltungen, so dass keine bilanziellen Ermessensspielräume bei der wirtschaftlichen Zurechnung des Vermögenswerts bestehen.

■ Ein **bedingtes Verwertungsrecht** kann, wenn die mit dem bedingten Verwertungsrecht gesicherte **Forderung** durch einen Kreditnehmer **vertragsgemäß erfüllt** wird, die **Verfügungsmacht** über den künftigen wirtschaftlichen Nutzen **nicht begründen**. Wenn die Insolvenz des Kreditnehmers droht, ist erneut über die Zurechnung des sichernden Vermögenswerts zu entscheiden. Nur wenn das bedingt verwertungsberechtigte Unternehmen **im Besitz** des Vermögenswerts ist oder einen **Herausgabeanspruch** gegen den Kreditnehmer **im Insolvenzfall** hat, dann ist dem bedingt verwertungsberechtigten Unternehmen der **Vermögenswert bilanziell zuzurechnen**. Wenn der die Forderung sichernde Vermögenswert im Besitz des Kreditnehmers im Insolvenzfall verbleibt, ist der Vermögenswert dem Kreditnehmer bilanziell zuzurechnen.

■ Ein **Erwerbsrecht** allein kann **in keinem Fall die Verfügungsmacht** über den künftigen wirtschaftlichen Nutzen eines Vermögenswerts **begründen.**

■ Wenn ein Erwerbsrecht mit einem Nutzungsrecht, das allein die Verfügungsmacht über den künftigen wirtschaftlichen Nutzen nicht begründen kann, gebündelt wird, kann die gesicherte Aussicht auf den Erwerb des Vermögenswerts die noch fehlende Verfügungsmacht des Nutzungsrechts ergänzen. Ein **Teilrechtsbündel aus einem Nutzungsrecht und einem unbedingten Erwerbsrecht kann die Verfügungsmacht** über den im Wesentlichen gesamten künftigen wirtschaftlichen Nutzen **begründen,** wenn das **Nutzungsrecht** entweder **nur zeitlich beschränkt** ist oder ein **unbeschränktes Nutzungsrecht** an einem **nicht abnutzbaren Gebrauchsgut** vorliegt und wenn diese Nutzungsrechte während deren Laufzeit unkündbar sind, es sei denn durch den rechtlichen Eigentümer bei Vorliegen eines wichtigen Grundes und unter der Kautel der sofortigen Zahlung der noch ausstehenden Nutzungsentgelte durch das nutzungsberechtigte Unternehmen. Das Erwerbsrecht ergänzt die Verfügungsmöglichkeiten des Nutzungsrechts, wenn die **Ausübung des unbedingten Erwerbsrechts hinreichend wahrscheinlich** ist. Dies ist der Fall, wenn die Bedingungen für das unbedingte Erwerbsrecht wirtschaftlich vorteilhaft für das nutzungs- und erwerbsberechtigte Unternehmen sind. Diese Bedingungen sind wirtschaftlich vorteilhaft, wenn der Kaufpreis wesentlich geringer als der beizulegende Zeitwert zum Erwerbszeitpunkt ist. Allerdings ist bereits zu Beginn des Nutzungsverhältnisses ein zuverlässiger Ersatzwert für den beizulegenden Zeitwert des wirtschaftlichen Nutzenpotentials zum Erwerbszeitpunkt zu ermitteln. Die Rechnungslegungsdaten, die den Zurechnungsentscheidungen zu Grunde liegen, können indes in einigen Fällen nur geschätzt werden und unterliegen einer Wesentlichkeitsbeschränkung. Bei der Zurechnungsentscheidung in jenen Fällen, in denen ein Nutzungsrecht vom rechtlichen Eigentum abgespalten und an ein anderes Unternehmen übertragen wird, eröffnen sich den zur Bilanzierung des Vermögenswerts verpflichteten Unternehmen nicht unerhebliche Ermessensspielräume. Diese Ermessensspielräume können wiederum nur dann verhindert werden, wenn der IASB normierte Werte für die Nutzungsdauern, die Abschreibungsmethoden und die Restwerte als auch feste Wesentlichkeitsgrenzen vorgibt.

■ Wenn ein **Teilrechtsbündel** aus einem **durch ein externes Ereignis bedingte Erwerbsrecht und** einem **Nutzungsrecht** besteht, ist der **Vermögenswert dem bilanziellen Vermögen des rechtlichen Eigentümers** zuzurechnen.

■ Ein **Teilrechtsbündel,** das aus einem **durch eine bestimmte Handlung des Erwerbers bedingten Erwerbsrecht** und einem (mindestens) **sachlich und quantitativ unbeschränkten Nutzungsrecht** besteht, kann die **Verfügungsmacht** über den im Wesentlichen gesamten künftigen wirtschaftlichen Nutzen **begründen**. Wenn das bedingt erwerbsberechtigte Unternehmen zahlungsunfähig wird, ist erneut über die Zurechnung des Vermögenswerts zu entscheiden. Wenn das erwerbsberechtigte Unternehmen eine Herausgabepflicht gegenüber dem rechtlichen Eigentümer hat, dann ist im Insolvenzfall des nutzungs- und erwerbsberechtigten Unternehmens der Vermögenswert dem bilanziellen Vermögen des rechtlichen Eigentümers zuzurechnen. Besteht keine Herausgabepflicht, dann verbleibt der Vermögenswert im bilanziellen Vermögen des nutzungsberechtigten und bedingt erwerbsberechtigten Unternehmens.

■ Wenn ein Unternehmen ein **Teilrechtsbündel aus einem unbedingten Verwertungsrecht und einem (unbeschränkten oder beschränkten) Nutzungsrecht** innehat, so ist diesem Unternehmen der **Vermögenswert stets bilanziell zuzurechnen**.

Zur Anwendung der entwickelten Zurechnungsregeln auf ausgewählte Problemfälle

■ Die in dieser Arbeit entwickelten Zurechnungskriterien sind **in allen drei Problemfällen** gegenüber den derzeit gültigen Vorschriften vorteilhaft, weil sie erstens ausschließlich auf dem aus der Vermögenswertdefinition des Framework entwickelten generellen Zurechnungskriterium für Vermögenswerte basieren. Somit richtet sich die Zurechnungsentscheidung danach, ob die tatsächlichen Verfügungsmöglichkeiten des Leasingnehmers, des Pensionsgebers oder des den Vermögenswert übertragenden Unternehmens über den künftigen wirtschaftlichen Nutzen des Vermögenswerts (substance) so bedeutend sind, dass die Entscheidung über die Zurechnung des Vermögenswerts nicht mehr nach dem formalrechtlichen Eigentum (form) zu treffen ist, sondern nach dem Innehaben der Verfügungsmacht über den künftigen wirtschaftlichen Nutzen. Außerdem basiert die Entscheidung über die Zurechnung eines Vermögenswerts auf den objektiv nachprüfbaren vertraglichen Vereinbarungen eines Leasingverhältnisses, die von einem Abschlussprüfer nachgeprüft werden können. Über Vermögenswerte, die in gleichartigen Sachverhalten übertragen werden, werden einheitliche Zurechnungsentscheidungen getroffen. Mittels einer Systematisierung der objektivierten Rechte und Pflichten können komplexe Sachverhalte, wie ein Total Return Swap oder die Übertragung eines Vermögenswerts auf eine SPE, strukturiert und der wirtschaftliche Gehalt und die wirtschaftliche Realität des Sachverhalts erkannt werden.

■ Die Anwendung der in dieser Arbeit entwickelten Zurechnungsregeln für **Vermögenswerte**, die **in einem Leasingverhältnis** gehalten werden, hat ergeben, dass diese Zurechnungsregeln die bestehenden Ermessensspielräume der Zurechnungsregeln in IAS 17 weder verhindern noch einengen können. Diese Ermessensspielräume können erst dann verhindert oder zumindest eingeengt werden, wenn der IASB sowohl für die Nutzungsdauer, die Abschreibungsmethoden und Restwerte normierte Werte als auch feste Wesentlichkeitsgrenzen vorgibt. Allerdings bieten die hier entwickelten Zurechnungsregeln für Leasinggegenstände einige Vorteile gegenüber den Zurechnungsregeln des IAS 17. Weil die Zurechnungsregeln für Leasinggegenstände sich nach den an den Leasingnehmer vergebenen Teilrechten bzw. Kombinationen von Teilrechten richten, die theoretisch denkbar und in der Realität anzutreffen sind, kann jede vertragliche Ausgestaltung eines Leasingverhältnisses durch diese Zurechnungsregeln erfasst werden. Außerdem entsprechen die hier entwickelten Zurechnungsregeln dem neuen Vorschlag des IASB, die Zurechnung von Vermögenswerten, die in einem Leasingverhältnis gehalten werden, primär nach der Übertragung der Rechte am künftigen wirtschaftlichen Nutzen des Vermögenswerts auszurichten.

■ Die Anwendung der in dieser Arbeit entwickelten Zurechnungsregeln auf **Vermögenwerte, die Gegenstand eines Pensionsgeschäfts** sind, ergab, dass sowohl die entwickelten Zurechnungsregeln als auch die Zurechnungsbeispiele des IAS 39 (revised 2003) für die behandelten Pensionsgeschäfte grundsätzlich gleich behandelt werden. Die nach IAS 39 (revised 2003) verbleibenden Ermessensspielräume können auch durch die in dieser Arbeit entwickelten Zurechnungsregeln nicht beseitigt werden.

■ Wenn die hier entwickelten Zurechnungsregeln auf einen **Vermögenswert, der auf eine SPE übertragen wurde,** angewendet werden, so ist in zwei Schritten zu prüfen, ob das übertragende Unternehmen weiterhin den künftigen wirtschaftlichen Nutzen aus dem Vermögenswert in einem solchen Ausmaß vereinnahmt, dass der Vermögenswert weiterhin dem bilanziellen Vermögen des übertragenden Unternehmens zuzurechnen ist. Am Beispiel einer Leasingobjektgesellschaft, auf die das Unternehmen einen Vermögenswert übertragen hat, wurde gezeigt, dass zuerst zu prüfen ist, ob der Vermögenswert auf Grund des Leasingverhältnisses weiterhin dem bilanziellen Vermögen im Einzelabschluss des übertragenden Unternehmens zuzurechnen ist. Bei dieser Prüfung sind neben dem Leasingvertrag auch gesellschaftsrechtliche Vereinbarungen, wie Anteil am Periodenüberschuss oder Beteiligung am Liquidationserlös, in der Zurechnungsentscheidung über den Vermögenswert zum Einzelabschluss zu berücksichtigten. Wenn keine schuldrechtlichen Vereinbarungen (z. B. Leasingverträge) bestehen, dann ist in einem zweiten Schritt zu untersuchen, ob das Unternehmen auf Grund gesellschaftsrechtlicher Vereinbarungen die Finanz- und Geschäftspolitik der SPE in dem Maße bestimmen kann, dass aus der Tätigkeit der SPE im Wesentlichen nur dem übertragenden Unternehmen ein wirtschaftlicher Nutzen zufließt. In diesem Fall ist die SPE in den Konsolidierungskreis des übertragenden Unternehmens einzubeziehen, so dass der Vermögenswert dem bilanziellen Vermögen im Konzernabschluss zugerechnet wird.

■ Das generelle Zurechnungskriterium des Framework für Vermögenswerte kann angewendet werden, um eine Zurechnungsentscheidung über Vermögenswerte zum bilanziellen Vermögen eines Konzerns zu treffen. Analog zu einer Zurechnungsentscheidung über einen Vermögenswert zum Einzelabschluss eines Unternehmens ist bei der Zurechnung eines Vermögenswerts zum bilanziellen Konzernvermögen zu prüfen, ob das Mutterunternehmen berechtigt ist, im Wesentlichen das gesamte künftige wirtschaftliche Nutzenpotential durch die Nutzung und/oder Verwertung des auf die SPE übertragenen Vermögenswerts zu vereinnahmen. Im Unterschied zum Einzelabschluss beruht dieses Recht des Mutterunternehmens nicht auf schuldrechtlichen Vereinbarungen, sondern ist durch gesellschaftsrechtliche Vereinbarungen, wie Gesellschaftsverträge, Statuten, gesichert. Die Konsolidierung ist lediglich ein technischer Zwischenschritt, um den Vermögenswert und die damit verbundenen Schulden im Konzernabschluss abzubilden.

Literaturverzeichnis

ACHLEITNER, ANN-KRISTIN/KLEEKÄMPER, HEINZ, „Presentation of Financial Statements" - Das Reformprojekt des IASC und seine Auswirkungen, in: WPg 1997, S. 117-126 (Presentation of Financial Statements).

ACHLEITNER, ANN-KRISTIN/WOLLMERT, PETER/HULLE, KAREL VAN, Grundlagen der Bilanzierung, der Bewertung und des Ausweises, in: Rechnungslegung nach International Accounting Standards (IAS): Kommentar auf der Grundlage des deutschen Bilanzrechts, hrsg. v. Baetge, Jörg/Dörner, Dietrich/Kleekämper, Heinz/Wollmert, Peter, Stuttgart 1997, S. 35-70 (Grundlagen).

ADAMS, MICHAEL, Ökonomische Analyse der Sicherungsrechte: ein Beitrag zur Reform der Mobiliarsicherheiten, Königstein 1980 (Ökonomische Analyse).

ADLER, HANS /DÜRING, WALTHER/SCHMALTZ, KURT, Konzeptionelle Grundlagen, in: Rechnungslegung nach International Accounting Standards, Stuttgart 2002 (Rechnungslegung International).

ALCHIAN, ARMAN A., Some Economics of Property Rights, in: Il Politico 1965, S. 816-829 (Property Rights).

ALCHIAN, ARMEN A./ DEMSETZ, HAROLD, The Property Right Paradigm, in: The Journal of Economic History 1973, S. 16-27 (Property Right Paradigm).

ALEXANDER, DAVID/ARCHER, SIMON, Miller International Accounting Standards Guide, New York 2003 (IAS-Guide).

ALVAREZ, MANUEL/WOTSCHOFSKY, STEFAN/MIETHIG, MICHAELA, Leasingverhältnisse nach IAS 17 - Zurechnung, Bilanzierung, Konsolidierung -, in: WPg 2001, S. 933-947 (Leasingverhältnisse nach IAS 17).

BAAR, STEPHAN/STREIT, BARBARA, Berücksichtigung qualitativer Aspekte beim Vergleich zwischen Leasing und Kauf (speziell Mobilienleasing), in: BuW 2001, S. 705-710 (Vergleich zwischen Leasing und Kauf).

BAETGE, JÖRG, Möglichkeiten der Objektivierung des Jahreserfolges, Düsseldorf 1970 (Objektivierung des Jahreserfolges).

BAETGE, JÖRG, Bilanzanalyse, Düsseldorf 1998 (Bilanzanalyse).

BAETGE, JÖRG/BALLWIESER, WOLFGANG, Zum bilanzpolitischen Spielraum der Unternehmensleitung, in: BFuP 1977 (Bilanzpolitischer Spielraum).

BAETGE, JÖRG/BALLWIESER, WOLFGANG, Ansatz und Ausweis von Leasingobjekten in Handels- und Steuerbilanz, in: DBW 1978, S. 3-19 (Ansatz und Ausweis von Leasingobjekten).

BAETGE, JÖRG/BEERMANN, THOMAS, Die Bilanzierung von Vermögenswerten in der Bilanz nach International Accounting Standards und der dynamischen Bilanztheorie Schmalenbachs, in: BFuP 1998, S. 154-168 (Bilanzierung von Vermögenswerten).

BAETGE, JÖRG/KIRSCH, HANS-JÜRGEN/THIELE, STEFAN, Bilanzen, 7. Aufl., Düsseldorf 2003 (Bilanzen).

BAETGE, JÖRG/KIRSCH, HANS-JÜRGEN/THIELE, STEFAN, Konzernbilanzen, 6. Aufl., Düsseldorf 2002 (Konzernbilanzen).

BAETGE, JÖRG/SCHLÖSSER, JULIA, In-substance-defeasance, in: Beck'sches Handbuch der Rechnungslegung, Bd. I, hrsg. v. Castan, Edgar u. a., München 1997, B 707, S. 1-34 (In-substance-defeasance).

BAETGE, JÖRG/SCHULZE, DENNIS, IAS 27: Konzernabschlüsse und Bilanzierung von Anteilen an Tochterunternehmen, in: Rechnungslegung nach International Accounting Standards (IAS), hrsg. v. Baetge, Jörg/Dörner, Dietrich/Kleekämper, Heinz/Wollmert, Peter/ Kirsch, Hans-Jürgen, 2. Aufl., Stuttgart 2002 (Baetge, J./Schulze, D., IAS 27).

BALLWIESER, WOLFGANG, Das Rechnungswesen im Lichte ökonomischer Theorien, in: Betriebswirtschaftslehre und Ökonomische Theorie, hrsg. v. Ordelheide, Dieter/Rudolph, Bernd/Büsselmann, Elke, Stuttgart 1991 (Rechnungswesen im Lichte ökonomischer Theorien).

BASSENGE, PETER, BGB §§ 854-1296, in: Palandt Bürgerliches Gesetzbuch, hrsg. v. Palandt, Otto, 62. Aufl., München 2003 (BGB).

BAUR, FRITZ/STÜRNER, ROLF, Sachenrecht, 17. Aufl., München 1999 (Sachenrecht).

BELLAVITE-HÖVERMANN, YVETTE/BARCKOW, ANDREAS, IAS 39 Finanzinstrumente: Ansatz und Bewertung (Financial Instruments: Recognition and Measurement), in: Rechnungslegung nach International Accounting Standards (IAS), hrsg. v. Baetge, Jörg/Dörner, Dietrich/Kleekämper, Heinz/Wollmert, Peter/ Kirsch, Hans-Jürgen, 2. Aufl., Stuttgart 2002 (IAS 39).

BFH, Urteil vom 26. Januar 1970 IV R 144/66, in: BStBl. II 1970, S. 264-273 (BFH-Urteil v. 26.1.1970).

BRAKENSIEK, SONJA, Bilanzneutrale Finanzierungsinstrumente in der internationalen und nationalen Rechnungslegung: die Abbildung von Leasing, Asset-Backet-Securities-Transaktionen und Special Purpose Entities im Konzernabschluss, Herne, Berlin 2001 (Bilanzneutrale Finanzierungsinstrumente).

BRAKENSIEK, SONJA/KÜTING, KARLHEINZ, Special Purpose Entities in der US-amerikanischen Rechnungslegung, in: StuB 2002, S. 209-215 (Special Purpose Entities).

BREMSER, HORST, Finanzierungs-Leasing in der Handelsbilanz, in: BB 1973, S. 529-535 (Finanzierungs-Leasing).

BRIEL, HANSRUDOLF VON, Die Ermittlung der wirtschaftlichen Nutzungsdauer von Anlagegütern, Winterthur 1955 (Nutzungsdauer).

BUCHAN, M. G./PEASNELL, K. V./YAANSAH, R. A., Netting Off Assets and Liabilities, in: Accounting and Business Research 1992, S. 207-217 (Netting Off Assets and Liabilities).

BUHL, HANS ULRICH, Leasing, in: Handwörterbuch des Bank- und Finanzwesens, hrsg. v. Gerke, Wolfgang/Steiner, Manfred, 3. Aufl., Stuttgart 2001, Sp.1487-1490 (Leasing).

BÜSCHGEN, HANS E., Leasing in der Unternehmensfinanzierung, in: FR 1968, S. S. 49-54 (Leasing in der Unternehmensfinanzierung).

BÜSCHGEN, HANS E., Grundlagen des Leasing, in: Praxishandbuch Leasing, hrsg. v. Büschgen, Hans. E., München 1998, S. 1-20 (Grundlagen des Leasing).

CAIRNS, DAVID, Applying International Accouting Standards, 3. Aufl., London 2002 (Applying IAS).

COASE, RONALD H., The Problem of Social Cost, in: The Journal of Law & Economics, 1960, S. 1-44 (Social Cost).

COENENBERG, ADOLF GERHARD, Jahresabschluss und Jahresabschlussanalyse: Betriebswirtschaftliche, handelsrechtliche, steuerrechtliche und internationale Grundlagen - HGB, IAS/IFRS, US-GAAP, 19. Aufl., Stuttgart 2003 (Jahresabschluss und Jahresabschlussanalyse).

DE ALESSI, LOUIS, The Economics of Property Rights: A Review of the Evidence, in: Research in Law and Economics, Volume 2, 1980, S. 1-47 (Economics of Property Rights).

DEMSETZ, HAROLD, The Exchange and Enforcement of Property Rights, in: The Journal of Law and Economics 1964, S. 11-26 (Property Rights).

DEMSETZ, HAROLD, Toward a Theory of Property Rights, in: American Economic Association 1967, S. 347-359 (Theory of Property Rights).

DIETZ, HORST, Die Normierung der Abschreibung in Handels- und Steuerbilanz, Opladen 1971 (Normierung der Abschreibung).

DÖLLERER, GEORG, Leasing - wirtschaftliches Eigentum oder Nutzungsrecht?, in: BB 1971, S. 535-540 (Leasing).

EINEM, HENNING V., Die Rechtsnatur der Option, Berlin 1974 (Rechtsnatur der Option).

ENGEL, JOHANNA, Small-Ticket- und Big-Ticket-Leasing, in: Leasing-Berater 2000, S. 28-30 (Small-Ticket- und Big-Ticket-Leasing).

EPSTEIN, BARRY J./MIRZA, ABBAS ALI, Wiley IAS 2003 - Interpretation and Application of International Accounting Standards, Hoboken 2003 (IAS 2003).

EWERT, RALF, Rechnungslegung, Gläubigerschutz und Agency-Probleme, Wiesbaden 1986 (Rechnungslegung).

FABRI, STEPHAN, Grundsätze ordnungsmäßiger Bilanzierung entgeltlicher Nutzungsverhältnisse, Bergisch Gladbach 1986 (Bilanzierung entgeltlicher Nutzungsverhältnisse).

FAHRHOLZ, BERND, Leasing in der Bilanz. Die bilanzielle Zurechnung von Leasing-Gütern und die Frage der Aktivierbarkeit des Nutzungsrechts des Leasing-Nehmers, Köln u. a. 1979 (Leasing in der Bilanz).

FAHRHOLZ, BERND, Neue Formen der Unternehmensfinanzierung: Unternehmensübernahmen, Big-Ticket-Leasing, Asset- Backed- und Projektfinanzierungen, München 1998 (Neue Formen der Unternehmensfinanzierung).

FINDEISEN, KLAUS-DIETER, Die Bilanzierung von Leasingverträgen nach den Vorschriften des International Accounting Standards Committee, in: RIW 1997, S. 838-847 (Bilanzierung von Leasingverträgen).

FINDEISEN, KLAUS-DIETER/ROß, NORBERT, Asset-Backed Securities-Transaktionen im Einzel- und Konzernabschluß des Veräußerers nach International Accounting Standards, in: DB 1999, S. 2224-2227 (Asset-Backed Securities-Transaktionen).

FISCHERMANN, THOMAS/KLEINE-BROCKHOFF, THOMAS, Der Totalausfall, in: Die Zeit 2002 (http://www.zeit.de/2002/07/Politik/print_200207_enron_haupttext.html), o. S. (Totalausfall).

FLUME, WERNER, Die Rechtsstellung des Vorbehaltskäufers, in: AcP 161, S. 385-408 (Rechtsstellung des Vorbehaltskäufers).

FLUME, WERNER, Das Rechtsverhältnis des Leasing in zivilrechtlicher und steuerrechtlicher Sicht (I-IV), in: DB 1972, S. 1-6, 53-61, 105-109, 152-155 (Rechtsverhältnis des Leasing).

FLUME, WERNER, Die Frage der bilanziellen Behandlung von Leasing-Verhältnissen. Eine Auseinandersetzung mit der Stellungnahme des Hauptfachausschusses des Instituts der Wirtschaftsprüfer HFA1/73, in: DB 1973, S. 1661-1667 (Bilanzielle Behandlung von Leasing-Verhältnissen).

FLUME, WERNER, Die Rechtsfigur des Finanzierungsleasing, in: DB 1991, S. 265-271 (Rechtsfigur des Finanzierungsleasing).

FRANK, JOHANN, BGB §§ 1030-1089, in: Kommentar zum Bürgerlichen Gesetzbuch, hrsg. v. von Staudinger, J., 13. Aufl., Berlin 2002 (BGB).

FREERICKS, WOLFGANG, Bilanzierungsfähigkeit und Bilanzierungspflicht in Handels- und Steuerbilanz, Köln 1976 (Bilanzierungsfähigkeit und Bilanzierungspflicht).

FUCHS, MARKUS, Leasingverhältnisse nach den International Accounting Standards, in: DB 1996, S. 1833-1836 (Leasingverhältnisse nach IAS).

FURUBOTN, EIRIK G./PEJOVICH, SVETOZAR, Property Rights and Economic Theory: A Survey of Recent Literature, in: Journal of Economic Literature 1972, S. 1137-1162 (Property Rights and Economic Theory).

GELHAUSEN, WOLF/GELHAUSEN, HANS FRIEDRICH, Die Bilanzierung von Leasingverträgen, Handbuch des Jahresabschlusses in Einzeldarstellungen, Abt. I/5, hrsg. v. Wysocki, Klaus v./Schulze-Osterloh, Joachim, Köln 1995 (Bilanzierung von Leasingverträgen).

GESELL, HARALD, Wertpapierleihe und Repurchase Agreement im deutschen Recht, Köln 1995 (Wertpapierleihe und Repurchase Agreement).

GOEBEL, ANDREA/FUCHS, MARKUS, Rechnungslegung nach International Accounting Standards vor dem Hintergrund des deutschen Rechnungslegungsrechts für Kapitalgesellschaften, in: DStR 1994, S. 874-880 (Rechnungslegung nach IAS).

GRASS, ADOLF/BREMSER, HORST, Bilanzierungsregeln in der Handelsbilanz und ihre Bedeutung für das Immobilien-Leasing, in: BB 1971, S. 1424-1429 (Bilanzierungsregeln).

HAGEMEISTER, CHRISTINA, Bilanzierung von Sachanlagevermögen nach dem Komponentenansatz des IAS 16, Dissertation Münster 2003.

HARTGRAVES, AL L./BENSTON, GEORGE J., The Evolving Accouting Standards for Special Purpose Entities and Consolidations, in: Accounting Horizons 2002, S. 245-258 (Special Purpose Entities and Consolidations).

HARTMANN-WENDELS, THOMAS, Rechnungslegung der Unternehmen und Kapitalmarkt aus informationsökonomischer Sicht, Heidelberg 1991 (Rechnungslegung der Unternehmen).

HÄSEMEYER, LUDWIG, Insolvenzrecht, 3. Aufl., München 2003 (Insolvenzrecht).

HÄUSELMANN, HOLGER, Wertpapierleihe und Repo-Geschäft, in: Handwörterbuch des Bank- und Finanzwesens, hrsg. v. Gerke, Wolfgang/Steiner, Manfred, 3. Aufl., Stuttgart 2001, Sp. 2258-2267 (Wertpapierleihe und Repo-Geschäft).

HAVERMANN, HANS, Leasing. Eine betriebswirtschaftliche, handels- und steuerrechtliche Untersuchung, Düsseldorf 1965 (Leasing).

HAY, PETER, US-Amerikanisches Recht, 2. Aufl., München 2002. (US-Amerikanisches Recht).

HAX, HERBERT, Theorie der Unternehmung - Informationen, Anreize und Vertragsgestaltungen, in: Betriebswirtschaftslehre und Ökonomische Theorie, hrsg. v. Ordelheide, Dieter/Rudolph, Bernd/Büsselmann, Elke, Stuttgart 1991 (Theorie der Unternehmung).

HAX, HERBERT, Rechnungslegungsvorschriften - Notwendige Rahmenbedingungen für den Kapitalmarkt?, in: Unternehmenserfolg - Planung - Ermittlung - Kontrolle, Walther Busse von Colbe zum 60. Geburtstag, hrsg. v. Domsch, Michael u. a., Wiesbaden 1988 (Rechnungslegungsvorschriften).

HEINRICHS, HELMUT, BGB §§ 1-432, in: Palandt Bürgerliches Gesetzbuch, hrsg. v. Palandt, Otto, 62. Aufl., München 2003 (BGB).

HEIZMANN, GEROLD, Das Problem der bilanziellen Bewertung bei unsicheren Erwartungen, Mannheim 1993 (Bilanzielle Bewertung bei unsicheren Erwartungen).

HELMSCHROTT, HARALD, Einbeziehung einer Leasingobjektgesellschaft in den Konzernabschluß des Leasingnehmers nach HGB, IAS und US-GAAP, in: DB 1999, S. 1865-1871 (Einbeziehung einer Leasingobjektgesellschaft).

HELMSCHROTT, HARALD, Zum Einfluss von SIC 12 und IAS 39 auf die Bestimmung des wirtschaftlichen Eigentums bei Leasingvermögen nach IAS 17, in: WPg 2000, S. 426-429 (Wirtschaftliches Eigentum bei Leasingvermögen nach IAS 17).

HENRICH, DIETER/HUBER, PETER, Einführung in das englische Privatrecht, 3. Aufl., Heidelberg 2003 (Englisches Privatrecht).

IASB (HRSG.), Proposed Amendments Financial Instruments, London 2002 (IASB, ED IAS 39 (June 2002)).

IASB (HRSG.), International Financial Standard 17 (Provisional Final Draft), London 2003 (IAS 17 (Provisional Final Draft)).

IASB (HRSG.), International Financial Reporting Standards 2003 incorporating International Accouting Standards and Interpretations, London 2003.

IASB (HRSG.), IASB Update January 2003, London 2003 (IASB Update January 2003).

IASB (HRSG.), IASB Update May 2003, London 2003 (IASB Update May 2003).

IASB (HRSG.), IASB Update November 2003, London 2003 (IASB Update November 2003).

IASB (HRSG.), Consolidation (including special purpose entities), Projektstatus v. 7.10.2003, in: http://www.iasb.org.uk/cmt/0001.asp?s=157641&sc={187F03C2-87D5-4FEB-9E1F-4B4E9E75FB2D}&n=3325 (Stand: 8.12.2003) (Consolidation, Projektstatus v. 7.10.2003).

IASC (HRSG.), Accounting for Financial Assets and Financial Liabilities - A Discussion Paper issued for comment by the Steering Committee on Financial Instruments, London 1997 (Financial Assets and Financial Liabilities).

IDW (HRSG.), Fortsetzung 1 der IDW Stellungnahme zur Rechnungslegung: Einzelfragen zur Anwendung von IAS 39 (IDW RS HFS 9), in: WPg 2002, S. 1264-1270 (RS HFS 9).

IDW (HRSG.), Fortsetzung der IDW Stellungnahme zu Rechnungslegung: Einzelfragen zur Anwendung von IAS (IDW RS HFA 2), in: WPg 2003, S. 663-668 (RS HFA 2).

JAHN, OLAF, Pensionsgeschäfte und ihre Behandlung im handelsrechtlichen Jahresabschluss von Kapitalgesellschaften, Frankfurt am Main 1990 (Pensionsgeschäfte).

JENSEN, MICHAEL C./MECKLING, WILLIAM H., Theory of the Firm: Managerial Behavior, Agency Costs and Ownership Structure, in: Journal of Financial Economics 1976, S. 305-360 (Theory of the Firm).

KEITZ, ISABEL VON, Immaterielle Vermögenswerte in der internationalen Rechnungslegung: Grundsätze für den Ansatz von immateriellen Gütern in Deutschland im Vergleich zu den Grundsätzen in den USA und nach IASC, Düsseldorf 1997 (Immaterielle Vermögenswerte).

KIRSCH, HANS-JÜRGEN, IAS 17 Leasingverhältnisse (Leases), in: Rechnungslegung nach International Accounting Standards (IAS), hrsg. v. Baetge, Jörg/Dörner, Dietrich/Kleekämper, Heinz/Wollmert, Peter/Kirsch, Hans-Jürgen, 2. Aufl., Stuttgart 2002 (IAS 17).

KLEINMANNS, HERMANN, Die Bilanzierung von Finanzinstrumenten nach IAS - Aktueller Stand der Standards und Änderungsentwurf, in: StuB 2003, S. 101-107 (Bilanzierung von Finanzinstrumenten nach IAS).

KNAPP, LOTTE, Was darf der Kaufmann als seine Vermögensgegenstände bilanzieren?, in: DB 1971, S. 1121-1129 (Vermögensgegenstände).

KNAPP, LOTTE, Problematischer Leasingerlaß, in: DB 1971, S. 685-691 (Problematischer Leasingerlaß).

KNAPP, LOTTE, Leasing in der Handelsbilanz, in: DB 1972, S. 541-549 (Leasing).

KROPP, MATTHIAS/KLOTZBACH, DANIELA, Der Exposure Draft zu IAS 39 "Financial Instruments" - Darstellung und kritische Würdigung der geplanten Änderungen des IAS 39 -, in: WPg 2002, S. 1010-1031 (Exposure Draft zu IAS 39).

KÜTING, KARLHEINZ/BRAKENSIEK, SONJA, Die Einbeziehung von Leasingobjektgesellschaften in den Konsolidierungskreis nach HGB und US-GAAP, in: DStR 2001, S. 1359-1364 (Einbeziehung von Leasingobjektgesellschaften).

KÜTING, KARLHEINZ/HELLEN, HEINZ-HERMANN/BRAKENSIEK, SONJA, Leasing in dernationalen und internationalen Bilanzierung, in: BB 1998, S. 1468-1478 (Leasing in der nationalen und internationalen Bilanzierung).

KÜTING, KARLHEINZ/HELLEN, HEINZ-HERMANN/BRAKENSIEK, SONJA, Die Bilanzierung von Leasinggeschäften nach IAS und US-GAAP, in: DStR 1999, S. 39-44 (Bilanzierung von Leasinggeschäften nach IAS und US-GAAP).

LARENZ, KARL/CANARIS, WILHELM, Methodenlehre der Rechtswissenschaft, 3. Aufl., Berlin u. a. 1995 (Methodenlehre).

LARENZ, KARL/WOLF, MANFRED, Allgemeiner Teil des Bürgerlichen Rechts, 8. Aufl., München 1997 (Allgemeiner Teil).

LAUX, HELMUT, Unternehmensrechnung, Anreiz und Kontrolle, 2. Aufl., Berlin/Heidelberg 1999 (Unternehmensrechnung).

LEFFSON, ULRICH, Die Darstellung von Leasingverträgen im Jahresabschluß, in: DB 1976, S. 637-641, 685-690 (Leasingverträge im Jahresabschluß).

LEFFSON, ULRICH, Wesentlich, in: Handwörterbuch der unbestimmten Rechtsbegriffe im Bilanzrecht des BGB, hrsg. v. Leffson, Ulrich/Rückle, Dieter/Großfeld, Bernhard, Köln 1986, S. 434-447 (Wesentlich).

LEFFSON, ULRICH, Die Grundsätze ordnungsmäßiger Buchführung, 7. Aufl., Düsseldorf 1987 (GoB).

LÖCKE, JÜRGEN, Steuerrechtliche Aktivierungsgrundsätze und Property-Rights-Theorie - Ein neuer Ansatz der interdisziplinären Zusammenarbeit im Bilanzrecht?, in: StuW 1998, S. 124-132 (Property-Rights-Theorie).

LÜDENBACH, NORBERT/HOFFMANN, WOLF-DIETER, Enron und die Umkehrung der Kausalität bei der Rechnungslegung, in: DB 2002, S. 1169-1175 (Enron).

MÄNNEL, WOLFGANG, Wirtschaftlichkeitsfragen der Anlagenerhaltung, Wiesbaden 1968 (Wirtschaftlichkeitsfragen der Anlagenerhaltung).

MARTINEK, MICHAEL, Moderne Vertragstypen Bd.1. Leasing und Factoring, München 1991 (Moderne Vertragstypen).

MCGREGOR, WARREN, Accounting For Leases: A New Approach, Norwalk, Conneticut 1996 (Accounting For Leases).

MELLWIG, WINFRIED, Die bilanzielle Darstellung von Leasingverträgen nach den Grundsätzen des IASC, in: DB, Beilage 12 1998, S. 1-16 (Bilanzielle Darstellung von Leasingverträgen).

MELLWIG, WINFRIED/WEINSTOCK, MARC, Die Zurechnung von mobilen Leasingobjekten nach deutschem Handelsrecht und den Vorschriften des IASC, in: DB 1996, S. 2345-2352 (Zurechnung von mobilen Leasingobjekten).

MEYER, DIRK, Einkommensteuerliche Behandlung des Nießbrauchs und anderer Nutzungsüberlassungen, Herne/Berlin 1984 (Behandlung des Nießbrauchs und anderer Nutzungsüberlassungen).

MEYER, WILLI, Entwicklung und Bedeutung des Property Rights-Ansatzes in der Nationalökonomie, in: Property Rights und ökonomische Theorie, hrsg. v. Schüller, Alfred, München 1983, S. 1-44 (Property Rights-Ansatz).

MICHALSKI, LUTZ, Erman Bürgerliches Gesetzbuch, hrsg. v. Westermann, Harm Peter, 13. Aufl., Münster/Köln 2000 (BGB).

MILGER, KARIN, Mobiliarsicherheiten im deutschen und im US-amerikanischen Recht - eine rechtsvergleichende Untersuchung, Göttingen 1982 (Mobiliarsicherheiten).

MYERS, JOHN H., Reporting of Leases in Financial Statements. Accouting Research Study No. 4, New York 1962 (Reporting of Leases).

OLDENBURGER, IRIS, Die Bilanzierung von Pensionsgeschäften nach HGB, US-GAAP und IAS: die wirtschaftliche Betrachtungsweise als Konvergenzkriterium, Wiesbaden 2000 (Bilanzierung von Pensionsgeschäften).

ORDELHEIDE, DIETER, Kaufmännischer Periodengewinn als ökonomischer Gewinn, in: Unternehmenserfolg: Planung - Ermittlung - Kontrolle, Walter Busse von Colbe zum 60. Geburtstag, hrsg. v. Domsch, Michael u. a., Wiesbaden 1998, S. 275-302 (Kaufmännischer Periodengewinn).

OSSADNIK, WOLFGANG, Grundsatz und Interpretation der „Materiality" - Eine Untersuchung zur Auslegung ausgewählter Materiality-Bestimmungen durch die Rechnungslegungspraxis, in: WPg 1993, S. 617-629 (Grundsatz und Interpretation der Materiality).

OSSADNIK, WOLFGANG, Materiality als Grundsatz externer Rechnungslegung, in: WPg 1995, S. 33-42 (Materiality als Grundsatz externer Rechnungslegung).

PAPE, JOCHEN/BOGAJEWSKAJA, JANINA/BORCHMANN, THOMAS, Der Standardentwurf des IASB zur Änderung von IAS 32 und IAS 39 - Darstellung und kritische Würdigung -, in: KoR 2002, S. 219-234 (Änderung von IAS 32 und IAS 39).

PELLENS, BERNHARD, Internationale Rechnungslegung, 4. Aufl., Stuttgart 2001 (Internationale Rechnungslegung).

PERRIDON, LOUIS/STEINER, MANFRED, Finanzwirtschaft der Unternehmung, 12. Aufl., München 2003 (Finanzwirtschaft).

PETZOLD, GÜNTER, Zweiter Titel. Nießbrauch, in: Münchener Kommentar zum Bürgerlichen Gesetzbuch, hrsg. v. Rebmann, Kurt/Säcker, Franz Jürgen/Rixekker, Roland, 3. Aufl., München 1997 (BGB).

PLATHE, PETER, Zur rechtlichen Beurteilung des Leasing-Geschäfts, in: BB 1970, S. 601-605 (Rechtliche Beurteilung).

POSNER, RICHARD A., Economic Analysis of Law, 5. Aufl., New York 1998 (Economic Analysis of Law).

PRAHL, REINHARD/ NAUMANN, THOMAS K., Wertpapierpensionsgeschäfte, in: Handwörterbuch des Bank- und Finanzwesens, hrsg. v. Gerke, Wolfgang, 3. Aufl., Stuttgart 2001, Sp. 2268-2276 (Wertpapierpensionsgeschäfte).

PRICEWATERHOUSECOOPERS (HRSG.), Understanding IAS. Analysis and Interpretation of International Accounting Standards, 2. Aufl., London 1998 (Understanding IAS).

PUTZO, HANS, BGB §§ 433-517, in: Palandt Bürgerliches Gesetzbuch, hrsg. v. Palandt, Otto, 62. Aufl., München 2003 (BGB).

RICHTER, RUDOLF/FURUBOTN, EIRIK, Neue Institutionenökonomik, Tübingen 1996 (Institutionenökonomik).

RÖSER, FELIX, Ankaufsrecht, Vorhand, Einlösungsrecht und Option - Ein Betrag zur Lehre von den gesetzlich nicht geregelten Anrechten zum Kauf, Köln 1938 (Ankaufsrecht, Vorhand, Einlösungsrecht und Option).

RÖVER, JAN-HENDRIK, Vergleichende Prinzipien dinglicher Sicherheiten, München 1999 (Sicherheiten).

SCHARPF, PAUL, Rechnungslegung von Financial Instruments nach IAS 39, Stuttgart 2001 (Financial Instruments).

SCHMIDBAUER, RAINER, Die Konsolidierung von "Special Purpose Entities" nach IAS und HGB, insbesondere unter Berücksichtigung von E-DRS 16, in: DStR 2002, S. 1013-1017 (Konsolidierung von Special Purpose Entities).

SCHNEIDER, DIETER, Die wirtschaftliche Nutzungsdauer von Anlagegütern, Köln 1961 (Nutzungsdauer).

SCHÖN, WOLFGANG, Der Nießbrauch an Sachen: gesetzliche Struktur und rechtsgeschäftliche Gestaltung, Köln 1992 (Nießbrauch).

SCHRUFF, WIENAND, Die internationale Vereinheitlichung der Rechnungslegung nach den Vorschlägen des IASC - Gefahr oder Chance für die deutsche Bilanzierung? -, in: BFuP 1993, S. 400-426 (Internationale Vereinheitlichung der Rechnungslegung).

SCHRUFF, WIENAND/ROTHENBURGER, MANUEL, Zur Konsolidierung von Special Purpose Entities im Konzernabschluss nach US-GAAP, IAS und HGB, in: WPg 2002, S. 755-765 (Konsolidierung von Special Purpose Entities).

SCHULTZ, FLORIAN, Das Special Purpose Vehicle - wirtschaftliche Besonderheiten und offene Rechtsfragen, in: Gesellschaftsrecht, Rechnungslegung, Steuerrecht, Festschrift für Welf Müller zum 65. Geburtstag, hrsg. v. Hommelhoff, Peter/ Zätzsch, Roger/Erle, Bernd, München 2001, S. 705-730 (Special Purpose Vehicle).

SERICK, ROLF, Eigentumsvorbehalt und Sicherungsübertragung: Neue Rechtsentwicklungen, 2. Aufl., Heidelberg 1993 (Eigentumsvorbehalt und Sicherungsübertragung).

SONNENBERGER, HANS-JÜRGEN/AUTEXIER, CHRISTIAN, Einführung in das französische Recht, 3. Aufl., Darmstadt 2000 (Französisches Recht).

SPITTLER, HANS-JOACHIM, Leasing für die Praxis, 6. Aufl., Köln 2002 (Leasing).

STIGLITZ, JOSEPH E./WEISS, ANDREW, Credit Rationing in Markets with Imperfect Information, in: The American Economic Review Bd. 71 1981, S. 393-410 (Credit Rationing).

STÜRNER, ROLF, Bd. 16. Sachenrecht. - 3. (§§ 1018-1296) in: Bürgerliches Gesetzbuch mit Einführungsgesetz und Nebengesetzen, begr. v. Soergel, Hans Theodor, hrsg. v. Siebert, Wolfgang/Baur, Jürgen F. u. a., 13. Aufl., Stuttgart/Berlin/Köln 2001 (BGB).

TACKE, HELMUT, Leasing, 3. Aufl., Stuttgart 1999 (Leasing).

THALHOFER, KARL, Die Anwartschaft aus aufschiebender Übereignung und ihre Pfändung, Krumbach 1958 (Anwartschaft).

THEISEN, MANUEL RENÉ, Konzerneigene Finanzierungsgesellschaften, in: Handbuch der Konzernfinanzierung, hrsg. v. Lutter, Marcus/Scheffler, Eberhard/Schneider, Uwe H., Köln 1998, S. 717-743 (Konzerneigene Finanzierungsgesellschaften).

THIELE, STEFAN, § 246, in: Bilanzrecht, hrsg. v. Baetge, Jörg/Kirsch, Hans-Jürgen/Thiele, Stefan, Bonn/Berlin 2002 (§ 246 HGB).

TIPKE, KLAUS, Auslegung unbestimmter Rechtsbegriffe, in: Handwörterbuch unbestimmter Rechtsbegriffe im Bilanzrecht, hrsg. v. Leffson, Ulrich/Rückle, Dieter/Großfeld, Bernhard , Köln 1986, S. 1-11 (Auslegung unbestimmter Rechtsbegriffe).

VATER, HENDRIK, Bilanzierung von Leasingverhältnissen nach IAS 17: Eldorado bilanzpolitischer Möglichkeiten?, in: DStR 2002, S. 2094-2100 (Bilanzierung von Leasingverhältnissen nach IAS 17).

VÖLKER, ANSGAR, US-Leasingtransaktionen und ihre bilanzielle Darstellung nach IAS, in: WPg 2002, S. 669-673 (US-Leasingtransaktionen).

WATRIN, CHRISTOPH, Internationale Rechnungslegung und Regulierungstheorie, Wiesbaden 2001 (Internationale Rechnungslegung und Regulierungstheorie).

WATRIN, CHRISTOPH/STRUFFERT, RALF, Asset Backed Securities-Transaktionen im Einzel- und Konzernabschluss nach IAS, in: KoR 2003, S. 398-408 (Asset Backed Securities-Transaktionen).

WEIDENKAFF, WALTER, BGB §§ 516-606, in: Palandt Bürgerliches Gesetzbuch, hrsg. v. Palandt, Otto, 62. Aufl., München 2003 (BGB).

WOLF, MANFRED, Sachenrecht, 18. Aufl., München 2002 (Sachenrecht).

WOLLMERT, PETER/ACHLEITNER, ANN-KRISTIN, Konzeption der IAS-Rechnungslegung, in: Rechnungslegung nach International Accounting Standards (IAS), hrsg. v. Baetge, Jörg/Dörner, Dietrich/Kleekämper, Heiniz/Wollmert, Peter/ Kirsch, Hans-Jürgen, 2. Aufl., Stuttgart 2002 (Konzeption).

WOLZ, MATTHIAS, Wesentlichkeit im Rahmen der Jahresabschlussprüfung. Bestandsaufnahme und Konzeption zur Umsetzung des Materialitygrundsatzes, Düsseldorf 2003 (Wesentlichkeit im Rahmen der Jahresabschlussprüfung).

WÜRDINGER, HANS, Die privatrechtliche Anwartschaft als Rechtsbegriff, München 1928 (Anwartschaft als Rechtsbegriff).

ZIESEMER, STEFAN, Rechnungslegungspolitik in IAS-Abschlüssen und Möglichkeiten ihrer Neutralisierung, Düsseldorf 2002 (Rechnungslegungspolitik in IAS-Abschlüssen).

ZÜLCH, HENNING, Die Bilanzierung von Investment Properties nach IAS 40, Düsseldorf 2003 (Bilanzierung von Investment Properties nach IAS 40).

Stichwortverzeichnis